中国国家领土主权与海洋权益协同创新中心
复旦大学中国与周边国家关系研究中心

中国周边外交研究报告

（2017—2018）

RESEARCH REPORT ON CHINA'S NEIGHBORING DIPLOMACY (2017-2018)

石源华　主编

世界知识出版社

图书在版编目（CIP）数据

中国周边外交研究报告. 2017—2018 / 石源华主编
. -- 北京 : 世界知识出版社, 2018.6
ISBN 978-7-5012-5768-3

Ⅰ. ①中… Ⅱ. ①石… Ⅲ. ①中外关系－研究报告－
2017-2018 Ⅳ. ①D822

中国版本图书馆CIP数据核字(2018)第147877号

书　　名	中国周边外交研究报告（2017—2018） RESEARCH REPORT ON CHINA'S NEIGHBORING DIPLOMACY (2017-2018)
主　　编	石源华
责任编辑	范景峰
责任出版	王勇刚
责任校对	马莉娜
出版发行	世界知识出版社
地址邮编	北京市东城区干面胡同51号（100010）
网　　址	www.ishizhi.cn
电　　话	010-65265923（发行）　010-85119023（邮购）
经　　销	新华书店
印　　刷	北京虎彩文化传播有限公司
开本印张	165×240毫米　1/16　31印张
字　　数	571千字
版次印次	2018年9月第1版　2020年1月第2次印刷
标准书号	ISBN 978-7-5012-5768-3
定　　价	80.00元

《中国周边外交研究报告（2017—2018）》由国家领土主权与海洋权益协同创新中心研究项目资助出版。

特此致谢！

Research Report on China's Neighboring Diplomacy (2017-2018) was made possible through a generous grant from the Collaborative Innovation Center of Territorial Sovereignty and Maritime Rights (CICTSMR).

序 言

新时代中国周边外交的新定位与战略思考

石源华

2017年，中国最重大的事件是举行了具有重大历史意义的中国共产党第十九次全国代表大会，选举产生了以习近平为核心的新一届中央领导集体，确立了习近平新时代中国特色社会主义思想。习近平在中共十九大报告中指出："今天，我们比历史上任何时期都更接近、更有信心和能力实现中华民族伟大复兴的目标"，报告清晰擘画了全面建成社会主义现代化强国的时间表和路线图：从现在到2020年，全面建成小康社会，实现第一个"百年"奋斗目标；其后，再奋斗15年，2035年基本实现社会主义现代化。其后，再奋斗15年，2050年把我国建设成富强民主文明和谐美丽的社会主义现代化强国。[①] 根据这个宏伟日程和历史使命，中国周边外交将形成新定位，需要进行新的战略层面思考和设计。

同时，中国周边外交面临美国新总统执政后国际形势出现的重大变化。特朗普的上任，将其强烈民粹主义取向与"美国优先"理念带入美国的内政外交之中，他张扬率性的个性和"逢奥巴马必反"的执政风格，引发第二次世界大战以来美国最大的"退群潮"。1月23日，特朗普宣布退出奥巴马政府极力推行的"跨太平洋伙伴关系协定"（TPP），后又针对国际社会的强烈反对声音，强硬表示美国将捍卫其商业利益，不会签署束缚手脚的多边贸易协议，向亚太一系列国家发出重新谈判，纠正"不公正"贸易行为的叫喊，引起亚太国家的恐慌和担忧，对战后美国主导建立的多边治理体制构成直接挑战，也对冷战结束后加速推进的全球化进程造成严

① 《习近平代表第十八届中央委员会向大会作的报告摘要》，《新华每日电讯》2017年10月19日。

重干扰。中美关系虽在中国的积极主动及两国共同努力下，实现了习近平与特朗普的美国海湖会谈和特朗普对中国的成功访问，出现良好开局。但由于中美结构性矛盾依然尖锐存在，特朗普视中国为主要竞争对手的“零和”思维无异于历届美国总统，使中美关系未来的发展道路充满不确定性。12月19日，美国新总统发布新的《国家安全战略报告》，公然将中国和俄罗斯称为国际体系的“修正主义国家”，是美国国家安全面临的主要挑战，指责中国寻求取代美国在印太地区的领导地位，拓展其国有企业驱动的经济模式，按照自身偏好重塑地区秩序。如果美国这一宣示付之实施，将对中美关系尤其是中美在中国周边地区的关系造成极大冲击。2018年，中国周边外交面临的挑战和考验均将大于往年,更需要从战略层面进行应对方略思考。

《中国周边外交研究报告（2017—2018）》收入4编22篇文章，以“特朗普执政与中国周边外交的新发展和新课题”为主题，内容涵盖2017年中国周边外交的评估与展望、中国周边的大国外交、中国周边的次区域外交、中国周边外交的热点议题四个领域，全方位阐述和总结了2017年中国周边外交理论和实践的方方面面，为读者勾画了一幅中国周边外交的全景式画卷。既肯定了中国周边外交在各个领域取得的历史性进展，也分析了中国周边外交面临的种种困难问题和严峻挑战。本文综合研究报告全书，着重思考中国周边外交在中国由富起来走向强起来的现代化强国建设过程中不同阶段的定位和战略变化，以及如何应对特朗普执政后的国际新局势的战略应对方略，并就五个重要问题从战略层面提出思考性意见，以期引起国人的关注和重视，敬请大家提出批评和指正。

一、中国周边外交仍将占居外交全局首要地位[①]

根据十九大制定的中国发展的路线图，中国外交的战略布局需要与时俱进，合理定位。笔者的主要观点是至少在2035年前中国周边外交仍将占

① 参考石源华《序言：中国周边外交的新问题和新思考》，祁怀高主编《中国周边外交研究报告(2016—2017)》，世界知识出版社，2017，第1—2页。

居外交全局的首要地位。

据普华永道（Pricewaterhouse Coopers）的研究报告称：2030年，以市场汇率计算中国的GDP（26.499万亿美元）将超过美国（23.475万亿美元），成为世界第一。① 这个时段与十九大报告设定的基本实现社会主义现代化目标的时间节点2035年接近，也即是说，在2035年之前，中国处于从富起来到强起来、从发展中国家到发达国家、从将强未强国家到世界级强国的历史进程之中。中国的GDP总量与美国还有较大的差距，2017年的世界GDP总量，美国是19.36万亿美元，中国是12.24万亿美元，虽然稳居第二，与美国之间的距离也正以较快速度在缩小，但仅是美国的63.2%。中国人均GDP则处于世界排名较后的位置。2017年，美国占居世界第八位，人均59495美元，中国位居第七十四位，人均8582美元，仅是美国的14.4%，中美间的实力差距是非常明显的。② 在这个历史阶段，中国关注的应是做强做大自身，而避免将全球注意力吸引到自己身上，继续争取长期稳定发展的战略机遇期，使中国稳步成为一个世界级的强国。这个重要的历史特点决定了中国周边外交将继续占居中国外交全局的首要地位。

由于从目前至2035年，中国处于稳步走向小康社会，随后基本实现社会主义现代化的重要历史阶段。美国实力虽有所衰退，但仍然是世界上最强大最有影响力的国家，仍然主导现行国际体系和国际规则。中国处于从第二大经济体稳步迈向第一经济体的历史发展过程之中，将强未强，中美差距仍然很大，中国的国家定位仍是世界影响力逐步提升的亚洲地区大国和世界最大的发展中国家。中国的发展仍将主要在以美国为主导的国际体系和国际规则范围之内，遵守、运用好这个体系和规则，发展壮大中国自身，是时代的重要主题。中国对于这个体系和规则的改革和创新，将是局部的、试验的、补充的，而非另起炉灶和彻底更新；中国主要发挥影响

---

① PwC, “The World in 2050, the Long View: How will the Global Economic Order Change by 2050?”, p.23, https://www.pwc.com/gx/en/issues/economy/the-world-in-2050.html， 访问时间：2017年4月12日；参考消息网2017年2月10日：《普华永道报告预测：2030年GDP超美成世界第一》，http://www.cankaoxiaoxi.com/china/20170210/1675408.shtml，访问时间：2017年5月1日

② 《2017年世界GDP排名》、《2017年世界人均GDP排名》，《世界经济信息网》，http://www.8pu.com/gdp/ranking_2017.html

力的地区也仍是中国周边，历史性任务是引领亚洲，避免发生颠覆性的错误。中国周边外交仍将处于中国外交大布局中的“首要地位”。中国不宜急于为世界性权力心动，不能给世人造成中国急于要取代美国的印象，不宜急于提出和推广以全球事务为对象的“中国方案”，更不宜急于企图以某种新体系主导国际社会。从长远的历史视角观察，中国与周边国家的若干争端问题，目前宜择机进取，不宜急于求成，对于一些一时解决不了的问题，韬光养晦仍是一个可以继续发挥作用的重要策略，有些问题留待中国更强大时和人类命运共同体取得重要进展时，再以合理方式解决，效果可能会更好。中国应尊重现行美国领导和主导的国际体系和世界规则，逐步谨慎地提议和改善其中的不合理部分，不挑战美国的老大地位。

2050年将是又一时间节点，中国在建成富强民主文明和谐美丽的社会主义现代化强国的同时，也将成为世界上明显领先于美国的最大经济体。据普华永道（Pricewaterhouse Coopers）的同一研究报告预测，届时按市场汇率（MER）计算，中国第一、美国第二、印度第三、印尼第四、日本第五、巴西第六、德国第七、墨西哥第八、英国第九、俄罗斯第十。按购买力计算，中国仍高居首位，印度第二、美国第三、印尼第四、巴西第五、俄罗斯第六、墨西哥第七、日本第八、德国第九、英国第十。[①] 不管采用哪种计算方法，中国的经济规模都将占前十位国家总和的31~32%以上，超过美国和日本总和，也将超过美国和德国、英国三国总和。中国将成为世界上明显领先于美国的最大经济体，中国将逐步成为一个世界级强国，其国家定位和周边外交定位将同步有所变化。届时中国周边外交的地位依然重要，仍然是整个中国外交的寄托和支撑地区，但大国外交与全球事务将逐步成为中国外交的重点。如果我们将中国成为世界强国后应做的事放到现在来做，将是不合时宜和事倍功半的。

---

① PwC, “The World in 2050, the Long View: How will the Global Economic Order Change by 2050?”, p. 23, https://www.pwc.com/gx/en/issues/economy/the-world-in-2050.html，访问时间：2017年4月12日；参考消息网2017年2月10日：《普华永道报告预测：2030年GDP超美成世界第一》，http://www.cankaoxiaoxi.com/china/20170210/1675408.shtml，访问时间：2017年5月1日。

二、构建中国特色国际关系和大国外交理论新体系

迄今为止，中国国际关系理论界占居主导地位的理论都是西方国际关系理论体系，中国的大学以此作为国际政治专业的基本教材，要求学生们运用此种理论体系阐释当今国际关系重大问题。几乎所有的国际关系、国际政治、外交学专业的博士论文都被要求套用西方国际关系的理论框架研究相关的课题。然而，西方国际关系理论体系已经在变化了的实践中出现种种弊病，不再能适应新时代的新要求，更不能适应中国和平崛起所需要的理论依托和支撑。

十九大确定了中国特色社会主义理论是中国共产党的指导思想，塑造与阐述中国特色大国外交新理论，成为新时代理论工作者重要的历史任务。这个新理论体系既要超越和扬弃历史上以“朝贡体系”为主要特征的东方传统理论体系，总结和吸取传统东方国际关系理论的合理内核，创建符合时代需求和民族特点的中国特色新理论，更要打破和超越西方国际关系理论体系，吸收和借鉴西方国际关系理论的合理成分，摒弃和克服西方国际关系理论已经日益显露的种种弊病。① 这个理论新体系将在扬弃、清理西方旧理论体系并与之进行较量和冲突的过程中逐步形成。其主要特征是：

（一）战略层面，将破除西方世界惯行的“势力范围”理论和旧有的“圈地”陋轨，树立以“合作共赢”为核心理念的国际关系新范式，阐述中国并非如西方世界指责的那样通过“一带一路”在中国周边建立自身的“势力范围”，亦并非如西方马汉“海权论”所主张的去建立自身的“海洋霸权”，而是在“和谐世界”的理念下，以全新的发展战略，在中国周边建设“合作共赢”的“命运共同体”。

（二）经济层面，破除西方主导世界经济的旧地缘政治经济理论和旧全球化范式，总结和阐述“一带一路”倡议是在“共商、共建、共享”的原则下，与中国周边所有的参与者平等合作，为周边国家提供新的发展和

① 蒋昌建、潘忠歧：《人类命运体理论对西方国际关系理念的扬弃》，《浙江学刊》，2017年第4期。

合作平台，为周边区域治理提供新的公共产品，并为周边国家全方位的经济合作提供新的方案。

（三）安全层面，将破除西方主导世界的“同盟体系论”和“零和博弈论”，与美国特朗普政府所推行的不称为“亚太再平衡”的印太新战略划清理论界限，在亚洲彻底清除冷战残余，通过总结“一带一路”与周边外交实施的实践，创新安全理念，进一步阐述和论证习近平主席所倡导的“共同安全、综合安全、合作安全、可持续安全”的“亚洲安全观”，推动中国周边地区的和平与合作。

（四）政治层面，将破除西方主导世界的“霸权稳定论”和强权政治逻辑，通过总结“一带一路”和中国周边合作共赢外交的理论和实践创新，进一步阐述和论证习近平所提出的“命运共同体”理论，展示美国倡导的“霸权稳定论”与中国倡导的“命运共同体”是表示了世界不同的发展方向和路径，中国将通过与各国共同的和平努力，开创以“命运共同体”为目标的中国与周边国家和平建设的新局面。

（五）理论层面，将超越和扬弃西方国际关系理论体系，吸收其理论精华，克服其已经日益显露的种种弊病，阐述中国以“合作共赢”为核心理念、以“命运共同体”为建设目标的国际关系理论新体系和“一带一路”背景下中国特色大国周边外交的新理念、新战略和新路径，推动“一带一路”和中国周边外交更加健康发展。

三、推行大国协调合作，稳定周边大局

中共十九大报告首次提出“推进大国协调和合作，构建总体稳定、均衡发展的大国关系框架”，这不仅是中国积极发展全球伙伴关系网，扩大同各国的利益交汇点，建设新型大国关系的指导方针，而且也将成为中国按照亲诚惠容理念和以邻为善、以邻为伴周边外交方针深化与周边国家关系的必要前提和关键所在。

中国超规格热情接待美国总统特朗普访华，积极推进了两国经贸合作，达成2500亿美元以上的经贸大单，是双方互利共赢的成功之举，使两国关系协调合作大有推进。然而，亮丽的商业订单并没有解决中美贸易失

衡的根本问题，两国在朝鲜半岛问题上的分歧也没有取得实质性的进展，美国在南海对中国挑衅将以更新更险恶的方式出现。特朗普执政以来的总体作为，越来越显现其难脱“亚太再平衡”的旧轨。中国崛起和美国霸权的内在结构性矛盾依然存在，只是表现形式有所变化，美国要挤压、阻挠、制衡中国崛起的基本战略没有变化。美国新政府公布的《国家安全战略报告》和《国防战略报告》，明确视中国为国际体系的“修正主义国家”，是美国的战略竞争对象国，清楚地表明美国政府的战略意向。特朗普政府坚持将“霸权稳定论”作为治理世界和亚太地区的指导理论和习惯性思路，任性横行，在朝鲜半岛和南海等地区恣意妄为，大大压缩了发展中美“兼容共存”关系的政治空间。使既有的周边政治安全平衡格局失衡，使已经结束的冷战时代面临回归中国周边地区的危险，对十九大以后中国特色社会主义建设宏伟事业形成重大威胁。中国能否实现十九大提出的宏伟奋斗目标，在很大程度上将取决于中国能否实现与美国协调与合作，构建总体稳定、均衡发展的中美关系框架，避免“新冷战危险”重降中国周边地区。

中国一直努力建设中美新型大国关系，但目前一时难以得到美国的认可、支持和相向而行。中国实际可做和应做的是与美国协调合作，尤其是在中国周边共同管控朝核以及东海、南海等各种危机。中美新型大国关系的建设，将在中美实力地位逐渐接近、持平之后，才能进入实质性运作阶段。为此，中国需要有正确的顶层设计和更多的应对方案。时间和优势都在中国一边。对于美国这样信奉霸权主义，惯于实行炮舰政策，又有着熟练外交技能的国家，需要文武并举，开展有理、有利、有节的坚决斗争，迫使美国回到谈判桌前，从“冷战化危险”中走出。双方都要重视和尊重各自的重大战略关切，控制和避免双方内在结构性矛盾的扩张和破裂，扩大双方“兼容共存”和合作共赢的空间。恢复东亚政治安全的平衡格局，终将有利于两个大国的长远利益。

美国曾经用军备竞争拖垮、击败了军备曾经一度超越美国的苏联，中国不仅要避免重走这样的老路，对美实行“协调和合作”，坚决不走军备竞争和战略对抗的旧路，而且应“以其人之道还治其人之身”，柔性应对美国的攻势，坚持走和平发展、重在强大自身的道路，逐步实现中美实力平衡。中国这样的发展思路，尽管在邓小平时代已经确定为国家发展的战略大计，但在中国经济进一步崛起、国力有所强大以后，仍然需要警惕苏联式发展老路对国人的误导和美国对中国的故意诱惑。

由于近30年来美国在伊拉克问题、阿富汗问题、叙利亚问题、朝核问题以及亚太再平衡等方面的一系列战略性错误，已导致其实力地位的实际下降，西方世界陷入分化和混乱，“华盛顿共识”及西方发展道路和价值观念面临各种挑战，在某种程度上给予中国发展的机会。特朗普上台后，美国不顾一切地重振“美国第一”，重点仍然是大幅增加军费，四面出击，开罪各方盟友，甚至向原由美国掌控的国际组织和国际规则“宣战”，造成世界局势新的不安宁。美国三大航母群史无前例地集结西太平洋地区逞威，说是应对朝鲜，实际上在中国家门口耀武扬威，典型证实了美国的本性难移。中国应该冷静沉着应对，静观其变，不对其做出过度的反应。坚定地将注意力集中于“做好自己的事”，发展壮大综合国力，排除各种干扰，实现在2050年建成富强、民主、文明、和谐、美丽的社会主义现代强国的宏伟目标。

中国的“大国协调和合作”方略还应施及中国周边的区域大国俄罗斯、日本和正在发展为大国的印度。目前，中俄关系达到全面战略协作关系的历史最高点，为周边地区大国协调和合作树立了榜样。中日关系的恶化已经走到谷底，正呈现改善关系走出困境的发展势头。中日协调和合作将是可以期待的前景。中印关系经历了2017年的洞朗对峙，进入了发展不稳定的动荡阶段，但相信必能在双方努力下，重建协调与合作新局面。中国应花大力气，努力从战略层面构建与这些国家不同形式的“总体稳定、均衡发展的大国关系框架”，确保中国的周边长期和平稳定和“中国梦”的顺利实现。

四、深化与周边“中间国家”的密切关系

笔者在一年前曾提出在中国周边已经出现了新的“三个世界”架构：中美各为一极，其间存在许多“中间国家”。这些国家中虽然出现日本、新加坡、越南、菲律宾、韩国、印度等不同程度地利用美国推行“亚太再平衡”战略做出各种牟取私利的举动，损害甚至侵犯中国的国家利益，但

这些国家的自身利益决定其基本立场终将仍是在中美之间寻求“平衡”，一般不会或不会永远在中美之间做“非此即彼”的选择，这与冷战时代有重要区别。为此，新时代的中国有必要从战略层面关注和研讨如何深化与周边“中间国家”密切关系的问题。

菲律宾前政府跟着美国制造“南海仲裁案”闹剧，充当反华先锋，但在菲律宾“南海仲裁案”取得所谓“完胜”之后，新总统杜特尔特却低调对待裁决结果，并在东盟国家中首访中国，中菲签署13个双边合作文件，双方同意采取克制态度和和解方式解决南海争端。菲律宾明白，运用冷战老套路，完全跟着美国闹，是损人不利己，不会有好结果。中菲关系的新进展表明菲律宾已回归对华友好与菲美结盟的平衡轨道。

“萨德入韩”曾使处于高潮期的中韩友好关系迅速逆转，以对美对华实行平衡而著名的“韩国模式”面临破产。然而，随着韩国国内反对萨德入韩浪潮的高涨，美韩分歧和矛盾的发展，中韩经济发展和共同应对朝核问题的需求，韩国新总统文在寅实施对华新方针，韩国已经提出“三不一限”，表明韩国政府不加入美国反导系统，美日韩安全合作不会成为三方军事同盟，不考虑追加部署萨德系统，对现有萨德系统的使用进行限制，表现出在中美间保持平衡的趋势，文在寅总统成功实现访问中国。韩国有望回归对美对华的平衡轨道，这符合中韩两国长远的国家利益。

中印洞朗对峙发生后，美印关系倡言“印太战略”，甚至扬言建立“美印澳日”联盟应对中国，呈现出结成密切发展的趋势，美国有利用印度制衡中国的意图，印度也有利用美国对华竞争的考虑，但美印双方亦有各种利益的分歧和冲突，印度在与美国合作制衡中国的同时，也有在中国与美国之间实现平衡政策的动力和可能，完全倒向任何一方，绝非印度可能采取的最佳现实选择。

即便是日本这样铁杆追随美国的国家，执行傍靠美国、制衡中国的政策，处处与中国过不去，但日本与中国同时存在大量的共同利益，与美国之间则存在不少利害冲突。近期，日本表现出强烈的改善中日关系的意向，举措频频，表明日本最终将会明白和选择在中美之间实行平衡，以实现其最大的国家利益。

可以预测在十九大以后，随着中国经济继续迅猛崛起和中国政治影响力大幅提升，“中间国家”将形成中国周边新政治安全的基本结构。深化与周边“中间国家”的密切关系，是中国必须考虑和解决的重大战略问题，而非具体政策问题。

争取更多的中间国家站在自己一边，或更多地倾向自己，会成为中美两国博弈的重要内容。从克林顿、小布什、到奥巴马，美国一以贯之，推行分化、挑拨、撕裂中国与周边国家关系的政策，使对华关系正常或良好的日本、菲律宾、越南、印度、韩国关系接二连三发生波动，如美国利用中日钓鱼岛争端等分裂中日关系，利用南海岛礁争端挑动菲律宾、越南等国与中国的冲突，利用萨德部署问题将处于发展高峰期的中韩关系颠覆至谷底，中印洞朗对峙也有美国挑唆的背景。

十九大报告指出，中国应按照“亲诚惠容理念和以邻为善、以邻为伴周边外交方针，深化与周边国家关系”，破除和瓦解美国对于中国和周边国家的分化和分裂政策，争取更多的“中间国家”不仅在经济上也在安全上与中国实现合作共赢，是中国的重大战略利益所在。中国应理解、接受和正确对待“中间国家”在中美间实行平衡政策。冷战时期那种非此即彼、划线站队式对待中间国家的态度已经过时。中国应以包容的态度争取与更多的中间国家建立友好关系。目前，中国的周边国家普遍希望从中国获益，希望中国对他们多作让步和帮助，这是中国面临的一个需要合理应对的难题，既给中国带来机会，也会使中国承担压力。对于与中国有争议的国家，争取它们在中美间中立平衡，符合中国的长远利益。

“合作共赢”是中国处理周边国家关系的基本指导思想，积极推动“命运共同体”建设，则是中国与周边国家政治安全建设的基本目标。中国已经成为决定东亚政治安全格局的核心力量和中流砥柱，经过中国的努力，冷战灾难在东亚和世界重现的可能将可以避免。中国有望在周边地区首先实现建设命运共同体的宏伟目标。

五、推动“一带一路”融入“中国梦”路线图

中共十九大以后，务实推进“一带一路”倡议，将成为中国实现“坚持和平发展道路，推动构建人类命运共同体”外交大战略的重要载体和向

周边地区混合投射硬实力和软实力的最佳模式。

根据十九大报告中设计的实现“中国梦”时间表和宏大战略布局，“一带一路”倡议将与“中国梦”路线图同步融合，环环相扣，互相结合，并在实现“中国梦”的每一历史阶段承担和实现不同的历史使命和具体任务。其对内和对外各有互为促进的重点建设内容，做强做大中国自身为最核心的内容，使“一带一路”倡议逐步由设想演变为行动，推动“中国梦”一步一步地由理想演变为现实。

自2013年提出“一带一路”倡议直至2020年，应是“一带一路”倡议向沿线地区推行的起始阶段。“一带一路”对内的重点是解决中国经济发展三期叠加（即经济增长速度换档期、结构调整阵痛期、前期刺激政策消化期叠加交织）面临的困难和挑战，立足当下，谋划长远，构建中国扩大开放型经济的新体制。目前已经或即将建立的合作协议、机制化产能合作、境外经贸合作园区、“六廊六路多国多港”建设以及中国对沿线国家的投资，给中国众多产业同时也给合作各方提供了巨大的发展空间和发展机遇。

“一带一路”倡议的对外重点则主要是在中国周边地区，欢迎和吸引更多的国家通过五个发展方向和六条经济走廊共同构建“一带一路”建设大框架。五个发展方向是：“丝绸之路经济带”重点畅通中国经中亚、俄罗斯至欧洲(波罗的海)的发展方向；中国经中亚、西亚至波斯湾、地中海的发展方向；中国至东南亚、南亚、印度洋的发展方向；“21世纪海上丝绸之路”重点畅通从中国沿海港口过南海到印度洋，延伸至欧洲发展方向；从中国沿海港口过南海到南太平洋的发展方向。六条经济走廊是：中俄蒙经济走廊、新亚欧大陆桥经济走廊、中国—中亚—西亚经济走廊、中巴经济走廊、孟中印缅经济走廊、中国—中南半岛经济走廊（笔者认为还应该加上尚未被国家列入规划的“东北亚经济走廊”）。由此奠定“一带一路”发展远景规划的扎实基础，使中国和沿线国家初步享受“一带一路”建设之利，同时，也为2020年中国全面建成小康社会作出历史性的贡献。

自2020年至2035年，中国进入基本建成社会主义现代化国家的决胜期，是中国“一带一路”倡议逐步演变为沿线国家共同行动的全面建设阶段。“一带一路”倡议的对内重点是大幅提升中国的经济实力、科技实力、国防实力以及文化软实力，彻底改变中国将强未强的局面，实现从富起来到强起来的历史性变化。

“一带一路”倡议对外重点则是以建设“命运共同体”为目标，在五大发展方向和七条经济走廊的基础上，实现建设“中国梦”和“各国梦”相贯通、中国与沿线国家共相受益的新局面，并成功完成关键地区的“五通”重大项目，在中国基本实现社会主义现代化的同时，彻底改变中国周边地区“一带一路”沿线的经济发展和社会进步面貌。

自2035年至2050年，中国将“建成富强民主文明和谐美丽的社会主义现代化强国”，真正成为一个世界级强国。“一带一路”倡议也将进入影响和改变周边和世界面貌的历史新阶段。“一带一路”倡议的对内重点是全面提升我国物质文明、政治文明、精神文明、社会文明、生态文明，“中国方案”、“中国制度”、“中国道路”、“中国文化”将在中国周边和世界产生更大的影响，中国也将有条件为周边和世界提供更多更好的共同产品。“一带一路”倡议的对外重点则是以建设“命运共同体”为主要目标，中国将和沿线国家同步推行更高水平的合作发展，共同实现将周边和世界建设得更加美好的梦想。

“一带一路”倡议在未来30余年的推行，将始终与实现“中国梦”的宏伟事业同步并进，始终以建设中国成为世界强国为主要目标，始终以与世界各国共建命运共同体为最终归途。为此，应认真实施执行十九大所确定的“路线图”和“时间表”，努力争取圆满成功。

目　　录

第一编　2017 年中国周边外交的评估与展望 1

第一章　特朗普执政与中国周边外交理念与实践 .... 李　文　3

第二章　高峰论坛与“一带一路”建设新进展 .... 赵明昊　14

第三章　中国周边政治与安全形势 .... 张　洁　25

第四章　中国周边经济形势的新特点 .... 钟飞腾　39

第五章　中国与周边国家人文交流：评估与展望 .... 邢丽菊　53

第二编　2017 年中国周边大国外交 63

第一章　中美关系的新特点和新走向 .... 潘亚玲　65

第二章　中俄关系在全球变局下持续深化 .... 冯玉军　75

第三章　中印关系：跌入低谷后的“重启” .... 林民旺　85

第四章　中日关系动态与前瞻 .... 杨伯江　96

第三编　2017 年中国周边次区域外交 105

第一章　东北亚安全形势与中国外交 .... 刘　卿　107

第二章　中国东南亚外交出现新局面 .... 朱振明　115

第三章　中国的中亚外交稳步推进 .... 赵会荣　128

第四章　新时期中国南亚外交再思考 .... 王世达　137

第五章　西亚局势新变化与中国西亚外交 .... 郭　锐　樊丛维　147
第六章　中国的南太平洋外交 .... 费　晟　158

第四编　2017 年中国周边外交热点议题 167
第一章　走到节点的朝鲜半岛形势及发展前景 .... 虞少华　169
第二章　南海局势新走向和中国的对策 .... 赵卫华　176
第三章　钓鱼岛争端与中美日关系的新态势 .... 归泳涛　187
第四章　中印边界问题现状及解决前景 .... 关培凤　197
第五章　中国周边反恐形势年度分析 .... 傅小强　208
第六章　澜湄水外交的新进展与中国的应对 .... 肖　阳　219
第七章　亚太经济治理新形势与中国的战略应对
.... 贺　平　王　蕾　229

附录一：2017 年中国周边外交纪事 .... 赵卫华　编制　242
附录二：2017 年中国及其周边国家相关数据 .... 何永朋　编制　461
后　记 477

第一编
2017年中国周边外交的评估与展望

第一章
特朗普执政与中国周边外交理念与实践

李 文

【内容提要】特朗普执政后，美国政府调整内外政策，不再坚持实施一度成为中国周边动乱之源的“亚太再平衡战略”。2017年4月，习近平主席同特朗普总统在美国海湖庄园举行会晤，中美关系进入互利共赢新轨道。中方积极推进与美方的沟通与合作，在塑造双边关系过程中赢得主动地位，中美关系开始从“亦敌亦友、合作与竞争并存”的不确定状态转变为在伙伴关系与竞争之间寻找平衡点的确定状态。美国对中国立场与态度的改变，是中国大国地位与大国外交理念得以确立的重要标识。未来一个时期，尽管不能排除中美关系出现较大反复的可能性，但亚太地区原本处于分离甚至对抗的安全秩序与经济秩序会相对平稳地向相互对接与融合的方向过渡，中国周边局势朝有利于和平稳定方向发展是一个大概率事件。

【关键词】特朗普 中美关系 周边外交 亚太秩序

【作者简介】李文，中国社会科学院美国研究所研究员。

一、特朗普执政后的中美关系

美国是中国周边最重要的国家，中美关系的性质与状态对中国周边局势具有重要影响。奥巴马时期，美国为遏制中国，实施“亚太再平衡”战略，给双边关系和地区局势带来高度不确定性。特朗普主掌白宫后，适时调整对内对外政策，不再继续坚持实施“亚太再平衡”战略，为中国发展对美关系提供了更多的可能。

2017年4月6日至7日，中国国家主席习近平同美国总统特朗普在美国佛罗里达州海湖庄园举行会晤，这在中美关系史上具有重要意义。会谈中，两国元首对双边关系高度重视，同意在新起点上推动中美关系取得更大发展，更好惠及两国人民和各国人民。双方领导人共同认识到，合作是中美关系的大局，也是两国唯一正确的选择。双方在中美重要共同利益方面达成共识，一致同意在相互尊重的基础上承认差异，并拓展合作领域。习近平主席对特朗普说：我们愿意在相互尊重和互利互惠的基础上，拓展务实合作，以建设性方式处理分歧和敏感问题，让两国人民从中美关系发展中有更多获得感。特朗普回应：美中两国作为世界大国责任重大。双方应该就重要问题保持沟通和协调，可以共同办成一些大事。①

在习近平主席提出的“我们有一千条理由把中美关系搞好，没有一条理由把中美关系搞坏”② 的思想指引下，2017年，中方积极推进与美方的沟通与合作，在塑造双边关系过程中赢得主动地位，中美关系开始从“亦敌亦友、合作与竞争并存”的不确定状态转变为在伙伴关系与竞争之间寻找平衡点的确定状态，携手共同处理和解决全球与地区问题，共同应对新的挑战与新的威胁，成为双边关系的主要方面。

两国领导人及两国各层级保持着密切的沟通与交往，政治互信明显增强。一年来，习近平主席同特朗普多次通话通信，对双边关系的稳定发展起到重要引领作用。2017年11月8日，特朗普对中国进行国事访问，这是两国领导人继佛罗里达州海湖庄园举行会晤，7月8日汉堡再次会晤后的第三次见面，为打造两国总体稳定、均衡发展的大国关系框架奠定基础。2017年10月4日，首轮中美执法及网络安全对话在美国成功举行，标志着中美元首2017年4月“庄园会晤”确定的中美外交安全对话、全面经济对话、执法及网络安全对话、社会和人文对话四个高级别对话机制已全面启动。

自2006年至今，朝鲜先后进行了六次核试验和多次导弹发射。虽然

---

① 《把中美关系的大厦建设得更牢、更高、更美——记习近平主席赴海湖庄园同特朗普总统举行中美元首会晤》，新华网，2017年4月9日，http://news.xinhuanet.com/world/2017-04/09/c_129527850.htm.

② 《习近平同特朗普开始举行中美元首会晤》，新华网，2017年4月7日，http://news.xinhuanet.com/world/2017-04/07/c_1120769372.htm.

联合国安理会多次通过谴责和制裁决议，但收效甚微，一个重要原因就是中美两国对这一问题的解决立场不一致，朝鲜利用了中美之间的矛盾与分歧。新的中美关系框架下，特朗普政府改变了奥巴马时期的对朝"战略忍耐"政策，中美双方的对朝立场趋于一致。特朗普访华期间，两国元首再次确认实现朝鲜半岛和平与无核化的承诺，以及两国执行联合国安理会有关决议并寻求通过外交途径解决问题的决心，为朝核问题的根本解决奠定了基础。

经贸关系历来被认为是中美关系的"压舱石"和"助推器"。特朗普就任美国总统后，两国就通过对话解决问题达成了重要共识，双方制订了"百日计划"，取得了"早期收获"，初步缓解了中美经贸关系的紧张状态。2017年7月举行的中美首轮"全面经济对话"又拟订出"一年计划"。双方从通过对话解决问题的过程中获得满意的结果，同时也意识到只有对话才能弥合分歧，避免两败俱伤。特朗普在2017年11月访问中国期间，两国企业在两场签约仪式上共签署合作项目34个，金额达到2535亿美元。这一成果，不仅有利于解决中美贸易严重不平衡问题，而且有利于互信的增加与利益更加深度的融合。

任何事物的发展都是前进性和曲折性的统一。尽管特朗普上台后，美国的对华政策有所调整，但中美之间的大战略竞争态势没有改变，特别是美国战略压制中国的部署没有改变。在美国2017年12月出台的《美国国家安全战略报告》中，明确将中国界定为竞争对手，认为中国企图在"印太地区"取代美国，以自己的方式改写地区秩序。尽管这份报告在一定程度上不完全反映特朗普本人的看法，但在未来一个时期，在某些领域美国加大对中国施压的可能性将有所增大，稳定中美关系的大局还需要双方共同付出更多的努力。

二、大国地位与大国外交理念的确立

改革开放以来，尤其是中共十八大以来，中国经济社会发展取得了世人瞩目的巨大成就，综合国力和国际影响力显著提升,并开始了从富到强的历史性飞跃。尊重世界文明的多元性与多样性，主张世界上不同国家都有从实际出发选择发展道路的权利，倡导通过和平与对话的途径解决矛盾分歧，坚持和平发展，合作共赢，是中国特色大国外交理念的核心内容，也是中国处理对美关系时始终坚持的外交理念。

近年来，中国倡导构建以合作共赢为核心内容的新型国际关系，特朗普执政前的多届美国政府坚持西方政治社会制度和价值理念的普遍性，两国在不同程度上都有为发展中国家提供帮助的用意，本质区别在于：中国尊重别国的道路选择，反对干涉别国内政；美国质疑别国的道路选择，主张干涉别国内政。随着中国综合国力和影响力的不断提升，世界上越来越多的国家，特别是发展中国家日益认可中国的大国地位，也越来越认可中国的外交理念。但在奥巴马执政期间，美国政府对中国的大国地位与大国外交理念心存疑议，以消极的态度对待中国提出的中美建立“不冲突，不对抗、相互尊重、合作共赢”新型大国关系。“在中美就‘新型大国关系’的态度上，中方提得多，美方提得少，中方希望借此加强合作和相互尊重，美方却对此充满疑虑和不愿马上放弃陈见。”[①]

特朗普执政后，美国政府的相关立场与主张有所改变。特朗普主张“美国第一”，衡量是非、划分亲疏敌友唯一标准是看是否有利于美国的“再次伟大”，而不大在乎对方在理论、道路和制度选择上是否与自己不同，这在事实上等于接受了中国有关世界多样性和多元性的正确主张，即使不是放弃，起码也不再顽固坚持地认为美国道路、制度、价值是世界各国唯一正确选择的一元史观。更大的突破在于特朗普首次认可了中国是一个大国和强国但不是敌国这一客观事实，实事求是地对中国的国际地位予以较高程度的认可与尊重，公开表示愿意以平等姿态与中国一道在双方存在共同利益的领域开展合作。2017年11月访华期间，特朗普政府更是通过实际行动证明了习近平主席提出的“宽广的太平洋两岸有足够空间容纳中美两个大国”重要主张的正确性。[②]

早在2016年11月14日，当选总统特朗普在同习近平主席通电话时就表示，中国是伟大和重要的国家，中国发展的良好前景令世人瞩目。美中

① 金灿荣：《十八大以来的中国外交理论和实践创新》，《当代世界》2017年第10期。

② 金灿荣：《十八大以来的中国外交理论和实践创新》，《当代世界》2017年第10期。

两国可以实现互利共赢。[①] 我国外交部发言人答记者问时也提到，“习近平主席与特朗普当选总统通话后，特朗普当选总统团队发的消息稿里面也提到中美之间应该相互尊重”。[②] 2017年3月19日，美国国务卿蒂勒森访华时明确表示：“美方愿同中方一道，按照特朗普总统同习近平主席达成的共识，坚持一个中国的政策，本着不冲突、不对抗、相互尊重、合作共赢的精神，努力探索拓展更多领域合作，从长远角度拓展更加富有成果的美中关系。”[③] 10月25日，特朗普与习近平通电话，祝贺习近平再次当选中共中央总书记，称“中共十九大举世瞩目”，[④] 成为美国历史上第一个祝贺中国共产党全国代表大会胜利召开的总统。10月30日，美国白宫办公厅主任约翰·凯利接受福克斯新闻网采访时说：“中国是一个强国，但不因此而成为我们的敌人。”他还表示，虽然美国人有自己的政治体制偏好，但美国不“论断”外国政权，“中国的政府体系看来适用于服务中国人民”。[⑤] 2017年11月特朗普访问中国期间，特朗普没有表现出一丝傲慢与懈怠。“将中国安排在访问五国行程的最中央，在北京度过当选一周年最为重要的纪念日，特别精心录制好小外孙女秀中文的视频展示给习主席夫妇，这一切都显现出特朗普对中国领导人的高度尊重以及对中美关系的极大期待。”[⑥] 虽然他在日、韩、越、菲访问时多次宣称“美国优先”，但在中国却只字未提。

特朗普顺应历史发展，抛弃冷战思维，纠正企图通过遏制中国崛起维持美国霸权地位的错误路线，选择与中国合作获得再次强大的机会，为中国在新的外交理念指导下开展周边外交减少了困难与障碍。

---

① 《习近平同美国当选总统特朗普通电话》，新华社北京2016年11月14日电。

② 《外交部：中美应构建不冲突不对抗的新型大国关系》，中国新闻网，2017年1月12日，http://www.chinanews.com/gn/2017/01-12/8122538.shtml。

③ 《美国国务卿蒂勒森：中美妥处分歧确保不冲突不对抗》，华商网，2017年3月19日，http://news.hsw.cn/system/2017/0319/695969_2.shtml。

④ 《国家主席习近平6日应约同美国总统特朗普通电话》，新华社北京9月6日电。

⑤ 《白宫幕僚长约翰·凯利：中国政府体系看来适用于服务中国人民》，观察者网，2017年11月3日，http://www.guancha.cn/internation/2017_11_03_433381.shtml。

⑥ 刁大明：《特朗普亚太行："印太"并非核心，他的"小目标"才是重点》，环球网，2017年11月16日，https://baijiahao.baidu.com/s?id=1584181671398241688&wfr=spider&for=pc。

三、中国特色大国周边外交实践

中美在构建新型大国关系方面迈上新台阶，为两国关系发展注入巨大正能量，为中国开展周边外交创造了有利条件。在新的中美关系框架下，中国更加积极主动，更加淡定从容地推进中国特色大国外交，为中国周边局势朝着有利于和平稳定方向发展提供有力的保障。

（一）敢于作为，表现大国意志。在朝鲜核导危机应对中，中国秉持客观公正立场，不搞远近亲疏，拉帮结派，做到按事情本身的是非曲直判断和处理问题，积极劝和促谈，为维护东北亚地区的和平稳定发挥了特殊作用。

2017年，朝鲜不顾国际社会反对，一意孤行，坚持继续试验核武器与导弹发射，对地区安全与国际秩序构成严峻挑战，对中国国家安全构成严重威胁。在对待朝鲜核导问题上，中国既反对美国武力威胁的错误做法，也反对朝鲜拥核。中国对联合国安理会的对朝制裁决议予以坚决支持。中方希望第2375号决议的内容得到全面、完整执行。“朝鲜不顾国际社会普遍反对,再次进行核试验，严重违反联合国安理会决议。中方赞同安理会就此采取必要措施。”[①] 中国政府说到做到，于9月23日颁布公告，禁止进口朝鲜纺织品和减少向朝鲜出口精炼油等。9月28日，中国政府进一步宣布，朝鲜实体或个人在中国境内设立的中外合资经营企业、中外合作经营企业、外资企业应自联合国安理会2375号决议通过之日起120天内关闭，中国企业在境外与朝鲜实体或个人设立的合资、合作企业亦应按照上述安理会决议要求予以关闭。

（二）独立自主，彰显大国担当。特朗普执政后，美俄关系非但没有像人们预料的那样因特朗普执政而得到改善，反而相互对抗有所加剧。

2017年，中国一如既往地发展与俄关系，中俄关系稳步向前，许多领域的相互合作取得进展与突破。一年来，习近平主席与俄罗斯总统普京实

---

① 《外交部发言人就联合国安理会通过第2375号决议答记者问》，新华网，2017年9月12日，http://news.xinhuanet.com/2017-09/12/c_1121648150.htm。

现互访，举行5次会晤。两国元首一致同意，携手努力、深化中俄全面战略协作伙伴关系，将高水平、强有力的中俄关系打造成维护和平、主持公平正义、倡导合作共赢的重要基石。在2017年7月与普京的会谈中，习近平主席强调："中俄关系处于历史最好时期，两国在涉及彼此核心利益问题上相互坚定支持，'一带一路'建设同欧亚经济联盟对接顺利推进，投资、能源、人文、地方等领域合作蓬勃开展，在国际和地区事务中保持密切有效的协调配合。"普京表示："俄中关系发展得非常好。拥有高水平互信和完善合作机制是俄中关系的巨大优势。俄方愿同中方一道，继续加强俄中全面战略伙伴协作。"①

（三）化解芥蒂，展示大国胸襟。2017年，在中国快速崛起和美国新总统执政的时代背景下，由于中国在对日关系中重视合作共赢，近年来"政冷、经凉、民怨"的中日关系开始出现缓和迹象。7月8日，习近平主席在汉堡会见日本首相安倍晋三，双方均表达了改善双边关系的意愿。②日方还多次表示，愿意同中方围绕"一带一路"开展合作。③8月15日是日本战败72周年纪念日，首相安倍晋三和第三届安倍政府第三次改组内阁的阁僚均未前往靖国神社参拜。这是自2012年底第二届安倍内阁上台执政后、首次在战败日无阁僚亲自前往参拜。在川岛真看来，"这与往常极其不同，也被认为是对中国示好的态度"。④9月28日，安倍出席中国驻日大使馆举行的国庆招待会暨中日邦交正常化45周年纪念晚会。安倍表示愿意促进日中友好关系，欢迎李克强总理在年内访日，参加日中韩领导人会议，自己作为日本首相希望出访中国，也欢迎习近平主席2018年正式访日。⑤

① 《习近平同俄罗斯总统普京举行会谈》，新华网，2017年7月4日，http://news.xinhuanet.com/world/2017-07/04/c_1121263888.htm。

② 《习近平会见日本首相安倍晋三》，人民网，2017年7月9日，http://politics.people.com.cn/n1/2017/0709/c1001-29392137.html。

③ 冯玮：《中日关系是否正迎来"春天"》，澎湃新闻网，2017年6月9日，http://www.thepaper.cn/newsDetail_forward_1703811。

④ 川岛真：《今年夏天日中关系"静悄悄"》，《联合早报》2017年9月7日，http://www.zaobao.com/forum/views/opinion/story20170907-793307。

⑤ 《日本首相安倍出席中国驻日本大使馆国庆招待会》，新华网，2017年9月28日，http://news.xinhuanet.com/2017-09/28/c_1121741726.htm。

近年来，因新加坡在所谓的南海仲裁和台湾问题上屡屡伤害中国利益和中国人民的感情，中新关系趋于冷淡。但中美关系明显改善后，鉴于新加坡对华立场有所改变，中国方面不计前嫌，愿意通过交往与合作改善双边关系。新加坡总理李显龙应邀从9月19日起对中国进行为期三天的正式访问，成为两国关系在经历数月的不确定性之后恢复发展的标志。访问期间，李显龙表示，新加坡希望更加密切地同中国在基础设施、互联互通、人力资源等各领域合作，加强发展战略对接，以造福两国人民。新方支持共建“一带一路”和成立亚洲基础设施投资银行，助力本地区和世界共同发展。新加坡愿积极促进中国—东盟合作关系不断深化。[①]

（四）兼济天下，弘扬大国风范。“一带一路”建设是中国倡导的能够为世界发展，尤其是周边发展做出新贡献的新的合作框架。东南亚是“一带一路”建设的重点地区和优先方向。中美关系的改善，为“一带一路”倡议下中国东盟合作升级提供了相对良好的外部环境和难得的历史机遇。2017年，中国与越南在领土与海洋管辖问题上达成诸多共识，南海呈现风平浪静的可喜局面。中国与东南亚国家在互联互通、基础设施建设合作取得的新成就，集中表现在中老铁路建设项目，中泰铁路项目和雅万高铁建设项目的开工和启动。中国与东盟合作正在成为新的历史时期世界范围和平发展、合作发展的成功典范。

为让“亲诚惠容”理念在周边国家落地生根，习主席一年来两次会见菲律宾总统杜特尔特，与到访的韩国总统文在寅规划中韩关系走向。十九大后，习主席首次出访选择了越南和老挝这两个邻国，多维度拓展双边合作。

（五）化危为机，展现大国智慧。2017年6月18日，印度边防人员在中印边界锡金段越过边界线进入中方境内，阻挠中国边防部队在洞朗地区的正常活动。针对这一起损害中国领土主权、威胁中国安全利益的行为，中国本着最大善意，保持高度克制，迅速表明态度，且划出底线。2017年8月28日，印方将越界人员和设备全部撤回边界印方一侧，中方现场人员对此进行了确认。中印顺利结束洞朗对峙，化危为机，展现了大国智慧和

---

① 《习近平会见新加坡总理李显龙》，新华网，2017年9月20日，http://news.xinhuanet.com/politics/2017-09/20/c_1121697507.htm。

两国关系成熟度。习近平主席和莫迪总理在金砖国家领导人厦门峰会期间进行双边会晤，习近平指出，中印两国要坚持双方互为发展机遇、互不构成威胁的基本判断。希望印方能够正确、理性看待中国发展。要向世界表明，和平相处、合作共赢是中印两国唯一正确的选择。莫迪表示，印方愿同中方共同努力，确保两国关系稳定发展。希望两国领导人能够保持密切沟通，为两国关系发展发挥引领作用。双方不应视对方为对手，而应使合作成为两国关系主流。[①]

四、构建以合作共赢为核心的亚太秩序

中美基于共同利益建立起新的、以相互沟通与协调为主要方面的双边关系框架，明显有利于亚太地区多边合作机制向开放、包容方向发生调整，成为亚太秩序从对立对抗转向合作共赢重构的开端。虽然美国国内主张对华强硬的政治力量依旧十分强大，特朗普政府在2017年12月推出的《国家安全战略报告》更是在“区域战略”下单列一节专述“印太”构想，表现出构筑“美日澳印”四国联盟共同牵制中国的意图，但由于中国无意挑战美国的实力、影响和利益，也不想在亚太地区取代美国的主导地位，建立将美国排除在外的新秩序，而是尽量争取与美国合作，共同维护和完善现有秩序，形成更具有包容性的新秩序，即使美国对中国的态度有所变化，但两国关系出现严重倒退的可能性不大。可以预期，在未来一个时期，中美只要继续维持目前状态，亚太地区原本处于分离甚至对抗的安全秩序与经济秩序就会相对平稳地向相互对接与融合的方向过渡，中国周边局势朝着有利于和平稳定方向发展将成为大概率事件。

奥巴马执政时期的亚太秩序带有浓郁的冷战色彩，有和平合作，但更有分歧与对抗，突出表现在这一地区出现一种所谓的“二元结构”，即“在安全领域，美国及其在东亚的联盟体系依然稳定地处于主导地位；在

---

① 《习近平会见印度总理莫迪》，新华社，2017年9月5日，http://news.xinhuanet.com/world/2017-09/05/c_1121609181.htm。

经济领域，中国的经济中心地位有所加强，相互依赖关系加深”。[①] 为遏制中国，当时的美国指使盟友并拉拢挑唆其他国家寻求与中国对抗，导致这一地区屡屡发生纠纷与争端。美国在亚太地区军事与安全影响力越大，对中国的负面影响越大。另一方面，中国经济的影响力越大，美国觉得对自己伤害越大，尤其担心在中国主导下，这一地区会形成将美国排斥在外的经济合作机制。很大程度上受美国立场与态度的影响，中国在亚太地区经济影响力与安全影响力很不一致，甚至出现一些国家在经济上对中国越依赖，安全上对中国的信任越降低的情况。由于美国采取咄咄逼人的态势，一些国家不得不面临“选边站”的困惑与纠结。

今日中国所要追求的利益首先是国内发展优先，坚持“中国自己发展好，就是对世界最大的贡献”。[②] 特朗普无意继续实施奥巴马政府旨在牵制中国的亚太战略，把如何让美国再次强大视为第一要务，与习近平主席提出的实现“中国梦”异曲同工。中美对自己国家利益首要在国内的界定，决定了这两个世界大国在亚太地区乃至世界只能是“软接触”，而不会硬碰硬。遇到问题与挑战，处理的方式只能是两国共同商量，合作解决。

在中美关系进入合作共赢渠道的背景下，双方的“亚太战略”相互交汇融合成为可能。为应对朝鲜核问题，特朗普加强与日本和韩国的同盟关系，动员包括东南亚国家在内各国领导人建立统一战线，与此同时，中美在朝核问题上原则立场也趋于一致。鉴于中国的发展越来越离不开世界，中国提出“一带一路”倡议，目的在于推动更大范围、更高水平、更深层次的区域合作。在奥巴马时代，美国对“一带一路”比较抵触。特朗普执政后，美国政府不仅派代表出席今年5月在北京举办的“一带一路”国际合作高峰论坛，特朗普还于6月22日在白宫明确表态：美方愿同中方在“一带一路”有关项目上进行合作。[③] 从中可见，一种新的亚太秩序正在浮

① 周方银：《中国的崛起与东亚格局的演变》，袁堂军主编：《中国的发展与亚洲的未来》复旦大学出版社，2013年，第5页。

② 《李克强：中国是负责任的发展中大国》，新华网，2014年9月9日，http://news.xinhuanet.com/politics/2014-09/09/c_1112413026.htm。

③ 《特朗普：美方愿同中方在“一带一路”有关项目上进行合作》，澎湃新闻网，2017年6月23日，http://www.thepaper.cn/newsDetail_forward_1715882。

出水面：美国在它所构建的安全秩序中加入中国，中国在“一带一路”建设中加入美国，和平与合作成为地区发展与繁荣的最大优势。

随着亚太新秩序的形成，奥巴马时期亚太国家在安全上依赖美国、经济上依靠中国的情形将日渐成为历史。如果亚太国家无论在安全上、还是在经济上，都能与中美两个大国同时开展合作，不但可避免中美对抗时须选边站的尴尬，也可从政治影响经济，即“政冷经凉”的困境中有所解脱。日本首相安倍晋三希望2018年春天访华，韩国总统文在寅则已在2017年12月实现访华，因为他们都意识到中美关系已经今非昔比。“萨德”降温，南海趋于风平浪静，东南亚国家对参加“一带一路”的热情有增无减，日本的态度也由消极转变为积极，这一切，无不表明这一地区正在发生大的调整与变革。

第二章 高峰论坛与“一带一路”建设新进展

赵明昊

【内容提要】2017年5月，“一带一路”国际合作高峰论坛在北京成功举办，标志着“一带一路”建设进入稳步推进、精耕细作的新阶段。“一带一路”建设展现出更加重视市场化和国际化的新特征，促进“一带一路”机制化发展的探索也有所展开。在中国周边地区，“一带一路”建设不断深入推进，包括提出中老、中缅经济走廊等构想。同时，也不应忽视“一带一路”建设在可持续融资、项目落地、安全保障等方面面临的一系列问题，美国等国推动的“印太”战略也将对“一带一路”带来影响。未来一个时期，“一带一路”建设将在中国实施“强国方略”的进程中扮演更重要角色，需要更加重视中国自身的改革开放和能力建设，使之切实成为构建全面开放新格局、构建人类命运共同体的重要途径。

【关键词】高峰论坛　“一带一路”　国际合作

【基金项目】本文是国家社会科学基金项目《“一带一路”建设中的美国因素及其应对策略研究》（批准号：17CGJ027）的阶段性成果。

【作者简介】赵明昊，中共中央联络部当代世界研究中心副处长。

2017年5月，“一带一路”国际合作高峰论坛在北京成功举办，来自130多个国家的1500余位代表参会，这次会议对未来一个时期“一带一路”建设的走向具有重大影响。同年10月，习近平总书记在党的十九大报告中五次提及“一带一路”，强调要以“一带一路”为重点，形成陆海内外联动、东西双向互济的开放格局，打造国际合作新平台。显然，对于中国国内发展以及中国的外交方略而言，“一带一路”的重要性都在提升，需要进一步统筹国内国际两个大局，切实增强内在动力，推动“一带一路”稳步向前、精耕细作。

一、“一带一路”国际合作高峰论坛

2017年5月，首届“一带一路”国际合作高峰论坛（下称高峰论坛）在北京举行。此次论坛是2013年“一带一路”倡议提出以来最高规格的多边外交活动。共计29位外国元首、政府首脑以及联合国秘书长、红十字国际委员会主席等重要国际组织负责人出席高峰论坛。参会代表的总人数约为1500名，来自130多个国家，包括政府官员、企业界人士、专家学者和媒体工作者等。高峰论坛包括开幕式、圆桌峰会、平行主题会议等部分。论坛举办期间，发表联合公报等重要文件，达成的相关成果共计270多项。中国与30多个国家签署了经贸合作协议，与蒙古、缅甸、新加坡、匈牙利、克罗地亚等国，以及联合国开发计划署、联合国工业发展组织等国际组织签署了一批对接合作协议和行动计划。可以说，此次高峰论坛既实现了“集众智、聚众愿、汇众力”的目标，又取得一系列事关“一带一路”可持续发展的务实合作成果。

习近平主席在高峰论坛开幕式发表题为《携手推进“一带一路”建设》的主旨演讲，回顾总结了过去4年多来“一带一路”建设实现的主要进展和成就[①]，并以“和平之路、繁荣之路、开放之路、创新之路、文明之路”高度概括了未来一个时期“一带一路”建设的方向。习近平指出，“一带一路”需要营造共建共享的安全格局，要聚焦发展这个根本性问题，促进政策、规则、标准三位一体的联通，向创新要动力，共同创造有利于开放发展的环境，以文明交流超越文明隔阂、文明互鉴超越文明冲突、文明共存超越文明优越。习近平在演讲中还强调，“一带一路”建设植根于丝绸之路的历史土壤，重点面向亚欧非大陆，同时向所有朋友开放，“一带一路”建设将由大家共同商量，“一带一路”建设成果将由大家共同分享，“我们推

---

① 关于2013年以来“一带一路”国际合作取得的主要进展以及中国作出的贡献，可参见由推进“一带一路”建设工作领导小组办公室发布的《共建“一带一路”：理念、实践与中国的贡献》，2017年5月10日，https://www.yidaiyilu.gov.cn/zchj/qwfb/12658.htm。

进‘一带一路’建设不会重复地缘博弈的老套路，而将开创合作共赢的新模式；不会形成破坏稳定的小集团，而将建设和谐共存的大家庭。”①

此外，习近平主席还着重阐述了未来一个时期中国在“一带一路”建设中将要扮演的角色，并宣布实施一系列新举措，以带动更多国家、国际组织和社会力量为“一带一路”做出贡献。特别是，中国将加大对“一带一路”建设资金支持，向丝路基金新增资金1000亿元人民币，鼓励金融机构开展人民币海外基金业务，规模预计约3000亿元人民币。中国国家开发银行、进出口银行将分别提供2500亿元和1300亿元等值人民币专项贷款，用于支持“一带一路”基础设施建设、产能、金融合作。中国方面将同亚洲基础设施投资银行、金砖国家新开发银行、世界银行及其他多边开发机构合作支持“一带一路”项目，同有关各方共同制定“一带一路”融资指导原则。中国将在未来3年向参与“一带一路”建设的发展中国家和国际组织提供600亿元人民币援助。

值得强调的是，此次高峰论坛有助于推动“一带一路”务实合作更趋多边化、长效化。习近平主席提出，中国将设立“一带一路”国际合作高峰论坛后续联络机制，成立“一带一路”财经发展研究中心、“一带一路”建设促进中心，同多边开发银行共同设立多边开发融资合作中心，同国际货币基金组织合作建立能力建设中心。这些举措不仅有助于增强各方合作的持续性和稳定性，也将提升各方“责任共担”意识，将“共商共建”引向深入。习近平主席宣布，中国将于2019年举办第二届“一带一路”国际合作高峰论坛。

此次高峰论坛还直接推动“一带一路”建设方案的进一步优化和明晰。中国国家发展和改革委员会、国家海洋局联合发布《“一带一路”建设海上合作设想》，这是中国政府首次就推进“一带一路”海洋方向合作提出较为系统的方案，包括明确宣布要共同建设中国—印度洋—非洲—地中海、中国—大洋洲—南太平洋、中国—北冰洋—欧洲三大“蓝色经济通

---

① 《携手推进“一带一路”建设》,《习近平谈治国理政（第二卷）》，北京：外文出版社，2017年，第514-516页。

道”。[①] 在中方倡议和推动下，中国财政部与阿根廷、白俄罗斯、柬埔寨、捷克、埃塞俄比亚、印度尼西亚、伊朗、俄罗斯、泰国、土耳其、英国等26国财政部共同核准了《“一带一路”融资指导原则》。[②] 中国环境保护部、农业部、文化部等部委发布了促进“一带一路”建设相关领域国际合作的规划、方案和指导意见等。

二、“一带一路”建设的主要进展和问题

2017年，在高峰论坛的有力带动下，“一带一路”建设取得多方面新的进展。从政策沟通层面看，中国目前已经与86个国家和国际组织签署了100份“一带一路”合作文件，并与俄罗斯、匈牙利、老挝等国建立政府部门构成的联合工作组或相关机制，推动合作协议的落实。根据中国商务部的统计，2017年前11个月，中国与“一带一路”沿线国家贸易额达9830亿美元，同比增长15.4%；中国企业对“一带一路”沿线59个国家有新增投资，直接投资额达到124亿美元；新签承包工程合同额约为1135亿美元，同比增长13%。前11个月沿线国家在华实际投资50亿美元，新设立企业3500多家。2017年，中国与格鲁吉亚、马尔代夫等国新签4个自贸协定，累计签署了16个自贸协定，涉及24个国家和地区。中国与“一带一路”沿线国家的产能合作也在持续展开。目前，中国方面在“一带一路”沿线国家共建设75个境外经贸合作区，累计投资270多亿美元，入区企业共计约3500家，向东道国缴纳税费超过22亿美元，为当地创造的工作岗位约21万个。[③]

在设施联通方面，一系列重大项目在2017年实现稳步推进。12月，中泰铁路合作项目一期工程在泰国东部的呵叻府开工建设，这是泰国第一条

---

① 国家发展和改革委员会、国家海洋局:《“一带一路”建设海上合作设想》，2017年6月，https://www.yidaiyilu.gov.cn/wcm.files/upload/CMSydylgw/201706/201706200152052.pdf。

② 《“一带一路”融资指导原则》，2017年5月，https://www.yidaiyilu.gov.cn/wcm.files/upload/CMSydylgw/201705/201705161021052.pdf。

③ 陈恒:《2050：全面建成经贸强国》，光明网《光明日报》，2018年1月2日，http://news.gmw.cn/2018-01/02/content_27242656.htm。

标准轨高速铁路，也是中国—中南半岛经济走廊建设的“重头戏”之一。该项目的二期工程将使这条铁路延伸至与老挝首都万象隔河相望的廊开府，进而与中老铁路“磨丁至万象”段连接。此外，匈塞铁路贝尔格莱德至旧帕佐瓦段、阿联酋哈利法港等工程也已开工建设，斯里兰卡政府于12月正式将汉班托塔港的运营权移交给中国招商局集团，“丝路基金”重点支持的中俄亚马尔液化天然气项目首条生产线投产。值得注意的是，中国与相关国家在基础设施建设的基础上有意推动形成“经济走廊”，以促进务实合作的系统性和规划性。2017年11月，习近平主席访问老挝期间，双方商定以中老铁路为依托共同建设“中老经济走廊”。同月，中国外交部长王毅访问缅甸期间，提出中方愿根据缅国家发展规划和实际需要，与缅方共同探讨建设北起中国云南，经中缅边境南下至曼德勒，然后再分别向东西延伸到仰光新城和皎漂经济特区的“人字型”中缅经济走廊，缅甸国务资政昂山素季对此倡议表示赞赏。①

虽然“一带一路”建设在2017年取得诸多进展，但也面临一系列突出问题。首先，确保可持续的项目融资对于“一带一路”建设越发重要。根据国务院发展研究中心“一带一路”设施联通研究课题组的预估，2016年至2020年间“一带一路”基础设施合意投资需求至少达10.6万亿美元。②国家发展改革委相关部门2017年8月表示，国家开发银行、中国进出口银行在“一带一路”沿线国家发放贷款超过1100亿美元，中国出口信用保险公司承保“一带一路”沿线国家出口和投资超过3200亿美元。丝路基金目前已签约17个项目，承诺投资约70亿美元。显然，单单靠中国一家或政府的力量，难以解决“一带一路”建设的融资问题。2017年11月8日，国家发展改革委分别与国家开发银行、中国出口信用保险公司、中国工商银行、中国银行、中国国际金融股份有限公司签署《关于协同推进“一带一路”产能合作框架协议》，建立推进“一带一路”产能合作协同机制。此举旨在进一步发挥相关金融机构的综合性国际金融服务专业优势，不断提

---

① 《中方提出建设中缅经济走廊》，新华社，2017年11月20日，http://www.xinhuanet.com/world/2017-11/20/c_1121982554.htm。

② 《“一带一路”基础设施投融资需求及中国角色》，国务院发展研究中心网站，2017年2月15日，http://www.drc.gov.cn/n/20170215/1-224-2892687.htm。

升“一带一路”产能合作融资、保险及多元化金融服务水平，加快形成产融结合共同推进“一带一路”产能合作的良好局面。[①] 此外，在中国与沿线国家的合作中，也出现因融资协议难以达成而造成项目合作遇阻甚至被取消的问题，如巴基斯坦迪亚米尔—巴沙（Diamer-Bhasha）大坝、尼泊尔布迪—甘达基（Budhi-Gandaki）水电项目等。[②] 考虑到某些项目的建设难度、维护运营和安全保障等方面的成本，中国方面提出相应的融资计划，但相关条款被合作国方面认为较为“严苛”。这实际上也反映了融资可行性、国际商业规范等因素的重要性在“一带一路”建设中更为突出，需要中国和相关国家进一步深化沟通。

第二，“一带一路”建设如何形成有效“治理”需要引起进一步重视。随着参与“一带一路”建设的国家和国际组织不断增多，需要思考构建处理多元合作关系的治理架构，包括正式的和非正式的规则、机制和规范等。目前，欧盟委员会仍以技术性理由对匈塞铁路项目持续进行审查，其理由是相关欧盟成员国在项目招投标等方面未遵守欧盟规则。欧盟委员会副主席卡泰宁（Jyrki Katainen）在参加“一带一路”国际合作高峰论坛期间提出，“一带一路”建设需要保持开放性，要求提升项目的透明度，并严格遵守公开招标的相关国际规则，他还主张进一步发挥多边机构和多边银行的作用。显然，“一带一路”建设不能简单套用美欧所倾向的那种治理模式，而是要将“规则治理”和“关系治理”相互结合，不搞“唯规则论”，既推动规则建设，也重视沟通、协商、调解的作用，尽量照顾各方舒适度，维护彼此默契。面对分歧摩擦，既靠规则疏导，也靠关系“润滑”。[③] 当然，“治理”不仅是经济关系的维护和调整，还涉及安全保障成本分担等一系列棘手难题，“一带一路”建设的具体治理模式问题值得深入研究。

第三，美国、日本等国推动的“印太”战略对“一带一路”的影响

① 《国家发展改革委与五家金融机构签署协同推进“一带一路”产能合作框架协议》，国家发展改革委网站，2017年11月9日，http://www.ndrc.gov.cn/gzdt/201711/t20171109_866711.html。

② Intelligence Unit, “Pakistan and Nepal Cancel Dam Deals with China”, *The Economist*, November 23, 2017, http://www.eiu.com/industry/article/1496154733/pakistan-and-nepal-cancel-dam-deals-with-china/2017-11-23.

③ 赵明昊：《互联互通视域下的“一带一路”》，《理论视野》2017年第6期。

不容忽视。2017年6月印度总理莫迪访问美国期间，美印发表的联合声明称，“支持通过基础设施的透明发展和负责任的金融实践促进地区的经济互联互通，同时确保对主权和领土完整、法治以及环境的尊重；并呼吁本地区的其他国家遵守这些原则。”这一表态被认为是美国和印度共同针对中国表达不满，展现了它们对“一带一路”的深层疑虑和制衡姿态。[①]9月中旬，日本首相安倍晋三访问印度期间，双方发表《致力于自由开放繁荣的印太》联合声明。双方再次确认了就“亚非增长走廊”展开合作，而这是印度和日本共同推动的“印度洋—太平洋自由走廊”的一部分，旨在扩大印日两国对南亚、西亚和非洲地区发展的影响力。印度和日本将为此分别投入100亿美元和300亿美元。[②]9月18日，美国、日本和印度三国外长在纽约举行会晤，就合作开发“印度洋—太平洋”（印太）地区港口等基础设施达成一致。11月，特朗普政府正式提出“印太”战略，美国、日本、印度和澳大利亚四国举行工作层的四方协商，声称要让具有共同价值观的国家聚集在一起，巩固印太地区和全球架构，包括设法为寻求基础设施投资和经济发展的地区国家提供替代方案。[③]此外，带有政府背景的美国海外私人投资公司（OPIC）与日本国际协力银行（JICA）等机构在11月签署合作备忘录，共同为地区国家提供基础设施融资等方面的支持。面对“有名又有实”的“印太”战略，中国需要思考如何有效、灵巧应对。

三、对“一带一路”建设的初步展望

2018年是贯彻落实党的十九大精神的开局之年，是改革开放40周年，“一带一路”建设的推进也将面临新的重要节点，需要切实增强统筹国内国际两个大局的意识，促进“一带一路”建设进一步强本固基、行稳致远。

2017年10月，中国共产党第十九次全国代表大会在北京召开，习近平

① Ankit Panda, “A US-India Consensus on China’ s Belt and Road?” *The Diplomat*, June 29, 2017.

② Ramesh Thakur, “The Enduring Basis of Strong India-Japan Relations,” *Japan Times*, October 18, 2017.

③ Yashwant Raj, “US Says Quadrilateral Meet with India, Japan, Australia Soon,” *Hindustan Times*, October 28, 2017.

总书记在大会报告中五次提及“一带一路”。他在“贯彻新发展理念，建设现代化经济体系”部分强调要以“一带一路”为重点，坚持引进来和走出去并重，遵循共商共建共享原则，加强创新能力开放合作，形成陆海内外联动、东西双向互济的开放格局。他在阐述“坚持和平发展道路，推动构建人类命运共同体”方略时提出，要积极促进“一带一路”国际合作，努力实现政策沟通、设施联通、贸易畅通、资金融通、民心相通，打造国际合作新平台，增添共同发展新动力。[①] 此外，党的十九大还决定将推进“一带一路”建设写入中国共产党党章。

中共十九大宣示中国进入“新时代”，并推动我国按照未来30年“两步走”的战略安排，朝着本世纪中叶建成“社会主义现代化强国”的宏伟目标迈进。习近平总书记在十九大报告中明确提出，中国将在2020年“全面建成小康社会”，2035年“基本实现社会主义现代化”，继而在本世纪中叶建成“富强民主文明和谐美丽的社会主义现代化强国”。党的十九大报告还提出，中国将推动建设相互尊重、公平正义、合作共赢的新型国际关系，扩大同各国的利益交汇点，按照亲诚惠容理念和与邻为善、以邻为伴周边外交方针深化同周边国家关系。展望未来数十年，“一带一路”在中国实现“强国”目标、经略外交关系尤其是周边外交的进程中势必发挥更为重要的作用。

2017年11月10日，新当选的中共中央政治局常委汪洋在《人民日报》发表长文，阐述如何落实党的十九大精神，推动形成全面开放新格局。文章提出，“一带一路”建设是我国扩大对外开放的重大战略举措，也是今后一段时期对外开放的工作重点。他强调，要聚焦发展这个根本，以“六廊六路多国多港”为主体框架，大力推动互联互通和产业合作，拓展金融合作空间，将“一带一路”建成繁荣之路。[②] 在谈及新时代中国特色大国外交的战略部署时，中共中央政治局委员、国务委员杨洁篪称，“坚持不懈推进‘一带一路’建设，进一步深化全方位对外开放格局。坚持对外开放的基本国策，坚持打开国门搞建设，把‘一带一路’与构建人类命运共同体

① 习近平:《决胜全面建成小康社会，夺取新时代中国特色社会主义伟大胜利——在中国共产党第十九次全国代表大会上的报告》，2017年10月18日，人民出版社，第34—35页，第60页。

② 汪洋:《推动形成全面开放新格局》,《人民日报》，2017年11月10日。

更加紧密结合起来，与落实2030年可持续发展议程紧密结合起来，打造国际合作新平台，增强共同发展新动力。这将有力促进区域经济一体化和区域合作，为世界提供更多互利共赢的合作契机。”①

从上述不难看出，“一带一路”建设首先需要进一步聚焦和服务于中国自身的发展战略，“这个倡议符合我国经济发展内生性要求，也有助于带动我国边疆民族地区发展”，要用“一带一路”努力拓展改革发展新空间。②“一带一路”建设具有“由内而外、内外兼顾、内外联动”的基本性质，要切实避免“一带一路”被无限泛化。在“一带一路”建设中，应当“坚持引进来与走出去更好结合，坚持沿海开放与内陆沿边开放更好结合，坚持向发达国家开放与向发展中国家开放更好结合”，而不是随意夸大“一带一路”或是盲目投入、失去重点。正如石源华教授所言，要结合党的十九大设计的实现“中国梦”的时间表和战略布局，进一步厘清不同阶段“一带一路”建设的对内重点和对外重点，最核心的是将中国自身“做强做大”。

其次，2018年需要思考如何进一步充实“一带一路”在东北亚方向的布局和发展。由于中日领土主权争端、朝鲜半岛核问题等因素，日本、韩国、朝鲜三国在“一带一路”建设中的角色定位一直不甚清晰。特别是，在相关“一带一路”沿线国家，出现日本与中国围绕基础设施大型项目展开激烈竞争的现象。虽然日本安倍政府在对华政策上具有保守右翼色彩，但其对“一带一路”的态度开始出现若干积极变化。出于改善对华关系的需要，在日本经济界人士的压力之下，安倍政府不断释放出与“一带一路”进行合作的政策信号。2017年12月4日，安倍晋三首相在日中两国经济界人士会议上致辞表示，“我国认为在自由开放的印太战略下，也可以与倡导‘一带一路’的中国大力合作。”日本内阁官房、外务省、经济产业省等政府部门还联合制订了相关合作方案，将节能环保、提升产业水平和促进交

① 杨洁篪：《深入学习贯彻党的十九大精神，奋力开拓新时代中国特色大国外交新局面》，《求是》，2017年第23期，第6页。

② 《推进“一带一路”建设，努力拓展改革发展新空间》，《习近平谈治国理政（第二卷）》，北京：外文出版社，2017年，第500页。

通物流作为日中民间经济合作的三大核心领域。[①] 考虑到未来15年亚洲基础设施建设所需资金高达2.6万亿美元，日本主导的亚洲开发银行行长中尾武彦（Takehiko Nakao）也表示，融资需求巨大，不需要将（中国倡设的）亚投行视为竞争对手，双方可以进行合作。[②] 此外，韩国文在寅总统在2017年12月访问中国时也明确表示，要着力推进韩国“新北方”、“新南方”政策与中国“一带一路”的战略对接，他还提出推动两国企业共同开拓第三国市场等四大合作方案。[③] 朝鲜方面则通过不同方式表达出对参与“一带一路”的兴趣，并派出部长级代表团参加“一带一路”国际合作高峰论坛。

第三，“一带一路”建设需要设法促进西方国家的参与，为“一带一路”的可持续发展营造更好条件。2018年是中国改革开放40周年，回望这40年，中国的发展壮大也得益于与西方国家的合作。值得注意的是，在十九大之后，美欧等国出现新一轮“中国威胁论”的苗头。面对一个比以往任何时候都要强大和自信的中国，不少西方国家人士感到不适。英国《金融时报》首席外交事务评论员吉迪恩·拉赫曼（Gideon Rachman）称，中共十九大是一个重要的里程碑，中国人相信自己正在崛起，而西方正在衰落；随着一个新时代的开始，中国对西方的挑战正变得更加明显，而这种挑战正在意识形态、经济和地缘政治三条战线同时发生。美国总统特朗普重要智囊、民粹主义“旗手”史蒂夫·班农（Steve Bannon）则公开表示，“一带一路”是中国争夺全球霸权的战略工具之一。[④] 很大程度上，特朗普政府宣扬的“印太”战略是对“一带一路”的一种回应。“印太”战略虽然从概念上而言并无新意，但美国等国借此“虚功实做”的影响不容忽视。实际上，美欧国家的企业和金融机构对于参与“一带一路”合作抱有很大

---

① “Abe Vows to Raise Sino-Japanese Relationship to ‘New Stage’,” *China Daily*, November 20, 2017; “Abe Offers Conditional Cooperation with China’s Silk Road Initiative,” *Japan Times*, June 5, 2017.

② Doug Tsuruoka, “ADB Ready to Cooperate with AIIB in Asia, Insider Says,” *Asia Times*, July 18, 2017.

③ 《文在寅：借四大合作方案让韩政策与“一带一路”对接》,《联合早报》，2017年12月16日，http://www.zaobao.com/realtime/china/story20171216-819417。

④ Guy Taylor, “Bannon Storms Japan, Bashes US ‘Elites’ for Bungling Rise of China,” *Washington Times*, November 15, 2017.

兴趣，有些企业已经从中获利。正如英国《经济学人》杂志刊文所称，很多西方国家企业希望抓住“一带一路”机遇，向相关中国企业和“一带一路”沿线国家出售设备、技术和服务，2016年美国通用电气公司从“一带一路”项目的设备订单中赚取了23亿美元，大约是2015年的三倍。① 此外，通用还与中国主导的“丝路基金”签署协议，成立能源基础设施联合投资平台；② 美国霍尼韦尔公司为中国在中亚国家的油气管线建设项目提供了相关技术；美国卡特彼勒公司则是相关“一带一路”项目重型机械装备的供应商；③ 英国前首相卡梅伦（David Cameron）有意出任一个金额为10亿美元的投资基金的主席，这一基金由中英两国的私营金融机构共同运营。据有关机构测算，“一带一路”的资金需求将达到8万亿美元，中国可以通过与英国等国的合作进一步向全球金融市场借力，这对“一带一路”的成功至关重要。④

① “Western Firms are Coining It along China’s One Belt, One Road,” *The Economist*, August 3, 2017.

② Keith Bradsher, “US Firms Want In on China’s Global ‘One Belt, One Road’ Spending,” *New York Times*, May 14, 2017;” Cai Xiao, “GE Reaps Belt and Road Dividend,” *China Daily*, October 25, 2016.

③ “China’s Belt and Road Initiative in South and Southeast Asia,” Draft Background Report by Initiative for US-China Dialogue, Georgetown University, November 2017, pp.32-33.

④ Bruno Macaes, “David Cameron Didn’t Just Sell Out to China,” *Foreign Policy*, December 20, 2017; Cecily Liu, “London Policy Chief Urges Belt and Road Action,” *China Daily*, May 28, 2017.

第三章
中国周边政治与安全形势

张　洁

【内容提要】2017年的中国周边政治与安全形势，具有两个突出特点。第一，中美在周边事务中的一进一退，加速了地区秩序的破旧立新进程。美日印澳以“印太”为核心的四国联动形成战略呼应。第二，安全问题的多点爆发,增加了地区形势的复杂性。洞朗对峙的发生，加之已有的朝核问题、南海问题，使中国多年以来第一次在东北、东南和南部三面同时面临安全挑战。中国周边形势的复杂化，并不意味着局势的恶化。随着自身实力的提升，中国对周边事务的把控、处理能力大幅增加，无论是大国博弈，还是地区安全热点问题，均不对中国的国家主权与领土完整构成重大挑战。在地区秩序重构的进程中，中国一“极”崛起迅速，“一带一路”倡议的推进，新时期中国特色大国外交理念的提出，都使中国方案日渐清晰具体。周边是实践中国方案的优先区域和重点试验田，这一进程仍需中国外交精耕细作，富有战略定力和大国智慧。

【关键词】大国博弈　地区秩序　中国方案

【作者简介】张洁，中国社科院亚太与全球战略院研究员，中国南海研究协同创新中心研究员。

一、大国关系竞合分化，地区格局加速重组

2017年，中国周边地区形势兼具“变”与“不变”。不变的是，自21世纪第二个十年初开始，随着以中美日三国为主的大国实力对比发生显著

变化，周边地区秩序启动了调整与重组的进程，中美两国逐渐成为不同发展模式、不同地区秩序主张的“领导羊”。变化的是，随着特朗普的上台，美国亚太事务战略收缩意向加强，从外交层面看，与奥巴马时期的“亚太再平衡”战略形成鲜明对比。

中美在支持全球化进程中的“一进一退”，在周边事务中的一方拓展一方收缩，不仅影响自身在地区格局中的地位，也牵动地区各国政策的调整与变化。突出表现为日本和澳大利亚积极推进美、日、印、澳四边联盟的整合，试图将美国“留在”亚太；更多的周边国家的焦虑、观望情绪加重，在试图保持大国平衡的同时，更加务实关注中国方案。

（一）特朗普政府降低主导亚太事务意愿，美日印澳战略协同加强。

在总体上对国际事务收缩的同时，特朗普对于中东、欧洲和俄罗斯的关注多于亚太地区。在亚太事务中，安全热点问题、各次区域在特朗普政府外交议程中的优先排序发生明显变化。特朗普政府将朝核问题置于亚太安全的首要位置，对朝采取“极限施压”政策，借此进一步“拉紧”美韩日三边同盟；特朗普政府对东盟的关注，不仅在总体上有所下降，而且还将朝核问题、反恐问题作为美国—东盟关系的重点；特朗普政府在南亚显著提升印度的战略价值，“扶印抑巴”更为明显；南海议题在中美首脑对话以及美国—东盟关系中退居次要，美国军事力量在南海的前沿存在却有增无减，“自由航行行动”趋于常态化、低调化、精细化和更具挑衅性。

2017年，特朗普实现了亚洲五国之行，参加了APEC会议与东盟峰会，美国副总统拜登、国务卿蒂勒森与国防部长马蒂斯等高官多次访问亚太国家，并未缺席本地区重要的地区安全对话。在中国周边地区并不缺乏美国忙碌的“身影”。但是，美国的亚太盟友以及伙伴国普遍对特朗普政府感到怀疑与焦虑。究其原因，至少有三：第一，特朗普政府强调“美国优先”，在国际事务中采取选择性退出；第二，特朗普上任后宣布退出TPP和结束“亚太再平衡”战略；第三，特朗普政府始终没有制定出明确、完整的亚太政策，对亚太事务缺乏长远谋划，很大程度上是“问题导向”或“危机驱动”，一些政治性表态缺乏具体实施措施的有力支撑。

为了应对这种新态势，日本与澳大利亚的政策调整迅速、明晰，在加强自身发声的同时，试图通过加快构筑美、日、印、澳四边联盟，将美国留在亚太地区，以共同应对中国的“强势”。

2017年，日本一方面继续在解禁“集体自卫权”和“修宪”的道路上“孜孜以求”，强化自身防卫力量，练足内功；另一方面以海洋问题为依托，不断强化美日同盟，扩大亚太地区乃至全球海洋安全合作范围，试图通过构建全球性海洋国家联盟，包围和遏制中国海上力量的发展。日本的对印政策值得高度关注，除了已有的外交与防务双边对话机制以外，日印双方在经济领域的合作沿“两线”快速推进，在东南亚—南亚“一线”，双方同意将日本的“自由开放的印度—太平洋战略”与印度的“东向行动政策”对接，在非洲“一线”，两国谋划联合打造“亚非增长走廊”。这两线在地缘政治上直接与“一带一路”倡议形成竞争，其抗衡中国影响力增长的意图昭然若揭。

印度在加强对日关系的同时，重点构建对美关系。以2016年美印签署《后勤交流备忘录协议》为里程碑，美印加大了在“印太”地区军事活动的战略合作。2017年6月，莫迪访问美国，印美两国同意深化战略伙伴关系，促进共同目标，包括打击恐怖主义、增进印度—太平洋地区稳定、提升自由和公平贸易、加强能源合作等。同时，美国加强了对印度的重视，强调借助印度之力平衡中国、确保阿富汗及整个地区的稳定、合作打击恐怖主义，是美国南亚政策调整的推动力，赋予印度在其南亚政策中的核心地位。

2017年，澳大利亚在南海问题上积极发声和采取行动。9月至11月，澳大利亚进行“印太奋斗—2017”大规模海上军事演习，这是澳大利亚30年来最大规模的海上作战群演习。演习期间，澳大利亚军舰访问菲律宾、文莱、泰国等多个国家，并与其中多国举行双边或多边联合演习。澳大利亚极力鼓吹以“印太”取代“亚太”，背后潜台词是要联合“相同价值观”的国家，共同牵制中国的发展。澳大利亚明确表示希望加入美日印三边“马拉巴尔”军事演习，其11月发布的《外交政策白皮书》，明确呼吁美国不要放弃全球领导权，对中国日益增长的影响力发出警告。

在四方的共同“努力”下，美、日、印、澳四国代表在11月举行的东亚领导人系列会议期间进行首次会晤，各自发表声明，表示四国将基于共同愿景和价值观开展合作，维护印度洋—太平洋地区的“基于规则”的秩序。

需要指出的是，与美国亲力亲为，通过加强同盟关系与伙伴关系，构建地区网络，最终维护美国的地区主导权的“亚太再平衡”战略有所不同，美、日、印、澳四边联盟机制的形成，更多是通过日本与澳大利亚的“热情”奔波，意在留住美国，同时与印度联手，共同构筑抗衡中国的地区集团力量的外交努力，是美国战略收缩下的一种选择。

（二）中俄各自出台地区方案，相互加强合作协同。

2017年初，习近平主席在达沃斯论坛发表演讲，倡导建设开放、互利共赢的区域自由贸易安排，旗帜鲜明地反对贸易保护主义。5月，“一带一路”国际高峰论坛在北京举办；10月，中共十九大召开，十九大报告提出了构建新时期中国特色大国外交，这些举措逐步清晰和完善了以推动“一带一路”倡议、发展新型国家关系、构建人类命运共同体为核心的中国方案。

俄罗斯是亚太地区秩序构建的重要力量。2016年6月，俄罗斯提出大欧亚伙伴关系，希望建立一个有欧亚经济联盟、印度、中国、独联体各国和其他国家和地区组织参加的、连接亚洲和欧洲的大欧亚伙伴关系。“大欧亚伙伴关系”是俄罗斯“东向政策”的延伸，俄罗斯希望通过“大欧亚伙伴关系”推动俄罗斯东部地区西伯利亚和远东的发展，拓展与亚太国家的经济合作。2016年11月，俄罗斯在新出台的外交政策构想中进一步指出，当今世界正处于深刻变革的历史阶段，其本质在于多中心的国际体制的日益形成，国际关系的结构变得愈加复杂，全球化实力与发展潜力逐步分化，且朝着亚太地区转移，俄罗斯要推动以世界贸易组织为基础的全球多边贸易体系的有效运作，并助力符合俄罗斯国家发展重点的地区经济一体化进程。[①]

大欧亚伙伴关系是俄罗斯在与西方关系交恶的背景下提出的，既有应

① 李勇慧：《大欧亚伙伴关系框架下罗斯与东盟关系：寻求区域一体化合作》，载《俄罗斯学刊》2017年第2期。

对西方压力，开拓外交新局面的考虑，也是对构建地区和国际新秩序的战略考量，以此作为构建国际新秩序的“俄罗斯方案”，希望在不确定的时代重塑均势，大欧亚伙伴关系或共同体将是新秩序的载体，俄罗斯则是新秩序中的重要力量。

2017年，俄罗斯不仅在朝核问题上发挥重要作用，维护与印度的传统关系，而且加大与东盟的对话合作，与菲律宾在军事、反恐等方面的合作迅速推进。对于“俄罗斯版”的亚太秩序，最关键的还是中俄关系。2017年，习近平主席和普京总统实现5次会晤，在关乎全球战略稳定的重大问题上保持紧密协作，经济合作水平不断提升，两国成为维护和平的重要力量。

美国似乎大有“撮合”中俄联盟的意图，2017年12月，特朗普政府公布的美国《国家安全战略报告》，不仅把中俄两国都列为“修正主义”国家，还声称中俄正在构建一个“与美国价值观和利益格格不入的世界”。中俄战略协作关系的良好发展，在一定程度上为各自地区方案的推进提供了支持与帮助，但是，双方均无意重构所谓的战略同盟，两国坚持结伴不结盟的基本原则。

（三）地区国家力图避免选边站队，观望情绪加重。

奥巴马时期的“亚太再平衡”战略，为美国在亚太地区构筑了一个相对稳定的同盟与伙伴关系网络，使中国周边国家在实施大国平衡政策方面获得更多空间。为此，这些国家最初对于特朗普当选美国总统颇感意外和“手足无措”，仍对特朗普政府的亚太政策心存希望。然而，经过香格里拉会议和东盟地区论坛后，多数周边国家开始质疑美国履行对本地区盟友与伙伴关系安全承诺的信心和能力，纷纷自谋出路。

经济上，美国退出TPP后，其他11个成员国决定继续推进该贸易协定，协议更名为“全面且先进的TPP”(Comprehensive and Progressive Trans-Pacific Partnership)，预计2018年初各国将签署最终协议。安全上，除了诸如日、澳等少数国家试图拉住美国，继续担当地区“老大”角色以外，更多国家或是寻求安全自助，开始加强相互间的合作与对话，如菲律宾、印尼和马来西亚在苏禄海域实行联合巡航；或是开始调整政策，缓和对华关系，以更加务实合作的心态，参与“一带一路”倡议，如越南、新加坡等国。作为中小国家，大多数周边国家都担心中美博弈加剧，对于美、日、印、澳四边机制表示反对，或是担忧，认为这种针对性强的联盟建立，会增加本地区的分裂与抵抗，破坏地区稳定与和平。

新加坡外长黄永宏在访问印度时，针对美、日、印、澳四方军事合作直接表达了反对立场。他表示，在防御和贸易上搞对峙，对地区稳定无益，建立一个集团与另一方作对是无用的，明智之举应该是建立一种稳定的系统，使得大国和小国都有途径能以和平的方式解决冲突。[①] 越南一些学者也表示，对于“印太”概念和美、日、印、澳的发展动向，越南已经感到了很大的压力，因为不愿意在中国与美、日、印、澳之间选边站队，对于越南来说，在稳定的地区环境下，集中精力发展经济，是越南的首要任务和目标，尤其是在特朗普政府宣布退出TPP后，越南企业对参与“一带一路”倡议表现出更多兴趣和热情。[②]

综上所述，在2017年中国周边地区秩序出现的调整趋势日益清晰：一方面，美、日、印、澳对于建立四国对话机制的共识日益增强。另一方面，中国和俄罗斯提出了自己对于国际秩序的新方案，按照美国新公布的《国家安全战略报告》的说法，中国和俄罗斯是国际秩序的“修正主义者”和美国的“战略竞争者”，中俄正在构建一个“与美国价值观和利益格格不入的世界”。[③] 显然，报告已经将中美俄的竞争上升到了国际秩序的重组和领导者之争。随着大国博弈的加剧，中国周边地区的多种力量也在加快分化组合，地区格局的解构与重组正在不断深化。

二、新旧热点并存，优先次序发生显著变化

2017年，中国周边地区安全问题多点爆发，南海问题总体趋稳向好，

---

① 《印度欢呼“拿下”新加坡军事基地 印媒：把影响力延至南海亚太》，《环球时报》，2017年11月30日，http://world.huanqiu.com/exclusive/2017-11/11411287.html。

② 根据笔者2017年12月初与越南外交学院东海研究中心和战略与外交研究所相关学者座谈总结。

③ National Security Strategy of The United States, December 2017, https://www.whitehouse.gov/wp-content/uploads/2017/12/NSS-Final-12-18-2017-0905.pdf.

朝核问题取而代之，成为中国周边安全面临的最具危险的挑战。中印洞朗对峙和罗兴亚人问题是新的地区热点，也是矛盾长期积累的总爆发。恐怖主义危险急剧升温，并与民族分离、种族冲突相互交织。在这些新老热点问题中，大国博弈的影子无处不在，相当程度上增加了局势的复杂性和走向的不确定性。

（一）朝核问题升级为最具失控危险的安全热点，朝鲜半岛处于战和十字路口。

2017年，朝鲜加快了核开发和导弹开发的步伐。虽然朝鲜离真正的“核导合一”还有距离，但是无可否认，世界将不得不面对一个具备一定核打击能力的更加自信的朝鲜。

朝核问题成为美国亚太事务中最关心的议题。特朗普曾亲自致电2017年东盟轮值国主席菲律宾总统杜特尔特，希望东盟在朝核问题上支持美国。

特朗普政府对朝实行“极限施压”政策，拒绝核讹诈在华盛顿成为高度的“政治正确”。[①] 美朝都很难从各自的立场后退，美国加大了经济制裁力度，辅之以战争恐吓与威胁，美朝陷入前所未有的僵局。

中国在朝核问题上的作用备受瞩目。一方面，特朗普政府对中国发起政治、舆论攻势，给中国施加解决问题的压力，将朝核问题上升为中美安全合作领域最主要的议题，把中国当作推动对朝制裁升级显效的最关键一方，企图向中国转嫁朝核危机的应对压力。

朝核问题的久拖不决，使东北亚局势更加复杂，矛盾更为尖锐。特朗普政府加快推动“萨德”导弹防御体系在韩国的部署，日韩国内都出现“拥核”的声音，东北亚面临核扩散的风险。[②]

（二）南海形势总体稳定向好，但暗含危机。

2017年，延续2016年下半年南海问题趋稳向好的总体态势，在“双轨

---

① 安刚：《秩序的崩塌与构建，中国在其中》，《世界知识》2018年第1期。

② 参见曹筱阳、张洁：《深化调整中的周边安全秩序：变化、博弈与应对》，载张洁主编：《中国周边安全形势评估（2018）》，社科文献出版社2018年版（出版中）。

思路”的框架下，南海形势继续降温，并在对话磋商领域取得积极进展。《南海行为准则》(简称“准则”）文本框架的确定是最大亮点，但是，中美在南海的博弈态势没有发生变化，从长期来看，中美博弈对于南海问题的发展走向具有决定性意义。

2017年8月，中国—东盟外长会通过“准则”框架文件，为下一步实质性磋商指明了方向，奠定了基础。更为重要的是，通过加强政治互信，在整体上起到了稳定周边形势的积极作用。

寻找共同开发与合作契机，使得南海降温成为中国与南海声索国的共识。中菲建立了南海问题双边磋商机制，成立了海警海上合作联合委员会，同意在打击贩毒、海上搜救等领域展开合作，建立热线机制，并展开高层交流与舰艇互访。中越明确了通过对话与磋商解决海上争端的原则，颇有默契、低调地处理了2017年5月西班牙公司南海油气勘探事件。

但是，与对话协商同步推进，南海争议国仍然加紧实力建设，维护各自既得利益。菲律宾、越南、印尼等国均采取了程度不等的动作，强化其对既占岛礁的主权主张和实际控制，包括岛礁建设（菲方宣布将拨款改善中业岛基础设施，欲在铁线礁附近搭建设施，被中方阻止，以及越南加大在西礁等非法所占岛礁的基础设施建设）、油气开采（越南试图引进外国公司推进南海油气开采，并引发了中越的对峙）以及海域命名（印尼在新地图中将南海海域命名为“北纳土纳海”）等多种方式。这表明各方对南海形势的发展仍感到不确定，特别是随着中国在南海岛礁建设的完成及军事部署的推进，相关国家担心中国在南海采取进一步维权行动，因此，各方都在进行两手准备，这是南海力量对比发生变化后各国的必然反应，也意味着南海形势的缓和可能是脆弱的。

大国干涉仍然是搅动南海局势不可忽视的因素。虽然特朗普上任后，对南海问题的关注度降低，至今尚未提出明确政策，但是美国精英对南海问题的认知已经固化，并在相当程度上主导着美国的南海政策，美国在南海的军事存在有增无减。美军加大了在南海进行“航行自由行动”

（FONOPs）的频率，[①] 舰机抵近侦察、军事演习和“例行行动”不断增加，整体行动趋向常态化、精细化、低调化和更具挑衅性，加大了中美海上军事摩擦的可能性。

（三）中印发生洞朗对峙，双边关系剑拔弩张。

从2016年开始，印度对“一带一路”的态度出现明显倒退，使中印关系处于“漂移状态”。[②] 2017年5月，印度缺席“一带一路”国际合作高峰论坛，反映了印度对中国崛起以及扩大南亚影响力的不满，洞朗对峙的发生有偶然性，也有其必然性。

2017年6月至8月，中印之间发生洞朗对峙。在持续71天后，中印双方以和平方式暂时平息。此后，印尼总理莫迪出席厦门金砖国家峰会，中印两国表示要加强合作。但是，在金砖峰会结束后，印度重新加速在中印边界实控线附近修筑道路。据印方媒体报道，中方也在洞朗地区建造了直升机机场、升级版公路、营房仓库等设施。未来洞朗对峙是否会重新发生，仍具有相当不确定性。

需要指出的是，洞朗对峙具有一定的外溢效应。印度的挑衅本身就具有多重目的，其中不乏提升印度在美、日、澳评估中的战略价值，意在回应美国加强与印度战略协调的愿望。此外，从南亚次区域来看，印度试图借机对不丹退出“孟不印尼”次区域合作进程，以及其试图摆脱印度指导实施“警告”，大有杀一儆百之意。

（四）菲律宾马拉维战乱，凸显恐怖主义对周边地区威胁的攀升之势。

2017年5月，菲律宾南部城市马拉维发生极端主义叛乱，这是恐怖主义威胁周边地区安全的典型案例。大约40名“外国武装分子”通过秘密渠道进入马拉维参与战乱，这些恐怖分子来自印度尼西亚、马来西亚、新加

① 自2017年5月底在美济礁实施上任后首次FONOP，截止到10月中旬，特朗普政府在不到五个月的时间里实施了4次行动，频率之大，显示出将“航行自由行动”常态化的趋势。

② 相关论述可参阅吴兆礼、张洁：《中国周边安全形势：大国关系竞合分化 地区热点持续升温》，载张洁主编：《中国周边安全形势评估报告（2017）》，社会科学文献出版社2017年版，第24—27页。

坡、沙特、巴基斯坦、车臣和摩洛哥等国，与“伊斯兰国”有直接联系。[①] 这充分说明东南亚恐怖主义的网络化、国际化与升级化的态势。

“伊斯兰国”在中东的政权被消灭后，恐怖主义出现分散化、独狼化，向全球蔓延的趋势。一方面，南亚、东南亚和中亚地区安全面临“伊斯兰国”残余力量的冲击。另一方面，南亚、东南亚和中亚等地本身亦暴恐土壤深厚，恐怖势力活跃，极端思想回潮，安全局势加剧恶化。

此外，缅甸罗兴亚问题也不乏恐怖主义的身影。据悉，国际恐怖势力可能利用罗兴亚人问题，加强对缅甸的渗透，伺机扩大在缅甸和中南半岛的势力和影响，试图将孟加拉作为连接东南亚和南亚的国际恐怖主义通道。民族问题、恐怖主义、宗教冲突、大国力量博弈，相互交织，加之伊斯兰极端主义在一些国家抬头，将使得各国打击恐怖主义面临更为敏感和错综复杂的挑战。

三、未来周边形势的发展与中国的应对

中美关系是中国周边地区格局重构中最重要的影响因素。美国在相当长时间内仍将是周边地区的主导力量，未来大国博弈将会更加复杂。同时，地区热点问题此起彼伏，传统安全与非传统安全问题相互交织，并与大国博弈相互渗透。但是，从中国视角出发，由于中国自身力量的上升，对周边事务的掌控与塑造能力加强，整体周边安全形势可以说是复杂化，但并非恶化。

未来，中国既要重视大国关系，也要维护本国核心利益；要与周边国家共同构建人类命运共同体，更要理解他们的安全关切和发展之需；要抓住发展机遇，也要加强战略定力，制定宏观的国际战略与周边战略，更要在周边外交政策实施中，因“国”因“事”制宜，精耕细作。

① “Residents shield Christians in bold exodus from Philippines city”, Reuters, June 3, 2017, http://mobile.reuters.com/article/worldNews/idUSKBN18U0IK.

（一）周边外交与安全的发展趋势

（1）以美、日、印、澳为主体的印太合作将更加紧密与务实。

中美都高度重视对方在本国外交政策中的重要作用，2017年，实现了首脑互访，在外交层面维持了积极、友好的对话态势。但是，由于美国国内更多强调与中国竞争的一面，未来不仅会影响中美关系的走向，也会影响周边地区格局的调整。

2017年12月发布的美国《国家安全战略报告》，在地区战略中再次重申“印太”，表明特朗普政府进一步夯实“印太”战略的动向。报告强调“我们欢迎印度作为地区领导者和我们的战略和防务伙伴，我们将增加与澳大利亚、日本和印度的四边合作。”“印太”概念的出台是明显针对中国的议题。未来，美国“印太”战略将通过美、日、印、澳四国或将通过双边、小三边互动，更快更务实地推动四边合作。当然，较之于美、日、澳已经存在的军事同盟关系，印度与此三国的合作如何从政治象征意义，更快转向“互利”的安全与经济合作，印度是否有意愿在四国联盟中充当遏制中国的“急先锋”，仍有待于进一步观察。

（2）朝核问题和南海问题仍将是地区热点。

朝鲜半岛核问题已经升级为亚太地区首要紧迫安全热点问题。美国对朝动武的军事准备日臻完善，朝鲜半岛发生军事冲突、武力解决朝核问题的风险持续上升。但是特朗普政府近期主动掀起对朝战事的可能性，还相当令人质疑，这一方面是因为特朗普政府强调“美国优先”，不愿在海外轻启战端，另一方面是因为任何对朝军事手段——无论是有限的，还是大规模的，后果都难以预料和控制。[①]

朝核问题的前景大致有三种可能：打起来、谈起来、不打不谈拖下去。2018年1月，朝韩之间重启会谈，但这种磋商是暂时性的，还是会延续？是仅限于双边，还是会带动美朝对话？具有相当不确定性，随时会发生局势逆转。僵局的持续，不利于东北亚地区的和平与稳定，尤其对中国的多

---

① 安刚：《应对朝核问题，重要的是面对现实》，2017年12月2日，本文是作者在外交学院“新时代的中国特色大国外交”学术研讨会上的发言摘要。

重国家利益构成冲击，中国坚持劝和促谈止战的同时，依靠更多的政治与安全手段，维护本国的核心利益。朝核问题将考验美中朝韩各方智慧。

在南海问题上，中国与东盟将延续对话与磋商。2018年，将进入《南海行为准则》文案磋商阶段，新加坡是东盟轮值主席国，如何发挥作用值得关注。中菲、中越力图在海洋资源的共同开发与合作方面有所突破，但是由于涉及主权问题，取得实质性进展，具有相当难度。然而，围绕合作议题展开的对话与磋商本身，对于稳定南海局势已经具有重要意义。

美国不会放弃对南海事务的干预，在延续“航行自由行动”常态化的同时，会利用国际舆论、法理、双边外交等途径更多介入南海问题。岛礁建设，尤其是军事化问题，将是未来中美在南海问题上博弈的焦点之一，中国应在发挥岛礁维护国家主权作用的同时，加快对部分岛礁的开放进程，为南海海域提供更多公共安全产品。

（3）中国周边面临的反恐任务更加艰巨。

“伊斯兰国”的残余力量将加速在东南亚、南亚、中亚等地区的扩散与活动，与所在国的民族分离、种族冲突、宗教矛盾等问题相互交织，不仅对周边国家的政局稳定与社会安全构成挑战，也将威胁到包括“一带一路”项目在内的，中国海外资产与人员的安全。

（二）中国方案的形成与发展

中国崛起成为影响和塑造亚太地区新秩序最重要的源动力。中国综合实力的增长，带来亚太地区权力格局的变化，对于地区规则和秩序的塑造力和影响力也在上升。中国方案的构建是一个在实践与理论之间不断相互推动和调整的过程。这种探索从2010年中国GDP总量成为世界第二之后，根据实际需要已经在不断地摸索与探索之中。近年来，中国通过一系列的政策宣示和外交行动，逐渐充实和清晰中国方案。

在安全领域，2017年初，中国第一次发布《亚太安全合作白皮书》，第一次较为系统地表述了中国对亚太安全合作的主张：以经济发展为基础，推进伙伴关系建设，完善地区多边机制，推动规则建设，密切军事交流合作，通过直接谈判与协商妥善处理、和平解决争议问题，以维护亚太地区和平稳定的环境。[①]

《南海行为准则》的谈判磋商，着眼于南海危机管控机制和沿岸国合作机制，而非争端解决机制。在这一机制的谈判过程中，中国最终寻求的是构建以合作、对话为基础的、新的地区安全合作机制，以及符合周边国家与中国利益的海洋规则与制度。同时，中国还应努力探索将促进南海地区的合作与发展，同海上丝绸之路建设对接的途径与可行性。

在区域合作领域，2017年1月，习近平主席在达沃斯世界经济论坛上为全球化指明方向，强调坚定不移地发展开放型经济。习主席还提出了推动世界经济增长和全球化再平衡的中国方案，呼吁联手打造创新驱动的增长模式、开放共赢的合作模式、公正合理的治理模式、平衡普惠的发展模式。[②] 2017年5月，"一带一路"国际合作高峰论坛召开，10月，中共十九大胜利召开，不仅"一带一路"被写入了十九大报告和新党章中，而且十九大报告中还提出了要构建新时代中国特色社会主义大国外交，为中国外交发展指明了方向。

中国特色社会主义道路、理论、制度、文化不断发展，拓展了发展中国家走向现代化的途径，给世界上那些既希望加快发展，又希望保持自身独立性的国家和民族提供了全新的选择，也为解决人类问题贡献了中国智慧和中国方案。

正如一些学者所指出的，中国方案并不是要去替代其他的方案，而是引领新的进程。世界上各国不可能实行完全相同的政治制度模式，制度不能脱离特定社会政治条件和历史文化传统，不能定于一尊，不能生搬硬套外国的制度模式。正如十九大报告中所提出的，中国的成功发展可以为那些不愿意走西方道路、愿意独立自主发展的国家提供一个可选择的模式，也就是说，别的国家如果觉得好，就学习，整体学习不易，那就学习一部分。[③]

---

① 中华人民共和国驻菲律宾共和国大使馆：《中国的亚太安全合作政策》白皮书，2017年1月12日，http://www.fmprc.gov.cn/ce/ceph/chn/zgxw/t1429980.htm。

② 王毅在2017年国际形势与中国外交研讨会开幕上的讲话，2017年12月9日。

③ 张蕴岭：《新时代中国的外交》，2017年11月11日，在复旦大学中国与周边国家关系研究中心主办之第七届中国周边外交研讨会上的发言。

中国周边地区聚集着世界大国，也有大量中小国家；有发达国家，也有更多发展中国家，它们的政治制度、宗教文化、社会发展程度也不尽相同；中国周边地区集中世界上最主要的多组大国关系，也存在诸多地区热点问题；更重要的是，中国周边地区，尤其是东亚、东南亚地区，还是世界经济发展最具活力和潜力的地区，在世界格局中所占的权重不断上升。因此，周边地区是中国方案最好的实践区域和检验区域。在这一过程中，需要国内国外相互协调，对内，中国仍需要对中国特色大国外交进行更多的学术探索，提供更多的理论支撑；对外，要让周边国家更准确、清晰地理解中国方案的实质与内涵，减少周边国家的战略疑虑。这需要中国外交精耕细作、下大功夫。

第四章
中国周边经济形势的新特点

钟飞腾

【内容提要】中国周边国家的经济体构成了周边经济关系的主要内容。就周边板块的经济总量而言，2017年延续了国际金融危机以来的上升趋势，目前占全球经济总量的31%。中国已经成为周边经济板块最重要的力量，占据半壁江山，但要结构性超越历史上日本曾达到的地位仍需十年左右时间。与2016年相比，2017年，中国与周边贸易联系持续增强，贸易日趋平衡。就经济增长态势来说，除印度略有下降之外，东亚和太平洋经济体普遍向好，东南亚国家继续占据全球前十大高速增长的经济体行列，其推动力主要是贸易投资，中国发挥重大作用。韩、日等国面临着私人消费不振，劳动力失衡等挑战，2018年经济增速将显著下降。由于特朗普在越南APEC会议期间宣布推进公平公正和互惠的双边自由贸易计划，在日本牵头下，其他TPP谈判11国就实施新的自由贸易协定进行谈判。

【关键词】周边板块　服务业经济　投资贸易　经济增长　地区合作

【作者简介】钟飞腾，中国社会科学院亚太与全球战略研究院大国关系研究室主任、研究员。

本文使用的“周边”术语，是一个中国外交领域使用的概念，是在中国对外关系逐步展开的进程中得到明确的。尽管在1985年时中国领导人已经明确表达了中国外交中周边板块的含义，但“周边”一词直到1988年3月才首次出现于政府工作报告中。20世纪90年代初，苏联解体后，中国外交中的“周边”开始纳入中亚新独立的五国。从中国外交的布局角度看，俄罗斯并不属于周边，而是被归类在大国范畴。[①] 2017年12月，王毅外长在一次有关国际形势与中国外交的讲话中再度明确表示，日本属于中国外交布局中的周边，而俄罗斯属于大国关系。[②] 因此，本文讨论中国周边经济形势时，并不包括俄罗斯，但覆盖日本，一共是28个国家。如果加上香港、澳门、台湾地区以及中国大陆自己，那么周边板块大约是32个经济体。

本文将简要讨论周边经济与全球经济的比例和结构关系，并着重分析中国与周边经济体的贸易投资关系。在第三部分，还将讨论周边经济体的增长态势，并抓取若干重要因素来分析亚洲经济增长的动力机制。最后，本文将讨论越南APEC会议之后地区经济一体化的发展。

一、中国与周边经济的整体变迁

第一，在中国外交视野下的周边，占世界经济的分量日渐上升，但占全球比重在很长时间内保持稳定在22%左右，直到2008年国际金融危机后稳步上升，目前占世界经济比重约为31%。据2017年10月国际货币基金组织（IMF）在《世界经济展望》中公布的数据，如图1所示，市场汇率衡量的周边经济总量与基于购买力平价（PPP）计算的周边经济总量差别很大。2017年，两者分别为24.6万亿美元和51.5万亿美元，相差一半还要多，而1988年时两者相差不足1万亿美元。本文采用市场汇率法来计算估量周边经济的重要性。1988年，中国周边经济体的经济总量约为4.4万亿美元，占当年世界经济总量的23.2%，预计到2018年周边经济总量上升至26.5万亿美元，约占世界经济的31.4%，2022年周边经济总量将达到35.2万亿美元，届时占全球比重为34.1%。

2008年国际金融危机之后，周边经济体占比明显呈稳步上升态势（见图一）。1988—2008年间，周边占比稳定在22%上下，略有起伏。在这期间占比的最高年份为1995年的26.3%，最低年份为1990年的20%，这

---

① 参考钟飞腾《“周边”概念与中国的对外战略》，《外交评论》2011年第4期，第121页。

② 王毅：《在2017年国际形势与中国外交研讨会开幕式上的演讲》，外交部网站，2017年12月9日，http://www.fmprc.gov.cn/web/wjbzhd/t1518042.shtml。

21年的年均占比为23%。2009年，周边经济占世界经济的比重为24.8%，2009—2017年间年均占比为28.6%。因此，周边经济占比上升主要发生在2008年国际金融危机以后，周边经济占世界经济比重的上升幅度大约是一年一个百分点。如果这种增长速度足以吸引人的话，那么讨论周边经济就应该成为中国学者研究的焦点，就像国际货币基金组织讨论新兴经济体或者任何一个区域经济一样。历来的观察家在讨论全球经济形势时，都从美国经济、欧洲经济以及亚洲板块等三大块来论述，其主要依据是经济体量。随着中国经济体量在周边板块中的占比上升，且周边板块整体在世界经济中的比重上升至约三分之一，有必要将周边经济作为一个分析单位加以研究。

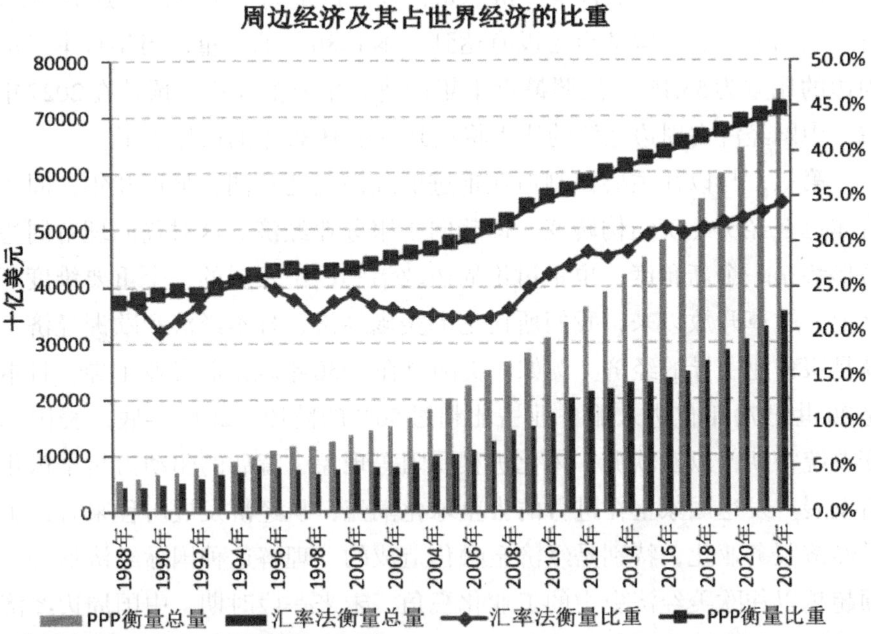

资料来源：国际货币基金组织（IMF）。

（图一）

第二，过去十年周边经济占比的上升主要源自中国，印度的贡献并不大，中日经济力量对比在此阶段发生重大转变，但仍需十年左右时间才能真正实现结构性超越。印度近几年的发展引人注目，其经济总量从1988年约1900亿美元，上升至2017年的约2.4万亿美元。但是相较于中国和日本，印度经济体量仍不够强大。2017年，中国经济总量将达到12万亿美元，日本约为4.9万亿美元。30年前，当中国人开始使用"周边"这个概念时，日本压倒性地主导着中国周边经济世界。1988年，日本经济首次突破3万亿美元，占周边经济的68.8%，当年中国经济总量占比为9.4%。进入20世纪90年代以后，日本的占比逐年下降，而中国逐年上升，直至2010年发生历史性转移。2010年，中国经济总量占周边的31.9%，日本首次跌破30%，印度的占比才7.5%，低于1988年中国经济占比。2017年，预计中国经济占周边的比重将上升至45.9%，日本继续下降至18.8%，印度不过是7.8%，占比变化不大。预计到2022年，中国经济占周边的比重将首度突破50%。显然，与历史上日本经济总量占周边的最高比重相比，还有约20个百分点的差距。中国甚至还没有达到日本1980年的权重，当年日本经济占周边的比重为55.1%。按照最近十年增速简单外推计算，预计在2027年左右，中国经济占周边经济的比重将达到日本1980年的占比水平。

第三，与以往主要是制造业推进的经济变迁不同，最近几年，周边经济体也在经历经济结构转变，即趋向于服务业经济。这对我们理解周边经济形势是一个新角度，也是讨论周边政治和经济发展的一个重要维度。实际上，改革开放以来，我们所讨论的美国经济、日本经济和欧洲经济，早就是服务业主导的经济。例如，美国早在1950年就是服务业主导，日本则是20世纪70年代进入服务业占比超过50%的阶段。2016年底，美国选出新总统特朗普以及欧洲一体化进程受阻等现象，背后的驱动力是全球化曲折发展。发达国家正在进行的去全球化潮流，从经济发展历程来看，主要是经济服务业化，特别是经济金融化造成的。理解这种国际经济形势，必须超越以往欧美经济史中的工业化视角。未来一段时期，中国周边经济的力量格局如果被中国主导，那么也是在持续进入服务业主导的进程中实现的。这一历史变迁，对日本来说，并不是新鲜事，对印度甚至也不完全陌生，但对中国而言却相对新鲜。中国以往对各国经济力量的分析基本是总量分析，缺乏从服务业角度审视国际力量对比的新框架。

2008年国际金融危机以后，世界经济格局的变化，特别体现在以购买力平价计算（PPP）的发展中世界与发达国家经济力量对比上，即发展中国家的群体性崛起。就纯粹经济数据而言，服务业正是推动以购买力平价方法为计算的全球经济格局变迁的重要组成部分。客观上讲，PPP计算方法比较看重服务业，加大了非贸易品的权重，因而放大了新兴市场与发展中国家的经济总量。由于服务业发展不仅对一国经济的结构转变有重要影响，也会显著改变国际力量对比，服务业经济将成为国际战略领域的一个重要关注点。

在购买力平价（PPP）衡量的意义上，2017年以及未来一段时期，周边经济体中的主要选手就是中国、印度、日本和印度尼西亚。在全球层面的国别经济力量对比上，到2020年，主要是中国（20.4%）、美国（14.1%）与印度（9.2%）三家。[①] 也就是说，经济占比上升的变化趋势相对集中在亚洲发展中经济体。传统的观点认为，发达国家通过跨国投资将制造业向发展中地区转移，是造成发展中国家群体性趋势的一个重要原因。但本文提供的数据也表明，服务业经济的增长也是一种重要驱动力，这种结构性变化的力量主要来自发展中经济体内部。自20世纪90年代初以来，服务贸易占全球贸易额的20%，其规模从2005年的5.2万亿美元增加到2016年的9.7万亿美元。[②] 世界银行数据显示，就世界平均水平而言，服务业附加值占GDP的比重，1995年达到了58.4%，2000年为64.3%，2005年为65.7%，2014年进一步上升至68.3%，中国则是最近两年才突破50%。[③] 如果中国今后按照发达国家服务业占比提高的进程推进服务业发展，那么仍然需要很多年才能达到目前发达国家的水平。甚至与一些发展中经济体相比，中国的服务业水平也不高，例如2015年的中国相当于1999年的印度（50.3%）。

二、中国与周边经贸的新走向

从中国与周边经济关系的规模来看，主要是与日本、韩国、越南、马

① 基于世界银行的《世界经济展望》数据库计算。

② 基于联合国贸发会（UNCTAD）提供的数据计算。

③ 基于世界银行的世界发展报告数据库计算。

来西亚、泰国、印度、新加坡、印尼和菲律宾等的经贸关系。2016年，这9个国家与中国的贸易往来占据中国对周边贸易的91.0%，其中韩日两国大约占46.6%。[①] 此外，可能也需要关注香港的情况，2016年中国大陆与香港地区的贸易额相当于中国与周边国家贸易额的40%左右。

从2017年已有的数据来看，这个格局没有发生根本性变化，但是贸易形势明显好于2016年，而且中国与周边的经贸关系紧密趋势仍在强化，贸易平衡性进一步增强。如表1所示，相较于2016年，2017年中国与周边28个国家的贸易呈现出下两个特点。首先，周边与中国的经贸关系紧密度继续得到巩固和提升。2017年1—10月，中国与周边国家进出口占中国与整个亚洲贸易的比重，比2016年同期上升了近5.5个百分点，达到了60.2%。周边板块占中国与世界贸易的比重，也从一年前的28.1%上升至31.9%，这意味着周边经济体在中国整体外贸布局中的重要性仍在上升。其次，中国从周边国家进口的增速高于我对周边国家的出口，进口额与出口额差距逐步缩小。2017年1—10月，中国向周边国家出口占比上升了近3.5个百分点，但进口占比上升了7个多百分点，从周边国家进口占整个亚洲进口的59.7%。2016年1—10月，中国对周边国家的贸易顺差为612亿美元，但2017年1—10月缩小为330亿美元。

表1　中国与周边28个国家贸易额比较（单位：亿美元）

	2016年				2017年			
	进出口	出口	进口	贸易平衡	进出口	出口	进口	贸易平衡
周边国家	9308	4960	4348	612	10237	5263	4933	331
周边国家/亚洲	54.7%	56.6%	52.7%	4.0%	60.2%	60.0%	59.7%	0.3%
周边国家/世界	28.1%	27.2%	29.3%	-2.0%	31.0%	28.9%	33.1%	-4.3%

资料来源：中国海关。

注：该表统计数据为2016年和2017年1月—10月。

① 钟飞腾：《中国周边经济形势》，载祁怀高主编：《中国周边外交研究报告（2016—2017）》，北京：世界知识出版社，2017年，第39页。

从投资关系来看，近年来的一个显著特点是中国成长为对外投资大国，在亚洲地区则拥有显著的投资盈余，但是对周边其实仍旧是吸收外资大于对外直接投资。如表2所示，2016年中国对外直接投资流量达到了1961亿美元，而当年吸收的外商直接投资额只有1260亿美元。2016年，对亚洲地区的直接投资达到了1202.7亿美元，而亚洲对中国的外商直接投资额只有988亿美元。但是，如果按照本文统计的28个经济体计算，那么情况会有相当大的不同。首先，2016年中国对周边地区的投资仍少于吸收的外资。2016年，中国对28个经济体的直接投资为133.6亿美元，而吸收的外商直接投资却达到了144亿美元。①

其次，无论是对外直接投资，还是吸收的外商直接投资，2015年都要高于2016年。2015年中国从周边国家吸收外资149.8亿美元，2016年下降至144.3亿美元。2015年，中国对周边国家直接投资额达到147.7亿美元，2016年下降至133.6亿美元。

再次，就投资平衡而言，形成两组明显对照的国家和地区。其中，中国对香港地区、马来西亚、印度尼西亚、越南、泰国、巴基斯坦、柬埔寨、哈萨克斯坦、老挝、缅甸和吉尔吉斯斯坦构成了1亿美元以上的投资盈余。对韩国、新加坡、日本、台湾地区则是显著的吸收外资多于对外直接投资，而且差额还很大。2016年，分别达到36.0亿美元、28.7亿美元、27.5亿美元和19.5亿美元。也就是说，中国大陆对四小龙的直接投资仍旧显著低于从它们那儿吸收的直接投资。从这两组国家和地区中，一个可以推断的结论是，人均收入决定我们的对外投资与吸收外资投资的差额水平，那些高于中国大陆发展水平的经济体通常是对华投资远高于从中国吸收的外资。反之，则中国对他们的投资高于他们对华投资。也就是说，投资平衡能力取决于收入水平。

在投资平衡关系中，香港和印度是比较特殊的。按上文得出的一般性结论，由于香港的人均收入水平远高于大陆，应该是香港对内地的投资高于内地对香港的投资，但是事实上内地对香港的直接投资却要多一些，尤

① 2017年9月30日，商务部在网上公布了《201年度中国对外直接投资统计公报》，但是直到11月14日才在网上继续公布了完整的统计数据，http://fec.mofcom.gov.cn/article/tjsj/tjgb/，2018年1月7日。

其是2016年达到了327.7亿美元，相较于2015年是一个惊人的飞跃，几乎增长了十倍。而印度尽管收入水平不足中国的四分之一，但是无论是对华投资还是中国对印度投资，规模都很小。2016年，印度对华投资5181万美元，中国对印度投资也只有9293亿美元。由此可见，中国与印度的投资关系是非常浅薄的。

表2　中国与周边经济体的相互投资（单位：万美元）

	外商直接投资额		对外直接投资流量		
	2015年	2016年	2015年	2016年	2016年投资平衡
总计	12626555	12600142	14566715	19614943	7014801
中国香港	8638672	8146508	897978	11423259	3276751
亚洲	10415946	9883103	10837087	13026769	3143666
马来西亚	48048	22113	48891	182996	160883
印度尼西亚	10754	6399	145057	146088	139689
越南			56017	127904	127904
泰国	4438	5615	40724	112169	106554
巴基斯坦	65	65	32074	63294	63229
柬埔寨	1000	-	41968	62567	62567
哈萨克斯坦	953	275	-251027	48770	48495
老挝			51721	32758	32758
缅甸	-	2	33172	28769	28767
吉尔吉斯斯坦	-	3	21931	27241	27238
蒙古国			-2391	7912	7912
文莱	7258	6567	392	14210	7643
东帝汶			3381	5533	5533
印度	8080	5181	70525	9293	4112
孟加拉国	24	7	3119	4080	4073
马尔代夫			-	3341	3341
朝鲜	7	-	4121	2844	2844
中国澳门	88540	81756	108065	82150	394
阿富汗	50	35	-326	221	186
乌兹别克斯坦	-	3			-3
土库曼斯坦			-31457	-2376	-2376

续表

	外商直接投资额		对外直接投资流量		
	2015年	2016年	2015年	2016年	2016年投资平衡
菲律宾	3867	7760	-2759	3221	-4539
尼泊尔			7888	-4882	-4882
斯里兰卡	3	20	1747	-6023	-6043
周边经济体	1497851	1443410	1476513	1336354	-107056
中国台湾	153710	196280	26712	1175	-195105
日本	319496	309585	24042	34401	-275184
新加坡	690407	604668	1045248	317186	-287482
韩国	403401	475112	132455	114837	-360275

资料来源：中国国家统计局:《中国统计年鉴2017》，http://www.stats.gov.cn/tjsj/ndsj/2017/indexch.htm，访问时间：2018年1月7日；中华人民共和国商务部、中华人民共和国国家统计局、国家外汇管理局:《2016年度中国对外直接投资统计公报》。

注："-"表示统计公报中无当年数据，空白表格则是国家统计局表明当年没有对华投资。

三、周边经济体增长的新态势

从经济总量占比来看，在周边经济板块中，真正影响地区经济形势的主要是中国、印度、日本、印尼以及韩国等国。按购买力平价计算，2017年，上述五国的经济总量分别为23万亿国际元、9.5万亿国际元、5.4万亿国际元、3.2万亿国际元和2万亿国际元，分别占全球经济总量的18.3%、7.5%、4.3%、2.6%和1.6%，五国合计达到34.3%。[①] 中国周边经济体的规模分布呈现出等级性，由于中国经济规模巨大，实际上高居第一等级，是全球经济总量超过10万亿美元的国家之一。第二等级是1—5万亿美元的国家，包括日本、印度、韩国和印度尼西亚，日本几乎是其他四个国家的总和，而中国几乎是第二等级所有国家的总和。第三等级，则是经济总量

① IMF, World Economic Outlook Database, October 2017, http://www.imf.org/external/pubs/ft/weo/2017/02/weodata/index.aspx.

在1000—5000亿美元的国家和地区，这7个国家和地区的经济总量合计大约为2.3万亿美元，略低于印度的经济总量。第四等级国家的经济总量约为4394亿美元，相当于泰国的经济总量（如表3所示）。

表3　中国与周边经济体的等级

	经济规模	国家和地区
第一等级	10万亿	中国
第二等级	1—5万亿	日本、印度、韩国、印度尼西亚
第三等级	1000—5000亿	泰国、香港、菲律宾、马来西亚、新加坡、孟加拉、越南
第四等级	1000亿美元以下	斯里兰卡、乌兹别克斯坦、缅甸、澳门、土库曼斯坦、尼泊尔、柬埔寨、阿富汗、老挝、文莱、蒙古国、塔吉克斯坦、吉尔吉斯斯坦、马尔代夫、不丹

资料来源：根据IMF世界经济展望数据库整理。

就国际货币基金组织、世界银行以及亚洲开发银行等发布的报告而言，这些经济体构成亚洲经济成长的核心。2017年，这些经济体的总体形势仍向好发展，亚洲经济增速预计达到5.6%，2018年也有很大可能保持在5.5%。尤其是IMF在2017年10月份的东亚地区经济展望更新中明确指出，该地区经济增长的总体回升可归因于中国、日本、韩国以及东盟各国经济增长强于预期。[①]

第一，中国继续保持经济增速领先位置，印度经济增速略有下调。据IMF2017年10月份发布的《世界经济展望》预计，按购买力平价计算，2017年世界经济增速将达到3.6%，是自2012年以来表现最好的一年。2018年，甚至还将进一步转好，IMF预测经济增速可上升至3.7%。[②] 但是，大多数发达经济体的中期增速明显低于国际金融危机之前十年的平均水平。与IMF2017年4月的预测相比，新兴和发展中经济体2017年和2018

① 国际货币基金组织：《亚洲经济增长的回升为改革提供了机遇》，2017年10月13日，http://www.imf.org/zh/News/Articles/2017/10/12/NA101317-For-Asia-Growth-Pickup-Provides-Opportunity-for-Reforms。

② IMF, *World Economic Outlook: Seeking Sustainable Grwoth, October 2017*, Washington, D.C.: International Monetary Fund, 2017, p.1.

年的增长前景均被上调了0.1个百分点，这主要得到了中国更强劲增长预期的推动。2017年，中国的增长预测值达到了6.8%（4月预测值为6.6%）。印度被调低至6.7%，原因在于2016年11月实施的货币置换举措（去货币化），引发了暂时性的经济中断。此外，IMF也认为莫迪政府出台的货物和服务税以及规范化经营（鼓励企业从非正式部门调整到正式部门）的举措，暂时也不利于经济增长。2018年，印度经济增速将达到7.4%，成为中国周边经济体中增速仅次于缅甸（7.6%）和不丹（11.2%）的国家。[①] 尤其值得注意的是，IMF认为2018—2020年间，中国经济年均增速可以保持在6.6%，比2017年4月份的预测提高了0.3个百分点。这意味着中国将在2020年如期顺利完成第一个百年目标，实现GDP和人均GDP比2010年翻一番。IMF之所以在6个月后修正上半年的判断，是基于中国后半年所表现出来的实现这个目标的决心。

第二，周边经济体中的两个发达经济体——日本与韩国——经济略有好转，但未来发展仍面临巨大挑战。按照IMF2017年10月的说法，自2016年初以来，日本的经济增长已连续六个季度持续高于潜在水平。由于外部需求回暖以及财政转移支付为消费提供了支持，日本2017年的经济增长率有望达到1.5%，也是最近几年来的最好值。这比2017年7月底IMF的估计提高了0.2个百分点。[②] 2017年，韩国经济增速预计达到3%，略好于2015、2016年的表现。但是，IMF也指出，对韩、日经济而言，2018年仍存在诸多挑战。日本的最大挑战仍然是如何走出通胀低位徘徊的问题，提振私人消费水平。而且日本对2020年东京奥运会预期投资热潮已逐步消退，财政刺激政策也将逐步退出，如果消费能力还不能提高到预期目标的话，日本2018年经济增速将迅速下滑至0.7%，显著弱于2015和2016年的表现。[③] IMF在11月份发布的一份工作论文中指出，韩国经济必须进行一

---

① IMF, Regional Economic Outlook: Asia Pacific, Update 2017, Making the Most of the Upswing, October 13, 2017, https://www.imf.org/en/Publications/REO/APAC/Issues/2017/10/09/areo1013.

② 国际货币基金组织:《日本经济：现在正是加大改革力度的时候》，2017年7月31日，http://www.imf.org/zh/news/articles/2017/07/31/na073117-for-japan-economy-now-is-the-time-to-step-up-reforms

③ IMF, *World Economic Outlook: Seeking Sustainable Grwoth, October 2017*, Washington, D.C.: International Monetary Fund, 2017, p.16.

场“范式转移”——更大的经济自由和更强的社会保护，才能避免人口老龄化和增长下滑的厄运。该文预计，如果不改变现有政策，2030年，韩国人口将大规模萎缩，预计到2060年将成为仅次于卡塔尔的全球第二人口老龄化的国家。而且韩国还面临着发达国家如今普遍必须应对的贫富差距扩大的挑战，需要强化社会保障支出。①

第三，东南亚经济体的发展趋势继续向好。按照IMF的数据，2017年，印尼的经济增速将达到5.2%，好于前两年，但与过去几年相比变化不大。“东盟五国”——印度尼西亚、马来西亚、菲律宾、新加坡和泰国，今年和2018年有望增长4.9%。这些国家强有力经济增长的主要驱动力来自投资和出口的增加。世界银行在2017年10月的《东亚与太平洋地区经济半年报》中推断，东亚及太平洋发展中经济体增速2017年增长为6.4%，这一数字比4月的预测提高了0.2个百分点。根据10月的预测，如果不包括中国，那么该地区2017—2019年的年均经济增速将降为5.0%。② 按照世行10月的预测，东盟各国中的大型发展中经济体2017—2018年增速有望小幅加快，原因各异。菲律宾经济将得益于基础设施建设公共支出增加、私人投资回升、信贷扩张和汇款增多，预计2017年和2018年增速加快至6.7%。马来西亚经济在政府补贴增加、基础设施投入增多和出口上升的助推下，预计2017年增速可达5.0%，2018年可达4.8%。越南得益于农业发展以及强劲的制造业出口，2017和2018年的经济增速将分别达到6.3%和6.4%，略好于2016年。尤其引人注目的是，东盟的小型经济体——缅甸、柬埔寨和老挝，近两年经济增速名列前茅。IMF10月份的数据预测，2017年和2018年的经济增速分别为7.2%、6.9%、6.9%和7.6%、6.8%、6.9%。与IMF相比，世行10月公布的三国2017年增长数据略低，但三国仍是地区内增速最快的国家。从全球范围看，这三个国家位列2017年增速最快的前十名。如果加上越南，该地区的高速经济增长成就令人刮目相看。鉴于中南半岛与我地理相连，是我推进“一带一路”建设的重要目标区，我们理应相当注意

① Yangkyoon Byeon, etc., Korea’s Paradigm Shift for Sustainable and Inclusive Growth: A Proposal, *IMF Working Paper*, WP/17/260, IMF, November 2017.

② World Bank, *East Asia and Pacific Economic Update, October 2017*, Washington, D.C.: Word Bank, 2017, p.29.

中南半岛中高速经济增长带的重大意义。

四、APEC会议与区域一体化新方向?

2017年11月，美国总统特朗普出席在越南岘港举行的第25届APEC领导人峰会，但是特朗普并没有如各国期待的那样重新讨论TPP问题。并不令人惊讶的是，特朗普在演讲中提出美国的经济安全就是美国的国家安全，强调要维护国家的主权和独立。[①] 这一言论与特朗普致力于兑现和维护“美国优先”的主旨是一致的，特朗普一再强调，美国将不再推进困住美国手脚的大型多边协定，而是呼吁公平、公正和互惠基础上的贸易，要求各方都忠实遵守和美国一样的规则。同时，特朗普也多次提及“印太”地区，呼吁地区内所有国家通过缔结双边贸易协定来加强友谊和商务联系，共同推进繁荣和安全。

未来数年回头看2017年的地区合作进程时，在越南举行的APEC会议将会是一个真正的转折点。全球最大的经济体领导人不再坚持开放的多边主义，而是致力于一对一的谈判来重新实施捍卫本国利益的民族主义，这是二战后全球经济的一个新现象。CNN在评述特朗普的演讲时，特意强调中国领导人并没有回应特朗普的呼吁，而是坚定地推进全球化。[②]

参加APEC的领导人多数仍然愿意推动多边议程。11月9日，TPP11国经贸部长级会议在岘港举行。此次部长级会议的主持方是越南和日本，尽管日本还在坚持要继续推进TPP，但是越南和澳大利亚的进取心并不强，这主要源于特朗普政府放弃多边贸易的政策取向，多数亚洲国家都担忧美国转向双边以及国内为重的政策安排。11月10日，日本和越南宣布11国将签署名为“全面且先进的TPP”(Comprehensive and Pogressive Agreement

---

① Donald Trump, “Remarks by President Trump at APEC CEO Summit, Da Nang, Vietnam”, November 10, 2017, White House, https://www.whitehouse.gov/briefings-statements/remarks-president-trump-apec-ceo-summit-da-nang-vietnam/.

② Kevin Liptak and Dan Merica, “Trump delivers ‘America first’ speech at Asia-Pacific economic summit”, November 10, 2017, http://edition.cnn.com/2017/11/10/politics/donald-trump-apec-vietnam-trade/index.html.

for Trans-Pacific Partnership, CPTTP）的新自由贸易协定。日本外长河野就此发表谈话认为，日本在后TPP时代发挥了引领作用，并强调CPTTP具有显著的战略意义，因该协定仍然是高水平的，目的仍然是建立自由公正的亚太经济秩序。[①]

日本外务省并未在官网上公布CPTTP细节，新西兰外交外贸部则提供了详细的谈判细节。[②] 目前，11国经济总量大约为10万亿美元，约占全球的13.5%，总人口约4.8亿。CPTTP尽管源自于TPP，但至少有20项内容是被禁止了，最大的变化是冻结了有关知识产权、投资仲裁和医药卫生等内容。此外，越南、文莱和加拿大各有保留内容，分别是国有企业、服务和投资以及文化等。就此而言，与其说CPTTP是TPP的变种，而不如说是一个新的多边自由贸易协定谈判。

---

① “Agreement at the Ministerial level on the TPP Negotiations among 11 countries,Statement by Foreign Minister Taro Kono”, November 11, 2017, http://www.mofa.go.jp/press/release/press4e_001788.html.

② New Zealnd Foreign Affairs & Trade, Comprehensive and Progressive Agreement for Trans-Pacific Partnership (CPTPP), https://www.mfat.govt.nz/en/trade/free-trade-agreements/agreements-under-negotiation/cptpp-2/.

第五章
中国与周边国家人文交流：评估与展望

邢丽菊

【内容提要】作为现代国际关系的三大推动力之一，人文交流的重要性愈发突出。2017年，中国与周边国家人文交流保持继续推进的良好势头。具体来看，中国与韩国人文交流受萨德事件影响相对冷淡；与日本人文交流主要体现在民间友好交往层面；与印度人文交流相对较好，但洞朗事件后受到一定影响；与俄罗斯、蒙古、东盟国家的人文交流相对活跃。尽管如此，我国与周边国家人文交流依然存在“近而不亲”等诸多问题，有待实现积极改善。

【关键词】中国　周边国家　人文交流　近而不亲

【作者简介】邢丽菊，复旦大学朝鲜韩国研究中心副主任、教授，国家领土主权与海洋权益协同创新中心研究员。

现代国际关系中，人文交流与政治安全合作、经济贸易合作一道构成国际关系的三大推动力。人文交流的基本内涵就是以和平的方式，推动各文明间的相互理解和共同繁荣，推动世界文化的多元和平发展。党的十八大报告将人文交流置于非常高的战略位置，明确提出要扎实推进人文交流。十九大报告再次强调，加强中外人文交流，以我为主，兼收并蓄，提高国家文化软实力。特别是，十九大报告高度强调坚定文化自信，推动社会主义文化繁荣昌盛，为加强中外人文交流注入了更强大的推动力。

2017年中国与周边国家人文交流保持继续推进的良好势头，取得了一系列成果。但不可否认，依然存在许多问题与挑战。

一、成果凸显中略有不足

2017年，中国周边外交依旧呈现积极推进的态势，周边形势稳定，地区合作推进。习近平主席和李克强总理相继访问周边国家。党的十九大后，习主席首访就选择了越南和老挝，向国际社会传递出中国推动构建周边命运共同体的明确信号。一年来，习主席两次会见菲律宾杜特尔特总统，李总理成功访问菲律宾，中菲关系实现稳定发展。我国同柬埔寨、巴基斯坦、哈萨克斯坦、塔吉克斯坦等传统友好国家深化了彼此互信，巩固了相互支持。这些都为中国周边人文交流奠定了坚实的基础。

（一）中国与韩国的人文交流受“萨德”影响相对冷淡。2017年是中韩建交25周年。25年以来，中韩两国人文交流在政府机制和民间层面都取得了一系列重要成果。特别是在两国领导人推动下成立的“中韩人文交流共同委员会”，是推动两国人文交流的重要机构。自2013年11月成立以来，两国分别在首尔、西安、济州岛召开了三次会议。然而，这种交流以2016年7月8日韩国正式宣布部署萨德为节点发生了巨大变化，人文交流随之蒙上阴影，直接导致中韩人文交流共同委员会第四次会议没有如期举行。直到现在，这一机制仍然处于僵化状态。在2017年这样一个具有纪念意义的年份，由于萨德问题的悬而未决，中韩两国关系面临“史上最差时刻”。以前，中韩建交逢五逢十都是在北京和首尔由两国主管部门共同举办庆贺活动，但今年却是两国大使馆各自举办。自韩国宣布部署萨德以来，两国的人文交流受到严重影响，民意基础逐步减弱。主要表现在：第一，韩国娱乐市场在华发展受挫，娱乐产品及娱乐产业遭受抵制危机；第二，中国游客赴韩数量急剧减少，免税店以及其他旅游收入遭遇危机；第三，韩国书籍出版在华受到限制，文化交流雪上加霜。可见，萨德问题严重影响了中韩两国人文交流的发展，也严重打击了这些年两国关系友好发展的民意基础。值得关注的是，文在寅就任总统后，选择了对华友好合作。韩国于2017年10月做出了“三不”承诺，并且文在寅总统于12月成功实现访华，两国就阶段性处理萨德问题达成一致。相信今后中韩两国会努力发挥好人文交流的作用，并使之为中韩友好贡献积极力量。

（二）中国与日本的人文交流持续推进。2017年的中日关系呈现两面性并存趋势，总体有所稳定，但博弈不减。2017年也是中日历史上承前启后的重要一年，是中日邦交正常化45周年，而2018年将迎来中日和平友好条约缔结40周年。为纪念这一重要年份，两国举办了各种有意义的活动。2017年9月8日，中日邦交正常化45周年纪念招待会在京召开。[①]9月28日，中国驻日本大使馆在东京也举办了纪念活动。日本首相安倍亲自出席。据《朝日新闻》报道，这是安倍执政以来首次出席类似活动，也是日本的首相时隔15年出席该活动。日本外相河野太郎一同出席活动，并发表重要讲话。民间交流始终是促进中日两国关系向前发展的不竭动力。9月20日，纪念中日邦交正常化45周年民间交往图片展开幕式在东京举办。本次图片展以"民间的力量"为主题，通过近百幅照片和《人民中国》《人民画报》两家中国期刊的相关报道版面，系统回顾了中日民间交往的重要历史时刻，立体再现了两国人民交往的丰硕成果。[②] 不仅如此，为了增进青年学生之间的交流，"2017中日大学生千人交流大会"于8月29日在北京大学正式举行。国务院副总理刘延东出席大会并发表重要讲话，为了增进大学等教育机构间的交流，"中日人文交流大学联盟"于9月29日在西北大学召开成立大会。中日人文交流大学联盟的成立，旨在整合国内中日人文交流研究领域的相关资源，以"一带一路"倡议为动力支持，继续加强青年学生互动交流，从而为增进两国国民的相互了解做出积极贡献。[③]

（三）中国与印度的人文交流相对活跃。最突出的成绩便是2017年《摔跤吧，爸爸》这部印度电影在中国的火热上映，当之无愧成为2017年度中印人文交流的名片。该影片自2017年5月在中国上映以来，票房已经超过10亿元人民币，成为中国有史以来票房最高的非好莱坞电影，甚至超越了该片在印度本土的票房记录。这部影片不仅让中国人民更好地了解了印度

① 《中日邦交正常化45周年纪念招待会在京举办》，中国新闻网，2017年9月9日，http://news.china.com/news100/11038989/20170909/31336711.html。

② 《纪念中日邦交正常化45周年民间交往图片展在东京开幕》，中国新闻网，2017年9月20日，http://www.chinanews.com/gj/2017/09-20/8336212.shtml。

③ 《促进中日教育合作和人文交流》，中国社会科学网，2017年9月29日，http://ex.cssn.cn/zx/bwyc/201709/t20170929_3657875.shtml。

的文化软实力，也成为反省自身电影发展的良好契机。此外，作为佛教文化的发源地，中印两国的佛教文化交流一直非常活跃。2017年5月12日，中印佛教文化摄影展开幕式和中印友好微电影发布仪式在印度加尔各答举行。开幕式上，中国驻加尔各总领事马占武表示，历史上中印友好往来源远流长，佛教、针灸等交流都被传为佳话，而当前中印文化艺术交流日益频繁，双边关系正步入快速发展的新阶段。此次活动对中国与印度友好交流起到助推作用。目前，中国已经连续举办四届世界佛教论坛，第五届世界佛教论坛筹备会议也于2017年12月在福建莆田召开，这一系列大型的国际活动无疑会增加中国在世界佛教组织中的话语权，也势必会引起佛教发源地印度的焦虑和不安。2017年洞朗对峙事件发生以后，中印两国的人文交流受到一定程度的影响。但后来事件的和平解决体现了双方对中印关系的珍惜和重视，彰显了中国维护地区和平稳定的诚意与担当。

（四）中国与蒙古的人文交流成果显著。中蒙两国地理相邻，文化相通。中蒙建交以来，特别是2014年两国建立全面战略伙伴关系以来，人文领域交流不断扩大，取得丰富成果，成为双边关系不可缺少的重要组成部分。就文化来看，2017年9月，中国电视剧首个海外观众见面会在蒙古国举行。中国国际广播电台与蒙古国家公共广播电视台合作翻译配音制作的中国电视连续剧《生活启示录》，在该台黄金时段的“中国剧场”开播，不仅创下该台近期收视新高，也高居该台播放的外国影视剧收视榜首。为落实习主席2014年8月访蒙期间签署的《中华人民共和国与蒙古国关于建立和发展全面战略伙伴关系的联合宣言》中有关向蒙方提供中国优秀影视剧译作项目，2014年以来，国产电视剧《北京青年》《平凡的世界》《青年医生》先后登陆蒙古主流电视频道的黄金时段，向蒙古民众展示了中国青年的积极风貌，增进了两国民众相互了解和友好感情。[①] 不仅如此，2017年11月23—30日，中国内蒙古自治区政府与蒙医医院专家联合组织“蒙古国健康行”大型义诊活动，从首都乌兰巴托出发，一直到北部的达尔汗乌拉省和布尔干省，历时一周完成义诊，受到蒙古国人民好评。在开展义

① 《中国电视剧首个海外观众见面会在蒙古国举行》，人民网，2017年9月7日，http://world.people.com.cn/n1/2017/0907/c1002-29522313.html。

诊的同时，中国专家还抓紧时间与蒙方开展交流，深入了解蒙方医疗卫生及传统蒙医药发展情况，共同探讨扩大中蒙两国传统医学领域合作。2017年10月30日，中国二十四节气文化体验活动也在蒙古国乌兰巴托中国文化中心拉开帷幕，增进了中蒙两国人民对传统文化的理解。在双方共同努力下，2015年5月，两国签署成立中蒙人文交流共同委员会政府间备忘录。2018年1月25日，中蒙人文交流共同委员会第一次会议在北京举行。会议回顾了中蒙人文交流开展情况，就2018年两国人文领域交流合作规划进行了深入沟通，通过了《中蒙人文交流共同委员会第一次会议纪要》，标志着两国人文交流迈上了一个新的台阶。

（五）中国与东盟国家的人文交流积极活跃，成为周边人文交流的典范。2017年，中国东盟关系面临承上启下、提质升级的重要时期：2016年是中国东盟建立对话关系25周年，2017年是东盟成立50周年，2018年即将迎来中国东盟建立战略伙伴关系15周年。双方自1991年启动对话进程以来，人文交流日益密切，主要表现为：第一，文化合作机制成熟。中国与东盟目前已建立了中国东盟文化部长会议、中国东盟文化论坛、10+3文化人力资源培训等多个合作机制；第二，教育交流成果突出。作为中国东盟教育合作的重要平台，中国东盟教育交流周已在贵阳举办10届，期间举办大学校长论坛、学术研讨会、教育资源展、专题研修班、青少年文化节、学生夏令营等170项活动，成为双方互学互鉴、合作共赢的坚实桥梁。2017年7月28日，第10届中国东盟教育交流周开幕式通过了《中国东盟教育合作行动计划（2017—2020》，为未来合作规划了蓝图；第三，旅游合作发展迅速。旅游是中国与东盟务实合作重点领域。2016年，中国与东盟双向人员往来达到3800万人次，每周有5000多个直航往返中国52个城市与东盟37个城市之间。2017年3月，“中国东盟旅游合作年”开幕式在菲律宾马尼拉隆重举行。10月，“中国东盟旅游合作年”闭幕式及首届旅游部长会在昆明举行。11月，第20次中国东盟领导人会议发表了《中国东盟旅游合作联合声明》；第四，媒体智库交流活跃。中国与东盟媒体深度参与双方各领域合作的跟踪报道，还依托中国东盟博览会等平台开展了包括媒体合作高层研讨会、媒体交流大会等重要活动，举行了诸如“中国东盟汽车拉力赛暨中国东盟媒体汽车拉力赛”、“东盟媒体海上丝绸之路中国行”等活动，增进了相互了解。中国和东盟还建立了中国东盟智库战略对话、思想库网络等多个交流机制。[①] 2017年5月16日，中国东盟思想库网络“文化合作工作组会议”在中国贵阳举行。尽管如此，双方人文交流在亲和度、受众面、传播力等方面还有待提高。在2017年这个关键节点，双方应着眼长远，深化合作，构建更加紧密的中国—东盟命运共同体。

（六）中国与俄罗斯的人文交流积极进取。人文交流与合作不仅仅是中俄双边关系中的重要组成部分，也是扩大与深化其他各领域交流的长久动力。就政府机制来看，两国早在2000年就在中俄总理定期会晤机制框架内成立了中俄教文卫体合作委员会，2007年，随着合作领域的不断扩大，上述委员会更名为中俄人文合作委员会。2017年9月12日，中俄人文合作委员会第十八次会议在广州举行，中方主席刘延东副总理与俄方主席戈洛杰茨共同主持会议。中俄人文合作委员会建立18年来，通过互办“国家年”“语言年”“旅游年”“青年年”等，密切务实合作，增进人民友谊，服务两国关系大局。面向未来，双方应以“一带一路”发展战略和欧亚经济联盟对接合作为契机，积极打造新支柱、新亮点。会议期间，两国副总理还共同出席了深圳北理莫斯科大学开学典礼、中俄大学校长论坛、“俄罗斯文化节”开幕式、中俄合拍影片发布式等配套活动，并见证了有关领域8个合作协议的签署。不仅如此，2017年还是中俄媒体交流年的重要年份。自2015年12月底开幕以来，两年间双方共举办250多场丰富多彩的活动，取得了令人赞叹的成果，为两国关系赋予新的内涵，充分体现出两国人民的友好程度和双边关系的战略意义。闭幕式于2017年11月1日在人民大会堂举行，李克强总理与俄罗斯总理梅德韦杰夫共同出席并致辞，这也体现了两国政府对此的高度重视。

二、问题与挑战

2017年，我国与周边国家人文交流普遍存在“近而不亲”的问题，突

---

① 参见中国—东盟中心网站：http://www.asean-china-center.org/，中国—东盟博览会：http://www.caexpo.org/。

出表现在：政治上与我国高层往来频繁，但政治互信并不深厚；经济上合作非常密切，但担心我国资源掠夺、产品倾销、污染转嫁；人员往来数量巨大，但民间亲近度远远不够；安全上普遍重视我国在地区安全事务中的作用，但又害怕我国国强必霸，损害其国家安全利益；外交上，在双边层面讲好话、促合作，但在多边场合不敢抛头露面，伸张正义，甚至损害我国利益。“近而不亲”事关周边稳定环境的构建，事关中华民族振兴的宏图大业，因此，从深层次分析问题根源，并妥善应对至关重要。综合来看，其原因主要如下：

历史方面，我国同周边国家有复杂的历史渊源，多数邻国曾长期是中国藩属国。由于时代发展变迁，周边国家民族独立、民族复兴的意识空前增强，害怕中国的崛起，会使其回到藩属时期，担心“朝贡体系”的复原。新中国成立后，我国与部分周边国家发生过边界冲突，甚至战争，一些国家对中国依然存在畏惧感。如我国与韩美等国曾在50年代发生朝鲜战争，与印度在60年代初发生边境冲突，与越南70年代末发生较大规模的局部战争。

政治方面，周边国家普遍与我国政治制度和意识形态不同。除了越南、老挝等少数国家与中国社会制度相近，大多数国家或是君主立宪制，或是民主共和制，或是议会民主制，从政治体制和施政议政规则方面视我为异类，对中国施政理念既好奇又防范，短期内难以产生亲近感。

经济方面，由于我国经济发展成绩显著，周边国家一方面希望通过与中国加强合作，换取资金技术，改善基础设施，获得长足发展。另一方面又对中国的发展疑虑重重，不愿在经济上过度依存中国。比如印尼政府和民众对“雅万高铁”心态矛盾，对从中国获取援助抱有期待，但又怀疑中国投资动机，在征地、申请许可等方面设置重重障碍。

文化方面，我国与周边国家虽地理相连，但在意识形态、宗教、语言、习俗等方面存在差异。大量华人华侨在为中国与周边国家合作往来牵线搭桥的同时，也让一些国家感到威胁与不安，担心其进行利益输出和意识形态渗透。中国出访团组和对外文化交流活动大多在华人圈展开，引发当地政府和民众许多担忧。

人员往来方面，随着我国与周边国家交流增多，很多人员、团体和企业更多追求短期或个人利益，没有以维护中国形象为己任，非但没有拉近与周边国家民众关系，反而破坏对中国好感。比如一些企业只顾追逐眼前利益，知法犯法，缺乏社会责任，无视当地宗教文化习俗和环保需求，招致当地民众抵触甚至反抗。少数中国游客破坏旅游设施、缺乏尊重他人和对己自律，挥金如土、恶言恶语，严重损害中国形象。

外部干扰方面，我国与周边国家关系一直受到域外国家干扰。美国等将中国视为本地区战略竞争对手，除了在政治安全议程上加大遏制防范，在经济上展开竞争，在文化上进行排挤，这些国家长期以来通过非政府组织、民间团体、媒体舆论等手段，将中国机遇炒作成中国威胁，对中国与周边国家进行友好往来，开展各领域合作进行阻挠甚至破坏。中国在斯里兰卡、缅甸、巴基斯坦等国的重大投资项目受到干扰，无不与域外势力作梗有关。

三、对策与建议

周边国家是我国维护安全，发展利益的首要方向，是实施“一带一路”重大倡议和实现两个一百年目标的重要战略支撑。大力加强与周边国家的人文交流，改善周边国家对我国“近而不亲”，已成为不可回避且不能回避的紧迫课题。具体建议如下。

第一，塑造和平又亲近的周边环境，确立“民间为先”新思路。塑造周边环境不仅要和平稳定，更要友好亲近。要按照打造人类命运共同体、“一带一路”民心相通的思路，对周边外交突出民间性，增加政治安全议程中的民间因素，学会与民众打交道，改进沟通方式，突出合作共赢，尊重本土人文理念，减少对中国疑虑和恐惧，真正构建起对中国坚持走和平发展道路和睦邻友好政策的理解和信任。

第二，优化周边援助政策，增强主体民间性。充分认识到对外援助不仅是经济手段，更是提高中国软实力、赢取周边民心的重要手段。建立类似日本协力机构、美国开发署、澳大利亚发展署那样的中国发展援助委员会，在具体操作中减少官方色彩，推动援助方式从政府对政府的直接资金援助和工程援建等传统方式，向紧贴民众生活的民生项目转变，在项目选择、执行和目标实现过程中，少依赖受援国政府，真正惠及受援国普通民众，提升其对中国的好感度。

第三，完善“走出去”战略，对民间往来加以引导规范。建立健全中国跨国公司企业社会责任机制，强制实施国际标准，弥补中国企业在产品质量、企业遵纪守法、劳工保障和环境保护方面的短板，提升在周边国家的经济软实力形象；通过旅行社、专题电视节目、新媒体等多种渠道对中国游客进行教育引导，不断提升中国游客素质，使之成为中国文明形象传播者和塑造者；同时鼓励周边国家更多智库院校访问中国，增进对中国客观认识。

第四，建立完善、持久并行之有效的文化外交政策和对外文化传播体系。增强文化传播接受度，丰富文化传播内容，体现中国发展时代，从华人华侨更多拓展至本土普通民众。提升“欢乐春节”等中国文化品牌项目在周边国家本土民众和草根阶层的知名度和喜爱度，体现文化民间外交。丰富孔子学院内涵，从政府办学向民间合作转变，从城市向农村拓展，从语言培训提升至综合软实力影响。

第五，着力做好周边国家青年工作，加大对青年一代的感召力和影响力。通过建立周边国家在华留学生毕业联谊会，设立优秀毕业生奖项，鼓励留学生在华生活就业等方式增强对华向心力。逐步实现语言过关的外国留学生与中国学生同班教育，增进彼此了解，让留学生侧重学习中国传统文化的同时，也了解当代中国文化和先进科学技术，提升对我国综合软实力的认可度。整合各类各层奖学金和交流项目，用好非政府组织和民间团体，打造青年交流品牌项目。

第六，切实提升媒体舆论话语权，改变周边国家西方媒体“一言堂”，增强驻站媒体对外影响力。继续完善提升现有英语媒体网络，及时有效发出中国声音。充分发挥我各大主流媒体遍布周边的优势，使驻站媒体从对内服务向对外影响拓展，除向国内报道当地情况外，更多要用驻在国语言讲好中国故事，与当地媒体加强沟通与合作，用好网络和新媒体渠道，影响舆论风向。

第二编
2017年中国周边大国外交

第一章
中美关系的新特点和新走向

潘亚玲

【内容提要】特朗普政府外交战略的重大不确定性根本上源于美国霸权相对衰落及由此而来的美国政治文化当代转型。2017年，中美关系实现平稳过渡有着重大而深远的战略意义，它不仅为特朗普政府时期的中美关系提供了主要框架，也为整个美国政治文化当代转型期的中美关系提供了基本方向和初步经验。尽管如此，中美关系仍面临着重大的战术性风险，特朗普政府对华战略的再脱钩尝试、多边合作的萎缩及特朗普自身的独特风格，都使中美关系面临重大潜在风险。中美关系下一阶段的重点任务仍是推进中美关系持续健康稳定发展，风险管理特别是早期预警和危机应对是重中之重。

【关键词】中美关系　战略稳定　战术对抗　风险管理

【基金项目】《美国种族主义、排外主义回潮研究》，2017年国家社会科学基金一般项目（项目号：17MBMZ090）初期成果。

【作者简介】潘亚玲，复旦大学美国研究中心副研究员，法学博士。

如果放长历史的视野可能会发现，2017年将是中美关系史上的重要年份：一方面，在美国发生历史性转变的背景下，2017年的中美关系再度印证“中美关系好也好不到哪里，坏也坏不到哪里”的重要判断；另一方面，美国的历史性转变的确也使中美关系具备了诸多的新特征，并呈现出各种新可能，如美国政治文化转型与美国对华战略的互动，美国对华战略脱钩的再尝试，中美双边—多边的新型互动态势，等等。总体上，自唐纳德·特朗普就任美国第45任总统开始，中美关系正呈现“战略互动框架稳定，战术竞合风险上升”的新特点；对中国处理中美关系而言，重点仍将是致力于推动中美关系的持续稳定健康发展。

一、中美战略互动框架平稳过渡

如果说2001年“9·11”恐怖主义袭击，是对美国地理安全的冲击，2008年全球金融危机，是对美国经济安全的冲击，那么，特朗普的当选则是对美国传统政治的冲击。换句话说，“9·11”事件事实上启动了美国政治文化的当代转型进程，2008年全球金融危机意味着这一转型的全面展开，特朗普当选标志着美国政治文化转型进入关键时期。① 美国政治文化的当代转型进程，对其外交战略特别是对华战略有着长远影响。在特朗普政府时期，表现为一种强烈的危机意识（美国霸权相对衰落）与紧迫的使命意识（让美国再度伟大）的相互交织，推动特朗普政府采取“美国优先”战略——所有对外战略和政策均以美国利益为重，明显区别于冷战结束以来历任美国总统的外交战略。尽管如此，2017年的中美关系仍实现了平稳过渡，其战略意义之深远不言自喻。

美国政治文化当代转型及其对美国外交战略的重大影响，在特朗普总统当选后日益明显地显现出来。就中美关系而言，在特朗普当选及就任的一年左右时间里，经历了多次起伏，尤其是在特朗普当选至习近平主席4月访美期间，中美关系可谓一波三折：在特朗普当选之后的大半个月时间里，大多数观察家对中美关系充满信心，认为与“商人”总统打交道可能相对容易；但2016年12月初特朗普与台湾当局领导人蔡英文通电话，到春节前甚至声称“一个中国”政策是“可以谈判”的，导致曾弥漫一时的乐观与欣喜气氛消失不见；紧接着，又传出美国试图“联手”俄罗斯、共同制衡中国的消息，一时间有关中美俄大三角关系的讨论又占了上风。特朗普总统当选后及就任之初的中美关系氛围的紧张程度，可从双方各层级领导人的交流中看出：无论是习近平主席2月10日与特朗普总统通电话，

① 相关讨论可参见潘亚玲《美国政治文化的当代转型》，载《美国研究》2017年第3期，第44—59页；潘亚玲：《美国政治文化转型：世纪性挑战与未来道路》，载吴心伯编：《美国问题研究特辑（2015）》，上海人民出版社2015年版，第90-109页。

还是国务委员杨洁篪2月3日与时任美国总统国家安全事务助理弗林通电话，以及杨洁篪2月21日与美国国务卿蒂勒森通电话，都强调“推动中美关系健康稳定发展”，“妥善处理敏感问题”。①

2017年4月6日至8日，习近平主席对美国的访问意义重大：在这一行程大致确定后，中美关系的紧张气氛便逐渐缓解，并在习近平主席访美及之后的较长一段时间内持续缓解。尽管特朗普政府第一次国家安全战略报告再次将各种问题暴露出来。这次访问最重要的部分是两位领导人在佛罗里达州海湖庄园两场正式会晤，深入交流超过7个小时，就中美双边重要领域和共同关心的国际及地区问题广泛深入交换意见，达成诸多共识。双方讨论了中美总体关系，认为合作是中美两国唯一正确的选择；特朗普总统接受了习近平主席的访华邀请。会晤期间，双方宣布建立外交安全对话、全面经济对话、执法及网络安全对话、社会和人文对话四个高级别对话机制。同时，中美双方同意共同努力，扩大互利合作领域，并在相互尊重的基础上管控分歧。② 习近平主席4月访美之行，使中美关系成功克服特朗普上任之初的高度紧张；更为重要的是，习近平主席此行使中美战略互动得以平稳过渡，具体体现为三个方面。

一是中美领导人的个人信任得以建立，为发展中美关系提供了领导力。2017年，习近平主席与特朗普总统实现互访，在两国之外会晤1次（德国汉堡），还通了9次电话。如此密切的联系，在大国领导人之间是相当罕见的。习近平主席的访美之行，使特朗普对朝鲜核问题的了解大为加深。特朗普认为，“在习近平主席给他讲了之后，他真的理解了这个问题”。尽

① 《习近平同美国总统特朗普通电话》，外交部网站，2017年2月10日，http://www.fmprc.gov.cn/web/zyxw/t1437404.shtml；《杨洁篪同美国国务卿蒂勒森通电话》，外交部网站，2017年2月22日，http://www.fmprc.gov.cn/web/zyxw/t1440614.shtml。

② 《王毅介绍中美元首海湖庄园会晤情况》，外交部网站，2017年4月8日，http://www.fmprc.gov.cn/web/ziliao_674904/zt_674979/dnzt_674981/xzxzt/xjpdfljxgsfw_689445/zxxx_689447/t1452260.shtml。

管不少人质疑特朗普11月访华是特朗普总统对中国“叩头”（Kowtow）[①]，但特朗普总统对此行评价相当高。如果对比奥巴马执政之初对华政策从相对友好逆转至实施亚太再平衡战略，那么，习近平主席与特朗普总统之间个人信任的建立，就更为难得。

二是中美战略对话机制试运行良好，为中美关系提供了机制性保障。习近平主席访美之行，为中美关系确立了新的对话机制。会晤期间，中美双方启动了外交安全、全面经济两个对话机制，重点讨论了机制运作方式和工作重点，双方同意尽早启动其他两个对话机制。此后，四个对话机制相继试运行：6月21日，国务委员杨洁篪同美国国务卿蒂勒森、国防部长马蒂斯在华盛顿共同主持首轮中美外交安全对话，双方就中美关系和共同关心的问题深入交换意见，达成诸多共识；7月19日，中美双方举行首轮中美全面经济对话，中国国务院副总理汪洋与美国财政部长姆努钦、商务部长罗斯共同主持；9月28日，首轮中美社会和人文对话在华盛顿举行，国务院副总理刘延东和美国国务卿蒂勒森在华盛顿共同主持，对话包含教育、科技、环保、文化、卫生、社会发展（涵盖体育、妇女、青年、社会组织）、地方人文合作七大合作领域，并通过《首轮中美社会和人文对话行动计划》；10月4日，中国国务委员、公安部部长郭声琨和美国司法部部长杰夫·塞申斯、国土安全部代理部长伊莲·杜克共同主持首轮中美执法及网络安全对话，双方就非法移民遣返、禁毒、网络犯罪和网络安全、追逃等问题展开讨论。尽管上述对话成效不一，但作为首轮对话，其召开和对话本身就是一种成功，至少它们为中美双方在争议性问题上的战略沟通提供了重要渠道。

三是中美经贸合作和人文交流发展稳定，为中美关系提供了重要压舱石。一方面，经贸合作长期是中美关系的压舱石，但特朗普总统对美国人就业机会、贸易赤字及人民币汇率等问题的强调，一度使中美经贸关系

① Tom Phillips, "'Extraordinary Elevation': Trump Kowtows to Kingpin Xi," *The Guardian*, October 26, 2017, https://www.theguardian.com/us-news/2017/oct/26/extraordinary-elevation-trumps-kowtow-unlikely-to-win-favours-from-xi-jinping, accessed on November 1, 2017; Benedict Rogers, "It Is Time To Stop The Shameful Kowtowing To China - Before It Is Too Late," *Huffington Post*, October 24, 2017, http://www.huffingtonpost.co.uk/ben/china-corrupt-kowtowing_b_12609422.html, accessed on November 1, 2017.

面临严峻挑战。这一挑战之严峻，很大程度上体现在中美围绕经贸合作的“百日计划”谈判及首轮全面经济对话等成果不佳。但这一状况很大程度为2017年11月特朗普总统访华所缓解。在此次访问中，中美双方一致同意，将继续致力于互利共赢的中美经贸合作，并各自承诺提高相互开放度；更为关键的是，中美元首还推动经贸合作实现重要的早期收获：在特朗普总统访华期间，两国签署的商业合同和双向投资协议涉及总金额超过2500亿美元。另一方面，自2010年中美人文交流高层磋商机制创建以来，中美人文交流发展迅速，特朗普总统就任后并未受明显影响，其稳定程度明显高于中美关系的其他方面。9月，首轮中美社会和人文对话取得了诸多重要成果，其中有大量是此前中美人文交流高层磋商机制成果的延续。

二、中美战术竞争风险上升

尽管中美战略互动框架实现了平稳过渡，但特朗普政府时期的中美关系仍呈现出明显的对抗性和起伏性。其深层次根源在于美国霸权的相对衰落态势日益明显：一方面，强烈的危机意识与使命意识催生了美国政府和社会的战略焦虑，进而在外交中表现出明显的内向性和冒险性，为实现“美国优先”战略往往采取反外交主义；另一方面，其他大国特别是中国的快速持续崛起，使美国难以寻找替代性合作伙伴，中美关系必须维持“斗而不破”的基本格局。在此情况下，中美关系在战术层面上的竞争与合作关系就变得格外复杂，各类风险因素明显上升，有时甚至给人以中美关系战略不稳的错觉。

一是尽管中美战略互动框架基本具备，但由于美国优先战略、政策共识建构等原因，中美战术层面的对抗态势将日趋明显。

一方面，尽管是政治新手，但特朗普总统坚持美国优先战略，其对华战略表现出明显的战略脱钩倾向。但与克林顿总统时期的脱钩战略不同，特朗普总统对华战略脱钩的核心是既要实现商业获益，又要推行政治乃至军事遏制。尽管在经济上仍必须依赖中国，但特朗普仍坚持在政治、军事等方面对华强硬，这正是其第一份国家安全战略中涉华要素的总基调。2017年12月推出的该报告提及“中国”（含“中国人”）多达36次，不仅把中国视为战略对手，甚至还给中国贴上“修正主义国家”标签。该报告声称，中国（及俄罗斯）在挑战美国权势、影响力和利益，试图侵蚀美国的安全和繁荣。中国想要构建一个“有悖于美国价值观和利益的世界”，力求将美国从太平洋地区排挤出去，努力在该地区扩大国家疆域，并致力于通过对其有利的新经济模型改造该地区。①

另一方面，中美元首维护双方关系稳定健康发展的战略共识转化为政策共识的步伐相对较为缓慢，并可能面临重大阻力。在中美元首确立的四个对话机制中，除社会和人文对话外，其余三个对话机制的首轮对话总体上成果不够明显，其中最为明显的中美全面经济对话。尽管特朗普访华期间中美签署了大额商业合同，但随着此后特朗普政府拒绝承认中国“市场经济地位”、美国商务部对中国铝合金板材开展反补贴和反倾销调查等事件发生，美国官员声称全面经济对话已“近乎死亡”。② 换句话说，尽管已确定相对稳定的战略互动框架，但中美之间的政策共识仍很难达成。除了基本的国家利益差异外，美国方面缺乏较为稳定的政策团队也是重要原因。由于与“建制派”的矛盾，特朗普总统就任后对政府部门主要官员的任命速度相当缓慢，其外交团队也是如此。在负责亚太事务及对华战略方面，国务院负责亚太事务的助理国务卿位置长期空缺，此前代理负责这一领域工作的董云裳（Susan Thornton）直到12月底才获得正式提名。

二是出于战略成本管理的考虑，“退出主义”（Withdraw Doctrine）已成为特朗普外交战略的重要标签，③ 中美关系“双边竞合，多边疏远”的态势将渐趋明显。特朗普早在竞选期间就表露出重大的退出各类全球治理努力的意向，在其担任总统后的短短一年中兑现了竞选承诺，退出了跨太平洋经济伙伴关系协定（TPP）、气候变化《巴黎协定》以及联合国教科文组织等，还启动了北美自由贸易协定的重新谈判，威胁退出与伊朗的核协

---

① The White House, National Security Strategy of the United States of America, December 2017, “Introduction”, p. 2.

② “No Plans to Revive US-China Economic Dialogue, Says Trump Official”, *Asia Times*, December 2, 2017, http://www.atimes.com/article/no-plans-revive-us-china-economic-dialogue-says-trump-official/, last accessed on December 5, 2017.

③ “‘Withdrawal Doctrine’ in Washington”, *Watching America*, October 19, 2017, http://watchingamerica.com/WA/2017/10/19/withdrawal-doctrine-in-washington/, last accessed on November 5, 2017.

议，等等。需要指出的是，特朗普的退出主义并非其历史上的孤立主义，更多是选择性退出，其判断依据则是具体机制对美国利益是否有利，而这也正是特朗普在退出各类机制时的首要理由。因此，特朗普“退出主义”的另一表现是大幅削减其承担国际公共产品的财政成本。在2018年美国预算方案中，主要负责美国对外事务的国务院预算被削减124亿美元，相比上一财年削减33%；[①] 2017年12月，在联合国围绕特朗普总统有关耶路撒冷的争议性政策投票之后，特朗普决定大幅削减2018年联合国会费，共计约2.85亿美元，削减幅度达25%。[②] 由于特朗普政府的“退出主义”，中美在奥巴马政府时期关于全球气候变化治理、全球公共卫生治理等领域的合作可能受到重大影响，将使双边关系竞争与合作的复杂关系缺乏了重要的多边平衡，中美关系中的风险控制因素被进一步削弱。

三是由于特朗普总统的商业背景和政治外行，其独特外交风格为中美战略与战术沟通带来新的不确定因素。特朗普与前任们最大的不同，是在国际事务中的表现。出于国家在世界舞台上的形象关切，几乎所有美国总统都相当谨慎地处理外交事务，少有偏离提前准备好的脚本，但特朗普自当选以来就展现出在处理外交事务上的强烈个性特征。特朗普早在1987年出版的《交易的艺术》(The Art of the Deal ）一书中设定了其谈判的战术，核心是两点：一是表现优雅，但在被不公正对待时“坚决还击”；二是永远不要表现出脆弱。[③] 这可以被认定为特朗普的独特外交风格的深层根源。具体而言，特朗普的个人外交风格较为明显地表现为以下三个方面：一是特朗普总统明显对传统的外交礼仪不屑一顾，例如在2017年3月参加G7峰会时公开说德国人“很坏很坏”，又如与朝鲜最高领

① Kim Soffen and Denise Lu, “What Trump Cut in His Agency Budgets”, *Washington Post*, May 23, 2017, https://www.washingtonpost.com/graphics/politics/trump-presidential-budget-2018-proposal/?utm_term=.d944833be581#dept-13, last accessed on May25, 2017; Tal Kopan, “Here's What Trump's Budget Proposes to Cut”, *CNN Politics*, March 16, 2017, http://edition.cnn.com/2017/03/16/politics/trump-budget-cuts/index.html, last accessed on March 18, 2017.

② Eli Watkins, “Haley Touts Reduced UN Budget”, CNN, December 26, 2017,http://edition.cnn.com/2017/12/26/politics/nikki-haley-un-budget/index.html, last accessed on December 27, 2017.

③ Anthony Zurcher, “Trump's Telephone Un-Diplomacy”, BBC News,February 2, 2017, http://www.bbc.co.uk/news/world-us-canada-38849257, last accessed on February4, 2017.

导人金正恩互起绰号，等等；二是特朗普也表现出明显的不尊重外交传统的倾向，在中东问题、伊朗问题、朝鲜核危机上，特朗普都更倾向军事选项而非外交努力，有时甚至公开贬低外交团队的努力，进而被贴上“先打再谈甚至不谈”（shoot-first-talk-later or never）[①]、“恫吓加边缘政策”（Bluster and Brinkmanship）[②]、光有大棒没有胡萝卜（big-stick-and-no-carrots approach）[③] 等标签。三是经常通过推特外交（twitter diplomacy）为即将到来的外交谈判预设底线，激发公众情绪，从而重大地改变了外交谈判中的双层次博弈，置谈判对手于困境之中。

三、中美关系的风险管理

特朗普当选很大程度是美国在霸权相对衰落背景下政治文化转型的结果，其外交战略特别是对华战略有着更为深层次的历史性转折背景。因此，日益凸显的美国霸权衰落迹象和重振美国霸权压力——或者说日益增加的危机意识和使命意识——的结合，塑造了特朗普政府强烈的“时不我待”意识，其对华战略也表现出高度的不确定性。经过2017年尤其是上半年中国方面的重大努力，中美实现了战略互动框架的平稳过渡，从而为美国政治文化转型背景下的中美关系奠定了中长期基础。尽管如此，中美在战术层面的竞争与合作可能步入一个更加复杂的时期，各类风险可能大幅上升。如何强化中美关系的风险管理机制，确保中美关系的持续健康稳定发展，将是未来一段时间中美关系的重点任务。

① Simon Tisdall, “Trump's Disdain for Diplomacy is Making the World More Dangerous”, *The Guardian*, November 27, 2017,https://www.theguardian.com/us-news/2017/jun/27/donald-trumps-disdain-for-diplomacy-is-making-the-world-more-dangerous, last accessed on July 1, 2017.

② “President Unpredictable: Trump’s Year of ‘Bluster and Brinkmanship’ Puts World on Edge”, *Hindustan Times*, December 19, 2017, http://www.hindustantimes.com/world-news/president-unpredictable-trump-s-year-of-bluster-and-brinkmanship-puts-world-on-edge/story-NXfuym420Dn3A1tc7SErbN.html, last accessed on December 21, 2017.

③ Stephen M. Walt, “The World Is Even Less Stable Than It Looks”, *Foreign Policy*, June 26, 2017,http://foreignpolicy.com/2017/06/26/the-world-is-even-less-stable-than-it-looks/ last accessed on July1, 2017.

第一，中美双方仍需继续提升战略互动框架的稳定性与可持续性。中美之间尽管已经建立了领导人个人信任和机制性对话框架，并继续做大做强经贸合作与人文交流两个压舱石，但政策共识缺乏、多边合作萎缩、特朗普反外交主义等都可能在一定程度上动摇中美战略协作框架。中美双方仍需从最基本的利益共同体着手，大力做实中美经贸关系的早期收获，至少部分地缓解美国的经济乃至战略焦虑；以此为基础，中国仍需进一步推动中美在多边领域的合作，特别是在非洲公共卫生合作方面，从而培育中美对人类命运共同体的共识；当然，最为关键的，仍是结合自身可持续发展，在美国政府和社会中树立中国乃美国不可替代的全方位合作伙伴的共识，从而使美国无法落实“经济获益、政治安全制衡”的两手战略。

第二，鉴于美国政治文化转型及特朗普政府外交战略的不确定性，中美需要建立健全风险管理机制，尤其重要的是早期预警与危机管理机制。在可预见的未来，中美关系的风险或危机主要来自两个方面，即双边和多边危机。双边性危机主要包括：“一个中国”政策或台湾问题、中美海空相遇危机、中美经贸与人文危机，及其他意外事件；多边危机主要来自第三方，如朝鲜核危机，也不排除体系性危机，如气候变化或公共卫生问题。因此，中美双方构建早期预警和危机管理机制的努力应包括以下三个方面：一是对既有中美合作的进展评估，强化对其未来发展的预警能力；二是委托智库、高校研究机构或民间力量联合设计覆盖整个中美关系的早期预警指标体系，监测中美关系各领域的现实进展、潜在趋势、相关民意民情变化等，配套建设在美的对中美关系的定期民意调查机制；三是在早期预警的基础上，进一步发展危机预防、处理及长期性解决的能力，其核心是提升中美对预防危机发生及一旦危机发生后阻止其升级的能力，这需要更多从长期解决的角度考虑，而不是从相对短期的政治或经济角度考虑。

第三，影响中美关系长期走向的仍是政治文化转型背景下的美国社会性焦虑，因此，推进中美人文交流上升为中美关系的压舱石，具有长期战略重要性。尽管已经取得重要成果，但中美人文交流仍相对薄弱。当前，应抓住中美社会和人文对话机制的相对良好发展态势，积极推动中美人文交流的大众化和平民化。其中最为重要的或许在于两个方面。一是针对美国社会的细分政策，特别是社区细分。例如，特朗普大选获胜的关键主要在于5类社区，即老龄农村县（Aging Farmlands）、工人阶级县（Working Class Country）、中部农村县（Rural Middle America）、福音教徒聚居县（Evangelical Hubs）和灰色美国县（Graying America）。这5类社区的总人口仅5827万（不到美国总人口1/6），但地理分布多达1502个县（接近50%）。① 因此，如何使人文交流真正面对关键群体，使之效用最大化，是下一阶段中美人文交流必须思考的问题。二是通过地方力量、民间力量推进中美人文交流，尽可能降低其政府色彩。特朗普的当选本身说明一个问题，即美国普通公众对传统政治机制的信任度明显下降。由于特朗普本身与国会、媒体、建制派等的矛盾重重，推动中央/联邦政府层面的人文交流的具体效果，仍有待进一步评估，地方和民间力量本身的基层色彩，有可能会大大提升中美人文交流的效用。

① "How Trump Became President", *American Communities Project*, January 18, 2017, http://americancommunities.org/2017/01/how-trump-became-president/.

第二章
中俄关系在全球变局下持续深化

冯玉军

【内容提要】近年来，国际战略格局与世界秩序加速调整，大国关系经历深刻转变。但在此大变局下，中俄关系始终保持良好发展势头，政治互信不断加深，务实合作稳步推进，国际战略协作水平日益提升，人文合作硕果累累。同时，中俄关系也面临一些新现象和新问题。在世界处于剧变之际，应对中俄关系多做一些细致深入的思考，客观评估中俄关系的国际战略边际效用，精细权衡中俄关系的经济成本与收益，更好把握中俄关系与中国其他对外关系的互动。

【关键词】中俄关系　世界大变局　国际战略

【作者简介】冯玉军，复旦大学国际问题研究院副院长、俄罗斯中亚研究中心主任、教授。

继2016年“黑天鹅事件”频发之后，2017年的国际形势继续深度振荡，国际思潮、大国关系、世界秩序持续经历深刻变化。在国际环境发生剧变的条件下，中俄关系在政治、经济、安全、人文等领域持续深化，取得了新的进展。但中俄关系不是孤立存在的，它既影响着国际局势的变化，也受到中俄各自发展战略和国际环境的制约。因此，对中俄关系的一些深层次问题进行深入思考，是确保中俄关系可持续发展和国际秩序平衡转型的重要保障。

一、中俄关系进一步深化

近年来，“作为中国特色大国外交的重要实践和成功典范，中俄全面战略协作伙伴关系在继承中发展，在开拓中前行，不断融入新思想、注入新动力、迈出新步伐，为两国和两国人民带来实实在在的福祉，为维护世界和地区的和平稳定作出了重要贡献。中俄关系是最健康、最稳定、最成熟的国家间关系典范，也是中国特色大国外交成功实践的一个缩影。”①

一是政治互信不断加深。2014年，中俄两国发表共同声明，中俄全面战略协作伙伴关系进入新阶段。近5年来，习近平主席6次访俄，同普京总统举行了20多次会晤，创下两国元首会晤新纪录。正是在两国元首的顶层设计和战略引领下，中俄全面战略协作伙伴关系不断迈上新台阶。2017年5月，普京总统出席“一带一路”国际合作高峰论坛，发出了俄支持“一带一路”倡议并将积极参与其中的明确信号。2017年7月，习近平主席访问俄罗斯。期间，中俄两国签署了《中华人民共和国和俄罗斯联邦关于进一步深化全面战略协作伙伴关系的联合声明》《中华人民共和国和俄罗斯联邦关于当前世界形势和重大国际问题的联合声明》《〈中华人民共和国和俄罗斯联邦睦邻友好合作条约〉实施纲要（2017年至2020年）》《中华人民共和国外交部和俄罗斯联邦外交部关于朝鲜半岛问题的联合声明》，以及经贸、农业、能源、基础设施建设、金融、文化、创新、媒体、信息网络、检验检疫等领域多项双边合作文件。在随后的上合组织阿斯塔纳峰会和G20汉堡峰会上，中俄两国协调立场、共同发声，呼吁国际社会摒弃贸易保守主义，推进贸易自由化、经济全球化深入发展，摒弃冷战思维和零和博弈，推动国际秩序和全球治理体系朝着更加公正合理的方向发展，共同构建人类命运共同体。

除元首定期会晤机制外，双方建立了以中俄总理定期会晤机制为核心的完备的政府间合作机制，其中包括5个副总理级的合作委员会。两国地

---

① 《中国驻俄大使：十九大为深化中俄关系指明方向》，中国新闻网，2017年10月27日，http://www.china.com.cn/19da/2017-10/27/content_41805402.htm。

方还积极发展友好省州、经贸结对省州，扎实开拓地方合作新局面，体现了中俄关系的高水平和全面性。2017年10月31日，俄罗斯总理梅德韦杰夫来华进行正式访问并出席中俄总理第22次定期会晤，成为十九大后首位来华访问的外国领导人，这充分体现了中俄关系的紧密性和高水平。

二是国际战略协作水平迅速提升。2015年末出台的俄罗斯新版《国家安全战略》将中俄关系称为“维护全球和地区稳定的关键因素”。2016年6月普京访华期间，中俄发表《关于加强全球战略稳定的联合声明》和《关于协作推进信息网络空间发展的联合声明》。[①] 2017年7月习近平主席访俄期间，中俄双方签署两份重要政治文件。《中俄关于进一步深化全面战略协作伙伴关系的联合声明》表示，“无论国际形势如何变化，都将恪守《中俄睦邻友好合作条约》；相互视对方为外交优先伙伴；遵循两国元首达成的共识，相互支持对方维护主权、安全和领土完整等核心利益的努力，支持对方走符合本国国情的发展道路，支持对方发展振兴，支持对方推行自主的内政方针。”[②]《联合声明》还强调，“中俄是建立全面战略协作伙伴关系的两大邻国，同为第二次世界大战战胜国、联合国安理会常任理事国和主要新兴市场国家，认为当前国际形势仍然复杂多变，双方有责任、有义务、有必要在国际和地区事务中开展更加密切有效的协作，共同促进地区及世界的和平稳定和繁荣发展。从当前实际出发，基于两国发展和维护新型国家关系的共同经验，中俄将以人类团结和共同利益为基础，推动国际秩序朝着更加公正、合理的方向发展。双方将全面加强国际领域战略协作，在外交工作中优先重视彼此就国际问题进行沟通，就各自重大政策和行动加强协调，深化各自外交部门、驻对方国家使领馆、各自驻第三国外交代表机构之间的合作”。[③] 如此全方位地开展外交协调，是中国与其他国家关系中所没有的。

《中俄关于当前世界形势和重大国际问题的联合声明》表示，“在两国

① 《中华人民共和国主席和俄罗斯联邦总统关于协作推进信息网络空间发展的联合声明》，新华社北京2016年6月25日电。

② 《中华人民共和国和俄罗斯联邦关于进一步深化全面战略协作伙伴关系的联合声明》，新华社莫斯科2017年7月4日电。

③ 同上。

建立和发展新型国家关系的成功经验基础上，基于对国际关系和国际法的共同主张和理念以及对当前国际形势及重大问题的一致看法和立场，本着维护和平、推动合作、共创未来的精神，呼吁国际社会加强协作，凝聚共识，以人类团结和共同利益为基础构建国际关系，合力应对当前国际和地区形势中的威胁和挑战”，[①] 并对国际战略形势、联合国的地位与作用、打击国际恐怖主义、加强全球战略稳定、国际网络空间安全与治理，以及人权、建设开发型世界经济、双方在一系列新型全球和地区治理机制中的合作、朝核、叙利亚、阿富汗及伊核等国际热点问题上表达了相同或相近的立场。

三是务实合作稳步推进。2015年，中俄就丝绸之路经济带与欧亚经济联盟对接达成一致，并发表共同声明。短短一年后，普京总统又倡议共建“大欧亚伙伴关系”。中俄两国联手推动欧亚国家合作、打造欧亚命运共同体的抱负日益明晰。2017年10月，中国与欧亚经济联盟签署《关于实质性结束中国与欧亚经济联盟经贸合作协议谈判的联合声明》。这是中国与欧亚经济联盟首次达成的重要经贸方面制度性安排，将推动双方在欧亚地区减少非关税贸易壁垒，提高贸易便利化水平。

两年多来，在中俄双方共同努力下，对接合作取得积极成果。2017年，中俄克服重重困难，经贸合作呈现稳中向好的发展态势，合作规模和质量同步提升。前三季度，双边贸易额达到614亿美元，同比增长22.4%，全年有望超过800亿美元，中国继续为俄第一大贸易伙伴，俄为我第十一大贸易伙伴。双边贸易结构持续优化，机电和高新技术产品贸易保持两位数增长。中国企业对俄投资日趋活跃，双方确定了包含73个重点项目的投资合作清单。

战略性大项目合作全面深化。2017年7月，两国元首就加快能源、核能、高铁、航空航天、基础设施、北极开发等领域战略性大项目合作达成重要共识，指明了双方务实合作发展的方向。目前，中俄东线天然气管道、亚马尔LNG等能源项目顺利实施。中俄远程宽体客机已正式命名为

---

① 《中华人民共和国和俄罗斯联邦关于当前国际形势和重大国际问题的联合声明》，新华社莫斯科2017年7月4日电。

CR929，项目研制进入实质阶段。同江铁路桥、黑河公路桥项目工程建设按计划推进。双方积极探讨北极地区开发和北极航道利用，打造“冰上丝绸之路”。

经济技术合作步伐加快，双方企业合作意愿不断加深,经济技术合作步伐加快增长，合作方式也更趋多元化。据不完全统计，中国在俄中资企业逾1200家，涵盖能源、工程承包、交通、机械、汽车、家电、手机、通信、农业、金融、物流、电商、轻工等领域，其中央企40余家。近期，我国某共享单车在莫斯科召开新闻发布会，正式进驻俄罗斯市场，为双方经贸合作增添新色彩。

农业合作持续升温。2017年以来，中俄农业合作稳步发展，成为双边贸易新的增长点。两国农产品相互准入不断扩大，不仅拉近了双方利益融合的纽带，也为两国消费者带来更多实惠。2017年1—6月，我国自俄进口农产品逾10亿美元，同比增长4.1%，中国已成为俄罗斯第一大食品出口目的国。我国企业也积极参与远东地区农业开发，开展“种养+”一体化农业合作项目，取得良好的社会经济效益。

两国融资、保险、证券、支付等领域金融合作深入推进，银行间合作日益密切。目前，中国工商银行、中国农业银行、中国银行、中国建设银行、国家开发银行、中国进出口银行等6家中资银行均已在俄设立子行和代表处，我五大国有商业银行与俄同业银行共建立300多对代理行关系，人民币在俄清算业务已启动，俄企业成功在华发行熊猫债券；地方合作蓬勃发展，中方是俄远东地区第一大进口来源地、第二大出口目的地和最大的外资来源地，中国企业在俄远东地区投资项目达28个，规划总投资约40亿美元。

跨境电子商务方兴未艾，已成为双边经贸合作的新亮点。2016年，中俄电商贸易额约23亿美元，占俄跨境电商贸易总额的54%，俄80%的跨境电商订单来自中国电商网站。阿里“速卖通”已成为俄最大的外国电商平台，并于今年初启动了本地化业务。

未来，中俄在务实合作领域的重点方向是：一要提高贸易自由化水平，健全海关、检验检疫、物流等合作机制，消减非关税壁垒，支持跨境电子商务发展，扩大贸易规模；二要促进投资便利化，简化项目审批程序、放宽劳务限制、落实优惠政策，更好保护投资者合法权益，为双方投资合作营造法制化、国际化、便利化的营商环境；三要加强发展战略对接，发挥总理定期会晤机制的统筹协调作用，推动能源、航空航天、基础设施、卫星导航、数字经济、北极开发、远东开发等领域战略性大项目合作不断取得新进展，打造两国合作新亮点；四要深化金融合作，扩大本币结算，降低双边贸易投资成本；五是扩展合作平台，充分发挥中俄博览会、东方论坛等作用，为两国企业特别是中小企业合作牵线搭桥、加油助力。中国将于2008年11月在上海举办首届中国国际进口博览会，这将为俄方商品更便利地进入中国市场提供一个新的窗口。[①]

四是中俄两军关系正向更广领域、更深层次不断发展。目前，中俄两军在高层互访、联演联训、专业交流、国际会议、国际军事比赛、军技合作、人员培训等多领域开展务实合作，逐步形成了全面多元的格局。2017年6月，中俄两国国防部长签署了《2017—2020年中俄军事领域合作发展“路线图”》，该“路线图”对中俄2017—2020年的军事合作进行了顶层设计和总体规划，这是两国高水平战略互信和战略协作的具体体现，有利于双方携手应对安全领域的新威胁、新挑战，共同维护地区和平稳定。年度战略磋商、军事技术合作混委会的建立、上合组织框架下的“和平使命”联合军演、中俄海军“海上联合”演习、我武警部队与俄国民卫队“合作”联合反恐训练……中俄两军已建立起可持续的机制架构。“海上联合—2017”演习是中俄两国海军组织的年度例行性演习，旨在巩固发展中俄全面战略协作伙伴关系，深化两军友好务实合作，增强两国海军共同应对海上安全威胁的能力，不针对第三方。2017年7月22日至27日，中俄海军在波罗的海完成了“海上联合—2017”第一阶段的演习。2017年9月24日，参加中俄“海上联合—2017”第二阶段演习的中俄海军舰艇编队在鄂霍茨克海进行了海上横向模拟补给演练。此外，中俄两军于2017年12月11日至16日在北京举行“空天安全—2017”中俄第二次首长司令部联合反导计算机演习，演习目的是双方通过共同演练防空反导作战筹划、指挥、火

① 《李克强总理接受俄罗斯国际文传电讯社书面采访》，中国政府网，2017年11月29日，http://www.gov.cn/premier/2017-11/29/content_5243284.htm。

力协同等内容，应对弹道导弹和巡航导弹对两国领土的突发性和挑衅性打击。这些举动标志着中俄军事战略、战术协作正迈向前所未有的高水平。

五是人文合作硕果累累。近年来，中俄人文合作发展迅速。2007年开始，中俄先后成功互办国家年、语言年、旅游年、青年友好交流年。2015年5月中国国家主席习近平访俄期间，两国领导人宣布2016和2017年为“中俄媒体交流年”。在“中俄媒体交流年”框架下，两国共举办400多项活动，精彩纷呈。习近平主席2017年7月访俄期间，由中国国际广播电台和“今日俄罗斯”国际新闻通讯社联手打造的“中俄头条”移动应用双语客户端正式上线，展示了两国新媒体领域合作的最新成果，为两国人民加深相互了解开辟了全新窗口和良好平台。2016年10月，双方共同举办“丝路中俄”全媒体采访中国行活动，两国近10家主流媒体走访“丝绸之路经济带”沿线重要城市，全面报道“一带一路”建设与欧亚经济联盟对接合作。2017年4月，中俄合拍大型系列纪录片《这里是中国》在俄RT电视台、CCTV等主流媒体播出，通过镜头向世界讲述中国精彩故事、传播中俄友好声音，获得两国各界广泛关注与热烈反响。两国媒体在亲密接触、深入交流的同时，也共同在两国国内和国际上做大做强了中俄关系的“宣传队”，展示了新时期中俄两国的国家形象。虽然“媒体交流年”今年底即将收官，但相信已经“活”起来和“火”起来的中俄媒体交流会继续深入开展，为两国关系和人民友谊传声助力。

在教育领域，中俄两国相互留学人数不断上升。2015—2016年，在俄高校学习的中国学生人数为22529名。在俄所有外国留学生中，中国学生人数排名第三，仅次于哈萨克斯坦和乌克兰。俄在华留学人员总数1.6万余人，双边教育领域长短期人员交流总数达7万余人。双方正在为2020年中俄互换留学生规模达到10万人目标而不断努力。目前，俄罗斯有22所孔子学院或课堂和200余所大中小学开展汉语教学，中国有22个俄语中心和300多所大中小学开展俄语教学。2016年，俄罗斯试行将汉语列入国家统一考试科目，汉语考试将于2020年正式纳入俄罗斯国家统一考试体系，这些举措在俄掀起新的汉语学习热潮。2017年9月，中俄首次联合创办综合性大学——深圳北理工—莫斯科大学已经正式开学。

旅游合作领域，中国每年赴俄罗斯的游客数量早逾百万，连续多年保持着俄罗斯最大外国游客客源国地位；同时，中国也跃居俄罗斯游客第二大出境旅游目的地国。随着中国游客对俄罗斯了解的不断深入和中共六大会址常设展览馆的建成开放等，除传统旅游目的地和景点外，“红色旅游”线路正成为中国游客的热门首选。双方还积极探索以极地自然观光、葡萄酒为主题的新旅游线路。同时，双方更加重视发展旅游配套服务，探讨放宽互免团体旅游签证政策，提升旅游服务质量。莫斯科、圣彼得堡等俄主要大城市增设机场和景点中文标识、提供中文咨询和导游服务、优化“银联”等支付系统支持……这一系列“量身打造”的贴心举措，极大优化了中国游客的旅游体验。同时，三亚、北戴河等城市在俄罗斯也成为炙手可热的来华旅游度假胜地，宜人的滨海风光和完善的旅游服务，日益吸引众多俄罗斯游客接踵而至、流连忘返。

人文合作的开展拉近了两国人民间的距离。俄罗斯社会舆论基金会今年2月发布的民调结果显示，50%的俄受访民众认为，中国是俄罗斯的战略与经济伙伴，创下2005年以来的新高。[①] 相应地，在中国百姓心目中，俄罗斯也已成为重要的国际伙伴。双方民众间亲近感的提升正是中俄关系全面高速发展的真实写照。

二、对中俄关系的几点思考

中俄是有着4300多公里长共同边界的重要邻邦，中俄关系的走向对于两国各自的安全与发展有着举足轻重的作用与意义，历史经验表明：中俄两国只能友好、不能对立；中俄双方合则两利、斗则两伤；中俄关系只能搞好、不能搞坏。但同时需要明确的是，中俄关系不是在“真空”、而是在具体的国际环境中存在、运转的，它不仅会对国际局势的发展变化产生影响，同样也受到国际环境的诸多制约，并进而作用于中国的外部环境。特别是在世界处于剧变之际，对中俄关系多做一些细致深入的思考，无论是对中俄关系的可持续发展、对中俄各自的国家利益而言，还是对国际秩

① Россия-Китай-США: отношения в стратегическом треугольнике. https://wciom.ru/index.php?id=236&uid=116055 , last accessed on 18 January 2018.

序的平稳、顺利转型而言，都是必要的。

一是应客观评估中俄关系的国际战略边际效用。在国际大变局的背景下，中俄两国都不乏结盟或以紧密的军事、安全协作来应对美国压力的观点。这种传统的大国关系“均势论”忽视了当下国际关系日程日益复杂的现实，也忽视了中俄两国在国家利益、国际身份和国际战略取向等方面的差异。首先，当下的国际关系早已不像是冷战时期那样仅仅是单纯的地缘政治，经济融合、人文联系、文化接触，共同应对全球性挑战的需求，使今天的中美关系与当年的美苏关系不可同日而语，以结成军事同盟的方式与美国形成全面的竞争与敌对关系，不符合中国的国家利益。其次，尽管俄美关系处于冷战结束以来的冰点，但俄罗斯在主观愿望上仍希望与美国改善关系，出兵叙利亚的重要目标就是试图“逼和”美国，迫使其恢复与俄罗斯的合作。对于俄罗斯战略界来说，促使其他国家成为美国的最大对手，是转移自乌克兰危机以来美国对俄压力、摆脱当前困境的最好方式。因此，对俄对抗美国的主观可靠度是需要存疑的。2016年12月1日，普京总统批准2016年版《俄罗斯对外政策构想》，对发展与欧美的关系做出了全方位阐述，相形之下对“向东转”并未着墨太多。[①] 可以肯定，2018年俄罗斯总统选举之后，俄罗斯外交的重点将放在调整和改善自乌克兰危机以来不断恶化的对美欧关系上来。第三，尽管自2014年以来，俄罗斯以武力夺取克里米亚、强势出兵叙利亚的行动，令世人瞠目，但俄罗斯的综合国力存在诸多短板，参与全球治理的能力与影响日渐匮乏，未来还将面临经济增长模式畸形、人口结构恶化、创新能力不足等诸多挑战，其抗衡体系变化和内外压力的阈值值得观察。在中美俄力量对比发生历史性变化，而国际关系已远非如冷战时仅是地缘政治关系的情况下，俄罗斯很难像中美苏三角关系中的中国一样发挥“四两拨千斤”的作用。总体而言，今天的中美俄关系已不像冷战时期的中美苏大三角一样互动紧密，中美、中俄、俄美三组双边关系各有各的价值、各有各的逻辑，简单的“二对一”对抗方式不符合中国的利益。

---

① Концепция внешней политики Российской Федерации. Утверждена Указом Российской Федерации от 30 ноября 2016. №640. http://www.kremlin.ru/acts/news/53384.

二是中俄关系的经济成本与收益如何权衡？苏联解体25年来，中俄两国的经济合作取得了突飞猛进的发展，双边贸易额实现了几十倍的增长。近年来，相互投资也进入了一个快速发展阶段。近来，两国在实现丝绸之路经济带与欧亚经济联盟对接方面达成了政治共识，并开始就具体路径和方式进行谈判，两国甚至商讨建立“大欧亚经济合作关系”。但不容忽视的是，无论中俄经济合作如何密切，鉴于俄罗斯的经济体量与经济结构，中俄经济合作对于中国经济发展，特别是转型升级的拉动作用都将是有限的。中俄应该努力挖掘两国间的经济互补性，以实现“共同发展”，但不宜对双边经济合作对各自经济发展和世界经济走向的影响估计过高。更何况，迄今为止，双方还在探索如何实现“共同发展”的路径和方式。以地区合作为例，尽管双方在2009年签署了有关“东北振兴与远东开发相互对接”的协议，其中罗列了200多个项目，但受制于多重因素的影响，该协议基本上没有落实。

三是如何把握中俄关系与中国其他对外关系的平衡。中国正在日益接近世界舞台的中心，中国的利益范围和影响波段越来越广泛，这就要求中国应该更坚决地奉行独立自主的外交政策和方针，将中俄关系置于中国的外交全局中加以考虑，既要稳步推进中俄关系的可持续发展，也要注意其可能造成的广泛国际战略影响。

第三章
中印关系：跌入低谷后的“重启”

林民旺

【内容提要】2017年的中印关系经受住了重大考验。年初，双方都在努力朝着扭转消极趋势的方向发展。但是，随着达赖窜访藏南以及洞朗对峙的发生，两国关系急转直下，直至紧张对立到可能发生冲突。9月初的厦门金砖国家峰会，习近平主席同莫迪总理实现双边会晤，扭转了这一破坏性的影响，开启了双边关系“再出发”的进程，一系列对话机制陆续恢复。但是，洞朗对峙的持续影响已经开始产生，美国“印太战略”给印美、印日关系发展带来了新动力，也必将影响到中印关系的发展前景。

【关键词】洞朗对峙　金砖峰会　印太战略

【作者简介】林民旺，复旦大学南亚研究中心副主任、青年研究员。

2017年中印关系的发展，可以说出乎大多数人的预判。中印边防部队在洞朗地区形成了长达72天的对峙，给中印关系的整体发展带来了破坏性影响。随后，两国开启了双边关系“再出发”的进程，一系列对话机制陆续恢复。美国的“印太战略”给印美、印日关系注入了新动力，也加剧了未来中印关系发展的复杂性，并将继续考验中国对印外交的战略定力和中国的南亚政策。

一、2017年的中印关系：三个阶段

（一）达赖喇嘛访问藏南

2017年之初，中印关系似乎要走上积极发展的轨道。1月12日，中国

外交部发表《中国的亚太安全合作政策》白皮书，提到印度15次，在谈及中国与主要大国的关系时，将印度放在美国、俄罗斯之后，列在日本和其他国家之前。[①]同样，中国驻印度大使罗照辉在印度的演讲中提及，中印双方要努力签订自贸协定，早日达成锡金段边界的早期收获，争取签定《中印和平友好条约》。[②]

这些积极的信号，印度媒体和很多观察家们，如尼赫鲁大学的谢刚（Srikanth Kondapalli），都已经观察到了。2017年2月22日，外交部副部长张业遂与印度外交国务秘书苏杰生率领的代表团在北京举行莫迪就任印度总理以来的首次中印战略对话。这是继2016年10月2日第四次中印战略经济对话启动后，又一个重要沟通机制的启动。印度外交部的声明称，此次会谈是富有成果的（productive）。[③]

然而，随着4月4日达赖喇嘛开始窜访达旺地区，中印关系再次受到严重冲击。印度拒绝了中方反对达赖窜访的要求，印度内政部国务秘书里吉朱（Kiren Rijiju）一路陪同并高调向中国喊话。为此，外交部发言人华春莹称，“中方将采取必要措施，坚定维护自身领土主权和正当权益”。[④]4月14日，达赖喇嘛的窜访行程甫一结束，中国民政部就公布了第一批增补藏南地区公开使用的地名6个[⑤]，立即被印度看作是中国的报复。同时，基于这一情势，中俄印三国外长会晤和中印边界特别代表会晤机制不得不暂停。

---

① 中华人民共和国外交部：《中国的亚太安全合作政策》，2017年1月11日，http://www.fmprc.gov.cn/web/zyxw/t1429766.shtml，访问日期：2017年12月20日。

② The Economic Times, Chinese envoy moots 'friendship treaty', FTA with India, Jan 10, 2017, http://www.economictimes.indiatimes.com/articleshow/56455802.cms?utm_source=contentofinterest&utm_medium=text&utm_campaign=cppst，2017年12月21日访问。

③ NDTV, India Says Strategic Dialogue With China As Positive, Constructive，February 28, 2017, https://www.ndtv.com/india-news/india-says-strategic-dialogue-with-china-as-positive-constructive-1664602，2017年12月10日访问。

④ 中华人民共和国外交部：《2017年4月5日外交部发言人华春莹主持例行记者会》，2017年4月5日，http://www.mfa.gov.cn/nanhai/chn/fyrbt/t1451467.htm，2017年12月21日访问。

⑤ 中华人民共和国民政部：《关于增补藏南地区公开使用地名（第一批）的公告》，2017年4月13日，http://images3.mca.gov.cn/www/file/201704/1492141901703.pdf，2017年12月22日访问。

（二）洞朗对峙的爆发与僵持

更严重的是，6月26日，中方外交部、国防部发言人相继对印度媒体“爆料”出来的两军相峙的视频做出正式回应。事件的缘由是，中国边防部队6月16日在洞朗地区开始进行道路施工时，印度边防人员于6月18日越过中印边界锡金段，进入中方境内，阻挠中方施工。为此，中方暂缓安排印度官方香客团经乃堆拉山口入境朝圣，并要求印方立即撤回越界的边防人员，并彻底调查此事。随后，中方对中印边界锡金段的历史与法律依据做出详细解释，指出洞朗地区历来属于中国，不属于不丹，与印度则更没有任何关系，印度目前的做法已经违背了国际法和国际关系的基本准则。[①]

6月30日，印度外交部发表声明做出解释，称由于中方正在修建的道路将深入（inside）不丹领土，不丹要求恢复到2017年6月16日时的状况。“基于不丹皇室与印度政府在涉及共同利益的事件上的磋商传统，并与不丹皇室协调后，在洞朗地区的印方人员前来抵制中方”。声明同时对印度的举动做出解释，“这样的道路建设意味着极大地改变了现状，对印度而言，具有严重的安全内涵”。[②]

随后，中印进入到喊话阶段。中方认为，印度边防人员在中印边界锡金段越过双方共同承认的边界线进入中方境内，与以往双方边防部队在中印未定界地区的边境摩擦有本质区别。因此，主张事件解决的前提是，印方立即将越界的边防人员撤回边界线印方一侧，也是双方进行任何有意义对话的基础。但是，印度拒不认可入侵了中国，至多只是承认进入到领土争议区内。

为了对印军的错误行为和入侵目的进行辩护，印度一步步地破坏同中方达成的既有共识，印度的辩护理由主要是基于四个方面：（1）对中方修

---

① 中华人民共和国外交部：《外交部发言人耿爽就印度边防部队在中印边界锡金段越界事件答记者问 》，2017年6月26日，http://www.fmprc.gov.cn/web/wjdt_674879/fyrbt_674889/t1473257.shtml，2017年12月22日访问。

② The Ministry of External Affairs, Government of India, Recent Developments in Doklam Area, June 30, 2017, http://www.mea.gov.in/press-releases.htm?dtl/28572/Recent_Developments_in_Doklam_Area，2017年12月11日访问。

路有“安全关切”；（2）洞朗是不丹领土，或者至少是中不争议领土；（3）中、印、不三国的交界点在巴塘拉，而不在吉姆马珍山。通过将三国交界点往北移动数十公里，印度就将多卡拉放在了未定界内，这样印军就不算入侵了。事实上，印度外交部长的这一说法，是127年来的首次。印度用所谓“三国交界点地区”来取代“三国交界点”，将洞朗纳入“三国交界点地区”；（4）中印锡金段边界并没有确定。印度前驻华大使康特认为，“印度认同锡金段边界的基本走向没有争议，边界线将以分水岭为准，但在三国交界点问题上，我们从来没有共识。……到了确定三国交界点时，不丹也要包括进来”。[①] 正是基于这四个方面的歪理，印度表面看是试图辩解自己行为的正当性，实则是将洞朗炒作成争议区，将条约规定的三国交界点吉姆马珍北移至巴塘拉。印度这种以冒险主义的方式挑衅中国的举动，激起了中方的强烈反应。

（三）洞朗对峙的解决与中印关系“重启”

7月11日，印度外交国务秘书苏杰生在新加坡的演讲中首次提出，希望按照过去边境对峙的方式来解决（一般是同时撤军）[②]；外长斯瓦拉吉则在7月19日议会季风会期的发言中继续显示强硬，再次提出双方同时撤军的解决方案，并称不可能印方先撤。[③] 中方的要求是：“印方立即无条件撤军，是中印双方开展任何有意义对话的前提和基础”[④]。理由是，中方在自己领土上的举动，何须撤军呢？

部分是作为对印方的回应，7月24日，王毅外长在曼谷就中印对峙事

① Scroll.in, Doklam crisis: Not optimistic about prospects of an early settlement, says ex India envoy to China, Jul 19, 2017，https://scroll.in/article/844035/doklam-crisis-not-optimistic-about-prospects-of-an-early-settlement-says-ex-india-envoy-to-china，2017年12月11日访问。

② The Indian Express, No reason why India, China can’t handle border differences this time: Foreign Secretary S Jaishankar, July 11, 2017, http://indianexpress.com/article/india/no-reason-why-india-china-cant-handle-border-differences-this-time-foreign-secretary-s-jaishankar-4745718/, 2017年12月11日访问。

③ Hindustan Times, India says no troop withdrawal at Doklam amid border standoff, Aug 02, 2017, https://www.hindustantimes.com/india-news/india-says-no-troops-withdrawal-at-doklam-amid-border-standoff/story-AE3rCEcyOvjX7H3Zaw8OiI.html, 2017年12月20日。

④ 新华网：《中国驻印度大使：印方无条件撤军是双方对话的前提和基础》，2017年7月5日，http://www.xinhuanet.com/world/2017-07/05/c_1121270086.htm, 2017年12月20日访问。

件接受记者采访时表示，这个问题的是非曲直十分清楚，解决这个问题也很简单，那就是，老老实实地退出去。[①] 此前，中国政府向其他国家驻华外交官通报了中印边界对峙的有关情况。根据报道，中方表示，“中方一直保持克制，但不会永远保持耐心”。[②] 与此同时，印度国内也出现了不少不同声音，批评印度政府的做法。

7月28日，第七次金砖国家安全事务高级代表会议在北京钓鱼台国宾馆举行，印度国家安全顾问多瓦尔出席。虽然杨洁篪国务委员同多瓦尔进行了会谈，但是并没有在解决对峙问题上达成一致。8月2日，中国外交部发布了《印度边防部队在中印边界锡金段越界进入中国领土的事实和中国的立场》文件（简称“立场文件”），介绍了印方越界事件的来龙去脉，逐一驳斥了印方的各种“歪理”，阐明了中方一贯秉持的立场。[③] 随后8月3至4日，解放军报、新华社和外交部、国防部、中国驻印度大使馆，以及人民日报等先后就此事件陆续发声。一时间，似乎中国传递出来的信号是，很快就可能“清理”仍非法滞留境内的印军了。

然而，随后则是比较长时间的沉默。直至8月28日下午两点三十分印军开始撤离。撤军的具体方案仍然是比较模糊的，但是毫无疑问的一点是印军先撤。莫迪不仅参加了厦门金砖峰会，而且9月5日国家主席习近平同印度总理莫迪举行了双边会晤。在会晤中，习近平主席特别指出，中印两国要坚持双方互为发展机遇、互不构成威胁的基本判断。希望印方能够正确、理性看待中国发展。要向世界表明，和平相处、合作共赢是中印两国唯一正确的选择。[④] 随后，王毅外长的表态更清晰地表明了洞朗对峙后中国的对印政策。9月7日，外交部长王毅在回答记者关于中印关系问题

---

① 中华人民共和国外交部:《王毅：印军应老老实实地退出去》，2017年7月25日，http://www.fmprc.gov.cn/web/zyxw/t1479866.shtml, 2017年12月20日访问。

② 中华人民共和国外交部:《2017年7月18日外交部发言人陆慷主持例行记者会》，2017年7月18日，http://www.fmprc.gov.cn/web/wjdt_674879/fyrbt_674889/t1478486.shtml , 2017年12月20日访问。

③ 中华人民共和国外交部:《印度边防部队在中印边界锡金段越界进入中国领土的事实和中国的立场》，2017年8月2日，http://www.fmprc.gov.cn/web/zyxw/P020170802541371281020.pdf , 2017年12月20日访问。

④ 中华人民共和国外交部:《习近平会见印度总理莫迪》，2017年9月5日，http://www.fmprc.gov.cn/web/gjhdq_676201/gj_676203/yz_676205/1206_677220/xgxw_677226/t1490125.shtml。

时提出，中印双方应认真落实两国领导人共识，确保中印关系健康稳定向前发展。做到“三不”：一是中印关系不脱轨；二是中印两国不对抗；三是中印矛盾不失控。从过去的事件中吸取教训，维护好边境地区的和平安宁。①

洞朗对峙结束不久，中国驻印度使馆积极着手“重启”两国关系。9月下旬，罗照辉大使赴在印中资企业宣介中国的对印政策。2017年10月中国共产党第十九次全国代表大会结束后，中国的对印外交机制陆续得以“重启”。2017年12月11日，外交部长王毅赴新德里出席中俄印三国外长会议。12月22日，中印边界问题特别代表第二十次会晤在新德里“重启”。中印双方高层就两国关系、边界问题等深入交换意见。印度总理莫迪在会见中共中央政治局委员、国务委员杨洁篪时说，印度始终高度重视对华关系，愿同中方一道，加强印中互利合作，推动两国关系健康稳定向前发展。可以说，中印关系已经逐步试图摆脱洞郎对峙的“影响”，开始两国关系的“再出发”。然而，未来的中印关系发展却仍需要面对几个棘手的问题。

二、中印关系发展的障碍

中印关系的未来发展，除了受制于洞朗对峙所暴露出来的两国边界问题，其他的问题也仍在影响着两国关系的整体发展。如2016年以来就一直牵制两国关系发展的事件：一是印度申请加入核供应国集团（NSG）受挫；二是中方多次“技术性搁置”印度将武装组织“穆罕默德军”的头目马苏德列入联合国安理会制裁名单的申请。此外，当前更显要的两个分歧则体现在“一带一路”倡议与美国“印太战略”问题上。

（一）“一带一路”倡议

自中国提出“一带一路”倡议以来，印度一直多有疑虑。特别是印度

① 中华人民共和国外交部：《王毅：确保中印关系不脱轨、不对抗、不失控推动跨喜马拉雅地区成为亚洲发展新高地》，2017年9月7日，http://www.fmprc.gov.cn/web/gjhdq_676201/gj_676203/yz_676205/1206_676812/xgxw_676818/t1490866.shtml。

坚决反对“一带一路”倡议下的中巴经济走廊建设。最明显的反对举动，莫过于2017年5月13日印度外交部发言人以答问形式就中国将举行的“一带一路”国际合作高峰论坛做出表态，印度官方首次明确表示了印度对“一带一路”的反对态度。声明中谈及印度对互联互通的看法，认为互联互通倡议必须建立在公认的国际准则、良治、法治、开放、透明及平等的基础上，实际在暗指“一带一路”存在这些问题。另外，声明公开反对“一带一路”旗舰项目“中巴经济走廊”，称没有国家能接受一个忽视其主权和领土完整核心关切的项目。①

事实上，中国一直积极努力地释放善意，欢迎并推动印度加入“一带一路”。中国多次公开向印度解释，“中巴经济走廊是民生项目，中国无意介入印巴克什米尔争端，中国对克什米尔的政策没有变化，可以考虑中巴经济走廊向印度延伸，与孟中印缅经济走廊以及印度的北南经济走廊连接起来，印度的‘季风工程’和‘香料之路’可以与‘一带一路’对接”。但是，印度似乎并没有接受这些立场。

除此之外，印度还在多边合作机制（金砖合作机制和上海合作组织等）中抵制“一带一路”倡议。同样，部分基于抵消“一带一路”的影响，日印开始着力共建“亚非增长走廊”。印度也在加紧推动同南亚周边国家的互联互通工程，建设伊朗查巴哈尔港，重启印缅泰三方公路，等等。当然，在抵制中巴经济走廊的同时，印度也展示了一定意义上的灵活性。孟中印缅经济走廊的联合研究组会议于2017年4月25日至26日在加尔各答召开，这是时隔两年半之后“重启”这一合作倡议。

不过，在2017年12月中俄印三国外长会上，基于俄罗斯的积极推动，三方达成了推动欧亚大陆互联互通的共识，《联合声明》称要“本着共商共建共享原则，致力于政策沟通、设施联通、贸易畅通、资金融通和民心相通，各自互联互通倡议对接而不对冲，互补而不互怼，形成规模效益，促

① The Ministry of External Affairs, Government of India, Official Spokesperson's response to a query on participation of India in OBOR/BRI Forum, May 13, 2017, http://www.mea.gov.in/media-briefings.htm?dtl/28463/Official_Spokespersons_response_to_a_query_on_participation_of_India_in_OBORBRI_Forum，2017年12月11日访问。

进区域一体化”。[1] 这一共识客观上推动了中印逐步消除在“一带一路”问题上的对立。

中国并不反对印度同周边国家的互联互通。恰恰相反，中国欢迎印度在地区发展中扮演更大的角色。正如习近平主席2014年9月访问印度时的演讲中说，“中国是南亚最大邻国，印度是南亚最大国家。中国期待同印度一道，为本地区发展贡献更大力量，让喜马拉雅山脉两侧的30亿人民共享和平、友谊、稳定、繁荣”。[2] 中国更期待的是，印度的互联互通项目要能够与“一带一路”建设形成良性竞争。大国之间应该是“相互补台、好戏连台”的关系，而不应该使这一地区成为“相互角力的竞技场”。

（二）美印携手推进“印太战略”

另一个可能影响中印关系的新因素则是美国的“印太战略”。2017年6月，莫迪与特朗普实现首次会晤，实现了美印战略伙伴关系的顺利过渡。与此同时，部分基于对中国的制衡，12月18日，美国白宫发布了特朗普政府的首份国家安全战略报告，阐明了美国的“印太战略”。

美国推行“印太战略”，将印度提升为该战略的核心角色。印美两国早就在战略与防务方面不断加强合作，美国努力加强印度独立的防务能力建设，除了两国共享情报之外，美国逐步消除阻碍向印度出售各类先进武器的法律障碍，向印度出售的武器达到美国盟友的程度，包括P-8海上侦察机、无人机、航母等技术。

两国彼此协调各自的印太战略。印度的向东行动政策（Act East policy）与美国、日本的印太战略进行深度对接，以期逐步形成以美国、印度、日本、澳大利亚为主轴的同盟体系。美、印、日、澳在努力推进四方领导人对话机制的形成，也在构建四方海上安全对话机制。目前，美、日、澳、印四方内部也在分别建立深度的对话机制，例如印、澳的外长+防长的“2+2”对话机制，美、印外长+防长的“2+2”对话机制。

---

① 中华人民共和国外交部：《王毅谈中俄印外长会晤的十大共同点》，2017年12月12日，http://www.fmprc.gov.cn/web/wjbz_673089/tp/t1518699.shtml，2017年12月20日访问。

② 新华网：《习近平在印度世界事务委员会的演讲》，2014年9月19日，http://politics.people.com.cn/n/2014/0919/c1024-25690400.html，2017年12月20日访问。

中国并不反对印度同任何大国建立正常的国家间关系。只是印度的外交动向关涉到中国切身的安全利益，自然中国会评估美印关系的未来发展，是否这一发展是以中国作为共同“假想敌”。莫迪与特朗普会晤后发表的《联合声明》中，承诺要在印太地区遵循四个原则，明显具有暗中针对中国的含义，如（1）重申尊重自由航行、飞越自由以及商业利益的重要性；（2）呼吁所有国家要依据国际法，和平地解决领土和海上冲突；（3）支持通过透明的基础设施发展以及负责任的债务融资的做法来促进地区经济的互联互通，同时要确保尊重主权和领土完整、法治及环境保护；（4）呼吁这一地区的其他国家遵守这些原则。[①]

当然，另一方面需要看到的是，印度在美国的“印太战略”中仍旧保持着微妙的平衡。一方面，印度期待美国在印太地区的权力平衡中发挥更大的作用，保持地区的权力平衡，尤其是当下只有美国能有效地构成对中国的牵制。另一方面，印度也一直对中美间的任何合作与冲突保持着高度关注。对于奥巴马执政初期曾盛传的中美之间的所谓两极（G2），印度一直显示出某种程度上的忧虑。这也无形中导致印度对美国的某种战略提防。

从印度对美国“亚太再平衡”的政策中可窥见未来印度对“印太战略”的政策。2012年，美国防长帕内塔在访问印度国防分析所（IDSA）时称，美国的新战略是寻求“扩大军事伙伴和美国在西太平洋到东亚深入印度洋和南亚的存在。与印度的防务合作是美国这一战略的关键（lynchpin）。”[②]当时引起了印度国内对如何对接美国“亚太再平衡”战略的热烈讨论。辛格政府的做法是，公开承诺“印度奉行独立自主的外交政策，不会被用来作为遏制中国的工具。”与此同时，印度也注意避免形成同美日共同联手的感觉。2013年4月，印度退出美日多边演习，普遍认为是由于当时印度不想给地区国家形成某种印象：印度与美日结成了军事同盟。

---

① The Ministry of External Affairs, Government of India, Joint Statement - United States and India: Prosperity Through Partnership, June 27, 2017, http://www.mea.gov.in/bilateral-documents.htm?dtl/28560/Joint_Statement__United_States_and_India_Prosperity_Through_Partnership，2017年12月25日访问。

② Leon E. Panetta, Partners in the 21st century, June 06, 2012, https://idsa.in/keyspeeches/LeonEPanettaonPartnersinthe21stcentury，2017年12月20日访问。

虽然印度对美国“印太战略”的具体政策仍不明晰。但是2017年11月美、日、印、澳四国的司局级对话后，印度发表的声明明显不同于美日澳三方。印度没有提及“以规则为基础的秩序（rule-based order）”、自由航行（freedom of navigation）、海上安全（maritime security）、国际法（international law），也没有承诺继续深化四国对话机制，而且印度要建设的印太是自由、开放（open）、繁荣和包容性的架构，与美、日、澳所谓“价值观同盟”诉求截然不同。[①] 显然，在面对美国诸多不确定性的情况下，印度仍然不会“毫不犹豫”地投入美国怀抱。

三、中印关系的前景与展望

洞朗对峙部分地让印度看到了其大国外交的局限性。俄罗斯和美国都没有鲜明地支持印度。日本私下表示了支持，但是也没有做出任何公开的表示。正是在这一背景下，印度的大国外交开始朝着与美、日进一步走近的方向发展。与此同时，印度也理解同俄罗斯、中国继续保持友好关系的利益所在。正是从这一角度上看，印度仍然会保持“战略自主”，不会完全地倒向其中一方。

就中国外交来看，保持同印度的长期友好符合中国的自身利益。在当前“世界面临大发展大变革大调整，不稳定性和不确定性明显上升”之时，中印都需要一个稳定和平的周边环境。2017年10月，中国共产党第十九次全国代表大会顺利召开，十九大报告指出，“中国积极发展全球伙伴关系，扩大同各国的利益交汇点，推进大国协调和合作，构建总体稳定、均衡发展的大国关系框架，按照亲诚惠容理念和与邻为善、以邻为伴周边外交方针深化同周边国家的关系，秉持正确义利观和真实亲诚理念加强同发展中

① The Ministry of External Affairs, Government of India, India-Australia-Japan-U.S. Consultations on Indo-Pacific, November 12, 2017, http://www.mea.gov.in/media-briefings.htm?dtl/28463/Official_Spokespersons_response_to_a_query_on_participation_of_India_in_OBORBRI_Forum，2017年12月25日访问。

国家团结合作”。[1] 印度是中国外交对象中唯一兼具大国、周边国家和发展中国家三重属性的国家，有理由相信中国将继续保持对印友好的政策。

未来的中印关系发展要寻求更多的“正能量”。事实上，作为两大文明古国和新兴市场国家，共同的历史境遇与国情，让两国存在大量心声相通的元素，需要双方努力进一步挖掘。2017年5月，印度国宝级明星阿米尔汗访华，受到中国粉丝的热情欢迎，其程度丝毫不亚于成龙在印度的热度。而印度电影《摔跤吧，爸爸》在中国更是获得了广泛的赞许和欢迎，票房则远高于其在印度本土，这无疑凸显出中印文化和心理层面的共通性。

正如王毅外长参加中俄印三方外长会期间所言，当下之急，中印需要真正培育起相互信任。有了互信，具体问题就有望在互谅互让基础上予以解决；缺乏互信，个别问题就会不断发酵溢出，侵蚀双边关系大局。为此，双方要加强各层级战略沟通，恢复已建立的对话机制，深化各领域务实合作，同时管控好存在的分歧，维护好边界地区的和平安宁。

中印关系的“再出发”，仍然要坚持“不忘初心”。印度首任总理尼赫鲁提出的“亚洲复兴”，明确称“只有中印共同崛起，才是真正亚洲世纪的到来”。随着中印目前正在进一步崛起的发展，两国更要坚持这份初心，因为“中印用一个声音说话，世界都会聆听”。

---

① 《习近平在中国共产党第十九次全国代表大会上的报告》，人民网，2017年10月28日，http://cpc.people.com.cn/n1/2017/1028/c64094-29613660.html，2017年12月20日访问。

第四章
中日关系动态与前瞻

杨伯江

【内容提要】2017年中日关系出现改善势头，积极因素增加。安倍内阁频频就改善对华关系释放积极信号，表示愿在“一带一路”框架下展开对华合作；中日领导人多次会面，高层互动增多；两国各领域、各部门对话全面重启，各层面交流恢复活跃。但是，中日之间深层矛盾并未根本缓解，突出敏感问题并未得到解决，一些领域战略博弈在向纵深发展。安倍内阁外交安全政策中的消极因素持续膨胀，为2018年中日关系走势增添变数。中日关系能否保持改善势头、顺利走上稳定健康发展之路，尚在未定之天。

【关键词】中日关系　安倍　一带一路　印太战略

【作者简介】杨伯江，中国社会科学院日本研究所副所长、研究员、博士生导师。

一

2017年中日关系“低开”，日方在台湾问题上小动作不断。新年伊始，日本将对台交流窗口“公益财团法人交流协会”更名为“公益财团法人日本台湾交流协会”，自1972年日台“断交”以来首次将“台湾”纳入对台组织名称。2月，日本防卫省下属智库机构防卫研究所发表《中国安全战略报告2017》，公然将“中”“台”并列，将中国台湾地区表述为“中华民国”。3月，安倍内阁总务副大臣赤间二郎公开以公职身份访问台湾。这是

1972年以来日本高层级现任官员首次以公职身份访问台湾地区。日方这些动作公然违背中日四个政治文件及四点原则共识，违背“一中”承诺，遭到中方强烈反对与严正交涉。[①] 2017年年中开始，中日关系有所回暖，双方积极互动有所增加。

（一）日方就改善对华关系频频释放积极信号，表示愿在“一带一路”框架下展开对华合作。5月，日本自民党干事长二阶俊博出席在北京举行的“一带一路”国际合作高峰论坛，向习近平主席转交首相安倍晋三亲笔信，传递日本方面欲改善中日关系的意愿。习近平就中日关系提出重要指导性意见。6月，安倍在东京国际会议上发表演讲，首次在正式场合对“一带一路”表明合作态度，肯定“一带一路”“具有把东洋、西洋以及在其间的多样性地区联系起来的潜能”，日本将在一定条件下对“一带一路”提供合作。此前，安倍已就参加亚洲基础设施投资银行（AIIB）表明积极意向，日本主导的亚洲开发银行（ADB）等地区国际机构也多次做出积极表态。9月底，安倍率七名内阁成员出席中国驻日使馆国庆招待会，在致辞中坦言希望实现访华，并希望习近平主席尽早访日。对此，中国外交部发言人当天作出反应：中方欢迎日本领导人等日方高层人士出席中国国庆招待会。此后，在与习近平主席、李克强总理会谈等多个场合，安倍再三表态支持“一带一路”倡议，称“日中合作应对亚洲旺盛的基础设施需求，不仅对日中两国的发展，而且能对亚洲各国的繁荣作出贡献”。[②] 11月14日，安倍在马尼拉记者会上再次提及“一带一路”倡议，表示期待“一带一路”为世界和平与繁荣作出贡献，日本希望从这一观点出发同中方合作。12月，安倍在东京发表演讲时表示，将以明年日中和平友好条约缔结40周年为契机，推动日中高层加深交流，将日中关系提升至一个新高度。[③]

（二）中日两国领导人多次会面，并多次会见对方代表团，确认将继续推动对话与合作。7月，习近平主席在赴德国汉堡出席二十国集团（G20）

---

① 『日本の副大臣が初の台湾訪問　中国から反発予想』、「読売新聞」2017年3月25日。

② 岡田充『安部政権が一転、中国の「一帯一路」支持で動きだす経済界』，BUSINESS INSIDER，2017年12月13日。

③《日本首相安倍表示愿将日中关系提升至新高度》，新华社，2017年12月19日，http://www.xinhuanet.com/world/2017-12/19/c_1122136886.htm。

领导人峰会期间，应约会见安倍。安倍表示愿同中方加强高层交往，开展机制性交流，深化经贸、金融、旅游等合作，探讨“一带一路”框架下合作，强调日本在1972年日中联合声明中阐明的在台湾问题上的立场没有变化。11月，习近平在赴越南岘港出席亚太经合组织（APEC）领导人非正式会议期间，再度会见安倍，强调改善中日关系关键在于互信，希望日方以更多实际行动和具体政策，体现中日互为合作伙伴、互不构成威胁的战略共识；在历史、台湾等涉及中日关系政治基础的重大原则问题上，要始终按照中日四个政治文件和双方已达成的共识行事；新形势下，双方应该提升双边务实合作水平，积极推进区域经济一体化，推动“一带一路”框架内合作尽早落地。[①] 两天后，李克强总理在赴菲律宾马尼拉出席东盟系列峰会期间，会见安倍，指出当前中日关系出现一些积极变化，同时存在敏感因素；两国应抓住对方发展的机遇，着眼大局加强经贸投资等互利合作，探讨第三方市场合作，共同推动区域全面经济伙伴关系协定（RCEP）和中日韩自贸区谈判。[②]

（三）中日两国各领域、各部门对话全面重启，各层面交流恢复活跃。5月，第六次中日财长对话在横滨举行。中国国务委员杨洁篪访日，出席第四次中日高级别政治对话，并拜会安倍。6月、12月，第七轮、第八轮中日海洋事务高级别磋商先后在福冈、上海举行。在第八轮磋商中，双方就建立并启动防务部门海空联络机制取得积极进展，同意就东海问题原则共识相关问题加强沟通交流，原则同意2018年上半年在日本举行第九轮磋商。[③] 8月，中日执政党交流机制在日本举行第六次会议。10月，第十五次中日安全对话在北京举行。12月，第十一届中日节能环保综合论坛在东京举行。日本经济产业大臣世耕弘成在致辞中表示，该论坛迄今共计签署336项合作项目，已成为日中两国在节能环保领域的重要合作平台。将合

① 《习近平会见日本首相安倍晋三》，新华网，2017年11月12日，http://news.xinhuanet.com/photo/2017-11/12/c_1121941146.htm。

② 《李克强会见日本首相安倍晋三》，新华网，2017年11月14日，http://news.xinhuanet.com/world/2017-11/14/c_1121950016.htm。

③ 《中日举行第八轮海洋事务高级别磋商》，新华网，2017年12月6日，http://news.xinhuanet.com/2017-12/06/c_1122067173.htm。

作范围扩大到第三方市场，是中日关系今后发展的重要方向，节能环保是最有希望的合作领域。[①] 12月，中日执政党交流机制在福建厦门、福州举行第七次会议，围绕“坚持和平友好合作，造福两国人民”主题深入讨论，并通过了《中日执政党交流机制第七次会议共同倡议》。

（四）中日民间往来渐次恢复，中方推动关系改善姿态更积极、形式更丰富。围绕中日邦交正常化45周年主题，中方多次派团访日、接受日方代表团访华、举办了各种庆祝活动。3月，“中日知名媒体人对话会”在东京举行。7月，中日企业家在京都举行研讨会。8月，中国西藏文化交流团访日。12月，由中国外文局与日本言论NPO共同主办的第十三届“北京-东京论坛”在北京举行，来自中日两国政治、经济、外交、安全、媒体等各个领域的代表围绕“中日共建更加开放的世界经济秩序与维护亚洲和平”主题展开务实交流和深入研讨，达成一系列共识，发表了《北京共识》。[②] 据日本观光厅7月19日发布的数据，2017年上半年访日外国游客达1375.73万人次，同比增长17.4%，创下历史同期最高纪录。韩国赴日旅游人数居首，中国大陆和台湾紧随其后，分别为328.17万人次和228.8万人次。[③] 另据中国驻日大使程永华介绍，2016年中国赴日访问人数达637万人次，同比增长近28%，创历史最高纪录；同时，日本到中国的访问人数也有所回升。他希望中日民众交流增加，能够扩大两国间的理解与信任。[④]

二

2017年中日关系尽管积极因素有所增加，呈现改善发展势头，双方都展现出改善关系的意愿，积极互动有所增加，但从深层次看，中日关系中

① 《第十一届中日节能环保综合论坛在东京举行》，人民网，2017年12月26日，http://world.people.com.cn/n1/2017/1226/c1002-29728546.html。

② 《第十三届“北京—东京论坛”闭幕》，人民网，2017年12月17日，http://world.people.com.cn/n1/2017/1217/c1002-29711631.html。

③ 《2017上半年访日游客人数创新高 中国人增幅大减》，环球网，2017年7月20日，http://world.huanqiu.com/hot/2017-07/11007489.html。

④ 《中国驻日大使：中日关系当前重点应是管控分歧稳定发展》，中国新闻网，2017年3月6日，http://www.chinanews.com/gn/2017/03-04/8165548.shtml。

的突出问题并未得到解决，深层矛盾并未根本缓解，两国之间在某些领域和方面的战略角力在向纵深发展。

（一）围绕东海钓鱼岛争端，双方对峙未见缓解。2月，安倍访美，与特朗普会谈并发表联合声明，确认《美日安保条约》第五条适用于钓鱼岛，拉美国为其非法领土主张背书。3月27日，日本水陆机动团教育队在九州长崎县佐世保市陆上自卫队相浦基地成立。水陆机动团是日本式“海军陆战队”，此举意味着该部队“正式成军进入最后阶段”。日媒称，日本将全力针对“海洋活动日益积极化的中国”展开“离岛防卫”，而组建水陆机动团正是为了对抗中国，确保钓鱼岛实际控制权。[①] 8月，美日外长防长“2+2”会谈后发表联合声明，重申《美日安保条约》第五条适用于钓鱼岛，宣称日美反对任何意图损害日本对该列岛施政权的任何单方行动。同月，日本内阁会议批准2017年版《防卫白皮书》，继续借海洋安全问题鼓吹“中国威胁论”。白皮书涉华部分篇幅长达34页，对中国常规军事活动和正当国防建设包括海军例行训练、海警船巡航钓鱼岛海域、在南沙群岛部署国土防卫设施等肆意歪曲，称中国海军活动呈“扩大化倾向”，对包括日本在内的地区乃至国际社会安全环境造成影响，“令人强烈担忧”。10月，日本政府决定，从2018年起在中小学实施新版“学习指导要领”，将钓鱼岛和竹岛（韩国称独岛）明确标为“日本固有领土”，并开始在内阁官方网站上刊载可作为学校辅助教材使用的资料，以“充实关于日本领土的教育”。针对日方动作，中方坚决维护领土主权与海洋权益，2017年，共计在钓鱼岛海域巡航执法28次。[②]

（二）日本军事安全政策日益“锁定中国”，继续以中国为假想敌，加强“西南防卫”。日本积极强化覆盖冲绳以远离岛的侦察、监视网络，部署新型预警机，重组战斗机部队，包括在冲绳新设第九航空团，在与那国岛推进部署“沿岸监视部队”等；以中国军力发展为参照，优先发展海上及空中作战力量，重视部队的快速部署能力，促进陆上作战力量快反化、

① 《日本刚扬言控制钓鱼岛 中国4艘海警船就进钓岛回击》，新浪网，2017年3月28日，http://mil.news.sina.com.cn/china/2017-03-28/doc-ifycspxp0165974.shtml。

② 国家海洋局官网:《中国海警舰船编队在我钓鱼岛海域巡航》，2017年12月24日，http://www.soa.gov.cn/xw/hyyw_90/201712/t20171224_59725.html。

两栖化。在安倍内阁加紧强化军备、操演新安保法的过程中，朝鲜核导开发被作为最方便利用的口实。据日本政府官员披露，2017年8月，日本自卫队战机与美国空中核打击力量在日本海上空进行了联合演练。美国可携带核武器的B-52轰炸机与日本航空自卫队小松基地第6航空团F-15战机在日本海上空会合，F-15为B-52护航，双方组队飞行，而实施训练的空域西端靠近与朝鲜半岛隔海相望的岛根县沿岸。[①] 9月联大会议上，安倍将16分钟演说时间的近八成用于“炮轰朝鲜”，称“与朝鲜对话的时间结束了”，“我们所需要的不是对话而是施加压力”，呼吁各国联手向朝施压。11月7日，日本内阁会议通过决议，进一步强化对朝单边制裁。新增加资产冻结对象有9个团体和26名个人，团体均为朝鲜的银行。至此，日本对朝资产冻结对象扩大至84个团体、108名个人。[②] 同月，安倍在赴马尼拉出席东盟系列峰会期间，会见多国领导人，强调会议“要发出把对朝压力提高至最大限度这一强有力的讯息”。随后，安倍在日本国会众议院全体会议发表施政演说，称“我国面临着战后以来最为严峻的安全保障环境”。[③] 12月19日，日本内阁会议正式决定从美国引进两套陆基“宙斯盾”反导系统，部署在秋田县和山口县，防护范围涵盖日本全境，计划2023年前后投入使用。23日，日本内阁会议通过2018财年预算案，其中防卫预算达到5.19万亿日元，比2017财年（5.12万亿日元）增长约1.3%。2012年底，安倍再次执政以来，日本年度防卫预算实现六连增，创历史最高记录。

（三）在地区多边层面，日本积极推动“自由开放的印太”战略，以“反制与对冲”“一带一路”。2016年8月，安倍在肯尼亚召开的第六次非洲开发会议上提出印太战略构想，随后先后向印度、英国、澳大利亚、印尼、越南等多个国家领导人推销共建“自由开放的印度洋—太平洋”地区。2017年9月安倍访印期间，双方同意强化防务对话，将海军马拉巴尔军演

---

① 《日政府首次披露美战略轰炸机与日战机合训》，人民网援引日本《朝日新闻》2017年11月19日报道，2017年11月20日，http://world.people.com.cn/n1/2017/1120/c1002-29656012.html。

② 《外媒:特朗普要"最大限度"对朝施压 称“战略忍耐”已结束》，新浪网援引日本共同社2017年11月7日报道，2017年11月7日，http://news.sina.com.cn/o/2017-11-07/doc-ifynmnae2478374.shtml。

③ 《日本首相安倍发表施政演说 强调欲推进修宪讨论》，中国新闻网，2017年11月17日，http://www.chinanews.com/gj/2017/11-17/8379127.shtml。

扩大到维和行动、反恐等领域，并计划在2018年进行陆军联合军演，同时将加强与美国、澳大利亚及其他国家间的三边合作框架。11月5日，特朗普访日期间在横田空军基地发表演说，首次公开提及“印太”概念，称“将寻求新的合作伙伴以及与盟友之间的合作机会，力争建立一个自由、公正与互惠的印太地区。”在随后的美日首脑会谈中，双方“考虑到在东海和南海等海洋活动日益活跃的中国，就加强合作以实现‘自由开放的印太战略’达成一致”。这表明“美方作为新的亚洲战略，与日本统一了步调，意在对抗中国的‘一带一路’经济带构想”。[①]此后，安倍在马尼拉先后会见澳大利亚总理特恩布尔、印度总理莫迪，就共建“自由开放的印太地区”、“使其作为国际公共财产给全球利益带来帮助”达成一致，并确认将与澳大利亚、印度加强海洋安全领域的合作。

三

中日两国都展示出改善关系的愿望，但中日关系能否顺利走上稳定发展之路，仍不容乐观。2018年，日本号称“尖阁专门防卫部队”、兵力规模3000人的水陆机动团将正式建立。安倍内阁将推出新《海洋基本计划》，进一步关注海洋安全领域，把“自由开放的印度太平洋战略”纳入其中；将提前5年修改2013年制定、原本为期10年的现行防卫计划大纲，以进一步增强战力，扩大海外行动范围，强化日美同盟。[②]此外，尽管自民党内部围绕如何修改第九条存在严重分歧，但安倍从争取在2020年施行“新宪法”目标出发，2018年决定为此而实施国民投票的可能性，也不能完全排除。所有这些，都将为中日关系未来发展增添变数。

（一）面对复杂形势，我们首先需要对中日关系的现状及走势做出综合、准确评估，既正确认识关系改善的历史性机遇，又不能对之估计过高。一方面要备加珍惜、充分利用，做好危机管控，避免出现逆转；另一方面要认识到中日关系的结构性矛盾依旧，安倍的种种表态不脱其对华

① 《特朗普要求日本购买武器》，中评社，2017年11月6日，http://www.crntt.com/doc/1048/6/9/7/104869756.html?coluid=7&kindid=0&docid=104869756。

② 日本共同社2017年12月15日报道。

“政经分离”策略考量的本质。[①] 同时，要对日本在台湾、南海、东海等问题上的对华挑战做好充分准备，积极有力应对，确保外交转圜与维稳和维权的有效平衡。中国更要继续敦促安倍重信守诺，将改善中日关系的意愿更多地落实到具体政策和行动当中，避免出现其口惠而实不至的结果。

（二）中日关系的特殊复杂性决定了实现关系改善、重回正常发展轨道会是一个充满博弈、艰难曲折的过程，很难一蹴而就。这一过程需要以实现“合作共赢”为总体导向、以坚持正视历史为政治基础，以强化务实合作为关键环节。[②] 基于历史文化因素，中日两国社会之间纽带繁密，但国家关系与国内政治的联动度也格外高，中日关系同时具有强韧性与敏感性、脆弱性。现实政治战略因素又进一步强化了这种两面性。中日关系的特殊复杂性，决定了实现两国关系改善发展的路径选择与方案设计要具有针对性和可操作性，需要量身打造。其中，扩大务实合作是关键环节。

（三）“一带一路”倡议恰恰为中日深化务实合作提供了绝好的新舞台、试验场，两国在产业升级、环境保护、第三方市场等诸多方面存在着广阔的合作空间。当前的中日关系与一战前欧洲的情形具有本质的不同，当时欧洲国家的相互依赖与今天中日之间的相互依赖不可同日而语，不具有可比性。在全球化背景下，在经历长年的相互合作之后，中日之间的相互依赖不再是局部的，而是系统性的，不仅是双边的，而且是深深嵌入国际分工体系之中的，是有机组成部分之一。只有合作持续深化、在深厚的现实共同利益基础上构建起来的中日关系，才可能是稳定牢固的、是靠得住的。

（四）为克服互信缺失这一中日关系的突出问题，实现有效沟通，中日往来需要从“国交”向“社交”深化拓展。“社交”是中日两国社会之间的交往，是以两国社会之间的联系纽带与民意互动为基础、以民众为主体、各个领域、不同层次、形式多样、广泛深入的草根型交往。在全球

① 蔡亮《中日关系的“利、情、义”——注意把好转圜的舵》，上海国际问题研究院网站，2017年12月2日，http://www.siis.org.cn/Research/Info/4323。

② 杨伯江:《以历史启迪未来，谋求构建中日新型国家关系》，高洪主编《不忘初心，走向未来——纪念中日邦交正常化45周年学术论文集》，2017年11月社会科学文献出版社出版，第134—138页。

化、信息化时代背景下，民众、民意对外交政策的影响空前上升，中日两国社会之间草根层次的深入交往、相互理解对国家关系的改善变得至关重要。因为“国之交，在于民相亲”。中日关系归根结底“根基在民间，中日关系前途掌握在两国人民手里”。[①]

① 《习近平8年来关于中日关系的27次重要论述》，新华网，2015年8月13日，http://news.xinhuanet.com/politics/2015-08/13/c_1116246791.htm。

第三编
2017年中国周边次区域外交

第一章
东北亚安全形势与中国外交

刘　卿

【内容提要】2017年，朝核问题恶化使东北亚局势风险骤增，美朝矛盾激化并外溢至东北亚其他国家。中国成为最大的受害者，安全利益受到极大挑战，外交多面承压，面临自冷战结束以来少有的困境。中朝、中美关系面临考验，中韩关系一度跌入谷底，面临复杂的地区变局。中国外交积极作为。在朝核问题上坚持无核化原则立场，妥善应对“萨德”问题，在促韩信守“三不”诺言的基础上将中韩关系引回正轨。展望2018年，地区不确定性和积极因素并存，美朝矛盾仍然是牵动地区局势走向的主要矛盾。受美国中期选举影响，中美摩擦可能增多。但中日韩关系可能有所缓和。中国将继续抓住地区积极因子，努力化解不稳定性风险，与相关国家共同维护地区稳定，促进实现共同安全。

【关键词】东北亚　朝核问题　中美关系　中日韩

【作者简介】刘卿，中国国际问题研究院亚太研究所所长、研究员。

一、地区安全风险上升

2017年，东北亚持续紧张，是中国周边安全最为严峻和最具挑战的地区。朝鲜核导试验一再突破上限，美朝矛盾空前激化，几近击破战争风险的临界点，牵动地区安全结构和安全秩序突变。地区形势主要有四大特点。

（一）朝鲜半岛空前紧张。一年来，朝鲜密集进行导弹和核试验，半岛紧张局势升级。5月、7月，朝鲜先后宣布成功试射中远程和洲际弹道导弹。8月，向半岛东部发射中程导弹，首次穿越日本上空。9月，进行第六次核试验。美国特朗普政府采取“最大限度施压和接触”对朝政策，考虑“所有可能选项”，包括动用武力，并认真进行军事应对准备，增加在朝鲜半岛海空军事训练。美朝还爆发激烈的口水战，美国威胁“朝鲜将遭遇世界从未见识过的火与怒。”美国军队“已经装弹上膛，准备开火。”[①] 作为回应，朝鲜声称考虑发射导弹对关岛周边进行打击。美朝间的激烈言辞加剧了半岛紧张局势。

（二）核威胁现状被打破。朝鲜成功试验氢弹和洲际导弹，使朝核威胁从理论走向现实，从口号变成可操作的政策工具。朝鲜企图通过既成事实，迫使国际社会承认其“有核国家”地位。朝鲜事实上打破了东北亚既有的核威胁平衡，以核力量为手段，削弱美国“可置信威胁”。美国面临极大战略压力，“延伸威胁”战略从未遭到如此重大挑战。面临朝鲜核威胁力量升级，韩日对自身安全焦虑感上升，担忧美国“核保护伞”有效性，国内出现一波“拥核必要性”的大讨论。核力量的不对称性，使朝鲜在力不匹敌时更容易以核武自保，使得东北亚一旦发生战争，更容易升级为核战争。面对易触发的核威胁格局，美国重新进行安全评估和战略调整。

（三）地区安全格局愈加碎片化。朝鲜核导试验，招致联合国安理会叠加式制裁。中国支持安理会通过更加严厉的对朝制裁决议，并全面严格执行。朝鲜核导试验，加剧中韩围绕美国在韩国部署“萨德”系统的矛盾，也增加了中美在“萨德”问题上的摩擦。美国借机以增加反导系统为切入点，推动美日韩向三边安全合作方向发展。美国在东北亚给日韩放权，让日韩承担更多安全义务，敦促日韩购买更多高精尖武器。此外，中日在钓鱼岛、历史问题上摩擦依旧。日本正式启动“亚非发展走廊”，推出“印太”战略，加强借助印度、澳大利亚平衡中国，推动建立阻止中国崛起的联合阵线。

（四）地区出现军备竞赛。朝鲜核导技术取得飞速发展，组建成自己

① Stephen Collinson, “Trump's 'fire and fury' rhetoric met with defiance by Kim Jong Un,” http://edition.cnn.com/2017/09/03/politics/north-korea-trump-kim-jong-un-rhetoric/index.html.

的核武库。根据美国国防情报局7月28日完成的一份评估报告，朝鲜核弹头数量可能已达60枚，大大超过以前所估计的20至25枚。[①] 以应对朝核威胁为借口，特朗普政府增加在东北亚部署战略和战术装备，构建东亚导弹防御体系。韩国构筑对朝先发制人打击“杀伤链”系统，不仅加快部署“玄武”系列导弹，还首次试射了远程空对地导弹“金牛座”。美国解除对韩国开发导弹的射程、弹头重量的限制。半岛军备竞赛空前活跃，并外溢至周边地区。日本也在跟进，加速发展反导系统，更新海空装备。俄罗斯反对美国在俄东部边境建立导弹防御体系，表示将把针对性军事反应提上日程。各方军备竞赛轮番升级，使东北亚军备越积越高,一旦擦枪走火，容易引发全面战争。

二、中国外交积极作为

持续升级的朝核问题，使中国东北亚外交陷入前所未有的困境。中国在朝鲜半岛南北两面承压，中朝、中韩关系陷入少有的“双低潮”时期。美国对东北亚的战略部署再调整和地区军备竞赛的升级，加剧中国的安全压力。为维护东北亚和平与稳定，捍卫中国自身利益，中国外交进行不懈努力。继续呼吁和推动双边、多边对话，努力给恶化的地区形势降温。主要应对措施如下。

第一，刚柔相济应对南北问题。中国在朝鲜半岛问题上原则非常鲜明，坚决维护地区稳定，捍卫中国安全利益。对于朝鲜和韩国损害中国利益的行为进行有理、有利、有节的斗争。一方面规劝朝鲜弃核，希望朝鲜接受“双暂停”方案，作为缓和形势的第一步，然后开启“双轨并行”谈判。通过外交发言人劝说朝鲜不再采取恶化局势的行动。另一方面让朝鲜承担自己制造危局所带来的政治、法律和经济后果，赞同联合国对朝鲜核导试验进行制裁。中国全面严格履行安理会通过的相关制裁决议。对韩国快速推进“萨德”系统部署坚决反对，警告其与朝鲜半岛无核化努力背道

① Joby Warrick, Ellen Nakashima and Anna Fifield, “North Korea now making missile-ready nuclear weapons, U.S. analysts say,” *The Washington Post,* August 8.

而驰，是损害中国安全利益的行为。但同时在一定程度上给予韩国外交回旋空间，使其在对华关系上有所顾忌。韩国也在寻找妥协途径，逐步回到发展对华关系正常轨道。10月31日，中韩发布“就改善双边关系的沟通结果”，决定推动各领域交流合作。韩方承诺“三不”政策，不加入美国反导体系、不追加部署“萨德”系统、不会发展美日韩三方军事同盟。中韩就朝核问题沟通，朝核六方会谈中韩团长进行了会晤。12月13日，文在寅总统访华，中韩各领域交流合作恢复。

第二，开合有度应对美国难题。开中寓合，合中寓开，与美国进行合作，同时也保持斗争压力。坚持半岛无核化目标，与美国保持磋商。中美元首进行了三次会晤，美国国务卿蒂勒森、国防部长马蒂斯等高官先后访华，中方清晰、明确地阐述在朝核问题上的立场与政策。联合国安理会同时与美国朝核政策保持距离，对朝制裁根据联合国安理会决议，而非美国要求和美国节奏。中国旗帜鲜明地反对美国单边制裁，反对根据美国国内法对中国实体进行“长臂管辖”，损害中国利益。中国认为制裁施压只是解决半岛问题的“半把钥匙”，而另外“半把钥匙”则是对话谈判。只有把两者合二为一，才能真正打开半岛核问题之锁。在中美双边关系问题上，中国坚持“有话好说”，妥善处理经贸摩擦问题，愿意通过双边磋商妥善找到解决办法。特朗普访华期间，中美签订2500多亿美元的经贸协议，使经贸合作继续在中美关系中发挥“稳定器”和“压舱石”作用。同时，坚决反对美国挑起贸易战，敦促其信守国际承诺，切实履行世贸义务。

第三，加强引导，促日改善对华关系。面对复杂的地区安全形势，努力引导日本从两国关系和地区长治久安的大局出发，促其与中国相向而行。利用2017年中日邦交正常化45周年契机，回应日本愿回到发展对华关系轨道上来的表态，促其创造恢复中日关系的环境。7月和11月，习近平主席和安倍首相在德国汉堡和越南岘港两次会面，并多次会见对方代表团，为双边关系重启奠定基调。双边各专业领域对话全面重启，各层面交流恢复活跃。日本对“一带一路”积极评价增多，表示愿意与中方探讨在互联互通和“一带一路”框架内合作，深化旅游、文化、青少年等交流。安倍首相还就参加亚洲基础设施银行表达积极意向。11月，日本经济界组织250人代表团对中国进行为期6天的访问，寻求两国经贸领域合作的新机遇。与此同时，中国敦促日方在历史、台湾等涉及中日关系政治基础的重大原则问题上，切实按照中日四个政治文件和双方已达成的共识行事，避免节外生枝，损害两国关系改善势头。

三、东北亚形势走向

中国积极发挥大国外交作用，总体保障了地区和平与稳定，但地区形势走向由多方因素互动决定，未来依然存在负相关和正相关两个方向的变数。

首先，美朝矛盾短期难以弥合。美朝矛盾是牵引东北亚安全形势走向的主要驱动力。冷战结束以来，美朝矛盾的松紧演绎着东北亚安全形势缓急。朝鲜核导试验快慢节奏与美国对朝软硬政策选择密切关联，只有双方化解敌意，东北亚才能走向真正的长期稳定。特朗普上任以来，无限收紧施压口袋，对朝进行一轮又一轮的高压和制裁，朝鲜则以“超强硬对强硬”政策与美直接对冲，半岛形势持续紧张。未来，美朝如不改变政策思路，继续采取战争边缘政策，双方只能离战争雷区越来越近。但也有迹象显示，美朝有缓和关系意愿，并没有完全关上对话大门。特朗普称，在一定条件下会“荣幸”地同朝鲜最高领导人金正恩会面。国务卿蒂勒森提出对朝“四不”承诺，向朝鲜提供消极的安全保证。12月，又称只要朝鲜愿意重返谈判桌，美国愿与朝鲜展开无条件对话。朝鲜也对可能开启与美谈判预留空间。4月，朝鲜十三届最高人民会议第五次会议恢复了此前被撤销的朝鲜外交委员会，第一副外相金桂宽、对外经济相李龙男等被选为委员。与此同时，美朝双方一直在秘密进行试探性接触，以交换信息。正是通过“纽约渠道”，在朝鲜被关押了17个月的美国大学生瓦姆比尔6月被释放。未来，美朝将继续保持低级别接触，可能彼此划定“红线”。美朝短期难以改变对彼此的厌恶感，但进行对话的可能预期增加。

其次，中美摩擦可能增多。良性互动的中美关系是东北亚最大稳定器。两国关系缓急直接影响地区局势走向。2017年，中美两国元首频繁会晤和四个高官机制会议成功举行，奠定了两国合作的大方向，稳定了双边关系基本框架。也应看到，两国结构性矛盾并没有消除，美国对中国猜忌依然。美国众议院外委会推动通过《台湾旅行法》草案，提高与台交流层级，美国利用朝核问题，加快推进在韩部署“萨德”等，都说明美国仍然在损害中国主权和战略利益。近来，美国智库国际战略与研究中心等机构召集相关学者及前政府官员，举行辩论会，或发表报告，讨论中美战争风险可能增加。[①] 尽管有些危言耸听，但的确反映了美国精英界对中国崛起的日盛焦虑与担忧。2018年，随着美国中期选举的临近，共和党和民主党政客炒作“中国威胁论”的可能性升高。届时，美国右翼保守人士可能挑动台湾问题，还可能在朝核问题上炒作“中国责任论”，对中国施压，力图将中国纳入美国的战略轨道。

第三，中日韩合作重新提速值得期待。中日韩是三组矛盾关系的统一体，共同构建东北亚的主要战略框架，仅次于中美战略框架。三组矛盾尖锐化，则弱化东北亚区域认同；反之，管控好每组矛盾，则能增强区域认同，有利于维护地区稳定。2017年岁末，中韩借助纪念两国建交25周年，使双边关系重新转向正轨。中日关系逐步趋缓，安倍参加中国驻日大使馆举办的中国国庆及中日邦交正常化45周年纪念活动，向中国传递积极信号。2018年是中日缔结《和平友好条约》40周年，安倍表示希望能够实现对中国进行正式访问。随着中韩关系转圜，以及中日关系改善，加之朝核问题的急迫性促使日韩共同面对，中日韩领导人会谈的可能性正在增大。未来，2018年平昌冬奥会、2020年东京奥运会、2022年北京—张家口冬奥会将相继举行，为三国加强交流、扩大合作提供了契机。

四、几点思考

东北亚是中国构建安全周边的主要基石，该地区的稳定牵涉中国周边安全全局。中国需要抓住地区积极因素，运筹自己的影响力，化危为机，妥善应对各组矛盾，推动构建共同安全的地区框架，维持地区持久的和平与稳定。

---

① Michael Green; Kathleen Hicks; Mark F. Cancian, “Asia-Pacific Rebalance 2025: Capabilities, Presence, and Partnerships,” Report of Center for Strategic & International Studies, February 2016.

一是坚持不懈推动朝核问题的解决。在朝核问题上尽力做好“扳道工”角色，鼓励韩朝、美朝重启接触对话，释放善意；推动各种形式的三边和多边对话，探讨各种中间选择的方案，创造有利于最终解决问题的合作环境。继续进行“危机管控”，阻止地区危机升级，敦促朝鲜不再采取恶化局势的危险行动。敦促美韩克制在朝鲜半岛周边举行军事演习，反对触发战争机制的危险言论和行为。同时，做好突发事态的必要准备，预防不测。

二是继续稳妥促进中美关系。基于半岛无核化和维护国际核不扩散共同利益，中美保持各层级密切沟通和协调，促美改变僵硬的施压方法，采取灵活的对朝政策，打破朝核问题僵局。如果其继续拒绝“双暂停”方案和“双轨并行”思路，要求其提出各方可接受的替代方案。坚决反对美国对华转嫁责任，和根据美国国内法对中国企业实施“二级制裁”，强迫中国执行美国节奏。对美国保持外交压力，抑制其鲁莽冲动，要求其放弃对朝“先发制人”打击。敦促特朗普放弃交易思维，不将地区问题与中美双边关系问题挂钩，不让朝核问题主导中美关系。敦促美国尊重中国核心利益，妥善处理台湾问题，在南海问题上谨言慎行，避免损害中美关系基础。继续通过外交安全等对话机制，增信释疑，稳定中美关系大框架。

三是增强中日关系的韧力。重新认识中日战略互惠关系对双方的重要意义，探索新时代的中日关系定位，构建新时代中日关系的政治基础，增强中日关系韧力。加强中日高层对双边关系重要引领作用，通过各层交往与对话，进一步巩固改善势头。增强中日商界对两国关系的基础作用，鼓励中日企业界在“一带一路”框架下探索互利共赢的合作模式。继续加强文化、媒体、青少年等领域交流，扎实推进民心相通系统工程建设，夯实中日关系的民意基础。同时管控分歧，避免让敏感问题干扰正在恢复的合作势头。

四是推进中日韩合作迈向新征程。推促日韩为恢复中日韩领导人会议创造条件，探讨三国合作制度化保证措施，防止未来出现大起大落。共同制定下一阶段三国关系发展的总体蓝图，探讨扩大在国际和地区事务中的合作。努力推进中日韩自由贸易协定（FTA）谈判进程，增强经济关系机制化对地区安全的纽带作用。利用中日韩相继举办奥运会的机会，开展奥运合作，简化签证、人员通关手续，推动交通、通讯、跨境支付等基础设施联通合作，使三国人员往来更加便利，推动东北亚共同体意识深入人心。

五是探索构建东北亚安全共同体。与相关国家实事求是地分析东北亚安全短板，探讨如何弥补不足。提炼共同可接受的安全理念，探索构建新型的、能包容所有地区国家的安全制度框架，切实从结构上改善地区安全体系，打造安全的东北亚。在中日韩合作机制下逐步探讨安全合作，把各类传统和非传统安全问题的讨论和解决，纳入到制度化轨道。可先从二轨层面做起，比如继续举办中日韩安全对话会，然后推进到1.5轨对话，待条件成熟时再推进一轨对话，最终打造共同可持续安全的综合体。

第二章
中国东南亚外交出现新局面

朱振明

【内容提要】2017年，中国与东南亚国家关系出现了新的发展局面。中国与东南亚国家相互依存度增加；美国新总统上台，亚太政策不明朗，对东南亚干预力度减弱；南海紧张形势有所降温等，促使东南亚各国采取更加务实的态度，加强与中国在多方面的合作。中国因势利导，抓住东南亚国家“转向”的有利时机，以“一带一路”建设为轴心，积极进取，化解消极因素，开展一系列有声有色的外交活动，改善、发展和深化了与东南亚各国的关系，2017年的中国东南亚外交交出了圆满的答卷。

【关键词】东南亚外交 新进展 思考与建议

【作者简介】朱振明，中国（昆明）南亚东南亚研究院暨云南省社会科学院研究员。

最近几年，国际和地区形势风云变幻。2017年，在国际大环境的影响下，中国与东南亚国家关系发展出现了新局面。东南亚各国以更加务实的态度，争相加强与中国在多方面的合作。面对外媒所称的东南亚国家“转向”形势，中国因势利导，抓住有利时机，以“一带一路”建设为轴心，积极进取，不断化解消极因素，开展了一系列有声有色的外交活动，改善、发展和深化了与东南亚各国的关系，中国的东南亚外交取得显著成效。

一、中国与东南亚国家关系发展出现有利局面

2017年，中国东南亚外交出现新的进展，与东南亚国家“转向”中国，出现有利于中国与东南亚国家关系发展的有利局面有很大关系。东南亚国家的“转向”，主要有三个方面的原因：

首先是中国在建设具有中国特色社会主义事业进程中进一步崛起，经济实力进一步增强，与东南亚国家的经济合作日益密切，对东南亚国家发展带来实实在在的利益。中国与东南亚国家经济上的互补性不断增强，相互依存度日益升高，使东南亚国家进一步增强了与中国合作的意愿。对于急需加强基础设施建设的东南亚国家来说，中国充足的资金、日益发达的技术，使中国成为东南亚各国合作的对象，中国的众多人口和世界第二大经济体地位，成为东南亚国家争相开拓的市场。“转向”中国，成为大多数东南亚国家在2017年的选择。

其次，2016年11月美国总统大选落幕，特朗普当选美国总统，开始调整对外政策，是促使东南亚国家“转向”的另一个原因。美国在东南亚地区一直有着较大的影响。特朗普当选美国总统后，形势发生了变化。特朗普提出在贸易政策上实行“美国优先”战略，接着又宣布退出《跨太平洋伙伴关系协定》，使一些东南亚国家对美国的期待落空。美国著名智库布鲁金斯学会报告称“美国优先是一个失败的贸易战略”。[①] 美国共和党参议员麦凯恩发布声明指出，特朗普决定退出《跨太平洋伙伴关系协定》是个严重的错误。[②] 美国推行新孤立主义、贸易保护主义，与东南亚国家利用经济全球化的势头发展经济的愿望格格不入。与此相反，中国政府推动的“一带一路”倡议，强调通过共商、共建，共享合作成果，对东南亚国家产生了强大的吸引力。新加坡《联合早报》社论明确指出，“从特朗普上台到主导美国退出《跨太平洋伙伴关系协定》及巴黎气候协定，部分东盟国

① Brookings, “America First” is a losing strategy on trade, https//www.brookings.edu/order-fronm-chaos/2017/10/24/america-first-is-a-losing-strategy-on-trade/.

② 《美退出TPP签署国挽救》，泰国《世界日报》，2017年1月24日。

家对特朗普政府的可靠性产生警惕，所以开始倒向中国”。[①]

第三，南海问题的降温，对改善东南亚国家与中国的关系，特别是对稳定中国与南海声索国的关系起了积极作用。美国奥巴马政府推行“亚太再平衡”战略以来，美国在南海问题上兴风作浪，扩大南海争端，使南海问题的解决更加复杂化。针对这一局面，中国在南海问题上始终坚定不移地捍卫自身主权和海洋权益，同时，赞成和支持文莱提出的解决南海问题的“双轨思路”，[②] 中国维护南海和平稳定的立场获得越来越多的东南亚国家的支持和理解。

在南海问题降温中，菲律宾的“转向”起了积极作用。菲律宾杜特尔特总统执政后，改变阿基诺三世执政期间在南海采取的挑衅、对抗立场，搁置了“南海仲裁案”，在南海问题上采取缓和与对话的务实政策，反对第三方介入，愿意以双边磋商的和平协商方式，面对和解决南海问题，使南海问题出现转机，促进了南海问题的降温，也对东南亚国家加强对华关系起了一定的促进作用。

二、中国与东南亚关系取得新进展

随着东南亚地区形势的变化，中国与东南亚国家关系发展出现新的发展势头。2017年是中国与东南亚国家关系改善、发展的一年，也是中国的东南亚外交取得显著成效的一年。

（一）“一带一路”在东南亚国家推进取得实质性进展。

2013年秋，习近平主席提出“一带一路”倡议。4年来，受到越来越多国家的关注和参与，联合国大会、联合国安理会已把“一带一路”建设纳入了重要决议内容。“一带一路”建设正在成为推动国际合作，推动人类命运共同体建设的新动力和新途径。“一带一路”倡议在东南亚国家已开始

① 《社论：东盟—美国关系柳暗花明》，新加坡《联合早报》，2017年10月5日。

② 王毅指出：“双轨思路”最早是文莱方面提出的。中方认为这符合所有南海沿岸国利益。中国支持并大力倡导好践行“双轨思路”。引自《王毅：“双轨思路”是解决南海问题最现实可行的办法》，中国外交部网站，2016年4月21日，http://www.fmprc.gov.cn/web/zyxw/t1357479.shtml。

从理念变为实践，取得了初步成效。

一是“一带一路”倡议受到东南亚国家政府、学界、企业界的重视。近两年来，东南亚国家的政府部门、学术界、工商企业界加强了对“一带一路”倡议的研究，发表了不少研究成果。与“一带一路”有关的各种研讨会、展览会、推介会、贸易与投资洽谈会，以及与之相关的文化交流活动，在东南亚各国不断举行，扩大了“一带一路”的影响。

二是东南亚国家对“一带一路”认识不断深化。东南亚国家对“一带一路”倡议经过了一个认识过程，甚至出现过一些负面结论。近两年来，随着“一带一路”的发展，学术界的引领和媒体的宣传，特别是2017年5月首届“一带一路”国际合作高峰论坛在北京成功举行，各国对“一带一路”的认识不断提高。“一带一路”倡议将为其他国家的发展创造机遇，实现中国与东南亚国家的共同繁荣，已成为大多数东南亚国家领导人的基本共识。老挝人民革命党中央总书记、国家主席本扬·沃拉吉指出，“‘一带一路’建设拉近了区域内各国的距离，加强了区域内的互联互通，为包括老挝在内的发展中国家创造了发展机遇，必将给各国人民带来实实在在的利益。”[①] 马来西亚总理纳吉布发表题为《马来西亚为何支持中国的“一带一路”倡议》的文章，也给出了正面的答案。[②]

三是东南亚各国都参加了亚洲基础设施投资银行。在“一带一路”倡议提出后，我国创立了亚洲基础设施投资银行，把资金融通作为“一带一路”建设的重要支撑，以促进亚洲基础设施建设和长期发展繁荣。这一举措受到东南亚国家的认可、支持。2017年，东盟10个成员国已全部成为“亚投行”首批意向创始成员国。

四是东南亚国家积极参与中国主办的“一带一路”国际合作首届高峰论坛。2017年5月，中国主办的“一带一路”国际合作首届高峰论坛，受到东南亚国家的热烈欢迎和积极支持。印尼、老挝、菲律宾、越南、柬埔寨、缅甸等东南亚国家领导人出席论坛。论坛达成广泛共识，确定了270

① 《老挝国家主席：“一带一路”建设为发展中国家创造发展机遇》，国际在线，2017年5月11日，http://news.cri.cn/20170511/71842c36-7c8e-9a68-a558-6c8ea77875b0.html。

② 《“一带一路”建设激发马来西亚发展畅想》，新华社，2017年5月23日 。http://news.xinhuanet.com/world/2017-05/23/c_1121020766.htm。

多项具体成果。中国与东南亚地区的东帝汶、新加坡、缅甸、马来西亚签署政府间“一带一路”合作谅解备忘录或双边合作规划。此外，中国与东南亚国家政府有关部门还签署了许多协议、备忘录等文件，反映了东南亚各国对加强与中国合作的愿望以及对“一带一路”的信心和支持，不但扩大了“一带一路”的影响，而且推动了“一带一路”在东南亚的落地生根。

五是在“一带一路”框架下，中国与东南亚国家的一些合作项目启动。印度尼西亚雅加达—万隆高铁是“一带一路”建设的重大早期收获和中国与印尼务实合作的标志性工程。2015年10月，雅万高铁项目签署合资公司协议，2016年1月21日，举行项目开工奠基仪式。2017年4月4日，中印尼雅万高铁项目合资公司与高铁承包商联营体在雅加达正式签署项目总承包合同。7月15日，雅万高铁瓦利尼隧道工程的开工仪式在印尼举行，标志着雅万高铁取得实质性进展。当地民众高兴地表示：“我们离高铁梦又近了一步。”[①]

2016年12月25日，世人关注的中老国际铁路全线开工仪式在老挝北部琅勃拉邦举行，老挝总理通伦率老中双方代表挥铲破土。这是“一带一路”倡议提出后，首条以中方为主投资建设、与中国铁路网直接联通的国际铁路。2017年12月12日，中国电建水电十五局承建的位于老挝万象省的旺门村二号隧道顺利贯通，成为中老铁路项目全线首个贯通的隧道。

另一个引人注目的基础设施建设工程中泰铁路合作项目，于2017年12月21日在泰国呵叻府巴冲县举行第一期工程开工仪式。这一项目历经泰国三届政府，波折不断。中泰铁路合作联合委员会举行20轮谈判，就许多具体问题进行沟通协商，最后排除了各种障碍，中泰铁路合作项目终于在2018年新年前夕正式开工。在开工仪式上，李克强总理发来了贺信，表示中泰铁路合作项目是双方共建“一带一路”、开展产能合作的旗舰项目。中方愿同泰方共同努力，加强发展战略对接，以中泰铁路合作项目为新平台，持续推进两国互利共赢的务实合作，推动中泰全面战略合作伙伴关系取得更大发展，为两国人民带来更多福祉。[②] 泰国总理巴育亲临现场

① 《“我们离高铁梦又近了一步”》,《人民日报》2017年7月17日第3版。

② 《中泰铁路合作项目一期工程正式开工》，新华网，2017年12月21日，http://www.xinhuanet.com/2017-12/21/c_1122149108.htm。

致辞，表示泰中高铁项目将不仅促进泰国经济发展，也将有利于区域互联互通。[①]

在“一带一路”的框架下，中国与柬埔寨的合作项目顺利进行。柬埔寨政府总理洪森指出，“一带一路”倡议提出后的几年中，柬中两国促成了很多有巨大发展潜力的投资项目，如修建金边至西哈努克港高速公路、暹粒吴哥国际机场项目，以及路桥基础设施项目、能源开发建设等。[②] 2017年12月13日，由中国水电八局承建的柬埔寨水电工程——华能桑河二级水电站首台机组，顺利通过72小时试运行，正式投产发电。该水电站是柬埔寨目前在建的最大水电项目，是“一带一路”和柬埔寨能源建设的重点项目、中柬能源合作的典范。电站建成投产后，产能将占柬埔寨全国总装机容量五分之一以上，对于加快柬埔寨经济发展、改善民生具有重大意义。

（二）中国与东南亚国家关系不断改善并有新的突破。

中国与菲律宾关系实现全面转圜。2016年，菲律宾杜特尔特总统上任以来，开始调整对外政策，积极改善对华关系。菲律宾贸工部长拉蒙·洛佩斯在接受媒体采访时说，杜特尔特总统“在许多次讲话中都提到过，在可以搁置分歧并把重点放在合作领域、放在研究中菲可以如何通过互助实现共同发展的时候，为什么菲律宾要和中国作对呢？”[③] 外媒认为，杜特尔特执政后在马尼拉和北京的关系方面做了180度转弯。杜特尔特总统2016年执政以来到2017年5月已两度访华，就是一个明证。尽管杜特尔特并没有以中断美菲同盟关系来改善对华关系，他对美国的口头批评也没有实质性地损害美菲同盟关系，但菲律宾的“转向”中国，对中菲关系的改善和发展起了积极作用，这是毋庸置疑的。

根据菲律宾的变化，中国表达了对发展中菲关系的善意和诚意，一是支持菲律宾打击毒品犯罪的行动；二是提供无偿军事装备援助，支持菲律宾打击恐怖主义活动，并帮助重建受冲突影响的地区；三是加强和扩大对

① 同上。

② 《洪森：“一带一路”对中柬共同发展有重要意义》，《人民日报》，2017年5月15日。

③ 《南海仲裁一周年 菲律宾有话说：与中国交朋友受益匪浅》，《解放日报》，2017年7月13日。

菲律宾的贸易和投资，支持菲律宾的经济发展。2017年，中菲两国各领域交流全面恢复，双方在贸易、投资、发展援助、重大基础设施和民生项目、人员往来等领域合作顺利推进，成效显著。2017年11月，李克强总理在十九大后首次出访，即选择菲律宾，这也是中国总理时隔十年再次访菲。在访问期间，双方就基础设施、工业园区、落实对菲援助等领域广泛深入交换意见，签署了10余项双边合作文件。李克强在与杜特尔特总统会谈时，对中菲关系作了中肯的评价，他指出，当前两国关系已经克服困难，实现转圜。实践证明，坚持睦邻友好，符合中菲双方根本利益，是主流民意所向，是地区大势所趋，是共同发展基石。中方愿同菲方把握正确方向、巩固友好、深化合作，把失去的时间找回来，推动中菲关系健康稳步前行。[①]

中缅关系健康稳定发展。2016年，缅甸全国民盟在大选中获胜执政。由于民盟在执政之前，一直是执政的缅甸军人政府的主要反对派，在反对军人政府统治的同时，对中缅关系抱有不同看法、疑虑，甚至偏见。此外，民盟领导人昂山素季受到许多西方国家的支持，舆论普遍认为民盟执政后中缅关系有可能倒退。

但是，民盟执政一年后的事实证明，中缅关系不但没有倒退，而且还呈现健康稳定发展的势头。首先是双方高层互访频繁。2016年8月，在缅甸全国民盟执政4个月后，民盟领导人、国务资政昂山素季就来华访问。中国成为东盟之后昂山素季出访的第一个国家，使原来外媒猜测的昂山素季将首访西方国家，民盟政府将倾向西方的传言不攻自破。

2017年4月，缅甸新政府廷觉总统对中国进行首次成功访问，双方就深化新时期两国全面战略合作达成重要共识。5月，民盟领导人、国务资政昂山素季来华出席首届“一带一路”国际合作高峰论坛。11月，又来华出席中国共产党与世界政党高层对话会，并对中国进行工作访问。这已是民盟执政以来，昂山素季第三次访华。在昂山素季来华的前几天，缅甸国防军总司令敏昂莱大将访华。这些活动充分反映了中缅双边关系的密切。习近平主席在会见昂山素季时，对中缅关系做了评价，指出中缅两国

① 《李克强同菲律宾总统杜特尔特举行会谈》,《人民日报》，2017年11月17日。

“在事关对方核心利益和重大关切的问题上彼此理解、相互支持、协调配合，各领域务实合作取得积极进展，两国关系保持健康稳定发展的良好势头。”①昂山素季表示，“缅中关系对缅方而言具有特殊重要意义，我们有历史悠久的民间友好情谊，也有近年来相互信任、彼此尊重的密切合作。”②

中缅关系在民盟上台后不降反升，除了中缅“胞波”情谊源远流长外，还与中国公正、客观地看待缅甸面对的问题，积极促进缅甸的民族和解、社会进步、经济发展有关系。2017年下半以来，当缅甸因若开邦少数族群罗兴亚人难民问题，遭到西方国家谴责，承受巨大压力时，中国提出了由孟、缅两国通过对话协商，分三个阶段解决若开邦问题的建议，并表示愿为解决若开邦问题提供帮助。中国的建议获得缅方的赞同。昂山素季真诚地指出，“我们充分感受到了中国党和政府的真诚友好情谊，这必将推动缅中关系更为坦诚亲密，在缅中经济走廊等各领域开展卓有成效的合作。”③

中越、中老全面战略合作伙伴关系继续推进。中国与越南、老挝山水相连，是唇齿相依的邻邦，又是政治制度相同、理想信念相通、战略利益一致、坚持共产党领导、坚持走社会主义道路的国家。2015年习近平主席访问越南后，中越全面战略合作伙伴关系继续平稳发展。2017年初，越共总书记阮富仲访华；5月，越南国家主席陈大光访华；2017年11月，新当选的中共中央总书记、国家主席习近平对越南进行正式访问。中越两国最高领导人在一年中实现互访，在中国重大外交活动中并不多见。习近平主席在两年中两次访问越南，显示了中国党和政府对发展中越关系的高度重视。特别是习近平主席在十九大后首次出访选择越南和老挝，不但彰显了传统友谊，而且向国际社会传递出中国推动构建周边命运共同体，推进社会主义事业的明确信号。

2015年习近平主席访越以来，中越双方在促进地区经济联系和互联互通，推动经贸、产能、投资、基础设施建设、货币金融等领域合作，不断

① 《习近平会见缅甸国务资政昂山素季》，新华社，2017年12月1日，http://news.xinhuanet.com/politics/2017-12/01/c_1122045014.htm。

② 同上。

③ 《习近平会见缅甸国务资政昂山素季》，新华社，2017年12月1日，http://news.xinhuanet.com/politics/2017-12/01/c_1122045014.htm。

取得务实进展；中越跨境经济合作区建设，农业、环境、科技、交通运输等领域的合作都在稳步推进。2017年11月习近平主席访越期间，中越两国又签署了十多项合作文件，涉及多个领域的合作。十九大后，习近平总书记对越南的成功访问，是中越关系发展中的一件大事，对推动中越全面战略合作伙伴关系持续健康稳定向前发展，推进两国社会主义建设事业发展，对促进地区和平、稳定、繁荣作出了积极贡献。习近平总书记对越南的访问为2017年中越关系的发展画上了圆满的句号。

中国与老挝山水相连，是志同道合的好邻居、好朋友、好同志、好伙伴。中老关系堪称中国同周边国家睦邻友好、全面合作的典范。进入新时期以来，中老两国高层往来日益密切，党际交流持续深化，政治互信愈加稳固。近年来，在“一带一路”框架下，中老两国的合作日益深化。包括中老铁路、中老磨憨—磨丁经济合作区、万象赛色塔综合开发区建设等一批合作项目进展顺利。

2017年11月，中共十九大召开后，中共中央总书记、国家主席习近平首次出访活动选择了老挝，反映了中国对发展中老关系的重视和中老关系的密切。习近平主席对老挝的访问，受到老挝党和政府以及老挝人民的热烈、隆重欢迎。老挝人民革命党中央委员会总书记、国家主席本扬称赞习近平主席的访问是“历史性访问”，“老挝全党和举国上下感到欢欣鼓舞，对老中关系未来发展充满期待。”“将长期稳定的老中全面战略合作伙伴关系提升到新水平，充分彰显两国传统友好。”他还表示：“老方愿同中方一道努力，认真落实好习近平主席此访丰硕成果，在‘四好’精神基础上，推动双方各领域合作实现更大发展。”① 访老期间，习近平主席提出中老共同打造中老战略命运共同体的倡议，受到老方的热烈支持。中老双方一致认为，中老同为共产党领导的社会主义国家，双方在彼此信赖的基础上，共同打造中老具有战略意义的命运共同体，符合两党两国和两国人民的根本利益和共同愿望，有利于人类和平与发展的崇高事业。② 中老共同打造

① 以上引文见《习近平再次会见老挝人民革命党中央委员会总书记、国家主席本扬》，新华网，2017年11月14日，http://news.xinhuanet.com/photo/2017-11/14/c_1121956049_2.htm。

② 《习近平同老挝人革党总书记、国家主席本扬举行会谈》，新华社，2017年11月14日，http://news.xinhuanet.com/photo/2017-11/14/c_1121950022.htm。

中老战略命运共同体，将成为指引中老关系发展的动力。

中新（加坡）关系回暖，实现正常发展。多年来，中国与新加坡有着密切的交往。两国的经济互补性强，经贸合作、科技合作已有深厚的基础。中国是新加坡最大贸易伙伴，新加坡是中国最大外资来源国。中新两国在经济全球化、贸易自由化、投资便利化方面立场相近，观点相似，有着广泛共同利益。但是，2016年中新关系出现一些波折。新加坡支持所谓菲律宾“南海仲裁案”，新加坡装甲车违法进入香港地区被扣留，冲击中国的核心利益及中新关系的发展。在两国的努力下，这一局面很快被扭转。2017年7月，在德国汉堡出席G20峰会的习近平主席会见新加坡总理李显龙。习近平强调，中新双方要继承两国老一辈领导人留下的良好传统，从战略高度和长远角度把握好两国关系发展方向，继续在涉及彼此核心利益和重大关切问题上相互理解和支持。① 2017年9月，在中共召开十九大前夕，新加坡总理李显龙应邀访华，受到高规格接待。新加坡《联合早报》发表社论指出：“在中共十九大即将召开之际，中国领导人高规格接待李显龙总理的到访，是一个高度友好的姿态，显示新中两国的传统友谊深厚，彼此也都非常珍惜。”② 李显龙总理访华，消除了中新关系一出现的阴影，也显示了中国更加注重贯彻“亲诚惠容”的周边外交方针，加强同周边国家团结合作的诚意。

（三）“南海行为准则”框架获通过，南海形势趋稳向好

在南海问题降温的环境下，在中国与东南亚国家的共同努力下，2017年5月，中国与东盟国家在贵阳举行落实《南海各方行为宣言》第14次高官会议，就全面有效落实《南海各方行为宣言》、加强海上务实合作，以及“南海行为准则”磋商等议题进行坦诚、深入探讨，审议通过了“南海行为准则”框架。“准则”框架的达成，是中国与东盟各国磋商的重要阶段性成果。2017年8月6日，在菲律宾首都马尼拉召开中国—东盟外长会，各方一致同意通过“南海行为准则”框架文件。标志着中国与东盟国家在

---

① 《习近平会见新加坡总理李显龙》,《人民日报 》，2017年07月07日。

② 《新中关系稳步前进符合两国利益》，新加坡《联合早报》，2017年9月22日 。

推动南海局势缓和、促进地区和平稳定的道路上又前进了一大步，表明中国与东盟国家有决心、有能力共同维护南海和平稳定。

南海形势的趋稳，说明越来越多的东盟国家认识到与中国合作维护南海稳定的重要性，是中国和东盟国家维护地区和平稳定所进行的努力。同时，也是中国的东南亚外交取得的一项重要成就。菲律宾外长卡耶塔诺指出："南海问题只是中国与东盟关系中很小的一部分内容。在过去的几个月中，我们通过谈判找到了非常具有探索性的道路，重新建立了相互信任。"[①]

（四）中国与东南亚国家的次区域合作扎实推进

次区域合作是中国与东南亚国家关系的重要方面，参与湄公河流域的多边合作是中国东南亚外交的重点之一。早在1992年，中国就参与了亚洲开发银行推动的"大湄公河次区域合作"（GMS），并在大湄公河次区域合作中发挥着重要作用。2012年，泰国政府提出加强湄公河国家合作的建议，中国表示积极支持，并顺势而为，另起炉灶，推动建立了澜沧江—湄公河合作（简称"澜湄合作"）机制。2016年，澜湄合作首次领导人会议召开，"澜湄合作"机制项目正式启动。一年来，澜湄合作已取得可观早期收获。2017年，澜湄合作领导人会议确定的45个项目，第二次外长会承诺的13个倡议和项目，都得到了积极有效落实。根据领导人会议确定的工作，2017年，澜湄6国分别建立了澜湄合作国家秘书处或澜湄合作协调机构。至2017年12月20日，包括澜湄水资源合作中心、澜湄环境合作中心、全球湄公河研究中心在内的合作平台已经陆续建立起来。中国宣布3年内向湄公河国家提供5000个来华培训名额，已经落实了3000个。澜湄合作，不但创造了澜湄效率，还正在创造着平等相待、互帮互助、合作发展、共建共赢的澜湄精神。

① 《南海行为准则框架文件通过 中国优势逐渐稳固》，《环球时报》，2017年8月7日。

三、加强中国东南亚外交的几点思考

2017年10月，中国共产党第十九次全国代表大会确立了习近平新时代中国特色社会主义思想，开启了中国特色社会主义事业的新征程。十九大把推动构建新型国际关系，推动构建人类命运共同体确定为我国外交的总目标，为中国外交指明了前进方向。加强中国的东南亚外交，是落实十九大精神的重要方面，是新时代的要求，是构建新型国际关系，构建人类命运共同体的具体实践，意义重大。根据近两年中国与东南亚国家关系中存在的一些问题，提出几点建议。

（1）推进中国东南亚外交，要准确理解、认真贯彻十九大提出的习近平新时代外交思想。十九大提出了构建新型国际关系的许多新观点、新判断、新理论，需要认真学习，加深理解和认知。要以习近平新时代外交思想来指导中国的东南亚外交，深化对东南亚形势的认识，发展中国与东南亚关系。

（2）加强中国的东南亚外交，要注意做好对方国家民间的工作。外交在某种意义上就是争取民心的工作。当前，中国与东南亚国家的政府间合作，政府的引领工作已经很有成效，但民间工作还不能适应形势发展。今后应该在加大对东南亚国家人民的工作上下功夫，真正做到民心相通，使东南亚国家的人民对中国更亲近，更理解，更支持，为构建人类命运共同体打牢民意基础。

（3）与东南亚国家的合作，要充分考虑对方国情。中国与东南亚国家的文化不同、体制不同、工作方式不同，要充分考虑对方与我们的上述差异，把工作做细。不宜都以“中国速度”、“中国风格”要求对方国家，使对方难以适从，并造成我们的被动。

（4）重视加强与东南亚国家的平等协商，我国倡导国际关系民主化，核心就是坚持大小国家一律平等，相互尊重。我国是发展中大国，我国的崛起不可避免会对东南亚国家产生这样那样的冲击，我们越强大，越需要注意外交上的平等待人。在推进我国的东南亚外交中，在与东南亚国家合作中，要注意加强协商，以理服人、以情动人；反对“以强逼人”、“强加于人”。尊重与我们有着共同命运的东南亚国家，是坚持社会主义的中国所应有的态度，也是中国东南亚外交的成功之道。

（5）做好深入细致的调研工作。从中国与东南亚国家合作中发生的一些波折来看，有很大一部分是由于我们的调研工作不深不细，对情况的了解掌握不够，以致判断不准，沟通不够而产生的。一定要克服浮躁、急功近利心态，认真做好调研工作。拿得出经得起检验的调研报告，为决策部门提供真正有价值的参考。

第三章
中国的中亚外交稳步推进

赵会荣

【内容提要】2017年，中国的中亚外交持续稳步推进，双方在政治、经贸、安全和人文领域的合作得到进一步加强。当前，中国中亚外交面临的挑战在于：中国对中亚不够了解；维护自身利益的工具有限；双方在安全、政治、经济和人文领域的利益互锁不足；“中国威胁论”干扰双边合作；大国博弈需要妥善应对。为此，中国需要加强与中亚国家的沟通与协调，加强安全合作，建立安全保障机制，拓展政治合作空间，加强经贸合作的风险防范，增加对人文合作的投入，加强与俄罗斯等国的沟通，保持战略主动。

【关键词】中亚外交　命运共同体

【作者简介】赵会荣，中国社会科学院俄罗斯东欧中亚研究所乌克兰研究室主任、研究员。

中亚是中国周边外交重要环节之一。中亚五国独立以后，中国与相邻的哈、吉、塔三国相继解决边界问题，与五国陆续建立战略伙伴关系。截至目前，中亚是中国在全球唯一的战略伙伴区，未来有望提升至全面战略伙伴区。2017年，正逢中国与中亚国家建交25周年，《上海合作组织宪章》签署15周年和《上海合作组织成员国长期睦邻友好合作条约》签署10周年，中国与中亚国家举行一系列活动，双方在各领域的务实合作全面、平稳、扎实推进。

一、中国的中亚外交稳步发展

（一）加强政治互信，保持双边关系高水平运行

保持高频率和高质量的高层互访，以增进双方共识与互信，是中国中亚外交的重要方面。2017年，中国最大的外交活动是5月14日在北京举行的“一带一路”国际合作高峰论坛。中方共邀请29国的元首和政府首脑参会，其中包括哈、乌、吉三国总统。习近平主席与三国总统分别举行会晤。

哈萨克斯坦在面积、经济规模和国际影响等方面堪称中亚分量最重的国家，也是“一带一路”框架下与中国融合度最高的中亚国家。中亚五国中，哈萨克斯坦率先与中国建立战略伙伴关系，率先与中国提升至全面战略伙伴关系。习主席正是在哈萨克斯坦提出建设丝绸之路经济带的伟大倡议。中哈双方对彼此较高的认知度、认同度以及两国元首之间的良好个人关系和高度默契，为双边关系的全面深入发展创造了重要和有利的条件。在会见哈总统纳扎尔巴耶夫时，习主席高度评价两国在“一带一路”框架下的合作。纳扎尔巴耶夫总统予以积极回应。[①] 2017年，习主席唯一一次中亚之行是对哈萨克斯坦进行国事访问。期间，习主席出席上合组织峰会和阿斯塔纳专项世博会开幕式。访问前夕，他在《哈萨克斯坦真理报》发表题为《为中哈关系插上梦想的翅膀》的署名文章。

乌兹别克斯坦在地理位置、人口和地区事务等方面意义重要，被布热津斯基称为“地缘政治支轴国家”。2016年9月2日，乌总统卡里莫夫病逝，随后乌举行总统选举，原总理米尔济约耶夫当选总统，乌政坛力量结构和内外政策发生重大调整。中方及时作出反应，高规格悼念卡里莫夫总统。2017年5月11日，中方邀请米尔济约耶夫总统访华。习主席在会见时指出，中方致力于同乌方发展全天候友谊。双方要加强发展战略对接，共

---

① 《习近平会见纳扎尔巴耶夫：愿同哈方一起推进“一带一路”建设》，中国新闻网，2017年5月14日，http://www.chinanews.com/gn/2017/05-14/8223566.shtml。

同规划好两国合作的重点方向、重点领域、重点项目。[①] 双方共签署105份双边文件，协议总金额近230亿美元。中国及时、积极和主动地对乌外交举措，既是对米尔济约耶夫总统的坚定有力支持，也保证了双边关系的顺利发展。

2016年8月30日，中国驻吉尔吉斯斯坦使馆遭遇恐怖袭击，促使中方提升对中吉安全合作的重视程度。在会见吉总统阿塔姆巴耶夫时，习主席强调，中吉两国是维护本地区安全稳定的重要力量，双方要加强反恐和执法安全合作，共同维护两国和地区的安全稳定。[②] 阿塔姆巴耶夫总统受邀参加“一带一路”国际合作高峰论坛，显示中方对中吉合作的高度重视，对中吉关系发展产生重要推动作用，对其他中亚国家也产生一定触动。2017年10月15日，吉举行总统选举。习主席第一时间向当选的热恩别科夫总统发去贺电。

在访问阿斯塔纳期间，除了会晤哈总统，习主席还会晤了之前未参加“一带一路”国际合作高峰论坛的塔吉克斯坦总统拉赫蒙和土库曼斯坦总统别尔德穆哈梅多夫。[③] 2017年8月30日至9月1日，拉赫蒙总统应邀对中国进行国事访问，并赴厦门出席“金砖国家”领导人第九次会晤。中塔两国元首签署关于建立全面战略伙伴关系的联合声明。联合声明指出，双方将致力于发展全天候友谊，打造中塔命运共同体。双方还签署《中塔合作规划纲要》及基础设施建设、能源开发、科学技术、农业合作、人力资源开发、新闻界交流等20多个文件。2017年2月，土库曼斯坦举行总统选举，中方派代表团观选。

（二）加强经贸合作，实现互利共赢

中亚国家在“一带一路”建设中扮演着先锋和枢纽的作用。2017年，

① 《习近平同乌兹别克斯坦总统米尔济约耶夫举行会谈》，新华网，2017年5月12日，http://news.xinhuanet.com/politics/2017-05/12/c_1120965023.htm。

② 《习近平会见吉尔吉斯斯坦总统：使“一带一路”建设成果更多惠及两国人民》，中国新闻网，2017年5月16日，http://www.chinanews.com/gn/2017/05-16/8225099.shtml。

③ 《习近平会见土库曼斯坦总统别尔德穆哈梅多夫》，中国军网，2017年6月10日，http://www.81.cn/xjpcfhs/2017-06/10/content_7634240.htm。

中国继续加大对中亚国家的援助、贷款和投资力度，与中亚国家不断扩大和深化经贸合作，继续保持中亚国家主要经济伙伴的地位。哈萨克斯坦成为中国在“一带一路”沿线最大的投资目的地国。中国商务部部长钟山指出，截至2017年6月，中国累计对哈投资近430亿美元。中国已成为乌兹别克斯坦、塔吉克斯坦和吉尔吉斯斯坦第一大投资来源国。中国对中亚投资的新趋势是：对哈以外四国的投资大幅增加；投资领域多样化，对基础设施、服务业、农业和加工制造业的投资快速增长。

中国与中亚国家贸易额出现回升。2017年1月至9月，中国与中亚五国贸易额为259.3亿美元，同比增长18.3%。尽管贸易额与历史最好时期比仍有很大距离，但进出口商品数量、品种、贸易结构均出现积极变化。中国对中亚国家出口机电产品、化工产品等商品数量显著增长。中亚国家对华出口农产品的种类和数量大幅增加。2017年5月，中国政府与乌、塔两国政府签署经贸合作协议。中国国家质量监督检验检疫总局与哈、吉、乌三国相关部门签署检验检疫合作协议。2017年7月4日至6日，中土双方在阿什哈巴德共同举办首届中国商品展。

在能源合作领域，2017年6月6日，中国石油天然气集团公司与哈萨克斯坦国家石油天然气公司签署《关于共同推进奇姆肯特炼油厂现代化改造的协议》和《关于向中国出口哈萨克斯坦天然气的谅解备忘录》。根据协议，2017—2018年，哈萨克斯坦将经过霍尔果斯口岸向中国出口50亿立方米天然气。这是促进中国天然气进口多元化和哈萨克斯坦天然气出口多元化的互利双赢项目。奇姆肯特炼油厂项目将有利于满足哈方对石油产品的需求，避免“油荒”再现。中哈核能领域合作扩展至核燃料组件加工和开发新铀矿项目。2017年，中国成为土天然气唯一出口方向，对土经济发展的意义直线上升。中国—中亚天然气管道D线项目决定动工。中国进出口银行与乌兹别克斯坦企业签署电网升级改造等项目贷款协议。

在产能合作方面，中哈启动12个大型合作项目，成为“一带一路”框架下产能合作的典范。由中国有色金属建设股份有限公司承建的哈最大铜矿选厂——阿克托盖铜矿选厂正式投产。中塔合作重点项目——中泰（丹加拉）新丝路纺织产业有限公司顺利投产。中哈两国政府签署关于中哈产能合作基金在哈进行直接投资个别类型收入免税协议。中国国家开发银行与哈萨克斯坦有关机构签署化工等领域产能合作融资合作协议。中国国家发展和改革委员会与吉尔吉斯斯坦经济部签署关于共同推进产能与投资合作重点项目的谅解备忘录。

在金融合作领域，中方积极支持哈方举办世博会，支持哈建设阿斯塔纳金融中心。中信银行股份有限公司联合中国烟草总公司下属公司与哈萨克斯坦人民银行签署股权交易协议。中国进出口银行与哈方签署提供60亿美元的借款协议。丝路基金与乌兹别克斯坦国家对外经济银行签署合作协议。中国工商银行与乌银行共同发起“一带一路”银行合作行动计划，建立“一带一路”银行常态化合作交流机制。

在交通物流领域，中、吉、乌三国首次实现国际道路全程运输。中远海运集团、连云港港口控股集团和哈萨克斯坦国家铁路公司正式签署哈萨克斯坦霍尔果斯东门无水港股权转让协议。2017年6月8日，中哈开通第二条铁路客运通道。2017年5月，中国铁路总公司与哈萨克斯坦国家铁路公司签署关于深化中欧班列合作协议。中国进出口银行与哈萨克斯坦国家公路公司签署公路项目贷款协议。中乌两国政府签署国际运输及战略对接协定。中塔两国开通乌鲁木齐至杜尚别、乌鲁木齐至胡占德定期航班。2017年7月9日，中国路桥公司与吉尔吉斯交通道路部签订吉南北替代公路安全保障项目和比什凯克北部绕城公路修复项目合同。2017年6月，哈、土、伊三国针对中哈土伊铁路决定执行优惠运输费率，以提升该线路的竞争力。

（三）加强安全合作，维护地区稳定

2017年6月27日，根据上合组织反恐怖机构理事会有关决议，上合组织成员国中国和吉尔吉斯斯坦主管机关边防联合反恐演习“天山—3号（2017）”在中吉边境库依鲁克区域同时举行。来自哈萨克斯坦、中国、吉尔吉斯斯坦、俄罗斯、塔吉克斯坦、乌兹别克斯坦等6个上合组织成员国的边防部门代表、地区反恐怖机构执委会代表、中国公安部、新疆维吾尔自治区相关领导，以及中国驻相关国家和机构警务联络官和常驻代表现场观摩演习。

（四）推进人文交流，夯实社会基础

中国与中亚国家人文交流日益密切。2017年，中国教育部与哈萨克斯坦教育部签署教育领域合作文件。截至目前，中国在哈萨克斯坦建立5所孔子学院和7家孔子课堂，在吉尔吉斯斯坦建立4所孔子学院，在乌兹别克斯坦建立2所孔子学院，在塔吉克斯坦建立2所孔子学院。中方决定未来5年向哈萨克斯坦增加200个政府奖学金名额。目前，哈萨克斯坦在华留学生超过1.4万人，土库曼斯坦在华留学生有2000多人，塔吉克斯坦在华留学生约2500人。拉赫蒙总统访华期间到访清华大学，见证清华大学与塔国立大学合作备忘录的签署。中国一些高校设立中亚国家国别研究中心和相应的语言专业，并与中亚国家的高校开展紧密的合作。

二、中国中亚外交面临的挑战

苏东剧变后，中国制定了“冷静观察、沉着应付、稳住阵脚、韬光养晦、有所作为”的外交战略，致力于为自身发展寻求有利的国际环境。十八大以后，中国提出建设新型大国关系、“亲诚惠容”睦邻合作理念、打造人类命运共同体、构建全球伙伴关系等外交新思想。当前的中国中亚外交主要有两层目标：一是维护和塑造有利的周边环境；二是与中亚国家共同打造人类命运共同体。以这两层目标为指针，就目前中亚外交的现实而言，中国面临的挑战主要包括以下五个方面。

第一，中国对中亚了解不够。中亚国家独立20多年，随着双方交往的日益密切，中国对中亚的了解逐渐增多。然而，无论是维护和塑造有利的周边环境，还是共建命运共同体，中国首先都需要充分了解对方，然后才能找到双方利益交叉点。而现实是中方对中亚了解的程度远远不够。中方很多时候不能在第一时间获知中亚国家发生的重大事件，事后也未必能够了解到事件的真实情况。导致这种状况发生的原因很复杂。例如，中国驻中亚国家使馆的编制数量有限。中国学者赴中亚国家开展学术交流和调研还面临很多障碍和困难。

第二，中国在促进中亚地区稳定以及维护与地区稳定相关的利益方面

尚需加大投入。目前，中国与中亚国家之间的军事安全合作在双边领域主要体现在相互派遣军方代表团、培训军官和提供援助等，在多边领域的安全合作主要体现在在上合组织框架下举行反恐演习、情报交流等层面。中国对中亚国家的政治和安全进程参与度较低，基本上处于远观的状态。尽管2017年中亚安全形势较为平静，未发生重大暴恐事件，但这并不意味着中亚长久安全。2016年，中国驻吉使馆遇袭已经敲响警钟。实践表明，中国，包括中国边境地区和西北地区的稳定与安全，是中国在中亚首要的利益诉求。随着中国与中亚国家利益联系越来越密切，如何维护中国自身利益安全的问题日益迫切。中国需要确保周边地区不成为三股势力威胁中国安全的基地，需要时刻提防三股势力经周边国家回流新疆，防范极端主义思想和恐怖主义思想经邻国蔓延到中国。当然，中国也要努力打扫干净自己的院子，不给三股势力经过中国侵扰周边国家的机会。考虑到中亚地区和中国西北地区的现实，中国与中亚国家在安全领域的合作任重道远。

第三，中国与中亚国家共建命运共同体，首先要建设利益共同体，但彼此利益互锁还不够，安全利益，政治、经济和人文利益互锁不够。中亚国家在关键时刻是否首先寻求中国帮助，这或许是检验中国与中亚国家是否建成命运共同体的指标之一。中亚国家与中国都属于发展中国家，面临的任务和处境相似，对于国际秩序在理念和利益诉求上相近，双方在政治领域应该有很大的合作潜力，需要充分挖掘。中亚国家政府最顾虑的是政权安全和政治稳定，最看重主权独立、领土完整、国家安全及国际影响，中国需要研究双方在上述问题上合作的空间和路径，以满足中亚国家的利益诉求。在经济合作领域，中国与中亚国家的贸易和投资联系非常密切，但对于中亚国家经济的核心领域能够提供的支持还很有限。随着中国对中亚国家投资和贷款的增长，相应的风险如何防范需要考虑。中亚国家一方面希望通过与中国开展经贸合作获得利益，另一方面又对中国因素的增加存在疑虑，决策常常出现反复，无形中增加了中方的合作成本。中亚国家在教育、医疗、科技、文化等领域对中方有很多期待，中方在这些领域投入的资源、路径和方式还存在发展和完善的空间。

第四，中国与中亚国家的合作在双方舆论中有着不同的语境。应该承认的是，中亚国家独立以来对华舆论趋向客观和友善，同时也要看到“中国威胁论”在中亚还有一定市场。无论是中亚国家的反对派，还是境外势力，随时都在利用和炒作所谓的“中国威胁”。而且从以往的情况看，炒作“中国威胁论”经常能够达到干扰中国与中亚国家合作的目的。在中国与中亚国家各领域合作、特别是经贸合作逐步扩大和深化的背景下，“中国威胁论”会在一些国家不时出现反弹。中国需要防范别有用心的势力把中亚国家内部社会矛盾转嫁给中国企业，损害中方利益。

第五，中亚地区的大国博弈是中国中亚外交绕不开的问题。中国所提倡的国际关系理念、国际和区域合作机制不可避免会遇到如何处理与其他国家及国际合作机制的关系。俄罗斯看重地缘政治利益，提出“大欧亚伙伴关系”，美国提出“新阿富汗政策”，推动中亚与南亚一体化，日本、土耳其、印度等国家也都有自己的中亚政策和机制，如何与不同国家以及不同的合作机制和平共处，甚至借力发展，避免第三方因素牵制中国与中亚国家之间的合作，值得探索。

三、中国中亚外交的应对方案

中国要想充分了解中亚，就需要加强在双边和多边框架下与中亚国家之间的沟通和协调。例如，在条件允许的情况下，适当增加中国驻中亚国家使馆的编制，给予外交官足够的安全保障，为外交官开展工作提供相应的政策支持。中国政府部门需要建立和利用各种机制，与中亚国家相应部门保持定期“对表”。此外，中国需要重视并加强民间外交，以增进对中亚国家国情的全面了解。从政策和机制上鼓励学术机构和学者加强与中亚国家学术机构和同行的学术交流，为学者开展调研提供便利条件，以提升研究水平。

中国需要加强与中亚国家的安全合作，建立安全保障机制。鉴于中塔之间已建立边境安全合作机制，可以考虑将中塔两国的合作经验推广到中国与其他邻国的安全合作领域。阿斯塔纳元首峰会后，中国开始担任上合组织轮值主席国。针对中亚国家对极端主义和恐怖主义威胁普遍存在担忧，中国可以利用主场外交的机会，加强与中亚国家之间的安全合作。目前，中国与部分中亚国家在上合组织框架下签署了《打击三股势力公约》

《反恐怖主义公约》和《反极端主义公约》。中方应尽早推动制定打击三股势力未来三年合作纲要，推动成员国议会批准《反极端主义公约》，以便于未来制定相应的实施细则。

中亚国家推行平衡和多元化的外交政策，根据利益需求随时做出调整。在政治领域，中方需要给予中亚国家足够的支持，确保中亚政治稳定。在经济合作领域，一方面，中亚国家不希望中国在其经济中占有过高比例，另一方面，与中国的经济合作受到俄罗斯或者其他大国的掣肘，有时难以推行。实际上，中亚国家的经济规模有限，在中国经济中所占份额极小。中国不必为追求推进经贸合作而损失其他利益，顺其自然，更符合双方利益。在条件允许的情况下，可以在中亚国家经济核心领域给予更多的支持，重点实施能够对改善民生产生效果的项目。加强旅游合作是符合双方利益的方向。中亚的旅游资源丰富，中亚国家也希望通过吸引中国游客，促进经济增长。要发展旅游合作，除了需要中亚国家改进签证政策和提升旅游服务质量，还需要中国与中亚国家开展多边旅游合作，可以考虑成立旅游业发展联盟，建立多边旅游合作机制，开发跨国旅游线路和旅游产品，为促进旅游业发展相互提供支持。

研究表明，凡是与中国打交道较多的中亚国家居民对中国往往有好感，不容易受到所谓“中国威胁论”的蛊惑。因此，有必要加强与中亚国家之间的人文交流，特别是要加强青年之间的交流，在资源和人力等方面加大对人文合作的投入，不断完善人文合作的管理机制，为未来中国与中亚国家之间建立命运共同体奠定坚实的人文基础。此外，还应该承认，中方在对外宣讲政策方面还需要改进方式方法，使对方能够全面理解和接受。

考虑到俄罗斯在中亚拥有根深蒂固的影响，以及中俄全面战略协作伙伴关系，中国需要重视并加强与俄罗斯的协调，尽可能找到双方利益的交叉点，或者利益互补方式，通过合作共同促进中亚的安全、稳定与发展。同时，中国也不必因俄罗斯的立场而自缚手脚。除了俄罗斯，中国也可以与美国、欧盟国家、土耳其、印度和日本进行中亚政策沟通，在战略上保持主动。

第四章
新时期中国南亚外交再思考

王世达

【内容提要】2017年，中国对南亚外交整体推进，“一带一路”倡议顺利落地实施。中印关系总体可控，中巴经济走廊开花结果，中国在南亚多国影响力持续攀升。但也要看到，中印爆发持续2个多月的洞朗对峙事件，双边关系面临重大挑战。同时，美国等国出台“印太战略”，获印度积极呼应，给中国南亚外交增添了新的不确定性因素。着眼未来，中国南亚外交或应着眼更加综合平衡，在维护中印关系稳定发展大局的同时，深耕南亚其他国家，维护中国西南周边的和平、稳定与繁荣。

【关键词】“一带一路”　洞朗对峙　中巴经济走廊

【作者简介】王世达，中国现代国际关系研究院南亚东南亚及大洋洲所副所长、副研究员。

一、主要成就

2017年，中印关系虽然屡遭挫折，但双方仍就稳定双边关系保持共识；中巴经济走廊持续推进，中巴全天候战略合作伙伴关系持续深化；“一带一路”扎根南亚，中国对中小国家影响力持续抬升。

首先，中印关系遭遇重大冲击，但双方对稳定中印关系发展态势保持共识。政治上，各层面保持频繁互动。2017年6月中旬至8月底，中印两军在边境洞朗地区发生对峙，对双边关系构成重大冲击。尽管如此，两国对话机制并未中断，双方经贸等领域合作持续推进。2月22日，中印在北京举行新一轮战略对话，双方代表分别是中国外交部副部长张业遂与印度外交国务秘书苏杰生。双方一致认为，中印拥有广泛共同利益，合作潜力巨大，推动中印关系健康稳定发展,符合两国和两国人民的根本利益；同意按照两国领导人达成的共识，保持双边关系发展势头，推进各领域务实合作，加强在国际地区事务上的协调配合。①

6月，莫迪在上合组织阿斯塔纳峰会期间与习近平主席会晤。习近平主席表示，中印作为世界上最大的两个发展中国家，应该更多聚焦合作，结伴前行，为各自国家发展提供助力，为维护世界和平稳定、促进共同发展作出贡献。莫迪就此回应称，印中友好关系源远流长。在国际形势复杂多变的背景下，良好的印中关系能够发挥稳定作用。双方应该深挖合作潜力，加强在国际事务中的沟通协调，尊重彼此核心关切，并妥善处理分歧。印方感谢中方支持印度加入上海合作组织，愿密切双方在上海合作组织框架内的合作。②

9月，莫迪来华出席金砖国家领导人厦门峰会。习近平表示，中印应坚持双方互为发展机遇、互不构成威胁的基本判断。希望印方能够正确、理性看待中国的发展。莫迪对此回应称，印愿同中方共同努力，确保两国关系稳定发展。希望两国领导人能够保持密切沟通，为两国关系发展发挥引领作用；双方不应视对方为对手，而应使合作成为两国关系主流，增进政治互信，扩大务实合作，深化人文交流，共同努力维护边境地区和平安宁。③ 8月28日，洞朗对峙事件和平解决后，中印边境事务磋商和协调工作机制第十次会议于11月中旬举行，双方就边境地区管控问题展开深入磋商。

经济上，商贸投资联系更加密切。在贸易方面，中国已经成为印度第一大贸易伙伴。印度2016—2017财年对华贸易额为715亿美元，其中从中

① 《外交部：中印战略对话达成广泛共识》，人民网，2017年2月23日，http://world.people.com.cn/n1/2017/0223/c1002-29103817.html。最后访问时间：2017年12月8日。

② 《习近平会见印度总理莫迪》，人民网，2017年6月9日，http://world.people.com.cn/n1/2017/0609/c1002-29329912.html，最后访问时间：2017年12月8日。

③ 《不视中国为对手？》，中国网，2017年9月6日，http://www.china.com.cn/news/world/2017-09/06/content_41539086.htm，最后访问时间：2017年12月9日。

国进口613亿美元，向中国出口102亿美元，贸易逆差高达511亿美元。[①]整体看来，印度对华贸易额及逆差同步迅速扩大，主要源于两国仍处于不同发展阶段，印度对中国产品需求远大于中国对印度商品的需求，而非中国采取市场准入限制措施。例如，印度轻重工业均不发达，能提供给中国市场的产品有限，主要出口铁矿石、铜矿石等初级产品。在投资方面，中资企业纷纷抢滩印度，尤其是在科技、互联网等新兴领域表现抢眼。以小米为代表的中国科技企业相继投资设厂，参与莫迪政府的“印度制造”，为当地创造就业机会。[②] 2017年，中国品牌在印度智能手机市场已占据半壁江山，在出货量前五名中占四家。[③] 阿里巴巴、腾讯等中国科技巨头纷纷进入印度市场。

其次，中巴全天候战略合作关系持续深化。在中巴共同努力下，作为“一带一路”倡议旗舰项目的中巴经济走廊推进顺利，早期收获项目可期。迄今为止，中巴经济走廊已经给巴基斯坦经济发展带来重大利好。例如，联合国贸易和发展会议发布2017年世界投资报告称，2016年巴基斯坦外国直接投资增长迅速，达20.06亿美元，同比增长56%，首次突破20亿美元。这主要是源于中国对巴基础设施的大量投资，尤其是中巴经济走廊项下的电力工程和交通运输项目给巴基斯坦带来了大量投资。[④] 巴基斯坦计划委员会数据显示，中巴经济走廊早期收获项目已创造3.8万个工作岗位，其中75%以上为当地就业。能源项目创造的就业最多，吸纳了1.6万名巴方工人和工程师就业。交通基础设施建设创造了约1.3万个工作岗位，其中，走廊项下最大的基础设施项目白沙瓦—卡拉奇高速路（苏库尔到木尔坦段）吸纳了9800名巴工人就业，喀喇昆仑公路升级改造二期创造了2071

---

① “How to Fix India-China Trade”, https://thediplomat.com/2017/08/how-to-fix-india-china-trade/, last accessed on 11 December 2017.

② “Xiaomi to commit to ‘Make in India’, will set up more Indian manufacturing units in 2018,” *The Indian Express*, 21 November 2017.

③ 《中国手机赢得印度市场青睐 出货量五强中占四席》，人民日报，2017年11月23日。

④ 《贸发会议：中巴经济走廊是巴基斯坦吸收外国直接投资的主要驱动力》，http://pk.mofcom.gov.cn/article/jmxw/201706/20170602588354.shtml，最后访问时间：2017年8月6日。

个当地就业。[①]巴央行数据显示，2016—2017财政年度，巴GDP增长5.3%，高于去年4.5%的增速，这源于农业显著复苏、走廊推动发展性支出增加等因素。[②]

同时，双方就走廊建设的未来规划密切沟通，中长期规划进展良好。2017年11月21日，中巴经济走廊联合合作委员会（下称“联委会”）第七次会议在巴基斯坦伊斯兰堡召开。会议以“梦想变成现实”为主题，重点就走廊各领域务实合作进展及下一步着力领域进行深入沟通交流。双方将持续对接共建“一带一路”倡议与巴基斯坦“2025愿景”，坚持按照以走廊为中心，以瓜达尔港、能源、交通基础设施、产业合作为重点的“1+4”合作布局，稳步有序推动走廊建设。双方签署了《中巴经济走廊远景规划》《第七次中巴经济走廊联合合作委员会会议纪要》。

第三，中国对南亚中小国家影响持续攀升。在尼泊尔，中尼“一带一路”合作深入展开。5月12日，中尼签署《中华人民共和国政府与尼泊尔政府关于在“一带一路”倡议下开展合作的谅解备忘录》。尼泊尔外务秘书巴拉吉表示，《备忘录》将两国关系推上新高度。尼泊尔作为内陆、最不发达国家，发展受到限制，尼方希望通过参与“一带一路”倡议，加强与中国互联互通，提升公路、铁路及基础设施发展水平，实现国家繁荣。尼外长马哈特表示，签署《备忘录》是中尼双方共同努力的成果，将带动两国各领域、多角度、全方位发展合作。尼泊尔重视发展同中国发展友好关系，表示愿搭乘中国发展快车，从中国发展中获益，希望通过加强与中国互联互通建设改善尼国内基础设施水平，提高人民生活质量。[③]8月15日，中尼签署《中华人民共和国政府和尼泊尔政府关于促进投资与经济合作框架协议》。协议确定了双边投资合作的原则、领域、方式，便利化和保障措施、执行机构和工作机制等，规定了如何确定和支持优先项目。此举有

① 《中巴经济走廊早期收获项目已累计创造3万多个直接就业岗位》，http://pk.mofcom.gov.cn/article/jmxw/201706/20170602587148.shtml，最后访问时间：2017年12月1日。

② 《巴基斯坦2016-17财年GDP增长5.3%》，驻巴经济商务参赞处，http://pk.mofcom.gov.cn/article/jmxw/201707/20170702603162.shtml，最后访问时间：2017年9月8日。

③ 《中尼两国政府签署“一带一路”合作协议》，中国驻尼大使馆经济商务参赞处，http://np.mofcom.gov.cn/article/jmxw/201705/20170502575505.shtml，最后访问时间：2017年12月1日。

助于加强两国政府、企业和其他机构间的交流，推动中尼投资合作健康稳步发展，促进“一带一路”建设。在“一带一路”倡议框架下，亚洲基础设施投资银行积极介入尼泊尔投资项目。亚投行行长金立群表示，亚投行将在尼独立投资两个项目，其中包括计划耗资2.8亿美元的南部特莱地区基础设施改善项目，另一个项目将从尼方提供的其他建议项目中选定。除了独立投资，亚投行还将与多边援助机构、世界银行、亚开行等协作投资尼方建议的其他项目。[①]

在斯里兰卡，斯里兰卡积极响应“21世纪海上丝绸之路”倡议，希望借机充分利用其区位优势，提升本国地缘经济地位。斯政府积极与中方商讨就科伦坡港口城及汉班托塔港两大中斯合作标志性项目达成新的互惠安排，获得了积极进展。6月，斯央行行长表示，将汉班托塔港出租给中资企业，将带来50亿美元外汇收入，不少投资者已对该地区工业发展表现出浓厚兴趣。[②]另据斯LMD商业杂志调查显示，72%的被调查者认为，中国向斯提供了无偿援助和贷款，是斯经济发展之关键。[③]

在孟加拉国，两国发展战略持续对接。孟总理哈西娜曾对习近平主席表示，孟对中国发展成就深感钦佩，愿在实现“金色孟加拉”梦想过程中加强同中方合作。[④]受益于“一带一路”倡议，更多中国企业正关注孟市场，带来新的商机。据孟出口促进局统计，2016—2017财务年度孟对华出口额为9.49亿美元，同比增长17.49%。[⑤]

此外，中国还积极介入斡旋巴基斯坦与阿富汗关系，推动地区的和平稳定，为阿富汗和平进程准备条件。2017年10月，在中方积极推动下，中、

---

① 《亚投行将在尼泊尔独立投资两个项目》，http://np.mofcom.gov.cn/article/jmxw/201706/20170602599463.shtml，最后访问时间：2017年12月12日。

② 《斯央行行长表示汉班托塔港交易和亭可马里储油罐项目有助于地区发展》，驻斯经济商务参赞处http://lk.mofcom.gov.cn/article/jmxw/201707/20170702602800.shtml，最后访问时间：2017年9月8日。

③ 《每日金融时报：调查显示72%的受访者认为中国是斯里兰卡经济发展的关键》，驻斯经济商务参赞处，http://lk.mofcom.gov.cn/article/jmxw/201709/20170902639775.shtml，最后访问时间：2017年11月10日。

④ 《习近平同孟加拉国总理哈西娜举行会谈》，新华网，2016年10月14日，http://news.xinhuanet.com/world/2016-10/14/c_1119721336.htm，最后访问时间：2017年8月17日。

⑤ 《孟加拉对华出口快速增长》，驻孟经济商务参赞处，http://bd.mofcom.gov.cn/article/jmxw/201707/20170702616216.shtml，最后访问时间：2017年8月26日。

美、巴、阿四国协调机制第六次会议在阿曼召开。该机制创建于2015年底，旨在推动阿富汗塔利班加入和平进程，后来因塔利班大头目曼苏尔被美军无人机打死等而一度中断，此次重启会议意义重大。11月，中、阿、巴三方副外长级反恐对话召开，中国积极斡旋阿、巴关系转圜，得到阿、巴两国政府高度评价。

二、存在问题

2017年，中国南亚外交在整体推进的同时，也面临一系列新问题和新挑战。例如，印度政府在包括对华关系在内的周边外交中采取强硬姿态，片面强调印度利益和关切，导致双边关系未来变数加大。同时，美国特朗普政府正式出台“印太战略”，刻意抬高和拉拢印度，在更大的地缘范围内制衡中国，给中国包括南亚外交在内的周边外交带来了新的挑战。

首先，“洞朗对峙”事件冲击中印关系，双边关系管控难度加大。莫迪政府虽多次表示希望以和平方式解决与邻国的领土争端，但在实际操作层面却改弦更张，片面强调印度利益至上，无视邻国的合理诉求及安全担忧，导致中印在边境问题上屡次出现摩擦。例如，为加强对藏南地区（印称“阿鲁纳恰尔邦”）的主权宣示和控制，印度于4月不顾中方强烈反对，邀请达赖窜访藏南，并表示中方反对是“干涉印度的内政”。[①] 11月，印度总统考文德也赴藏南活动。印还不断强化对藏南地区的实际控制，如年内在藏南修建多条跑道和道路。3月，印度政府宣布将组建隶属第17山地打击军的第72步兵师。2013年，当时的印度国大党政府宣布成立着眼在边境东段对华作战的第17山地打击军，计划总兵力8万人，准备7年之内建成，但因为资金短缺问题进展缓慢。此次新组建的第72步兵师规模高达1.5万人，计划在3年之内形成完全战斗力，在2017—2018财年完成招募任务。[②]

---

① “Rijiju rejects China objection on Dalai Lama’s Arunachal visit”, *The Hindu*, 1 April 2017.

② “Eye on China, India to raise second division for mountain corps”, http://indianexpress.com/article/india/indian-army-eye-on-china-india-to-raise-second-division-for-mountain-corps-4572493/ last accessed on 19 June 2017.

印度在领土议题上的单方面主张和冒险主义政策倾向，最终导致了洞朗对峙事件的爆发。6月16日，中方在洞朗地区进行道路施工。6月18日，印度边防部队270多人携带武器以及2台推土机，在多卡拉山口越过中印锡金段边界线100多米，进入中国境内阻挠中方修路活动，引发局势紧张。此后，中方多次严正警告印度边防部队立即撤回边界线印度一侧，但印度边防部队滞留不归。为了混淆视听，印度还编造若干借口，为"非法入境"狡辩。例如，印度指责中国修路带来所谓"严重安全风险"。然而，洞朗地区属于中方领土，在中方有效管理和控制之下，且存在诸多条约和文件证明。显而易见，包括中国在内的任何国家都有在本国境内进行修路等基础设施建设的权利，这一点毋庸置疑。印度却以所谓"安全关切"为由进入邻国领土，显然违反国际法及国际关系基本准则。不仅如此，印度还打着为不丹出头的旗号，试图制造"印度是应不丹要求才进入洞朗地区"的印象。然而，不丹在洞朗对峙事件中始终都没有表态要求印度出兵介入与中国之间的边界问题。事实上，自20世纪80年代开始，中国和不丹就开始通过谈判解决边界问题，已经进行了24轮边界会谈。尽管两国并未正式划界，但就两国边界线走向存在基本共识。8月28日，在中方强大和持续压力下，印方将越界人员和设备全部撤回边界印方一侧，洞朗对峙事件宣告结束。

此外，印度还打着"侵犯领土主权"的旗号，抵制"一带一路"倡议。印度公开表示，"一带一路"倡议的旗舰项目中巴经济走廊途经巴控克什米尔地区，影响印度对该地区的主权声索，为此，反对"一带一路"倡议，拒绝派官方代表团参加5月于北京举行的"一带一路"国际合作高峰论坛。

其次，美国等国正式出台"印太战略"，印度"靠美自重"心态凸显。美国特朗普政府2017年的两次讲话标志着其"印太战略"的正式出台，即美国国务卿蒂勒森10月18日在美国智库"战略与国际研究中心"（CSIS）的讲话以及总统特朗普本人11月10日在APEC领导人峰会上的演讲。简言之，特朗普政府在官方文件中以印太概念正式取代亚太提法，刻意抬升印度的地缘重要性，平衡中国崛起势头，在更大地缘范围内谋求战略优势。[①] 美国这一重大调整，在相当大程度上满足了印度不满中国包括中巴经济走廊在内的“一带一路”倡议在南亚多国及印度洋地区加速推进，担心中国加速崛起改变地区力量对比，甚至主导地区经济秩序重建，印度政府和战略界予以迅速回应。2017年6月，莫迪访问美国，这是特朗普就任美国总统以来莫迪的首次访问，两人就一系列议题进行了讨论，但最引人注目的是对于印太概念的热捧。在访问期间，莫迪表示致力于与美国建立密切伙伴关系，共同推动印太地区的和平与稳定，特别是强调维护印太地区自由航行、飞越，以及商贸的重要性；呼吁所有国家遵守国际法，以和平方式解决陆海领土争端；通过透明的、负责任的融资方式推动地区基础设施建设，同时尊重所在国的主权和领土完整，维护当地法律秩序，避免破坏当地环境。10月25日，蒂勒森访印期间，与印度外交部长斯瓦拉吉发表《联合声明》，重申根据国际法确保自由航行、飞越和商贸的重要性，实现所谓“自由、开放和繁荣的印太地区”。可以预见，印度未来将利用美国因素，谋求实现对华外交的利益最大化，甚至不惜抛弃长期坚持的“不结盟”政策，与美国建立某种“准盟友”关系。例如，2017年11月，印度派代表参加美国、日本、印度、澳大利亚四国司局级磋商，就印太等所谓“共同关心的议题”进行讨论，此举是2007年以来四国首度再次举行官方会议。2007年，印方因为担心对中印关系造成负面影响而对举行四边官方会议持保留态度，如今却积极派代表参会，彰显了印度外交政策的重大改变。

此外，日本出于不乐见中国崛起等因素考虑，在拉拢印度联合平衡中国影响方面表现尤为突出。2017年5月，印日双方在第52届非洲发展银行年会上抛出印日“亚非增长走廊”计划，宣布联手推动东南亚及西印度洋广大亚非地区的“高质量、高标准”基础设施和产业网络建设，进而实现所谓“自由和开放的印太地区”。鉴于中国刚于10余天前在北京举办“一带一路”国际合作高峰论坛，印度拒绝派代表参会，因此，“亚非增长走廊”针对中国意味非常明显。印度方面认为，印度与非洲在宗教和文化领

① “US-India Joint Strategic Vision for the Asia-Pacific and Indian Ocean Region”, http://mea.gov.in/bilateral-documents.htm?dtl/24728/USIndia_Joint_Strategic_Vision_for_the_AsiaPacific_and_Indian_Ocean_Region, last accessed on September 22, 2016.

域存在密切联系，非洲存在大量印度移民，日本则在包括高速铁路在内的基础设施建设领域拥有资金、技术和施工经验等多方面的优势，印日合作将有助于推动亚非地区“非中国主导的基础设施发展倡议”。

三、未来展望

随着包括中巴经济走廊在内的“一带一路”倡议在南亚等地加速落地生根，南亚在中国周边外交，乃至外交全局中的地位持续上升。未来的中国能否营建一个和平、稳定和繁荣的南亚地区，不仅关乎维护西南边陲安宁，打造周边命运共同体，更直接关系能否助力大国崛起、实现中华民族伟大复兴的中国梦。

首先，坚持周边外交整体思路，构建和谐稳定周边。习近平主席曾在中央外事工作会议上强调切实抓好周边外交工作，秉持“亲诚惠容”的周边外交理念，坚持与邻为善、以邻为伴，坚持睦邻、安邻、富邻，深化同周边国家的互利合作和互联互通。在南亚国家中，印度与我接壤地区多达上千公里，更是前景看好的发展中大国，可谓既是周边，又是大国，同是发展中国家，地位特殊。自20世纪80年代末以来，中印领导人就保持中印关系的稳定达成了高度共识，均认可处理好中印关系对于本国的极端重要性。未来的中印关系发展仍需高层引领，两国领导人在联合国、金砖国家、上合组织、二十国集团等国际和地区组织的频繁交流与互动，仍是确保中印关系整体向上发展势头的最有力保障。具体说来，就是中印关系不脱轨、中印两国不对抗、中印矛盾不失控。要增进战略互信，真正视对方为发展机遇和合作伙伴，而不是继续抱着过时观念，把对方当成对手和威胁。要本着和平共处五项原则，妥善处理分歧和问题。从过去的事件中吸取教训，维护好边境地区的和平安宁。

其次，从南亚外交全局通盘考虑，统筹好中印关系及中国与南亚其他国家的关系。毋庸讳言，2017年的中印洞朗对峙事件暴露了当今印度政府单方面追求绝对安全、控制周边小国等而不惜严重挑衅中国的战略安全思维和冒险主义政策倾向，其背后根源既有印度官方和社会层面印度教民族主义高涨，也不乏印度在美国、日本等国家的拉拢下自信心空前，采取进攻性外交和安全政策。在此情势下，中国未来的南亚政策势必既要高度重视中印关系，让印方充分认识到中印“合则两利”，中国乐于让印度搭上经济迅速发展的便车，敦促印度在确保中印关系向上轨道方面与中国相向而行。同时，也有必要着眼与南亚其他国家建立更密切关系，而不必过多考虑其他因素。例如，中国应该不受外界干扰，保持战略定力，坚定不移地推动中巴经济走廊建设，确保“一带一路”倡议旗舰项目开花结果，发挥其应有的示范作用；广泛接触斯里兰卡朝野，凝聚斯国内有关中斯友好及营建“中斯命运共同体”的共识，推动“21世纪海上丝绸之路”步稳行远；密切关注尼泊尔政局走向，与尼各政党，特别是左翼联盟密切沟通，推动两国在“一带一路”框架下的深入合作。简言之，中国未来可以着眼更加综合平衡的南亚整体格局，多管齐下维护西南周边的和平、稳定与繁荣。

第五章
西亚局势新变化与中国西亚外交

郭　锐　　樊丛维

【内容提要】2017年，西亚地区的混乱与动荡依然持续发酵。在国家层面上，西亚国家陷入模式瓶颈，没能探索出符合自身发展的新道路。在地区层面上，域内大国间的纠纷、民族与宗教冲突等严峻问题，桎梏着本地区秩序建立。在全球层面上，域外大国干涉加剧了西亚地区不稳定性。中国对西亚外交顶住了压力且逆势而上，"一带一路"建设在西亚地区取得了不俗成绩，民间外交发展迅速且惊喜不断，处理解决西亚热点问题越来越离不开中国。未来，中国应多管齐下，不断完善和优化西亚外交。一是增进沟通互动，提高政治互信水平；二是完善机制建设，有效规避风险隐患；三是发挥综合优势，提升制度性话语权。

【关键词】西亚局势　西亚外交　中国话语

【基金项目】同济大学人文社科智库研究专项项目"'一带一路'软环境建设研究"（编号：0703219073）阶段性成果。

【作者简介】郭锐，同济大学马克思主义理论博士后流动站在站人员，吉林大学行政学院国际政治系教授、博士生导师，法学博士。樊丛维，吉林大学行政学院国际政治系2015级硕士研究生。

当前西亚地区仍处于动荡和无序的状态，民族矛盾不断、宗教冲突蔓延、主权纠纷频发、域外大国干涉等流变因素，致使西亚地区朝着破碎化和弥散化方向发展。西亚地区是中国大周边的重要组成部分，中国作为负责任大国对西亚地区长期保持着高度关注。近年来，中国适时调整对西亚外交，取得了一系列的重要成果，在经贸、外交、人文、安全等多个领域，充分贡献“中国智慧”，不断提出“中国方案”。未来，中国对西亚外交应根据政策反馈进一步优化和调整，努力实现新突破，不断获取新成果。

一、中国对西亚外交的举措和成果

尽管西亚地区陷入旷日持久的动荡之中，且未来走势扑朔迷离，但中国依然对西亚地区保持着长期高度关注。从2016年习近平主席首次出访确定为西亚国家，并发布了《中国对阿拉伯国家政策文件》，到2017年5月“一带一路”国际合作高峰论坛的胜利召开，西亚国家融入“一带一路”的积极表现，可以看出，中国对西亚外交持续发力，且成果斐然。

（一）“一带一路”建设在西亚持续发力

借力于“一带一路”建设，中国不断与西亚国家拓展双向投资领域，大力发挥各类经贸合作区载体作用，推动实施了土耳其东西高铁等一批重大项目。值得指出的是，人民币国际化在西亚国家取得了重大进展。2015年12月，中国人民银行宣布，将人民币合格境外机构投资者试点地区扩大到阿联酋，投资额度为500亿元人民币。此外，中国人民银行与阿联酋中央银行签署了在阿联酋建立人民币清算安排的合作备忘录；双方续签了双边本币互换协议，互换规模维持在350亿元人民币／200亿迪拉姆不变，有效期为3年，且经双方同意可以续延。目前，中国四大国有银行全部在阿联酋设有分支机构，积极为中阿两国企业开展合作助力。其中，人民币清算中心为阿拉伯国家企业参与“一带一路”建设提供了极大便利，将大大增加中国与西亚地区进行金融合作的机会，人民币国际化和人民币离岸中心则将在此过程中发挥重要作用。上述制度性安排标志着中阿金融合作迈出了新步伐，有利于中阿企业和金融机构更好地使用人民币进行跨境交易，进一步促进双边贸易和投资便利化。

现阶段，中国已成为9个阿拉伯国家的最大贸易伙伴，中国与阿拉伯国家贸易额从2004年的367亿美元，迅速攀升到2016年的1711亿美元。目前，阿拉伯国家是中国重要的原油供应地和工程承包及海外投资市场。据统计，2016年，中国企业在阿拉伯国家新签承包工程合同金额达404亿美元，同比增长40.8%，其中完成营业额为336亿美元，同比增长10.6%。[①] 这为中国与阿拉伯国家共建“一带一路”打下了坚实基础。近年来，中国与阿联酋经贸关系快速发展，这成为中国与西亚诸国经贸合作进一步加强的缩影。阿联酋已连续多年成为中国在西亚北非地区的第二大贸易伙伴和第一大出口市场，2015年，双方贸易额达485.5亿美元。2015年，阿联酋加入亚洲基础设施投资银行（AIIB），并成为了该机构的创始成员国。在当前全球贸易疲弱的情况下，中阿双方贸易规模仍保持基本稳定，两国商品贸易结构不断优化和升级，在产能合作、能源化工、装备制造、通信技术等领域合作成果丰硕，在航天、新能源等领域的合作潜力巨大。与此同时，中阿两国相互投资日趋活跃。中国企业积极参与阿联酋的机场、港口、道路、通信及铁路建设等工程项目，为阿联酋国内基础设施的进一步完善和本地区互联互通贡献了中国力量。2017年5月，中国在北京成功主办了“一带一路”国际合作高峰论坛。为新时期中国与西亚国家借力于“一带一路”建设，形成新的更大发展成果，创造了难得机遇和重要平台。

（二）民间外交取得新的突破进展

近年来，中国与西亚国家对话加强加深，人文交流日趋频繁，双边与多边沟通机制和交流平台不断发展健全，基本实现制度化、常态化和规范化。2017年8月15日至16日，中阿文明对话暨去极端化圆桌会议(即第七届中阿关系暨中阿文明对话研讨会)在成都举行，来自16个国家的70余名官员、宗教界知名人士及专家学者等围绕相关议题进行了深入研讨，取得了很好反响。

近两年，中国高校、科研院所、社会智库等大力开展与西亚国家学术交流，多次与有关国家机构合作举办学术会议，使之成为双方民间外交的新亮点。2017年7月7日，第三届“中国与伊斯兰文明：交融与互鉴”国

---

① 《党的十八大以来中国与西亚非洲地区经贸合作成就》，2017年10月17日，http://www.mofcom.gov.cn/article/ae/ai/201710/20171002656824.shtml，最后访问时间：2017年10月19日。

际学术研讨会在北京举行。如中国社会科学院副院长蔡昉指出的那样，“在国际体系转型、世界充满不确定的今天，中华文明与伊斯兰文明的对话具有极其重要的意义。”[①] 此外，中国与西亚国家人文交流日益增多。2017年7月20日，应刘延东副总理邀请，来自巴勒斯坦的32名师生在孔子学院总部/国家汉办参加了“汉语桥”巴勒斯坦学生夏令营开营仪式活动。不仅“汉语热”在伊斯兰国家悄然兴起，越来越多的当地人还对中国文化产生了浓厚兴趣，中央电视台外语频道节目在当地受众越来越多，卡塔尔半岛电视台等当地媒体对中国的关注和报道日渐增多。

（三）积极调停解决西亚热点问题

在西亚地区，国家间矛盾重重，民族间积怨深重，宗教间势同水火，派别间分歧不断。同时，域外大国争相插手本地区事务，进一步加剧了西亚局势动荡，致使该地区成为当今世界的“破碎地带”。为此，中国在解决西亚热点问题上做出了不懈努力，以求“在平等基础上建立权力共享的民族团结政府，寻求与美、欧、俄以及相关地区势力建立有效的对话渠道，以稳定中东形势。”[②]

以巴以冲突为突出表现的阿以冲突跨度长达半个世纪之久，是影响西亚地区安全局势变化的关键因素。2017年4月20日，联合国安理会举行中东问题公开辩论会，刘结一大使听取了巴以双方代表的发言后，提出了中国解决巴以问题的三点方案。[③] 2017年7月25日，联合国安理会就巴勒斯坦问题举行辩论会，由当月轮值主席、中国常驻联合国代表刘结一大使主持，他全面阐释了习近平主席提出的“四点主张”。

2011年以来，叙利亚爆发大规模动乱远远超出了国内范围，震荡着整个西亚地区，成为继阿以冲突后新的地区热点问题。中国从维护地区稳定

---

① “‘中国与伊斯兰文明：交融与互鉴’国际学术研讨会举行”，2017年7月7日，http://world.people.com.cn/n1/2017/0707/c1029-29391104.html. 最后访问时间：2017年10月3日。

② Emanuele Scimia, “Heavily Invested, China Cannot Escape the Iraq Powder Keg”, *World Politics Review*, July 8, 2014.

③《常驻联合国代表刘结一大使在安理会中东问题公开辩论会的发言》，2017年4月20日，http://www.china-un.org/chn/hyyfy/t1455316.htm. 最后访问时间：2017年10月5日。

大局出发，为和平解决叙利亚问题做出了不懈努力。2017年2月5日，中国驻叙利亚大使齐前进表示，中方将向叙方提供两笔无偿援助，用于提供人道主义物资和实施人道主义项目。中叙两国还签署了《关于提供无偿援助的经济技术合作协定》，旨为帮助缓解叙利亚人道主义危机和经济困难局面。[①] 2017年上半年，中国政府叙利亚问题特使出访多达9次，展示了中方积极斡旋姿态。2017年4月25日，中国政府叙利亚问题特使解晓岩访问欧盟总部，会见了欧盟对外行动署副秘书长贝利亚和中东北非司总司长韦斯科特。他表示，要推动各方坚持停火止暴，通过对话谈判解决危机。[②] 2017年9月21日，出访俄罗斯的中国政府叙利亚问题特使解晓岩表示，各方应通过谈判最终做出符合叙利亚长远和根本利益的决定。[③]

伊朗核问题与世界大国在西亚地区错综复杂的利益相交结，该问题十分棘手。2017年1月10日，在《伊朗核问题全面协议》执行一周年之际，伊朗核问题六国与伊朗在维也纳举行伊核全面协议联合委员会第六次会议，中国外交部军控司司长王群与会。上述各方对中国推动阿拉克重水反应堆改造项目所作努力表示赞赏。[④] 2017年9月20日，中国外交部部长王毅在联合国总部出席了伊朗核问题六国与伊朗外长会议时表示，中方支持和维护伊核全面协议这一历史性成果，愿继续参与协议执行进程。[⑤]

二、西亚局势新变化的突出特点

西亚地区乱局由来已久，其背后夹杂着国家层面、地区层面和全球层

---

① 《中国将向叙利亚提供两笔无偿援助》，新华网，2017年2月5日，http://news.xinhuanet.com/world/2017-02/05/c_1120413746.htm. 最后访问时间：2017年10月5日。

② “叙利亚问题特使解晓岩访问欧盟总部”，外交部，2017年4月26日，http://www.fmprc.gov.cn/web/wjbxw_673019/t1457111.shtml. 最后访问时间：2017年10月5日。

③ 《中国叙利亚问题特使访俄：政治解决叙问题的进程正在小步向前》，澎湃新闻，2017年9月22日，http://www.thepaper.cn/newsDetail_forward_1802602. 最后访问时间：2017年10月5日。

④ 《伊朗核问题全面协议迎来执行一周年》，新华网，2017年1月11日，http://news.xinhuanet.com/world/2017-01/11/c_129440353.htm. 最后访问时间：2017年10月6日。

⑤ 《王毅出席伊朗核问题六国与伊朗外长会议》，新华网，2017年9月21日，http://news.xinhuanet.com/mil/2017-09/21/c_129710050.htm. 最后访问时间：2017年10月6日。

面的深层次原因。近年来，在上述因素的合力作用下，西亚局势变化呈现出一些新特点。

（一）模式瓶颈桎梏西亚国家经济社会发展

伴随经济、科技、社会的发展和世界各国相互依赖与沟通的加强，多民族国家成为当今世界的新常态。在多民族、多教派的国家进行现代国家治理，其目标不是要推动民族和教派的合并，而是在不同的民族、教派中培育共同的价值认同来统筹国家资源，实现国民团结、社会稳定和经济发展的目标。显然，西亚国家在该环节上出现了严重问题。首先，执政集团视域狭隘，缺乏集体意识；其次，西亚国家民主意识淡薄，强人政治是西亚地区的显著特征；再次，部分西亚国家人民生活状况堪忧；最后，一些西亚国家推行的世俗化模式与社会民间的伊斯兰传统思维格格不入，在思想上撕裂了民众集体。

国家发展模式选择关乎政权和社会稳定，在西亚地区缺乏共同价值体系认同的大背景下，强人政治在短期内能够维系表面上的基本稳定，在本质上则使国家内部的民族和教派冲突进一步升级，社会不稳定因素增多。一旦累积到致使强人政治倒台或外部势力干涉的地步，部分西亚国家便会陷入长期动荡和持续分裂的深渊。这种因社会文化要素的独特性和历史惯性而形成的模式瓶颈，不仅桎梏着西亚国家经济社会发展，也成为诱发本地区政治动荡、经济疲软、安全严峻、社会不稳的症结所在，从2017年西亚局势的一系列变化中可见一斑。

（二）西亚局势持续动荡，亟待重建地区秩序

一方面，民族和宗教冲突及彼此之间的历史积怨，使西亚国家合作难以持续展开。地区秩序建立的前提之一，是域内国家以沟通手段协调立场，以合作共赢方式处理地区事务。西亚地区存在的宗教、民族冲突和历史积怨等，成为建立本地区秩序的一大桎梏。在西亚，地中海东岸是犹太教、基督教的发源地，而阿拉伯半岛则孕育了伊斯兰教，且在历史上出现多个横跨亚非欧三大洲的强大帝国。这种独特的历史，既给西亚地区留下了丰厚文化遗产，也给西亚国家遗留了不少历史难题。比如：教派认同弱

化了国家认同乃至民族认同，认同多元性影响到西亚地区多边主义的效率，致使该地区组织化程度过低。[①] 信仰和观念上的分歧及现实中的纠纷，使西亚国家之间矛盾冲突不断，合作与融合举步维艰，地区秩序建设任重道远。

另一方面，西亚大国在争夺地区主导权上意愿强烈，与此形成反差的是主权让渡意愿淡薄。建立地区秩序与国家主权息息相关，国家间合作往往牵涉主权让渡问题，尤其是涉及外交和安全领域的地区秩序，要求域内国家秉持化解矛盾的积极态度，努力实现信息共享、政策协同和战略互信。不过，主权让渡依然是西亚国家所忌惮的话题。虽然《海湾阿拉伯国家合作委员会章程》做出了部分主权让渡的规定，也涉及政治、安全和外交政策，但海合会内部的统筹协调并不顺畅。2017年6月5日，沙特、巴林、阿联酋等中东六国宣布与海合会成员国卡塔尔断交，酿成近年来西亚地区最严重的外交危机。究其原因之一，是卡塔尔不愿在安全和外交上让渡更多主权，制定协调一致的政策。6月23日，沙特、阿联酋、埃及、巴林四国向卡塔尔开出13项复交条件，其中包括：切断与伊朗外交关系，把伊朗伊斯兰革命卫队成员驱离出境，不再与伊朗举行联合军演；切断与穆斯林兄弟会、"伊斯兰国"、"基地"组织、黎巴嫩真主党的联系，并宣布上述组织为恐怖组织；不再允许土耳其在卡塔尔驻军，不与土耳其举行联合军演；在军事、政治、社会、经济层面与阿拉伯国家保持一致立场；等等。[②] 不难看出，卡塔尔与上述四国在安全和外交政策上背道而驰。

（三）域外大国博弈加剧本地区不确定性因素

其一，域外大国插手西亚事务，制约域内国家的自主性和行动力。西亚地区权力格局呈现"外强内弱"态势。[③] 2002年成立于马德里的中东和

---

① Louise Fawcett and Helene Gandois, "Regionalism in Africa and the Middle East: Implications for EU Studies," *Journal of European Integration*, Vol. 32, No. 6, 2010, p. 617.

② 《中东四国给卡塔尔开13条复交条件》，华商报，2017年6月24日，http://hsb.hsw.cn/system/2017/0624/94914.shtml. 最后访问时间：2017年9月23日。

③ The International Peace Institute, *Regionalism and Regionalization in the Middle East: Options and Challenges*, New York, March 2013, p.4.

平四方集团包括美国、欧盟、俄罗斯和联合国，作为当事方的西亚国家未纳入其中。2003年，美国在未得到联合国安理会授权情况下，发动伊拉克战争，也未提前知会西亚国家。2006年，伊朗核问题“6＋1”磋商机制形成，虽然伊朗作为当事方成为其中一员，但其他西亚国家作为相关国未纳入该机制。“在叙利亚危机上，尽管地区大国如伊朗、沙特和土耳其等也角力其中，但外部大国，包括俄罗斯和美欧大国，才是真正的主导性力量。”[①] 域外大国的强力干涉削弱了西亚国家的能动性，挫伤了其处理本地区事务的主动性，“外强内弱”格局也削弱了西亚地区组织的权威性。近年来，阿拉伯国家联盟（简称“阿盟”）的权威性骤降，其中既有自身内部建设问题，更是域外大国长期主导作用的结果。比如巴以问题一直是阿盟的重要议题，但解决该问题的众多国际机制中却没有其身影。在域外大国的持续干涉下，阿盟在其他本地区热点问题上也未能发挥实质性作用。

其二，域外大国的双重标准桎梏西亚国家合作。域外大国针对西亚国家采取不同态度，推行双重标准，加深了西亚国家内部矛盾，阻碍了本地区国家的合作与协调。[②] 美国基于自身利益把西亚国家分为两类：一是亲美温和派，包括海合会国家，穆巴拉克时代的埃及、约旦、摩洛哥、巴勒斯坦民族权力机构等；二是反美激进派，如萨达姆时代的伊拉克、卡扎菲时代的利比亚、伊朗、叙利亚等。[③] 美国援助亲美派，打击反美派，该举措非但未解决西亚地区问题，反而使该地区国家冲突进一步升级。比如，叙利亚危机就集中反映了域外大国和域内大国之间的地缘政治矛盾。与西方国家不同的是，中国奉行不干涉内政和致力于和平与发展的政策，有助于西亚地区稳定。[④]

其三，西方主导的经济秩序，制约着西亚国家经济发展模式。近代以来，西亚国家遭到西方列强入侵，沦为西方国家的原材料产地和商品倾销

---

① 姜毅：《评析俄罗斯在中东的机会主义外交》，《西亚非洲》2016年第3期，第9页。

② The International Peace Institute, *Regionalism and Regionalization in the Middle East: Options and Challenges*, New York, March 2013, p. 2.

③ Robert Malley, “Beyond Moderates and Militants: How Obama Can Chart a New Course in the Middle East”, *Foreign Affairs*, September/October 2010, p. 19.

④ Dan Steinbock, “China's President Xi in the Middle East: From U. S. Regime Change to Chinese Economic Development?”, *Global Research*, February 3, 2016.

地，“殖民造就了西方的繁荣，却在初始阶段便剥夺了中东国家工业化的能力”[①]。进入当代，西亚国家因经济结构趋同和互补性弱，致使彼此依赖性不高，但对域外大国的依赖程度却不断加深。在本质上，这一现象是西方主导下以不合理的国际分工和不平等的国际贸易为中心的国际经济贸易秩序所导致的，海湾地区主要产油国的国际经济贸易结构即是明证。虽然20世纪70年代两次石油危机使石油价格大幅上涨，海湾产油国赚取了大量外汇，但这些资金并未对本地区的工业化起到推动作用，而是以大量购买武器和欧美国家资产的方式返还给了西方国家。

三、中国对西亚外交的展望与建议

面对西亚局势新变化及中国对西亚外交的新成果，中国应借鉴此前对西亚外交的成功经验，继续朝着增强政治互信、完善机制建设、提升制度性话语权的方向发展，努力实现各领域、各方面、各层面的进一步完善和优化。

第一，增进沟通互动，提高政治互信水平。中国应充分调动一切外交资源，一方面，积极参加与西亚地区相关的多边组织议程，全面开展与西亚地区相关组织的对话交流；另一方面，进一步提升中国与西亚国家的既有双边伙伴关系水平。“多边组织包括中阿合作论坛、中国与海合会战略对话机制、亚洲基础设施投资银行、丝路基金和上合组织等，以及沙特主导的伊斯兰合作组织、土耳其主导的突厥语国家议会大会、伊朗主导的区域经济合作组织、总部位于毛里求斯的环印度洋联盟，以及为解决叙利亚也门危机成立的会议机制等。”[②]逐步构建全球性、地区性、次地区性、双边性的合作对话体系，使之成为中国与西亚国家不断提升政治互信水平的重要平台和基本路径。需要深刻认识到的是，“中国对中东国家整体外交的开展，也撬动了中国与美、欧、俄、印、日等大国和区域组织的关系。”[③]目

① 田文林：《中东国家工业化的悲剧》，《瞭望》，2016年3月21日。

② 孙德刚：《论新时期中国对中东国家的整体外交》，《国际展望》，2017年第2期，第38页。

③ Zia Mian et al., “South Asia, Russia, China & the Middle East,” *Bulletin of the Atomic Scientists*, Vol. 63, No.4, 2007, p.34.

前，中国与沙特、伊朗等国家建立了全面战略伙伴关系，与土耳其、伊拉克、阿联酋、卡塔尔、约旦等国家建立了不同层次的战略伙伴关系。[①] 建立和增进各类伙伴关系，可以使中国对西亚外交更具针对性和层次性，为中国在西亚地区发挥更大作用提供基础和指向。

第二，完善机制建设，有效规避风险隐患。通过创新构建多层次、立体化、全方位的总体外交框架，针对外交活动采取不同处理模式，在尊重历史、人文、宗教、习俗的前提下，中国应进一步与西亚国家展开多领域、多层次的交流互动。具体而言，中国应“以行为体多层次的广泛性沟联创造必需的战略空间，以全方位的对外参与保障西亚外交的丰富性和延续性。”[②] 结合中国实际，国家高层及外交部门可以抓大放小，将工作重心放在管理高级政治领域范畴，切实保障中国与西亚国家交往时在主权、安全、军事等方面的政治正确，确保中国对西亚外交的大体方向和总体道路不出现偏差。目前，中国针对西亚热点问题创设了特使制度，中东问题特使和叙利亚问题特使为解决该地区热点问题贡献了“中国智慧”和“中国方案”。在适当情况下，中国国内的非政府组织和民间团体应进一步发挥公共外交的巨大作用与积极影响，广泛加强经济、文化、教育、科技、卫生等领域的沟通和交流。在地方政府层面，现阶段“除宁夏自治区和义乌、厦门和广州等市外，其他省市配合中国对中东整体外交的广度和深度仍然十分有限，中国对中东整体外交中也忽视了软实力的支撑和运用。”[③] 可以说，在丰富中国对西亚外交层次及提升中国软实力方面，亟待有所突破、完善和进一步的创新。

第三，发挥综合优势，提升制度性话语权。伴随着中国强势崛起，其在文化上愈发自信。与此同时，以西方为中心、非西方为周边的国际话语权力格局，在全球文化多元发展的当下已不合时宜，国际话语体系亟待重构。中国是有着厚重历史文化积淀的文明古国，通过快速发展已经成为当今世界的第二大经济体，在这样的大背景下，中国不仅要为世界提供物质

① 孙德刚，韦进深:《中国在国际组织中的规范塑造评析》,《国际展望》, 2016年第4期，第107页。

② 王猛:《论“一带一路”倡议在中东的实施》,《现代国际关系》, 2017年第3期，第22页。

③ Oluwaseun Tella, “Wielding Soft Power in Strategic Regions: An Analysis of China’s Power of Attraction in Africa and the Middle East,” *Africa Review*, Vol. 8, No. 2, 2016, pp.133-144.

性产品，还要在思想领域为世界提供更多的精神性产品。中国与西亚国家均是人类文明的重要发源地，在近代都遭受过西方列强的殖民入侵，如今都属于发展中国家。相似的历史背景和发展阶段，使双方在很多领域有着共通之处。中国应不断加强与西亚国家在治国理政方面的沟通磋商，汲取借鉴国家发展过程中的经验教训和成功做法，助力西亚国家实现治理能力的全面提升，突破现实存在的模式瓶颈，推动其独立自主地探寻符合西亚地区和各自国情的发展道路。“中国在中东奉行不结盟、不选边、不树敌、不谋求势力范围、不寻求代理人的政策”，[①] 中国要充分利用这一独特优势，借助在西亚地区的好口碑以及无敌对国家的利好环境，努力扩大在西亚地区的制度性话语权。

---

① Muhamad S. Olimat, *China and the Middle East: From Silk Road to Arab Spring*,New York: Routledge ,2013.

第六章 中国的南太平洋外交

费 晟

【内容提要】2017年，中国对南太平洋的外交总体仍然处于平稳可控的状态，“一带一路”倡议在南太平洋地区稳步推进。2017年春节后，李克强总理和王毅外长对澳大利亚和新西兰的访问收到了良好的反响，我国对南太平洋岛国的援助及相关外交活动也稳步推进。不过，主要是由于内部政治斗争的影响，澳大利亚和新西兰部分媒体和政客炒作“中国威胁论”和“中国渗透”的情况时有发生，相关争议的发酵在年末达到高潮。特朗普访问亚洲时，频繁提到的“印太”概念，澳大利亚外交白皮书的发表，对此也起到一定催化作用。不过，这种政治摩擦并未影响中澳之间密切的经济和文化交流，反华杂音仍然属于南太平洋地区部分利益集团对中国快速崛起不适应的结果。对南太平洋地区决策的研判，仍需要加大对当地具体历史和现实情况的综合研究与分析。

【关键词】南太平洋外交　印太战略　外交白皮书　中国渗透论

【作者简介】费晟，中山大学大洋洲研究中心研究员。

以李克强总理与王毅外交部长访问澳大利亚和新西兰为开端，2017年中国对南太平洋外交延续了“合作为主、平息杂音”的态势，以巩固既有的经济和文化合作成果为主要目标，努力将该地区整合为周边合作特别是“一带一路”建设之中稳定的海洋支点。总体而论，2017年，中国对南太平洋外交表现出较强的延续性，没有遭遇突发性的重大挑战。但是，澳大利亚、新西兰部分政客与媒体炒作“中国威胁论”的情况持续发酵，破坏了中澳友好合作的氛围。此外，美国总统特朗普进行亚洲国家系列访问过程中高频谈论“印太”概念，对“美、日、印、澳”四国安全同盟关系有激励作用，引起了国际社会的关注，需要中国外交慎重又冷静的分析与应对。

一、中国对南太平洋地区外交

2017年中国对南太平洋地区最重要的外交活动是2月7日王毅外交部长访问堪培拉，参加“第四轮中澳外交与战略对话”。3月23日，李克强总理访问澳大利亚，出席“第五轮中澳总理年度会面”。同时，今年也是中澳旅游年，双方的相关展会和宣讲活动非常频繁，营造出很好的开局氛围。

中澳外交与战略对话及总理年度会晤活动开启于2013年，已经是一种成熟机制下的双边常规互动。然而，作为澳大利亚外交与防务最关键盟友美国在政坛出现了较大的变化，对于中澳双方的交流产生了重要的影响。2016年11月，特朗普胜选，美国与澳大利亚关系就陷入了令后者焦虑不安的境地。一方面，特朗普宣布将“美国第一”的理念推进到外交领域，多次表态要减少美国对盟友承担的义务。澳方担心美澳安全同盟体系由此将严重受损甚至崩坍，澳大利亚无法再继续执行对美“追随外交”。另一方面，特朗普当选后，美国正式退出《跨太平洋伙伴关系协定》，在国际贸易中采取鲜明的保守主义立场，让长期从中受益并成为全球自由贸易体系重要推手的澳大利亚进退失据。在这种氛围下，媒体普遍报道特朗普在与澳大利亚总理的通话中表现得非常粗鲁无礼，引发了澳大利亚舆论对美国可能轻视自己的不满，严重损害了澳大利亚政府及民间对美国作为其外交和国防支柱的信心。

王毅部长及李克强总理的到访，明确表现出中国对全球化与自由贸易的积极支持态度，同时没有在军事和地区安全问题上做出具有挑战性的强硬表态，给予澳大利亚乃至新西兰以极大鼓舞：“在世界经济复苏依然乏力、逆全球化和保护主义倾向抬头的形势下，中澳作为有重要国际影响力的国家构筑共识、深化合作，共同发出促进贸易投资自由化便利化，反对保护主义的积极信号，释放更多‘自贸繁荣’红利，有助于更好实现互利共赢，也将为地区和世界的稳定发展贡献力量。”①

中国外交部长与总理的出访赢得了积极评价。澳大利亚方面普遍认为，2017年春节后，中国将澳大利亚作为第一个外交出访对象，本身就是对澳的极大尊重，而且会谈的结果符合澳大利亚的根本利益。② 澳大利亚方面希望中国在美国退出后加入跨太平洋贸易协定，中国并没有表现出特别的兴趣。 这一方面反映了中澳、中新自贸协定框架对双方合作的容载量仍然足够，另一方面也说明在“一带一路”倡议的整体框架下，中国对更符合本国国情的对外交流与合作机制更有信心。这表明中国在对澳、新外交中不仅重视巩固既有经济交往内容与原则，更提醒澳新注意并重视中国的核心地位及主导能力。

在国家安全战略方面，中国没有迫使澳大利亚作出疏离美国的表态，澳大利亚外交部长毕晓普再次重申将美国同盟关系作为国家安全基石的态度。李克强总理利用看球赛无论谁得分他都会喊加油的比喻提醒澳大利亚：在中美关系尤其是南海问题矛盾上，不要选边站。近年来，在澳洲政学两界，关于澳大利亚是否需要更独立的外交战略的呼声有所增多。虽然这不意味着澳方必然跟中国更亲近，但澳对美国采取更独立超脱的外交姿态，很可能为中澳关系的深化以及实现经济共赢以外的合作创造机会。总的来说，李克强总理访问澳大利亚与新西兰的意义有三：第一，有利于扩展和深化中澳、中新全面战略伙伴关系；第二，有利于推动亚太地区的和平、稳定与繁荣；第三，有利于推进全球经济治理体系的进一步完善。③

在澳大利亚与新西兰之外，中国对南太平洋岛国地区的外交活动大致包括两大内容，第一是服务“一带一路”倡议提出以来的基础设施援助和投资工作，推动双边和单边合作。包括在从巴布亚新几内亚到瓦努阿图、斐济、萨摩亚、汤加及库克群岛等主要建交国的国有企业大型投资项目。

---

① 《李克强对澳大利亚进行正式访问》，人民网，2017年3月23日，http://cpc.people.com.cn/n1/2017/0323/c64094-29162862.html，最后访问日期2017年10月29日。

② The Conversation, “Li Keqiang’s visit a good sign for the China-Australia relationship”, 27 March 2017, https://theconversation.com/li-keqiangs-visit-a-good-sign-for-the-china-australia-relationship-75198.

③ 许少民:《李克强总理访问澳大利亚的三层现实意义”》，光明网，2017年3月23日，http://theory.gmw.cn/2017-03/23/content_24040889.htm，最后访问日期：2017年10月29日。

第二是服务当地侨胞和协助扶植文化交流活动，扩大公共外交。近年来，新出现的情况是太平洋岛国的华人移民持续增多，尤其是零售业吸引了大量的投资移民，移民成分变得较为复杂，需要外交部门更加细致地访问摸底。同时，我国在教育、卫生和文化方面的援助交流项目普遍受到欢迎，成为中国软实力建设的新增长点。

二、热点与争议

尽管从全局看，2017年中国对南太平洋外交处于按部就班的状态，但也发生了值得关切的新动态。

最突出的问题是，2017年，澳大利亚国内炒作中国渗透甚至干扰内政的舆论，甚嚣尘上。3月底，澳洲媒体开始炒作中国海关阻拦悉尼科技大学副教授冯崇义出境的事件，认为是侵犯了人权自由。然而，事后发现，冯崇义虽然持有澳洲永久居留权，但仍然是中国公民，在访问中国期间，中国政府完全可以根据相关法律和规定要求其配合调查。随后，许多媒体又开始炒作中国对澳大利亚内部事务存在干涉和操控的威胁。其中最大的导火索是工党前参议员山姆·达斯特阿里（中文名邓森）所谓被中国收买的问题。这名参议员去年在所谓"南海仲裁案"出炉后，发表了呼吁尊重中国南海立场的言论，立刻被指是因为接受了华人商贾黄向墨的政治献金使然。在莫须有的指控下，他被迫辞去参议员职务。在今年下半年，达斯特阿里又被费尔法克斯集团的媒体指控向黄向墨通风报信，提醒其规避澳大利亚安全部门的窃听。这引发了澳大利亚总理特恩布尔的直接抨击，称其可能帮助颠覆澳政权。由于黄向墨以及周泽荣等澳洲华商频繁被炒作为中国渗透澳大利亚的"第五纵队"，因此与其关系相对亲近的许多澳洲政界人物都遭遇了非议，包括工党前外长鲍勃·卡尔及前贸易部长安德鲁·罗伯等。直接后果是除了鲍勃·卡尔还敢于直言外，大部分被控接受过利益输送的政要都不再发声发表与媒体风向对抗的言论。尽管黄向墨等发起诽谤罪控诉，赢得了部分当时媒体的改口与道歉，但伴随这一事件发酵的舆论并没停歇。

11月开始，澳大利亚官方又多次暗示中国官方利用华人移民影响澳洲内政，尤其是通过华人移民的政治献金影响政治人物的立场。结果在公众人物之外，许多澳洲的中国留学生与普通移民都被扣上了可能危害国家安全的帽子，影响恶劣。12月5日，澳大利亚总理特恩布尔开始推动立法禁止海外政治献金，同时要求本国游说群体在为海外实体工作时公开亮明关系，因为“外国情报机构正以前所未有的规模，秘密施加影响和干涉。这种活动针对澳大利亚的一系列利益，从我们的政治制度，到我们的商业利益，再到已把澳大利亚当作家园的侨民群体。”① 12月8日，中国外交部对特恩布尔言行表示抗议，但特恩布尔发表了更为强硬的回击，宣称“中国人民站起来了，澳大利亚人民也站起来了。”②

无独有偶，新西兰政坛也发生了国家党华人议员杨健所谓“履历造假”事件。作为第一代移民的杨健毕业于解放军翻译学院，但在入籍登记时，采用了当时合法挂靠的地方院校的名字，结果被认为刻意隐瞒其军方背景，不仅有诚信问题，而且可能接受过军事间谍培训，是中国干预新西兰内政的工具。中国外交部回应时强调，杨健已经是新西兰公民，因此这一事件属于新西兰内政，中国不会干涉，但是反对媒体捕风捉影、无中生有。截至目前看，在应对澳大利亚及新西兰不断炒作“中国渗透”及“中国威胁论”时，外交部门的反应成熟而理智。首先，能够准确区分侨务与外交的差别，对于相关事务中已经入籍的华人和尚未入籍的华侨有不同的态度和政策，依法行事。其次，对于无中生有的指责，能够理性回应，义正言辞，又就事论事。

另一个值得中国外交重视的新动向是“美日印澳”安全机制的发展，这与2017年11月美国总统特朗普访问亚洲时多次使用“印太”这一概念直接相关。事实上在20世纪60年代和70年代，澳大利亚已经从国家安全的战略视角讨论了“印太”概念，认为地理位置特殊的澳大利亚出于确保国家安全的目的，必须维持印度洋和太平洋之间的战略平衡。进入21世

① 《澳大利亚立法抵御外国势力影响干涉澳内政》，FT中文网，2017年12月5日，http://www.ftchinese.com/story/001075353?tcode=smartrecommend&ulu-rcmd=0_02ap_hot_0_e83f6ac7a42d45ddafabcbd346d47a9e，最后访问日期2017年12月9日。

② 《抗中尬演新境界！澳总理中文高呼澳大利亚人民从此站起来了！》，新浪网，2017年12月10日，http://mil.news.sina.com.cn/2017-12-10/doc-ifypnyqi3035487.shtml，最后访问日期2017年12月10日。

纪，澳大利亚开始有学者试图对“印太”地缘进行界定。在2005年前后，澳大利亚政府内部一些官员用这个词来进行时事分析。”① 从2010年到2011年，美国国务卿希拉里·克林顿多次在正式场合使用“印太”概念概括美国在亚太区域的安全关系范围。澳大利亚在2012与2013年的各种安全文件中开始广泛使用“印太战略弧”的概念。与此具有同步性的是2007年日本首相安培晋三提出了“美日印澳”四方安全机制，而2011年后澳大利亚逐步改善了因印度核试验而跌入冰点的澳印关系。在托尼·阿伯特总理当政后，澳大利亚明显展示出与日本深化军事安全合作的态势。2017年11月12日，美国、印度、日本和澳大利亚四国外交部门的官员在越南APEC领导人非正式会议期间举行了正式会议，显然具有强烈的象征意义，加强美日印澳四国安全机制的呼声由此高涨，实非意外。从事后公布的会议内容看，澳大利亚与美国几乎一致，强调：其一，在地区内支持“以规则为基础的秩序”，其中包括保障航行与飞行自由、尊重国际法以及和平解决争端等；其二，加强地区互联互通程度，前提是“符合国际法与国际标准”，并且基于“审慎的融资”；其三加强反恐和海洋安全合作；其四，加强在遏制核扩散领域的合作等。② 对此，中方的回应是：“中方乐见有关国家之间发展友好合作关系，但是希望这种关系不针对第三方，有利于促进地区和平、稳定与繁荣。对任何新的倡议和主张，中方的这一原则和政策都适用。”③ 尽管四方相关的表态都比较温和，但由于无论从意识形态，还是从地缘政治关系观察，这四个国家都与中国存在明显疏离，因此，外界普遍认为特朗普高姿态使用“印太关系”是指向中国的，澳大利亚扮演了一个并非不积极的角色。

① Rory Medcalf. “Pivoting the Map: Australia’s Indo—Pacific System”, November 21, 2012, http://www.lowyinstitute.org/publications/pivoting-map-australias-indo-pacific-system.

② 《四国战略”提出后美日印澳举行首次会议，会后表述各有不同》，网易新闻,2017年11月14日，http://news.163.com/17/1114/09/D36NKSTA000187VE.html，最后访问日期：2017年12月8日。

③ 《“捆绑”上瘾？美日印澳组四方安全机制》，新浪网，2017年11月15日，http://mil.news.sina.com.cn/2017-11-15/doc-ifynwhww5201301.shtml，最后访问日期：2017年12月8日。

三、分析、展望与建议

2017年，中国对以澳大利亚为代表的大洋洲国家外交关系虽然有一些波折，但总体上仍然是稳定和值得期待的。

首先，中澳、中新及中国对岛国关系没有出现根本利益上的分歧或恶性转折，尤其是在加强区域经贸合作、开放市场，以及维持地区安全议题上存在广泛共识。值得注意的是，2017年底，澳大利亚时隔14年后再次推出了《外交白皮书》，其五大目标是：促进开放、包容及繁荣的印太地区，尊重区域内所有国家及地区的权益；反对保护主义，推动商业发展；在面对恐怖主义等威胁时，确保澳大利亚人的安全及自由；推行及保护国际规则；增加对更加稳定和繁荣的太平洋的支持。这五条表述，除了在南海问题上继续其对中国的批评态度之外，并没有明显孤立、排斥或敌视中国的措辞。在确保自由贸易和开放市场方面，澳大利亚与新西兰仍然是西方国家中对中国相对最配合且温和的。澳大利亚从未回避中国在亚太事务上日益活跃的现实，其对华态度上的不友好姿态，主要还是因为面对中国快速崛起和硬朗外交姿态时不甚适应，是一种防御性的而非敌对性的活动。

其次，不应该低估大洋洲国家内部因素对其外交政策的影响。这里的内部因素主要是指澳大利亚的政党斗争以及面对全球化负面效应时保守主义思潮的反弹。比如在炒作中国渗透与威胁议题时，很明显存在澳大利亚执政党联盟党对在野党工党的打压，新西兰发生类似事件时则正值大选背景。比如澳大利亚总理特恩布尔在推动反外国渗透法案时，反复猛烈抨击工党领袖，认为其坚持不弃用涉嫌的达斯特阿里是一种政治错误，即便后者已经辞去议席。同时，还强调有10名议员涉嫌接受华商政治现金。再如具有狭隘民族主义甚至种族主义色彩的澳大利亚单一国家党，不断掀起抵制新移民特别是亚裔移民的社会思潮，获得了相当多底层民众尤其是民粹主义分子的支持，也使得澳大利亚社会舆论整体对中国移民更加敏感和警惕。

再次，对大洋洲国家媒体暴露出的一些出格言行，要镇定理智，不宜简单化地归结为是美国操纵使然。美澳同盟作为澳大利亚及南太平洋地区局势长期稳定的基石，是第二次世界大战的历史产物，也被证明是有利于既有和平的体系。因此，在一种路径依赖的心理作用下，对这一体系的任何动摇，不仅令美国不安，自然也令澳大利亚等国家感到紧张。事实上，一些澳大利亚政客与学者恰恰是担心美国要减轻对这一地区的支撑和保护，才表现出对美澳同盟的坚定维护以及对中国影响力提升的反感。国内部分具有官方背景的媒体较为激进的民族主义措辞，常常加剧澳大利亚国内舆论的紧张和厌斥，包括对澳大利亚是“纸猫”的比喻，既不确切，也缺乏风度。比如对于目前澳大利亚推动的所谓反外国渗透法案，中国外交部门的反应比较稳健，充分展现了自信。事实上澳大利亚大众媒体也并非铁板一块，比如影响力很大的《澳大利亚人》也刊登了鲍勃·卡尔的回击文章。[①]

更重要的变化在于中国自身。我国在许多国际事务中已经从幕后走向台前，尤其是在南太平洋地区日益主动。在积极作为的前提下，应该做好遭遇抵触性事件常态化的心理准备。在传统的地缘政治版图中，南太平洋不是大国较量的核心舞台。尤其考虑到汪洋相隔的环境，自第二次世界大战结束以来，南太平洋地区以传统安全风险较低著称。同时，该地区主动卷入外部冲突的意愿和能力也有限，不曾对亚太地区整体局势构成威胁。这里对局势变化的承受力非常低。在终止了具有颠覆性的“脱欧入亚”外交时代后，大致从1996年霍华德政府开始，澳大利亚对华关系在经济和政治上日趋呈现出一种稳定的双轨制的态势，即无论是联盟党执政，还是工党上台，都在经济上继续强化与以中国为代表的亚太经济体的联系，文化认同和外交上则强化自己的西方属性，尤其是在国家安全上绑定美国同盟体系。

中国在南太平洋外交还有一种结构性矛盾难以解决：在中国外交中澳大利亚地位较低的现实与澳大利亚对自身区域地位的期许较高。我国对南太平洋外交一直缺乏系统和专门的关注，并不重视该区域国家的差异性和特殊性。对澳大利亚这样的国家而言，中国是一个无法忽视的周边大国，

---

① Global Times, “Australian media sets misleading agenda on China”, 13 June 2017, http://www.globaltimes.cn/content/1051458.shtml.

尤其在最近30年，始终是其对外交流的焦点。无论是官方，还是民间的舆论，都重视中国的变化与态度。从陆克文提出要做“中国的诤友”，到今日“澳大利亚人民已经站起来了”，澳大利亚始终有一种担心自己被冷落和矮化的心理。特别是澳大利亚经常高估自己对中国的影响力，一方面认为中澳经济关系是中国对外经济关系中不可或缺的关键部分，另一方面又比较拒斥中国外交对既有体系的影响，以及在政治文化领域的输出活动。因此，中国对南太平洋外交需要做好一种心理准备，即在相当长的时间里都是在经济上相互依赖，但安全互信难以提升。

第四编
2017年中国周边外交热点议题

第一章
走到节点的朝鲜半岛形势及发展前景

虞少华

【内容提要】2017年，朝鲜半岛形势进入最复杂严峻局面。主要当事国家对朝鲜半岛无核化问题的政策更遭谴责，或被质疑，但双方仍坚持错误选择，使地区形势失控危险日增。同时，也不无迹象显示，其他域内国家推动形势转圜的合作正在加力。形势对中国的挑战大于对美国。中国应保持战略定力，更主动把握同朝韩的关系，并稳定中美在朝鲜半岛问题上的合作局面。

【关键词】朝鲜半岛　无核化问题　朝韩关系　中美合作

【作者简介】虞少华，中国国际问题研究院亚太研究所研究员。

2017年，朝鲜半岛形势已进入新的节点，地区形势的未来发展走向，既不排除进一步恶化甚至失控，也可能迎来重回对话轨道的转机。即使僵局持续，其特点和表现态势将同以往有较多不同，更具不确定性和失控风险。有关国家能否相向而行调整政策，有效合作管控热点，不仅取决于在朝鲜半岛无核化问题上的共识，也有赖于对地区安全利益考量能否趋同。

一、一年来朝鲜半岛形势评估

2017年，多年来聚焦于朝核问题走向的朝鲜半岛形势仍围绕朝鲜核导计划发展起落不定，但之前许多判断迥然纷争各异的问题，在一年来的跌宕演绎后，已逐步形成相对清晰的主流共识。

其一，朝鲜的核导能力确实取得了实质性进展和突破。2017年9月3

日，朝鲜在丰溪里试验场进行第六次核试验，被认为是其六次核试验中爆炸当量最大的一次（一般估计相当于20万吨TNT当量），也是朝鲜第二次氢弹试验。[①] 朝方自称为"全面成功的可携带洲际弹道火箭的氢弹试验"。而在年内11个月中朝鲜的试射导弹也远远突破历史记录，其中远程导弹的试射成功率大大提高。特别是7月4日和7月28日两次成功试射的"火星–14"型洲际弹道导弹，以及11月29日成功试射的"火星–15"型洲际弹道导弹，被认为取得重大技术突破。即使无法像朝鲜自己宣称的那样能对美国本土构成实质性威胁，但"对韩国、日本乃至美国关岛实施核打击的能力已几乎无人怀疑"。[②]

其二，持续多年的联合国对朝制裁行动未能收到预期成效，今后也难以在短期内见效。一方面，朝鲜明确宣称"不论国际势力的制裁多么恶毒，都不要妄想动摇我们的态度"，[③] 同时，朝鲜接连的核导行动也似有意表明，制裁给其带来的压力远未达到某些国家期待的效果。在可预见的一段时间内，仍难看到朝鲜因不堪制裁冲击而放弃核导计划的前景。

其三，用武力方式打击朝鲜核导计划而迫使其放弃，作为一种政策构想或应对方案，至少目前看来难以实施。一方面，美国的导弹防御系统并没有拦截朝鲜短程、中程、远程弹道导弹的把握，另一方面，美国也没有能力在第一波打击中摧毁朝鲜的所有报复手段。此外，军事冲突一旦爆发，其发展前景也不完全取决于美国的方案与意志。更重要的是，中国、俄罗斯以及韩国坚决反对武力解决问题的立场，也决定了军事打击方式难以行得通。虽然美朝互不示弱不惜一战的姿态宣示空前激烈，但双方尤其是美国更多是在向对方施加心理威慑，用武力选项解决朝核问题之箭仍然未在弦上。

其四，尽管难以用武力解决，但形势继续恶化而导致军事冲突的危险又确实在日益加大。当理性决策尚未选择军事方案时，偶发的武力冲突必

① 安刚：《2017年的朝鲜半岛核问题形势及中国应对之道》，盘古智库，http://www.pangoal.cn/news_x.php?id=3600&pid=7。

② 同上。

③ 《朝鲜外相李勇浩72届联合国大会一般性辩论发言讲演稿全文》，新浪微博，2017年9月24日，https://weibo.com/ttarticle/p/show?id=2313501000014155404174145873。

定是一方或多方的非理性失控表现。当前美国和朝鲜相互的军事示强和心理示威已经达到无以复加的地步，这使得判断失误和非理性决策，包括政府意志被民意绑架等的可能越来越大，防止朝鲜半岛发生战乱的紧迫性已达空前。

其五，美国和韩国政权更替一度被认为是朝鲜半岛形势变化契机，但迄今的情况表明，特朗普政府和文在寅政府对朝政策均与前任无实质性调整。从美国来看，与奥巴马政府对朝政策宣示相比，特朗普政府在有意同朝鲜对话和不排除武力打击方面都有很高调的表态，包括突出同朝鲜对话意向所做的“四不”承诺，即不寻求朝鲜政权更迭、不搞垮朝鲜政权、不加速南北统一和为跨过军事分界线找借口的，以及突出军事选项的“一旦发生战争，朝鲜政权将彻底毁灭”的威胁。[①] 但在实际施策层面，美国现行对朝核问题政策落点仍然在经济制裁与外交施压。而且仍然把其政策产生效果的希望寄托在中方对其的积极配合上。从韩国来看，文在寅政府对朝立场虽然有别于前保守阵营执政党，但仍有许多因素制约其施策。时至2017年底的实际情况显示，新政府上台以后，韩国未能如其所示在遏止朝鲜核试验方面赢得主动，在对朝双边关系上也完全没能打开局面，甚至连民间接触也近乎于零。

其六，中美在朝核问题上进行合作并非没有底线，双方对相关问题完全持一致立场并采取相同解决方式并无可能。这一方面由于中美两国在地区安全事务上存在安全理念的原则分歧，另一方面迄今的合作已导致两国利益出现偏差。2017年，中美首脑两次访问会晤时，中美能否就朝核问题合作都曾引起最大关注，而会晤情况传递给外界的信息也是正面的，即双方都重申了坚持朝鲜半岛无核化的立场，并强调将为此合作，美方也对中国作用予以肯定和理解。但在实际行动层面，尽管核形势不断趋于严峻，美方并不呼应中国关于“双轨并进”和“双暂停”的倡议，却反复指责中国没有尽到应尽责任，并试图施压中方按其意志行事，例如根据美国国内法对中国企业和银行进行“长臂管辖”。鉴于中方已经在执行对朝制裁决

① 黑莉：《若爆发战争朝鲜将彻底毁灭》，联合早报，2017年11月30日，http://www.zaobao.com/realtime/world/story20171130-815075。最后访问时间：2018年1月18日。

议过程中蒙受巨大经济损失，同时，美方一味推行强力的政策举措。很可能引发地区更大危机，从而将直接危及中国边境安全、地缘安全和战略安全。如果中美不能在朝核问题解决原则方面立场互有妥协，两国针对朝核问题的当前形态合作就会是有限的，甚至迟早会走入瓶颈。

二、形势发展趋势及其影响

根据上述逐渐清晰且共识度日增的结论，不难看出朝核问题为焦点的朝鲜半岛形势发展已来到关键节点。未来形势走向极可能脱出持续多年的紧张与缓和较平稳交替的轨道，迎来相对激烈的起落跌宕，甚至走入实质性拐点。下一阶段形势发展的前景不外乎以下几种。

第一种是朝美均感已来到悬崖边上，不得不相互退而求谈。已有迹象显示朝美间各种渠道和层次的非正式接触，呈近年来最活跃态势，同时朝美分别的一些直接或微妙的表态也引起关注。例如朝鲜在进行“火星-15”洲际导弹试射后，发表政府声明称“完善国家核力量的历史大业，火箭强国事业今天终于完成”，[①] 被外界解读为朝鲜可能借此传递可暂停核导试验之意，从而在其核导能力已对美形成威慑之际，体面寻求妥协，避免进一步对抗，陷自身于险境。美国国务卿蒂勒森也一度高调表态，称美国愿意与朝鲜在“不设前提条件的情况下”谈判，“美国与金正恩政权谈判的大门是敞开的，而且比以前开得更大。”[②] 在朝美政策意向变化基础上，六方会谈框架下的各种形式对话有望先后或同时恢复，重回谈判轨道。虽然朝美各自的目标差距无法在短期内缩小，其过程也仍将曲折反复，但双方建立在务实判断形势和自身能力前提下的政策调整，必然有利于整体形势的缓和。

第二种是核形势继续恶化，美韩与朝鲜之间发生有计划或失控性军事冲突。如前所述，武力解决还不是美韩方能够承受的方案，但在有关压力

① 《朝鲜试射最强洲际导弹》，环球网，2017年11月29日，http://mil.huanqiu.com/world/2017-11/11409841.html。

② 《蒂勒森称美愿与朝“无条件”谈判》，新华社，2017年12月13日，http://news.xinhuanet.com/world/2017-12/13/c_1122106343.htm，最后访问时间：2018年1月18日。

和需求继续加大的情况下，军事选项仍不能排除，而擦枪走火的危险更在随双方军事对抗的强度提升而日益加大。不论战端的最初形式为何，都很难避免转为全面战争。因为从朝鲜方面看，战端一旦开启，即没有退路，由于对外政策长期依靠“以超强硬对强硬”，即使不能有效反击，也必须做出姿态性报复。从美韩方面看，朝鲜在核导能力方面的不断提升，已经逼近两国底线，随着美韩打击朝鲜能力的不断到位，以及武力应对朝鲜挑衅的政治外交压力不断增加，动用军事手段的冲动越来越大是必然的。

第三种是朝核问题僵局持续，但其表现特点会和这些年来的态势有较大变化。一方面，围绕朝核问题的利益博弈各方格局会更不均衡，或者更加复杂错乱。例如中国与朝鲜关系由利益依存为主向立场冲突为主变化；俄罗斯与朝鲜关系由相对松散向活跃和紧密发展；朝韩关系在朝核问题框架下仍会对峙对抗，但在民间交流和人道援助等双边层面又会有缓和空间，甚至在特定领域出现较大进展。而这又会对围绕朝核问题的其他国家政策产生微妙影响。另一方面，朝核问题的僵局较前而言，将更具不确定性和越来越大的失控危险。美韩方面的对朝施压力度会持续加码，而朝鲜也会坚持“以超强硬对强硬”姿态，视技术和政治需要继续进行核导试射。僵局将极其脆弱，同时有关国家间管控形势的合作也可能进一步失调。

上述三种形势发展前景中，可能性较大的是僵局继续脆弱持续。但这一前景又是动态的，从最新的一些各方动态来看，继续滑向第二种前景的可能大于第一种。而无论何种前景，朝鲜半岛的未来格局都极可能开启一种新的态势。中国只有全力争取第一种前景，并努力把握和引领局势，才有可能实现利益最大化，同时也最终符合各方长远利益。如果在第二种和第三种前景下，仅从中美两大国角度而言，中国面临的挑战势将大于美国。

三、中国的应对思路与政策变数

第一，保持战略定力，不变亦变赢得主动。

如前所述，当前朝鲜半岛形势处在关键节点。各方均面临挑战，亦各具战略优势。美国的优势在于国家安全利益较少受半岛形势直接制衡，本地区盟友对之需求因形势恶化进一步加大。俄罗斯从地缘角度看与美国也有相似特点，借此既可以在朝韩对立中相对超脱，又可以同中国协调以周旋美国。韩国新政府较好利用了上届政权造成的民心反转以及朝核问题因素，获得较高的国内支持率，为外交赢得空间。中国除传统地缘政治和经济影响外，现实的发展潜力也在加分战略优势。因此，各国都在试图调动中国而实现自身意图，特别是美国以执行联合国决议为名施压中国，离间中朝，钳制中韩，对立中日，有意使中国半岛政策向其靠拢。中国多年来一贯坚持的对半岛无核化问题的立场与原则，既是我在半岛的战略利益，也最大限度覆盖了本地区国家的根本利益和长远利益，从而最有理由协调各方，无须因形势压力自乱阵脚。

第二，做好应对朝鲜半岛局势失控的最坏准备。

虽然朝鲜半岛生战生乱并非不可避免，但鉴于形势的不确定性，以及一旦出现生战生乱的严重后果，应加快做好针对性预案。在最大限度确保我战略利益和遏阻战乱的原则下，目前相关准备不宜扩展至对外合作层面，还应防止某些国家借此炒作，服务自身战略意图。

第三，更有机把握同朝韩关系。

能同时对朝韩发挥影响力，是确保我在朝鲜半岛主动地位的关键，虽然因安全理念的巨大差异，我同朝韩关系不同程度遇挫，处在近年最复杂局面。中朝因核问题立场的巨大分歧关系僵冷，但解决问题的钥匙不在我手，因而不能因核问题颠覆双边关系基本定位。萨德问题也不能改变中韩合作的基本内涵，在美国加大力度推动美日韩军事同盟的当下，更有必要让中韩合作不脱离正确方向。两国要修复因萨德问题受损的政治互信，更积极的方式是通过合作加以重建。缓和当前紧张局势，推动各方重回对话轨道，或许是最能试金合作诚意、突破合作短板、提升合作层次的措施。中韩元首在近期会晤中确认了南北关系改善有助于半岛问题解决的共识，从推动核问题重回对话轨道和朝韩缓和并改善关系两个方向同时发力，建设性地使用在朝鲜半岛的特殊影响力，或是中国在复杂情势下争取主动的着力点。

第四，稳定中美在半岛问题上的合作局面。

朝鲜半岛问题错综复杂，是大国博弈和朝韩对峙两对矛盾分别作用和相互制衡的体现。随着朝核问题的突出和中美就此的合作深度与矛盾都达到空前，未来双方对半岛问题的竞合态势可能成为地区形势发展的主要因素。为了稳定中美就半岛问题的合作，中国一方面要用好平衡把握对朝韩关系的主动，另一方面也应及时让美国了解中国在合作方面的底线，推动美国调整思路，避免冲击合作大局，对整体形势造成负面影响。

第二章
南海局势新走向和中国的对策

赵卫华

【内容提要】2017年，在中国和相关国家的不懈努力下，南海局势明显降温，但依然存在不稳定因素。虽然越、菲等国在南海问题上与中国由激烈对峙转而走向合作，但以美国为首的域外势力依然没有放弃插手南海问题，中美之间的地缘竞争目前上升为南海问题的主要矛盾，美国已经成为中国南海主权的最大外部挑战。特朗普上台以来，其南海政策暗含着比奥巴马时期更具挑衅性的内容。中国既要充分利用南海总体缓和的有利时机，积极推进与越、菲及东盟各国关系的深入发展，维护南海稳定；同时也要清醒认识当前南海局势中潜藏的挑战，未雨绸缪，谋划长远的应对之策，为南海问题的最终解决创造条件。

【关键词】南海局势　国际规则　海洋意识　历史性所有权

【基金项目】国家社科基金重点项目“中越南海争端的历史、现状、趋势与对策研究”（项目批准号：17AGJ006）阶段性成果。

【作者简介】赵卫华，广东外语外贸大学副教授、广东国际战略研究院研究员。

相比2016年的跌宕起伏和紧张对峙，2017年南海局势总体上明显降温，中国与越南、菲律宾等南海主权争端直接当事国之间的关系获得了根本性改善，“南海各方行为规则”（COC）的磋商获得重大进展，中国与东盟整体的友好合作关系进一步增强。然而，以美国为首的域外势力在南海问题上却逐步从幕后走向前台，在难以鼓动越、菲等国与中国对抗的情况下，直接赤膊上阵，不断挑起事端，企图完全按照美国的意图解决南海问题，而部分周边国家也试图浑水摸鱼，进一步增加了问题的复杂性。因而，居安思危，未雨绸缪，预防潜在的危机发生，确保南海稳定，思考维护中国主权的长远应对之策，依然是不容忽视的重大任务。

一、2017年南海局势的走向

相比上年，2017年南海局势明显降温，中国与越、菲等直接当事国的关系不断改善、升温。但以美国为首的域外势力不顾南海争端当事各方的愿望，依然频频插手南海事务，不时引发周边各国和国际社会的担忧。总体而言，2017年，南海局势呈现出三个特点。

首先，中国与越、菲诸国的关系持续改善升温，友好、合作成为区域内的主旋律。菲律宾“南海仲裁案”结束后，中越和中菲之间先后实现了首脑会晤，双方关系峰回路转，逐步走出对抗，步入正轨。2017年以来，在中方不断释放善意、积极不懈地努力下，这一趋势得以持续，中越、中菲关系进一步回暖，彼此的政治互信增强，合作范围日益扩大。

回顾2017年，中越首脑互访3次，其他高层互访6次，双方先后签署了32个合作协定和备忘录，政治互信和合作不断加强。2017年1月12日，越共总书记阮富仲访华，双方领导人一致认为应共同继承、维护和发扬好由老一辈缔造的中越友谊，始终从战略高度和长远角度看待和发展中越关系，相互坚定奉行友好政策。对于南海问题，双方一致同意继续恪守两党两国高层领导达成的重要共识，寻求双方都能接受的基本和长久解决办法；继续全面、有效落实《南海各方行为宣言》(DOC)，在协商一致基础上，早日达成“南海行为准则”(COC)；管控好海上分歧，不采取使局势复杂化、争议扩大化的行动，维护好南海和平稳定。[①]

2017年，恰逢菲律宾担任东盟轮值主席国，中菲两国的友好关系进一步深化。在杜特尔特总统2016年访华基础上，2017年，两国高层互访达13次之多，双方首脑在北京、岘港和马尼拉先后进行了4次会晤，就中菲

---

① 《中越联合公报》，载《人民日报》2017年1月15日第2版。

友好及南海维持稳定达成了诸多重要共识，签署了14项合作协议，[①] 并正式建立了中菲南海磋商机制。[②] 4月30日，中国海军舰艇编队对菲律宾进行友好访问，杜特尔特总统在达沃市登舰参观，标志着中菲政治互信大为增强。10月26日，杜特尔特在马尼拉会见来访的国务委员兼国防部长常万全时表示，菲方高度重视菲中关系，愿与中方进一步深化友谊与合作，通过对话协商和友好合作，妥善处理南海问题，造福两国人民。[③] 针对美日澳三国的指摘，菲律宾外长卡耶塔诺表示，菲律宾是独立主权国家，不需要其他国家告诉菲律宾做什么。南海的和平稳定最为重要，各国在南海主权问题上有争议，但不能让争议影响到国家间的良好关系。他进一步表示，中国将是该地区社会、经济发展的“驱动力”，其给地区带来的积极作用不应因南海主权争议而受影响。[④]

在中越、中菲南海争议降温，双边关系出现根本性改善的背景下，中国和东盟的友好合作也得到整体提升，战略伙伴关系更加巩固。2017年5月17日至18日，中国和东盟外交官员就落实《南海各方行为宣言》(DOC）和制定“南海各方行为准则”(COC）在中国贵阳进行会谈。各方就全面有效落实《宣言》、加强海上务实合作，以及“南海行为准则”磋商等议题进行深入讨论，审议通过了“准则”的基本框架。各方表示将继续坚持全面、有效落实《宣言》，共同维护南海和平稳定，致力于将南海建设成为和平之海、友谊之海、合作之海。[⑤] 在第32届“中国—东盟高官磋商会”上，各方一致高度评价中国—东盟合作的成果，认为中国—东盟战略伙伴关系的发展为促进地区和平、稳定与发展作出了重要贡献。[⑥]

其次，以美国为首的域外大国由幕后走到前台，继续在南海进行挑

---

① 《中华人民共和国政府和菲律宾共和国政府联合声明》，载《人民日报》2017年11月17日第3版。

② 张惠中:《中国菲律宾南海问题双边磋商机制第一次会议联合新闻稿》，载《人民日报》2017年5月20日第3版。

③ 袁梦晨、董成文:《菲律宾总统杜特尔特会见常万全》，载《人民日报》2017年10月27日第3版。

④ 董成文、袁梦晨:《菲律宾外长：南海稳定最为重要》，载《人民日报》2017年8月9日第3版。

⑤ 张惠中:《落实〈南海各方行为宣言〉高官会在贵阳举行》，载《人民日报》2017年5月19日第3版。

⑥ 张惠中:《第二十三次中国—东盟高官磋商在贵阳举行》，载《人民日报》2017年5月20日第3版。

衅。随着中国的快速崛起，美国日益将中国视为对其霸权地位的威胁和挑战，中美之间的地缘竞争日益取代中国与南海周边国家的领土主权争端而上升为南海的主要矛盾。美国前负责亚太事务的助理国务卿坎贝尔指出：美国亚太战略的一贯传统就是决不允许任何一个国家独霸亚洲，挑战美国的霸权地位。随着国力地位的增强，中国日益成为美国在亚太霸权地位的挑战。出于维护在亚太霸权地位的需要，美国利用南海问题遏制中国战略意图日渐明显。该政策无论是奥巴马执政，还是特朗普上台，美国都难以改变。①

在对外事务当中，美国习惯于以最小的成本获取最大的利益。离岸平衡，借力打击对手，成为美国在南海问题上的优先选择。② 基于此，美国首要的考虑即是支持菲律宾和越南等盟国或伙伴国，帮助它们提高军力水平，以对抗中国。③ 菲律宾“南海仲裁案”之前，美国纠集日本、澳大利亚和印度等国，一方面在幕后支持鼓动菲律宾和越南等国家与中国对抗，为中国制造麻烦，借以牵制中国。另一方面，以航海自由和尊重国际法为借口，肆意指责中国，寻找一切借口介入南海问题，企图迫使中国接受按照美国认可的规则来解决南海争端，或者迫使中国明确承认遵守美国主导下的当前世界秩序。仲裁案结束后，随着南海局势降温，美国的离岸平衡战略难以奏效。不得已转而走到前台，通过强化其所谓的“自由航行”和“自由飞越”行动，强行进入中国岛礁12海里水域或空域，挑战中国在南海的主权。

在奥巴马任期届满之时，美国军舰曾强行进入西沙群岛中建岛以东的内水，这是中美自1979年建交以来，美国军舰第一次进入中国西沙群岛内水。④ 特朗普上台之后，非但没有收敛，反而采取了比奥巴马政府更具挑衅性的政策。奥巴马时期的“自由航行”行动，美国在中国岛礁12海里海

---

① Kurt M. Campbell, The Pivot: The Future of American Statecraft in Asia, Twelve, 2016, pp.134-139.

② （美）约翰. 米尔斯海默:《大国政治的悲剧》，上海人民出版社，2012版，第284-285页。

③ Robert D. Blackwill and Ashley Tellis, Revising US Grand Strategy towards China, New York CFR, 2015, p.26.

④ Dailymail, *US Warship sails past disputed island in the South China Sea to "assert freedom of navigation"* http://www.dailymail.co.uk/news/article-3424111/US-warship-sailed-waters-island-claimed-China-Pentagon.html

域中均关闭了武器和雷达等军事系统，行使的是美国所理解的“无害通过”权。从法律层面来讲，奥巴马政府承认中国对所管理下的岛礁拥有主权和12海里领海权。而特朗普上任以来，至少先后两次派军舰进入西沙群岛岛礁最外围基线以内的水域当中，数次进入渚碧礁等岛礁6海里以内的海域中，并且在经过上述水域时进行了军事演习。[①] 美军的上述行动是经过特朗普授权之后进行的，严重违反了1982年《联合国海洋法公约》，粗暴侵犯了中国在南海的主权。换言之，特朗普政府的南海政策相比奥巴马政府更具进攻性，它是建立在不承认中国对南海岛礁和海域主权基础上的。

出于对中国崛起的不甘和恐惧，日本和澳大利亚等国在南海问题上均选择追随美国、指责中国做法。2017年6月3日，美国国防部长马蒂斯宣称：美国将继续在国际法允许的范围内在南海展开自由飞行、自由航行和开展行动，并通过在南海的上述行动展示我们捍卫我们利益和国际法赋予我们自由权利的决心。随后，日本防卫大臣稻田朋美附和马蒂斯的言论，不点名诬蔑中国在南海推进岛礁军事化，威胁南海的航行自由。[②] 8月18日，美国军舰“麦凯恩号”非法擅自强闯中国南沙渚碧礁6海里海域内，严重违反《公约》在中国主权水域进行军事演习，被中国海军警告。然而，美、日两国却颠倒黑白，对南海形势表示严重关切。[③] 11月，澳大利亚政府发布《外交政策白皮书》，称南海的竞争正在加剧，澳大利亚关注中国在该地区活动前所未有的速度和规模，继续支持美国在全球和区域内的领导地位，并倡导组建美、日、印、澳“四方安全”对话，制衡中国不断增强的影响力。[④] 上述各国的言行，无视中国与越南、菲律宾等南海问题直接当事方关系大为改善，南海问题明显降温的事实，将自身在南海区域内挑衅造成的紧张局面，反过来又作为自己介入南海争端的理由。

---

① Sam LaGrone, *USS Jonh S. McCain Conducts South China Sea Freedom of Navigation Operation Past Mischief Reef, 3rd South China Sea FoNop this Year*. https://news.usni.org/2017/08/10/uss-jonh-s-mccain-conducts-south-chi na-sea-freedom-navigation-opration-past-mischief-reef-3rd-south-china-sea-fonop-year.

② BBC News, US Warns Beijing on South China Sea island, www.bbc.com/news/wrold-asia-40141541.

③ 中国外交部:《针对美日防长香格里拉对话会上有关言论，中方表示强烈不满和坚决反对》，载《人民日报》2017年6月5日第3版。

④（英）杰米．史密斯:《澳大利亚发布外交白皮书，警告中国威胁》，载《金融时报》，2017年11月23日，何黎译，http://www.ftchinese.com/story/001075197。

第三、部分域内国家企图利用大国矛盾，混水摸鱼，追求本国利益的最大化。虽然中国为维护南海稳定，不断释放善意，做出了不懈的努力，与越、菲等国的关系因此得到了巨大改善和发展，同时与东盟的战略伙伴关系进一步巩固。然而，东盟内部不同的国家具体的考量不同，部分国家总是企图利用大国，特别是中美两个大国之间的矛盾从中取利，达到自身的利益最大化。2017年5月的万安滩事件，7月的“北纳吐纳海”事件，[①]以及12月菲律宾众议院通过的鼓励民众永久移居所谓“卡拉延”群岛的5614号议案，[②]即是域内各国根据各自利益，并在美、日、澳等域外势力鼓动下，对中国采取的一系列试探性动作。

近期以来，虽然中越关系在两党、两国领导人的共同努力下，就管控分歧，维持南海和平稳定，达成了诸多共识，南海问题因此明显降温。然而，越南在南海问题上并没有放弃利用外力制衡中国，追求本国利益最大化的目标。部分越南人认为，中国出于维持和平崛起大局的需要，依然会在某种程度上对越南采取容忍态度。[③]因而，越南在维持和中国总体友好稳定的同时，又不时搞一些小动作来测试中国的底线。6月18日，中央军委副主席范长龙访问越南，先后会见越共总书记阮富仲、总理阮春福和国防部长吴春历等人，达成了诸多共识。[④]但恰在此时，越方开始在位于我传统海域的万安滩进行油气勘测，被中方坚决阻止。中国的反应迅速坚决，既成功维护了中国主权，又向越方传递了明确的信号：不要误判形势，不要指望中国以主权为代价来维护中越友谊。此次事件，越方总体反应平静，中越之间总体友好稳定局面没有受到影响，表明万安滩事件完全是越

---

① 凤凰咨询：《那吐纳改名中国要求更正》，2017年9月5日，http://news.ifeng.com/a/20170905/51870908_0.shtml。

② 2017年12月26日，菲律宾众议院通过第5614号议案，宣布“隶属”巴拉望省的所谓“卡拉延群岛”（即中国南沙群岛一部分，作者注）可转让，可自由使用，可进行商业开发。希望通过此种方式鼓励国民在“卡拉延群岛”永久居住。见CNN，*Alienable disposable land*，http://cnnphilippines.com/news/2017/12/26/house-panel-kalayaan-islands.html。

③ 阮鸿滔：《海洋石油平台981：中国的意图与羁绊》，《国际研究》2014年第2期，第68-69页。阮鸿滔认为中国在面对越南这样一个坚韧、洞悉中国且随时准备牺牲的民族时，在目前的国际环境下对越南动武只能让“中国梦”愈加难以实现，并且给他国干预提供借口，他认为只要越南把握度，中国也不会轻易动武。

④ 刘刚：《范长龙访问越南》，载《人民日报》2017年6月20日第3版。

方一次试探性行动。

作为东盟最大的国家，印度尼西亚在某种程度上承担一定的领导角色。由于印尼对南海断续线内的岛礁并没有主权声索，因此，经常以“中立”身份在南海问题上阐释本国看法。然而，印尼实际上并非完全中立。虽然其对南沙群岛没有领土要求，但其在纳吐纳群岛主张的专属经济区和大陆架明显深入中国南海断续线传统海域当中。印尼惯于利用“中立”身份追求本国的利益，尽管中国政府一再声明对“纳吐纳”群岛没有任何主权要求，但印尼却得寸进尺，一直在各种场合要求中国承认印尼对于“纳吐纳”群岛200海里的专属经济区权利，这实际上就是对中国在南海断续线内海域主权的变相否定。2017年7月，印尼乘美、日、澳等国在南海挑衅之际，公开在地图上将南海断续线内的海域改称“北纳吐纳海”，企图借助域外大国之力，乘人之危，在南海巧取豪夺。菲律宾虽然在杜特尔特领导下，对中国较为务实友好，但在年末域外势力的喧嚣声中，还是不时显示出其投机性。

二、南海局势变化的原因分析

菲律宾“南海仲裁案”结束后，中国与越、菲之间逐渐由紧张对立转向对话合作、管控分歧，南海局势在短期内发生如此大的变化，主要受到如下因素的影响。

首先，菲律宾“南海仲裁案”完全是以美国为首的域外大国幕后操纵推动的结果，菲律宾虽然获得了压倒优势的所谓“胜诉”，却恶化了与中国的关系，付出了巨大政治经济代价。对于仲裁的合法性问题，中国自始至终采取了不承认、不参与、不执行的三不政策。然而，美国却利用这次仲裁为本国在南海存在和否定中国主权找到了借口，菲律宾除了充当美、日等国遏制中国的工具，其所谓的“胜诉”毫无意义。相反，菲律宾与中国交恶导致的政治经济困境，完全不在美国的考虑之内，从而使得菲律宾重新思考与中国的关系和在南海问题上的态度，这是杜特尔特上台后在南海问题和中菲关系上调整政策的根本原因。

与菲律宾处境类似，仲裁结果表面上看对越南有利，但其实是一把双刃剑，潜藏着对越南非常不利的一面，使得越南不得不有所顾忌。越南出于联合域外国家和东盟诸国，维护本国既得利益的需要，在南海问题上对其原有政策进行大幅调整。首先，制定《越南海洋法》，给予它国舰只无害通过越南领海的权利。[①] 其次，迎合美日和东盟诸国的要求，在法理地位上将西沙群岛和南沙群岛完全定位为岩礁，否定其拥有专属经济区和大陆架的权利。[②] 最后，越南企图利用其有利的地理位置和《联合国海洋法公约》专属经济区和大陆架制度条款最大限度地排除中国的竞争，迫使中国以最不利于本国的条款同越南竞争。

在菲律宾“南海仲裁案”的裁决中，就连太平岛这一世界公认的岛屿，也被仲裁庭枉法裁定为岩礁，而大部分其他岛礁则被直接裁定为低潮高地。仲裁结果表面上是向菲律宾一边倒的，但实际上完全是为了达成美国的战略目的。虽然仲裁宣布南海断续线“非法”对越南有利，但将大多数岛礁裁定为低潮高地，则是对越南极端不利的。如果越南承认和接受仲裁结果的合法性，则意味着否认本国占领和控制的部分南沙岛礁的合法性。仲裁结果显示，越、菲两国实际上都是美国达到自身战略目标的棋子，而美国在推进本国战略利益的过程中，完全没有考虑越、菲等国的利益。因此，越、菲两国在仲裁结果出来后，迅速与美、日等国的立场拉开了距离。越南虽然对仲裁结果表示欢迎，但始终不承认仲裁结果的合法性，另一方面则向中国示好，表示愿意通过政治谈判以和平方式解决中越两国分歧，同时对中国在仲裁案的立场表示理解。[③] 菲律宾则在杜特尔特上台后，马上改弦更张，调整阿基诺三世期间的对华政策。

最后，特朗普的一系列政策实际对越、菲等南海周边国家进一步改善与中国的关系起到了推动作用。特朗普执政之后，表现出强烈美国中心主义和单边主义倾向，先后宣布退出《巴黎气候框架公约》和TTP协定，对包括越南和菲律宾在内的盟国和伙伴国造成了强烈的心理冲击。越南是

① 越南国会:《2012年越南海洋法及实施指导文本》，河内：国家政治出版社，2013年，第18-19页。

② 赵卫华:《越南的南海政策及中越关系的走向——基于国际法与域外大国因素的分析》，载《太平洋学报》2015年第4期第48页。

③ 赵卫华:《2016年中国周边外交纪事》，载祁怀高主编《中国周边外交研究报告（2016—2017）》，北京：世界知识出版社，2017，第327页。

TTP的最大受益者，加入TTP不仅可以使得越南的经济增长提升，而且有助于减少越南对中国的经济依赖。美国退出TTP，使得越南深受打击，同时也加剧了对美国在关键时刻能否支持越南的疑惧。这同时也意味着无论越南是否情愿，越南在经济发展上还是难以离开中国。另外，越共十二大以来，越南高层政治变动频发。受郑春城事件的牵连，被视为未来四驾马车有力人选的丁罗升在反腐浪潮中落马。紧接着，被外界普遍视为很快就要接替阮富仲出任越共总书记的丁世兄突然“因病”消失，重新上演了2012年的阮伯清事件一幕。[①] 上述状况显示越南内部处于亚稳定状态，促使越南急于改善对华关系。

三、南海维权的对策和思考

南海问题涉及域外大国和周边多国的利益，是我国在相当长的时期内都必须要面对的极为复杂的领土主权挑战。我们既要认识到其长期性和艰巨性，又要清楚认识到其对国家安全的战略意义。因此，处理南海问题既要有战略定力和战略耐心，又要将中短期内维持南海稳定、管控危机和最终维护南海主权的终极目标结合起来，处理好维稳和维权的关系。

首先，正确认识中国在南海的主要挑战和矛盾，制定正确的应对之策。

南海问题目前包含美国与中国的遏制和反遏制的斗争；中国和越、菲等国关于主权的斗争，以及相关各国对南海航运安全的担忧三个层面。南海问题虽起源于领土主权争端，但当前的主要矛盾已经由中国与越、菲等国的领土主权争端转化为美、中之间遏制和反遏制的地缘战略竞争，以美国为首的域外大国成为中国在南海领土主权和海洋权益的主要挑战者。中美之间的矛盾是决定南海问题走向的主要矛盾，也是中国维护南海主权所面临的主要挑战。坎贝尔此前的预言，以及特朗普上台后美军在中建岛和

① 武伯清原为岘港市委书记，因革新、反腐成绩突出被阮富仲调到河内负责反腐，触动了既得利益集团的利益。2012年阮富仲提议增补武伯清为政治局委员，在投票过程中被否。不久，武伯清因病在新加坡医治无效去世，但越南国内民众一直对其死因有疑，这次丁世兄又出现类似状况再次引发了越南国内外的关注。

渚碧礁海域的行为，已经充分证明了这一点。目前，美国在南海的行动并非是简单的挑衅，而是在规则层面对中国构成更严峻的挑战。

其次，深入认识中国在南海主权和权力主张的法理依据，谨慎使用各种话语表达。

中国对南海断续线内的海域、岛屿、沙洲、礁盘、浅滩和其他各种地貌特征享有不可否认的主权，这种主权具有深厚的历史、法理和现实管理基础。某些国家出于自身利益的需要，企图利用其在国际社会的话语优势，将历史性主权和主权的合法性割裂和对立起来，完全是一种谬论。《联合国海洋法公约》第15条规定，当遇有历史性所有权和其他特殊情形时，其他原则不再适用。[①] 这说明历史性主权不仅符合当代国际法的原则，而且相比其他规则产生的权利，处于更优先的地位。当今各国对于海洋主权和权益的主张，依据《联合国海洋法公约》实际上有两套规则，一是《联合国海洋法公约》中关于领海、专属经济区和大陆架划分的相关规定，另一套规则就是由《联合国海洋法公约》15条针对历史性主权和其他特殊情况的规定以及《国际法院规约》第38条的相关规定。[②]

选择专属经济区和大陆架制度划分海洋界限，有利于越南、菲律宾、马来西亚等国避开《联合国海洋法公约》中对本国最不利的各种条款，也符合美、日等国遏制中国的需要，而对于中国而言，则是以己之短搏人之长。这不符合历史实际和《联合国海洋法公约》的公平原则，将严重损害中国在南海的权益。因此，对于部分人将历史性主权和法理主权对立起来的错误倾向，必须要坚决反对，明确历史性主权的合法地位。领海、专属经济区和大陆架制度是划定海上界限的主体规则，但并非唯一规则。就历史事实、现实情况和《联合国海洋法公约》相关规定而言，“历史性所有权”海域是最符合南海断续线水域的界定，但此种主张会受到相关国家的激烈反对。因此，考虑到南海维权和维稳的平衡，使用“主权水域”来代替“领海”概念是较为务实的理性的选择。

第三，尽快启动相关海洋立法，最大程度排除外力的干预和阻碍。

---

① 联合国第三次海洋法会议:《1982年联合国海洋法公约》，北京：中国海洋出版社，2014，第35页。

② 国际法院:《国际法院规约》，http://www.un.org/chinese/law/icj/statute.htm。

目前，南海争端虽然已大大降温，但美、日等域外大国仍在寻机介入，周边各国也不时出现一些小动作，南海局势缓和期能维持多久，尚存多种不确定因素。更重要的是，当今南海问题的主要矛盾已经转化为中国和以美国为首的域外大国的矛盾，同时还存在其他国家若干合理关切，如何最大程度地消除外部疑虑，排除外部阻力，是维护南海主权的当务之急。为此，中国亟须采取立法措施，强化中国的主权主张，同时也明确规定他国的合理权利。

为更好地维护国家主权，中国在遵循《公约》精神的基础上，建立一套完备的南海制度，合理确定中国主权的范围、层次和内涵，明确规定域外和域内国家的合理权利，并通过国内立法的形式，将南海问题纳入法治化轨道是极为必要的。这种措施，一方面通过立法措施宣示强化了中国对南海的主权，另一方面则有助于化解南海问题国际化的压力，降低国际社会的疑虑和阻力，避免南海问题进一步国际化，最大程度地排除国际干预。

第三章
钓鱼岛争端与中美日关系的新态势

归泳涛

【内容提要】钓鱼岛争端引发了中日在安全领域的战略竞争。这种竞争还从东海延伸到了南海。美国对钓鱼岛问题的政策主要是政治利用，而非军事介入，引起日本的不满和担忧。日本为此采取一系列防卫改革措施，目的是加强自身军事力量，同时拉住美国，拉拢其他国家，共同应对“来自中国的安全挑战”。但美国的核心利益在南海，日本的核心利益在东海，双方政策虚实有辨。近来中日关系出现改善的势头，为稳定钓鱼岛和东海局势提供了机遇。但特朗普政府亚太政策的不确定性及其提出的“印太”概念给地区安全带来了新的变数。

【关键词】钓鱼岛　中美日关系　东海　南海

【作者简介】归泳涛，北京大学国际关系学院副教授。

近年来，围绕钓鱼岛争端的激烈对抗，不仅使得中日关系恶化到邦交正常化以来的最低点，而且使东海问题成为可能导致中国与美日同盟发生冲突的热点问题。中、美、日三方围绕这一问题的互动，从一个侧面反映了当前亚太地区地缘政治格局的深刻变化。考察美、日各自的政策选择及其分歧所在，将有助于客观评估中国在这一地区面对的战略态势和风险，为塑造对我有利的地区秩序提供参考。

一、背景及现状

2010年，中日在钓鱼岛附近海域发生撞船事件，引发严重的外交危机，两国不仅在政府层面，而且在舆论层面尖锐对立。当时正值中国超越日本成为世界第二大经济体，实力对比的变化改变了人们对具体问题的看法，使两国在领土问题上的分歧上升为战略性竞争。2012年，因日本政府“购买”钓鱼岛及其附属的两个岛屿，中日再次发生激烈对抗，双边关系恶化到邦交正常化以来的最低点。直到2014年底，中日重启首脑会谈、达成四点原则共识之后，两国关系才开始缓慢恢复。尽管经济上的共同利益使中日双方都不愿看到双边关系再次生乱，但两国在领土和海洋安全问题上的相互疑虑不仅没有消除，反而加深了。两国国内都有一部分人把对方视为地缘政治上的对手和军事上的假想敌。近两年来，双方在安全领域的竞争和对立还从东海延伸到了南海。

进入2017年以后，中日关系出现改善的势头。5月，日本自民党干事长二阶俊博率团访问北京，参加中国主办的“一带一路”高峰论坛。6月和11月，中国国家主席习近平与日本首相安倍晋三分别在德国汉堡G20峰会和越南岘港APEC领导人非正式会议期间举行双边会晤。11月，中国总理李克强在菲律宾马尼拉东亚峰会期间会见安倍晋三。在这一背景下，2017年12月，中日两国政府在上海召开“海洋事务高级别磋商”，就建立“海空联络机制”基本达成共识。该机制规定了日本自卫队和中国军队接近时的联络方式等，以防止发生冲突。在之前的磋商中，日方因为担心中方将规定解释为只要有联络就可进入钓鱼岛周边领空和领海，坚持将这些区域排除在适用范围之外；中方则要求不明确地理范围。双方最后达成妥协，同意机制内容不涉及地理上的运用范围，并确认该机制不损害各自的法律立场。① 在此背景下，日本冲绳县石垣市市长表示，暂不向市议会例行会议提交原定在钓鱼岛及其附属岛屿的地址中加入“尖阁”两字的议案（现地名为“登野城”）。②

在舆论层面，2017年10月至11月进行的第13次中日联合舆论调查显示，两国国民对中日关系现状的认识显著改善。认为当前中日关系坏的日

① 《独家：日中就东海“海空联络机制”草案基本达成共识》，共同网，2017年12月6日，https://china.kyodonews.net/news/2017/12/628a9537e315.html。最后访问时间：2017年12月14日。

② 《石垣市长称推迟提交尖阁行政区划更名议案》，共同网，2017年12月12日，https://china.kyodonews.net/news/2017/12/ef4bc3c7d0ff.html。最后访问时间：2017年12月14日。

本受访者占44.9%，比前一年减少了27%；认为当前中日关系坏的中国受访者占64.2%，也比前一年减少了14%。但是，仍然有多达66.5%的日本受访者和64.7%的中国受访者认为，钓鱼岛问题是中日关系发展的最大障碍，在两国都位居首位，这一比率与前一年相比几乎没有变化。[①]

上述政府和舆论层面的动向表明，近来中日关系改善的势头为进一步稳定钓鱼岛及东海局势提供了动力和机遇，但钓鱼岛问题仍然是中日关系中的焦点和难点，未来还需要双方通过实际行动，加以妥善管控。

二、美国的立场及美日之间分歧

由于美日同盟和驻日美军基地的存在，美国在中日争端中的立场举足轻重。自钓鱼岛问题激化以来，不论是美国政府高官、国会议员，还是总统本人，都明确宣称钓鱼岛及其附属岛屿处于日本的行政管辖之下，属《美日安保条约》第5条的适用对象，反对任何单方面改变现状的行为。特朗普上台后，延续了上一届美国政府的政策立场。2017年2月，安倍访问美国，与特朗普发表联合声明，再次确认《美日安保条约》第五条涵盖钓鱼岛及其附属岛屿，反对任何试图损害日本对这些岛屿管辖的单方面行动。美日还在联合声明中表达了在南海问题和维护海洋秩序上的共同立场。[②]

美国如此表态，表面上看是站在了日本一边，但真正意图并不是在军事上支援日本，而是利用钓鱼岛问题煽动"中国威胁论"，推动美日同盟升级。美国一方面担心，过多显示对日本的支持或自身的武力会刺激中国，也会诱使日本提出过分要求，导致事态升级；另一方面担心，过分谨慎或模糊的反应会导致中方误判美日的意志和能力，以致冒险夺岛，或采取导致军事冲突的行动。在美国看来，如果中日在钓鱼岛发生冲突，日本

① 言論NPO「第13回日中共同世論調査」結果，2017年12月12日、http://www.genron-npo.net/world/archives/6837.html。最后访问时间：2017年12月16日。

② "Joint Statement from President Donald J. Trump and Prime Minister Shinzo Abe," The White House, Office of the Press Secretary, February 10, 2017, https://www.whitehouse.gov/the-press-office/2017/02/10/joint-statement-president-donald-j-trump-and-prime-minister-shinzo-abe.

必须首先自己负起防卫钓鱼岛的责任，并承担主要风险，这样美国就不必面对“为了几块石头与中国开战”的问题。美国的反应将是在冲突的初期阶段给予日本情报、监视、侦察和后勤等方面的支持，同时利用自身的军事存在，向中国发出如果事态升级，美国可进一步支援日本的信号。[①]总之，美国不希望看到中日在钓鱼岛发生军事冲突，在显示决心和保持克制之间寻求平衡。有美国专家指出，美国对日本的支持应该是行动上有用，政治上可见，同时又能避免事态升级。[②]美国的上述立场显然与日本所期待的相去甚远。

美、日两国虽然在2015年4月就修订防卫合作指针达成了一致，但从美日新防卫合作指针内容看，美国同样没有满足日本的期待。在新防卫合作指针中，美日的基本分工仍是美国在前台，日本在后台。和以往的区别在于，美日军事合作将不再拘泥于具体的地区和任务，而是根据双方的军事能力推动一体化，提高效率。美国希望日本自卫队能在监视、侦察、情报等方面更直接地配合美军。但是，与日本把关注点集中于中国在东海的所谓非战争挑衅行为（“灰色地带”）不同，美国更关心的是网络安全、太空安全；弹道导弹防御、应对朝鲜半岛紧急事态；制定海上规则等问题。美国也期待日本在应对紧急事态的军事预案中发挥作用，但那主要是针对朝鲜半岛以及东亚以外的地区，并不包括钓鱼岛。美国也没有公开回应日本所关注的“灰色地带”问题。换句话说，在钓鱼岛问题上，美国反而希望日本在前台，美国在后台。而且美国并不把中国威胁等同于朝鲜威胁，在钓鱼岛问题上不像在朝鲜半岛那样制定明确的军事预案。

美日围绕钓鱼岛的这种分歧源于双方战略认识的差异。日本将中国视为主要的、直接的威胁，专注于应对钓鱼岛问题；美国对待钓鱼岛问题则主要是政治利用，对军事介入十分谨慎。美国的主要目的在于扩大美日军事合作的范围，让日本承担更多的责任。最近有媒体报道，日本自卫队原陆上幕僚长岩田清文在一次研讨会上说，美国正在考虑，当与中国在南

① James L. Schoff, “Obama’s Quiet Priority in Japan: The East China Sea,” April 10, 2014, http://carnegieendowment.org/2014/04/10/obama-s-quiet-priority-in-japan-east-china-sea-pub-55311.

② James L. Schoff, *Uncommon Alliance for the Common Good: The United States and Japan after the Cold War*, Washington D.C.: Carnegie Endowment for International Peace, 2017, p. 243.

海、东海发生军事冲突时，让美军暂时退居关岛等“第二岛链”地区，以防其航母遭到中国反舰导弹的攻击，而由日本等盟国负责防卫从冲绳经台湾至菲律宾的“第一岛链”。[①]可见，如果东海局势恶化，日本将在安全上承受极大的压力。

三、日本的担忧及战略选择

美国在钓鱼岛问题上的立场引起了日本深刻的不满和疑虑。近年来，日本的政策界和学界日益担心日美同盟的可靠性。在日本看来，面对中国在海上的“扩张”，美国表现得漫不经心，即便反对，也只停留在口头上。日本的官员和专家甚至警告美方，如果再不行动，那么中国就将取得军事上的支配地位。[②]

为了应对来自中国的安全挑战和美国对日本安全承诺的不确定性，日本政府首先在防卫体制上进行了一系列前所未有的改革。2012年12月安倍晋三上台后，先后设立国家安全保障会议，制定首个国家安全保障战略，修订防卫计划大纲，连年增加防卫预算，通过了“防卫装备转移三原则”以取代原来的“武器出口三原则”，解禁集体自卫权，制订新的日美防卫合作指针，以及强行通过新安保法等。这些措施都以制衡中国为直接或潜在的目的。

从具体政策看，日本政府在加强自身防卫能力、强化日美同盟以及扩大与其他国家的安全合作三个方面，采取了日益进取的新政策。

首先，在加强自身防卫能力方面，日本政府把政策重点放在强化西南诸岛的防御力量上。2017年4月，日本陆上自卫队在与那国岛新组建了沿岸监视部队，使用雷达对附近活动的船只飞机进行监控。2017年末，陆上自卫队新组建了以水陆两栖夺岛作战为主要任务的水陆机动团，未来还计划在奄美大岛、石垣岛和宫古岛部署警备部队。航空自卫队方面，自2017

---

① 「米軍対中衝突時日本『第一列島線』防衛案を検討」『毎日新聞』2017年9月16日，https://mainichi.jp/articles/20170916/k00/00e/030/329000c。最后访问时间：2017年10月9日。

② Michael Auslin, “China vs. Japan: Asia’s Other Great Game,” *National Interest*, October 17, 2017, http://nationalinterest.org/feature/china-vs-japan-asias-other-great-game-22769?page=show.

年7月起，日本政府将驻扎在冲绳县那霸基地的西南航空混成团改编为西南航空方面队，进一步强化西南地区的防空体制。航空自卫队还新配备了C-2运输机，主要用来应对岛屿可能遭受的攻击。[①] 日本如此不遗余力地推进强军计划，既是为了更有效地配合美国，以便拉住美国；又是为了增强自身能力，以免过分依赖美国。

第二，在强化日美同盟方面，日本积极地与美国修订了上文所述的防卫合作指针，以配合美国的军事一体化要求。同时，通过解禁集体自卫权，实施新的安保法，扩大和深化与美军的合作。2017年5月，被称为“准航母”的日本海上自卫队最大舰船“出云”号直升机护卫舰高调执行为美军补给舰护航的任务。这是新安保法生效以来，日本海上自卫队首次为美国军舰护航。日本这么做，既可以实际行动表明，在新安保法下，日本将扮演更加积极进取的角色，又可以回应特朗普，让盟国分担更多安全义务的要求。其背后的战略意图，乃是针对中国显示自身的海上威慑力和日美同盟的牢固性。此外，2017年，日本陆上自卫队再次与美国海军陆战队在加利福尼亚举行联合夺岛训练。这项训练自2006年以来每年举行，日方参加训练的正是后来组建水陆机动团的核心成员。此项训练虽在美国举行，但其假想的任务显然是“夺回”钓鱼岛。需要看到的是，美国虽然在钓鱼岛问题上只给日本有限的支持，但在总体的安全政策上，美国出于自身的战略利益，采取了积极支持日本的立场。美国对日本在安全领域进行的一系列改革都公开表示欢迎。在美国看来，这些举措都有利于美日同盟的升级，也能让日本承担更多的防卫开支。

第三，在扩大与其他国家的安全合作方面，安倍政府提出了所谓的“俯瞰地球仪”外交，并把推进“战略性的国际防卫合作”作为这一外交安保政策的重要组成部分。[②] 为此，日本政府一方面到处鼓吹“中国威胁论”，在国际上制造反华气氛；另一方面竭力推动与其他一些同样担心中国军事力量上升的国家之间的安全合作。具体包括：一、扩大与澳大利亚、印度的安全合作，鼓动重启曾于2007年提出但未能实现的美、日、澳、印

---

① 『防衛白書』平成29年版、342—346頁。

② 『防衛白書』平成29年版、371頁。

四国安全对话，向澳大利亚推销最先进的苍龙级潜艇，试图向印度出售潜艇和水上飞机，连续参加印度和美国举行的“马拉巴尔”海上军事演习等；二、以“能力建设”（capacity building）为名，向东南亚国家提供军事援助与合作，如向菲律宾提供巡逻船和巡逻机，向越南和印度尼西亚提供巡逻船，借款给马来西亚购买巡逻船，与菲律宾、越南举行联合演习等；三、将安全合作扩展到欧洲，如与北约签署《个别伙伴合作计划》，与法国签订《防卫装备合作协定》，与英国签署《国防装备合作框架》《信息安全协议》和《军需相互支援协定》等。这一系列举措有的取得了进展，有的遭遇了挫折。但是，通过国际防卫合作，采取“远交近攻”的策略，在全球范围展开外交攻势，鼓吹制衡中国，已经成为日本政府的一项长期安全战略，有日本学者称之为“安倍地缘政治学”（Abegeopolitics）。

四、东海与南海的联动及虚实之辨

近年来，日本对中国的军事制衡不仅聚焦于东海问题，而且还扩大到南海问题。日本政府通过一系列言行，试图使东海与南海产生战略上的联动效应。在言论方面，2017年，日本继续在海洋问题上煽动反华舆论，再次撺掇七国集团发表涉及东海和南海问题的声明，呼吁在相关海域“停止军事化”。[①] 在行动方面，日本派出上文提到的“出云”号直升机护卫舰穿过南海，参加在新加坡举行的国际阅舰式，还与美舰一同停靠越南金兰湾，并在访问东南亚3个月后，参加美、印、日“马拉巴尔”演习。此外，2017年，日本又公布了一项针对东南亚的约5亿美元的海上安全援助计划。日本海上保安厅还考虑与东南亚国家建立联合海上安全机构，不仅在反海盗和救灾方面提供援助，而且帮助这些国家监视和防卫南海的争议领土。

需要指出的是，东海涉及日本自身的领土与海洋权益，是日本的核心利益；南海只是日本拉住美国、拉拢其他国家、发挥地区影响力的抓手。对美国来说，南海关系到其海上霸权地位，是核心利益所在。因此，两海

① 《七国集团不务正业》，新华社，2017年5月28日，http://news.xinhuanet.com/world/2017-05/28/c_1121053351.htm。最后访问时间：2017年5月29日。

联动，但虚实有辨。对日本来说，东海是实，南海是虚；对美国来说，南海是实，东海是虚。

目前，日本在东海已不得不接受中方常态化巡航的新现状，转而通过建立“海空联络机制”等方式寻求政治妥协；在南海则是外交上煽风点火，军事上谨慎行事。日本政府虽然在国际上竭力炒作南海问题，但日本官方和学界都试图撇清与美国南海政策之间的关系，声称日本的立场和政策是基于自己对海洋利益和国际秩序的关切，以及日本在东南亚地区的战略需求，并非为了配合美国。在是否加入美国可能发起的南海联合巡航的问题上，日本的主流看法是否定的，理由是日本军事介入南海，会引发中国在东海采取反制措施，加剧日本的安全压力，不符合日本的利益。有日本专家认为，即便南海紧张局势升级，日本自卫队在美国要求下，参加美军主导的行动，也会只限于供油等后勤支援，不会承担防护美舰的任务。

总的来说，日本试图鼓动美国、澳大利亚、印度以及东南亚国家在南海更积极、更有力地与中国对峙，但对自己直接军事介入南海态度谨慎。未来日本除强化日美同盟外，也会继续寻求与其他国家加强安全合作，重点仍会集中在能力建设、装备合作和联合军演等方面。

在美国方面，围绕南海问题对盟国有比较明确的分工。澳大利亚直接发挥军事作用，派军机参加美国在南海岛礁上空的飞行。日本不直接参与军事行动，主要作用是煽动、怂恿东南亚国家继续要求中国接受菲律宾“南海仲裁案”结果，起到牵制中国的作用。韩国不介入南海问题本身，但被要求在部署萨德导弹、提升美日韩三边安全合作方面配合美国。

五、当前形势及未来走向

2013年和2014年，日本一方面在东海承受前所未有的安全压力，另一方面又极为担心中美之间建立“新型大国关系”，因而在战略上深感被动。2015和2016年，中美在南海的对峙日益凸显，针对中国的安全竞争从东海转移到了南海，日美关系则在此期间得到了巩固和加强，日本感到在中、美、日三边关系中获得了一个舒适的战略位置。2017年特朗普上台后，至少在口头上采取了对华强硬的立场，使得日本不少人再次唱衰中美关系，渲染中美矛盾不可弥合。从这一演变过程可以看出，日本最大的战略焦虑来自于中美接近。在日本看来，如果美国更加重视与中国的合作，就会在中日发生对立时，不愿帮助日本，甚至限制日本，那么，日本就要面对被美国抛弃的危险了。

在美国方面，特朗普政府虽然延续了奥巴马时期对亚太地区的安全政策，但注意力几乎完全集中在朝核与贸易两大问题上，对其他问题缺乏关心。美国国防部长马蒂斯上任伊始就访问了韩、日两国，在一定程度上缓解了两个盟国对特朗普政府的担心。但也有评论认为，马蒂斯先韩后日的访问次序不同寻常，表明美国对朝鲜半岛形势的担忧是首要的。①

对日本来说，特朗普政府亚太政策的不确定性既令人忧虑，又带来某种机会。一方面，特朗普要求盟国承担更多的防卫开支，甚至威胁如果做不到，就会导致同盟破裂，让日本感到十分紧张。但另一方面，日本政府可以把特朗普的要求用作“外压”，借以推动国内的强军政策；还可以以美国政策模糊导致地区权力真空为由，继续扩展自己在亚太地区的安全角色。②

最近，美国政府有意突出“印太”概念，试图重启美、日、澳、印“四国安全对话”（Quadrilateral Security Dialogue，简称QUAD）。特朗普在其亚洲之行中也强调这一概念，并在访问期间与日本、澳大利亚举行三边首脑会谈，与印度举行双边首脑会谈，四国政府在工作层面的代表还召开会议讨论了与“印太”相关的问题。在美国政府刚刚公布的《国家安全战略》中，也专设一节宣扬“印太”概念。

问题是这一概念能在多大程度上落到实处。如果观察特朗普对日本和韩国的访问，就可以发现，特朗普访问日本的重点仍然集中在贸易平衡、市场准入等经贸问题，没有强调美日同盟，在访问韩国期间则明确表示

---

① Stephen Noerper, “Mattis’ Trip Brings Needed Calm,” PacNet Number 13, Pacific Forum CSIS, Honolulu, Hawaii, February 7, 2017, https://www.csis.org/analysis/pacnet-13-mattis-trip-brings-needed-calm. Last accessed date: 17 February 2017.

② Brad Glosserman, “Mr. Abe’s Opportunity,” PacNet Number 13, Pacific Forum CSIS, Honolulu, Hawaii, January 26, 2017, https://www.csis.org/analysis/pacnet-7-mr-abes-opportunity. Last accessed on 17 February 2017.

要强化美韩同盟，可见其安全关切集中于朝鲜半岛。[①]还有分析认为，在当前形势下，上述四国官员会晤的目的不仅在于制衡中国，更在于约束美国，因为美国的盟友们都不能确定特朗普政府有多靠得住。[②]考虑到四国会晤后没有发表联合公报，各自发布的消息在内容上也有所不同，“印太”概念以及四国安全对话在现阶段可能虚多实少。[③]从维护东海和南海稳定的角度看，如何排除此类概念的干扰，有效管控分歧，寻求建立合作共赢的新型关系，将是未来一段时间中、美、日三国面临的挑战。

---

① “President Donald J. Trump’s Visit to Asia Advanced America First Priorities,” The White House, Office of the Press Secretary, November 15, 2017, https://www.whitehouse.gov/the-press-office/2017/11/15/president-donald-j-trumps-visit-asia-advanced-america-first-priorities. 最后访问时间：2017年11月21日。

② 基兰·斯泰西、杰米·史密斯:《美日澳印重启“四方安全对话”》，FT中文网，2017年11月15日，http://www.ftchinese.com/story/001075077?full=y。最后访问时间：2017年11月16日。

③ 高行:《“四国战略”提出后美日印澳举行首次会议，会后表述各有不同》，澎湃新闻，2017年11月14日，http://www.thepaper.cn/newsDetail_forward_1863082。最后访问时间：2017年11月16日。

第四章
中印边界问题现状及解决前景

关培凤

【内容提要】中印洞朗对峙是2017年中印关系中的一个重大事件，中印双方对边界问题在两国关系发展中的地位存在重大的认知差异，以及双方对实际控制线具体位置的重大分歧，是导致边界对峙问题发生的直接原因。当前，中国必须对印度在领土问题上的殖民主义思维与实践有清醒的认识，并警惕印度制造问题，进行战术讹诈的伎俩和手段。此外，还需对印度在中印边界问题上的复杂心结和进攻性有充分预估。

【关键字】中印边界问题　洞朗对峙　民族主义　解决前景　积极待变

【作者简介】关培凤，武汉大学中国边界与海洋研究院、国家领土主权与海洋权益协同创新中心副教授。

近年来，中印边境不断出现对峙事件。2017年6月至8月间发生的洞朗对峙，更是近几年中印边境对峙的顶点。边境对峙事件的发生与中印两国对边界问题之地位的认知、中印两国对实控线位置的认知差异等因素直接相关，为当前中印关系的发展、中国在边界问题上的对印政策等发出了警示。边界问题给中印关系造成了很大的困扰和麻烦，在坚持和平解决中印边界争端的基本原则的同时，也要为应付突发事件做好充分准备。

一、近年来的中印边界对峙

毫不夸张地说，洞朗对峙是2017年中印关系中最重大、影响最深远的事件。就最近几年中印边界对峙事件的实际发生情况看，这一偶发事件又具有某种必然性。2013年4月15日至5月5日，中印边防部队在西段边界实际控制线附近的天南河谷地区出现三周“帐篷对峙”，对峙焦点是中方坚持要求印军拆除楚马要塞。2014年9月，中印边界西段又发生了持续20多天的楚木惹千人级别对峙，事件起因于印方阻挠中国在自己领土上修筑公路，并在提普列修建观察屋监视中国边防部队行动。2015年9月，中印边防部队在拉达克北部地区发生对峙，由印度边防部队越界拆毁中国在建哨所引发。2016年3月8日，中国边防部队在班公湖中国实际控制线附近巡逻时，与越境前来骚扰的印度边防部队发生数小时对峙。显然，近年来中印边界发生的对峙事件中，印度都是事件的挑起者。不是在争议地区修筑要塞，就是越界拆除中国哨所，或阻挠中国军队的正常巡逻，甚至非法侵入阻挠中国合法建设。

尽管在中印双方的共同努力下，上述对峙事件最终都得到和平解决，但印度在边界小动作不断，不仅通过舆论造势，还持续加强在边境地区的军事部署，反复刺激和挑衅中国。如帐篷对峙之后仅仅一年半的时间，又发生持续时间更长、规模更大的楚木惹对峙。对峙结束后，印方毫无收敛之意，总理莫迪不无得意地宣称，“中印上千名士兵在边界地区对峙说明，即便是强势的中国，也并非无所不能。”[①] 不仅如此，印度还加强了在拉达克的军力部署，并在同年10月宣布在东北部地区沿着与中国有争议的边界地区修建一条全长1800公里、耗资65亿美元的全天候公路，从达旺一直延伸到中印缅交界地区。显然，公路的建成将有助于增强印度在边境地区布署防卫力量。然而，印度东部军队前参谋长穆克吉中将却妄称印度的种种举措是对“中国大力加强在西藏的军事基础设施”做出的回应，“如果印

① 《中印两军千人对峙暂告段落 印度总理言论“自大”》，人民网，2014年12月11日，http://military.people.com.cn/n/2014/1211/c1011-26187695.html。

度不采取行动的话，中国将永远会在边界地区炫耀武力，并试图让我们接受他们的条件。”[①]

印度的“自大”心理和进攻态势为洞朗对峙的发生埋下了伏笔。2017年6月18日，印度边防部队在中印边界锡金段非法越过边界线进入我国洞朗地区，阻挠中国边防部队在该地区的相关正常道路施工活动，由此引发了中印两国在边界锡金段的对峙。直至8月28日下午，印方将越界人员和设备全部撤回边界印方一侧，中印两国边防部队脱离接触，持续70多天的洞朗对峙宣告结束。

洞朗对峙进一步反映出印度在边界问题上的强硬和进攻性。与此前中印两国在边境地区发生的对峙不同，此次洞朗对峙具有鲜明的特点：第一，持续时间长。对峙持续70多天，为1962年中印边界战争结束以来中印之间历时最长的一次对峙。第二，性质极其恶劣。此前的边境对峙都发生在中印边界未定段，即有争议地区，但洞朗对峙发生在中印边界锡金段，这是20世纪50年代末60年代初印度总理尼赫鲁给周恩来总理的信件、印度驻华使馆给中国外交部的照会中反复确认过的已定界。印军的非法越界具有鲜明的侵略性。第三，造成的中印紧张局势为近年来之最。期间，印度国防部长阿伦·贾特里叫嚣“2017年的印度和1962年的印度已经完全不同了”[②]，印军参谋长拉瓦特将军则叫嚣要为“2.5线战争”做准备。中国外交部、国防部也多次表态“不惜任何代价，捍卫中国的领土主权”。在高调宣誓的同时，中印双方都加强了在边境地区的军事部署，紧张局势的持续，使中印各界一度猜测是否会爆发武装冲突。第四，对峙结局胜负不明，各表一方。8月28日对峙结束后，印度外交部发言人库马尔抢先一步在当日下午发表《洞朗脱离接触谅解声明》，表示“在过去几周的时间里，印度和中国一直在展开外交渠道对话。在对话中，我们能够表达我们的观点，并表达我们的关切和利益。在这一基础上，洞朗对峙地区边防人员正

---

① 《印度在中印边境建公路 中国：将使问题复杂化》，中国共产党西藏自治区委员会网站，2014年10月20日，http://www.zgxzqw.gov.cn/xxz/tjwd/201410/t20141020_33621.htm。

② “India of 2017 different from India of 1962: Jaitley responds to China threat”, http://www.hindustantimes.com/india-news/jaitley-responds-to-chinese-threat-india-of-2017-different-from-india-of-1962/story-zfR7xqJsphnowhcdqjeM4H.html.

在迅速撤离。"[1] 中方则在稍后回应称，"印方将越界人员和设备全部撤回边界印方一侧，中方现场人员对此进行了确认。中方将继续按照历史界约规定行使主权权利，维护领土主权。"[2] 显然，中印双方各自的措辞都为自己赢得对峙胜利提供了解释的空间。

从最近五年来中印历次边境对峙及其后续发展可以看出，边境对峙越来越成为中印两国关系的"新常态"，中印边境对峙不仅持续时间越来越长，对峙地点从争议区扩展到无争议区，且武装冲突风险加大。造成对峙频发的直接原因至少有以下两个方面。

第一，双方对边界问题在两国关系发展中的地位存在重大的认知差异。自20世纪50年代末期中印边界争端爆发以来，中国就试图将边界争端对两国关系的影响降到最低，即便是在中印边界战争爆发前后的一段时间内，以毛泽东为核心的中共第一代领导人仍然坚持中印关系大局是"九个手指头"，而中印边界争端是"一个手指头"，把维护中印关系大局摆在更加重要的地位。领导人的这种思想不仅深刻引导和影响了当时的民众，时至今日仍然被国内许多中印关系研究者奉为圭臬。20世纪70年代，中印关系逐渐解冻并最终恢复正常以来，中国积极推动中印关系发展，希望能超越边界问题，发展健康友好的双边关系。尽管印度在这方面也做了很多努力，共同促进了中印关系的发展，但与中国相比，印度政府和民众过多以中国为假想敌，"中国威胁论"和"中国侵犯印度领土"的声音充斥印度国内。[3] 反观中国，普通民众很少关注中印边界的现状，更不用说1962年发生的边界战争旧事。中国认为中印关系的整体发展能够超越中印边界问题，而印度则习惯性拿边界问题来煽动国内民族主义和反华情绪，甚至将边界问题和涉藏问题连在一起，向中国施压，加大其在边界争端解决中的砝码。

---

① "Doklam standoff ends: What made China agree to restore pre-June 16 position of troops," http://indiatoday.intoday.in/story/doklam-standoff-china-india-sikkim-indian-army-pla/1/1035422.html.

② 《2017年8月28日外交部发言人华春莹主持例行记者会》，外交部，2017年8月28日，http://www.fmprc.gov.cn/web/fyrbt_673021/jzhsl_673025/t1487864.shtml。

③ 在印度外交部网站输入"territory"或"boundary dispute"，检索结果中有近三分之一涉及中印边界争端，宣扬中国"侵略"或非法占据印度领土，标题中多采用"intrusion""intervention""incursion""encroachment""infiltration""illegal occupation"等词。

第二，双方对实际控制线的认识有重大分歧。与中国和缅甸、越南、俄罗斯等邻国的边界情况不同，中印边界全线（锡金段除外）在历史上从未明确划分和勘定过。中缅、中越、中苏（俄）边界在晚清时期都由明确的边界条约进行了划分，也大都进行过勘界，以往中国与这些国家的边界争议大多是因对条约解释的不同，或是条约本身表述模糊，或是勘界遗留，或是特殊时期对边境地区管理不善造成的界碑移动或丢失等问题造成的。中印边界全线（锡金段除外）则在历史上从未有过明确的界约，更谈不上实地勘界树桩。导致在中印边界战争前，两国之间只有传统习惯线和实际控制线。1959年8月和10月，印度先后两次在中印边界东段与西段制造了朗久事件和空喀山口事件。当年11月7日，周恩来总理向印度政府建议，双方从这一天的实际控制线各后撤20公里。此后，我国即把这一天双方的实际控制线算作中方所主张的"实际控制线"，适用于东、中、西三段。[①]

然而，印度坚持"前进政策"，在中印边界各段推进，深入到中方控制的领土上进行非法巡逻，或建立非法哨所，或占领中国边防部队撤出的哨所。至1962年9月，印度在西段中国境内设立了将近43个据点。在东段，印军于1959年8月就在"麦克马洪线"以北的中国领土兼则马尼设立了哨所，从1962年5月起，印度利用中国边防部队停止边境巡逻的机会，越过"麦克马洪线"侵入西藏扯冬地区，建立了4个侵略据点。[②] 由于自1959年8月以来，印军在中印边境全线蚕食和推进，当周恩来在边界战争进行中的10月24日向尼赫鲁提出停止冲突、重开谈判、和平解决边界问题的三项建议时，尼赫鲁在三天后致信周恩来，宣称他和他的同事不能理解"中国三点建议的微妙之处"，坚持要求中国接受印方建议，"恢复1962年9月8日前存在于印中边界全线的局面"。[③] 此后，印方坚持将其1962年9月8日的控制线作为中印双方的"实际控制线"。

换言之，印度不仅要求继承英国遗产，完全占领非法的"麦克马洪线"以南中国领土，而且还要求将其在1959年至1962年间非法控制的部分"麦

① 王宏纬：《当代中印关系述评》，中国藏学出版社2009年，第154页。

② 王宏纬：《当代中印关系述评》，第210—211页。

③ 《尼赫鲁总理1962年10月27日给周恩来总理的信》，《人民日报》1962年11月8日第1版。

克马洪线”以北领土也据为己有！中印边界谈判恢复以来的30多年中，中方一直坚持1959年11月7日线为实际控制线，而印方则坚持1962年9月8日线为实际控制线。由于对实际控制线的位置存在分歧，双方的实际巡逻区域就会出现交叉，导致摩擦概率增加。此外，近年来，中印双方在边境地区的基础设施建设和技术水平的提升，带来的一个客观结果即是双方各自的巡逻区域都有了扩大，边防巡逻队在边境巡逻碰面的概率随之增加，增加了边境事件爆发的可能。

二、边界对峙事件给中国的警示

从2013年“帐篷对峙”到2017年“洞朗对峙”，中印边界发生的对峙事件，对峙时间的延长和对峙性质的严重转变，值得国人警惕。

第一，中国对印度在领土问题上的殖民主义和霸权主义思想与实践，要有清醒的认识，保持足够的警惕。自1947年独立以来，印度在国际社会一方面坚持自己的独立地位，奉行不结盟政策；另一方面，在处理与邻国的关系尤其是边界和领土争端问题上，却继承了英国的殖民主义思想，并沿袭其殖民扩张行为，以殖民主义心态对待邻国。独立伊始，印度就多次要求继承英国在我国西藏的特殊权益，将非法的“麦克马洪线”视为中印边界东段的边界线，将独立前夕英印政府侵略我藏南领土的行径，视为在自己领土范围内的正常活动；为了非法占领我藏南领土，不惜挑起1962年的中印边界战争。战争结束后，与中国的克制与主动撤退相反，印度反而趁机加快对我藏南领土的蚕食，并在1971年通过法案将我藏南地区划为“阿鲁纳恰尔中央直辖区”，之后又无视中国强烈反对，在1986年通过法案，将“阿鲁纳恰尔中央直辖区”升格为“阿鲁纳恰尔邦”。

在与不丹的关系上，印度独立后不久便取代英国与不丹签订条约，迫使不丹在对外关系上接受其“指导”。时至今日，印度在不丹境内仍有大量驻军，不丹的内政和外交仍然在很大程度上受制于印度；在与前锡金王国的关系上，印度先趁锡金内乱派兵进入锡金，之后又逼迫锡金与之签订条约，控制锡金的经济、政治、国防和交通，1975年，公然吞并锡金；为了削弱巴基斯坦，印度不惜对其发动侵略战争，并出兵武力支持东巴基斯坦独立；为了争夺克什米尔地区，印度与巴基斯坦多次兵戎相见，印巴边界争端至今仍然是南亚不稳定的重要因素之一。

与中国强调在民族独立、国家平等的基础上，互商、互谅、互让地解决边界争议的立场截然相反，独立后的印度在边界和领土问题上几乎全盘继承了殖民主义的衣钵，在领土问题上屡屡推行霸权主义。独立以来，印度在领土和边界问题上长久保持的这种“进攻性”态势，充分反映了殖民主义和霸权主义遗毒对印度的深重影响。作为与印度有大面积领土争端的国家，中国必须对印度处理与邻国关系的不佳记录有清醒的认识，并保持足够的警惕。

第二，中国需要警惕印度制造问题，进行战术讹诈的伎俩和手段。2017年的洞朗对峙及印度的后续演绎，充分暴露了印度制造事端和问题的“能力”。20世纪50年代末60年代初，印度急于迫使中国接受中印之间边界已定的主张时，尼赫鲁和印度政府都反复声明锡金和西藏之间的边界不仅由条约划定，而且实地勘定。1959年3月22日，尼赫鲁在给周恩来的信中明确，“印度的保护国锡金同中国西藏地方的边界，是由1890年的英中专约所确定，1895年共同在地面上标定”①；同年9月26日，尼赫鲁在给周恩来的致信中再次确认，“至于锡金，……1890年的这个条约也确定了锡金和西藏之间的边界；这条线后来在1895年加以标定，因此，关于锡金同西藏地方的边界，不存在任何纠纷”。②1960年2月12日，印度驻华使馆给中国外交部照会中指出，“锡金和中国西藏地方之间的边界早经正式划定，在地图上既没有任何分歧，在实践中也没有任何争论。印度政府愿意补充说明，这条边界在地面上也已标定了”。③

时隔近60年后，印度为了达到自己目的，不仅公然越过已定界侵入中国领土，还长时间滞留中国领土拒不撤退，印度外交部更是推翻前论，在6月30日的声明中宣称两国就中印边界锡金段尚未最终划定达成一致。“双方只是认同了边界走向，有关锡金段边界的进一步谈判，将交由边界谈判

---

① 世界知识出版社编：《中印边界问题 第1册》，世界知识出版社1959年，第35页。

② 世界知识出版社编：《中印边界问题 第2册》，世界知识出版社1960年，第49—50页。

③《印度边防部队在中印边界锡金段越界进入中国领土的事实和中国的立场》，《人民日报》2017年8月3日第1版。

特别代表完成。”[①] 印度不仅自食前言，将中印边界锡金段从已定界修改为“未定界”，还大言不惭地以“安全关切”和与不丹的所谓“特殊关系”为借口制造事端，主张“权益”。对峙期间，一方面是印度边防军人闯入中国领土与中国边防人员长期对峙，另一方面是印度外交部相关人员多次做出希望和谈解决对峙的发言和表态，在国际社会塑造“和平形象”。印度的两面派做法在一定程度上表明，印度挑起洞朗对峙实际上是妄图进行战术讹诈，逼迫中国在边界问题上向其让步，从而使其制造出来的“问题”真正成为现实问题，加大其在对华谈判中的砝码。

印度在无人机侵入中国领空且坠毁后所作的回应，是对其此次讹诈图谋的最好验证。2017年12月7日，西部战区联合参谋部作战局副局长张水利确认印度无人机非法侵入中国领空并坠毁，印度国防部在当日发表的声明中宣称，“一架印度无人机在印度领土内进行常规训练时，因出现技术问题失去了与地面控制的联系，并跨越了锡金段的实际控制线。”[②] 众所周知，“实际控制线”的表述只适用于有争议区，而不能用于已定界地区。印度继洞朗对峙以来首次将中印边界锡金段已定界公然置换成“实际控制线”，就是图谋将锡金段也作为有争议区对待。换言之，在经历了洞朗对峙之后，印度已经决心将其单方面制造出来的中印边界锡金段的“法律地位问题”变为中印之间未决的、有待讨论的现实问题。印度的这种鬼蜮伎俩，无疑会进一步加剧两国在边界问题上的紧张和对立，最终损害中印关系的正常发展。

第三，中国需要对印度在边界问题上的复杂心结和进攻性有充分的预估。近年来接连发生的边境对峙事件，尤其是洞朗对峙，暴露了两国在战略、政治和军事上的分歧及其脆弱的互信，特别是印度对中国的防范和敌意。中国长期以来视印度为友好伙伴和合作对象，但印度对我并不抱持同样的善意和思维，反而数十年如一日宣扬中国的“威胁”和中国对其领土

---

① 《印度“保护不丹论”遭打脸 野心膨胀仍继续增兵》，环球网，2017年7月4日，http://mil.huanqiu.com/world/2017-07/10932150.html。

② 《印度国防部承认其无人机误入中国境内：系技术原因》，新浪网，2017年12月7日，http://news.sina.com.cn/c/nd/2017-12-07/doc-ifypnyqi1597728.shtml?cre=newspagepc&mod=f&loc=2&r=9&doct=0&rfunc=100。

的“侵犯”。自1962年中印边界战争以来，“边界争端在印度成为政治问题”，成为印度促进民族团结、提升民族精神、稳固政治统治的有效工具。在政府的有意利用和培育下，印度国内数十年来“悲情主义”和“复仇情结”绵延不绝，热衷于在中印边界问题上“找回面子”。应该说，印度挑起洞朗对峙是中国政府始料未及的。尽管中印边境事件时有发生，但从来都发生在争议地区，在双方近60年来都明白确认无争议的已定界地区发生如此长时间的对峙，充分表明印度难以从中印关系发展的大局来看待中印边界问题，为了保持其在边境地区的相对优势和所谓“安全利益”，是不惜损害中印关系的。然而，过去数十年中，中国始终抱有一种良好的愿望，即以中印关系的大局为重，希望超越边界争端来发展两国关系。在这种愿望和思想的指导下，中印边界谈判在原则和框架层面所取得的进展，中印边境总体上的可控，以及中印关系在其他领域的发展，反过来又成为促使中国坚定此种愿望和信念的巨大合力。在某种意义上而言，中国对印度在边界问题上的顽固和“冒进”程度认识不够，对边界争端之于中印关系的负面影响估计不足。因此，中方在强调沟通、互信，积极维持中印友好关系的同时，还要重新认识边界问题在中印关系中的地位，尤其是在印度对华关系中的地位，进而对印度政府在这一问题上的可能冒险做充分的评估和应对准备。

三、中印边界争端解决前景

近年来，印度在边境对峙事件中暴露出来的种种劣行，值得我们警惕和早作预案，对未来的可能解决方式也需有基本的审视。

首先，在相当长一段时期内，首先要排除军事解决。从客观上讲，中印的军力对比，特别是在边境地区的力量对比，边境地区恶劣的自然环境和生存条件，都是首先排除战争的重要因素。而且即便可以在边界战争中赢得胜利，受自然条件的限制，要保持战果也有相当大的难度。从主观上讲，中国一贯坚持和平解决与邻国的边界争端，中华人民共和国成立以来经历的三次有限的边界战争，其根本目的仍然是为和平谈判创造条件，是为了以打促谈，而不是要通过战争手段确定争议领土的归属。

其次，中印边界争端的和平解决，不外乎两种方式，一是外交方式，一是法律方式。20世纪80年代以前，第三世界国家普遍对法律解决方式不感兴趣。20世纪80年代以来，受国际法院的改革与第三世界国家自身发展形势的推动，很多发展中国家，尤其是相当一部分非洲国家间的陆地或海上边界争端都提交到了国际法院裁决，[①] 这使国际社会隐然出现一种通过法律方式来解决陆地或海洋边界争端的普遍趋势。然而，中印两国的边界争端与完全脱胎于殖民地的其他第三世界国家的情况有着明显不同，法律方式并不适用于中印边界争端。

就外交谈判解决方式而言，自20世纪70年代后期中印关系逐渐恢复发展以来，两国在长期的谈判过程中取得了一些阶段性成果，如1993年签署的《关于在中印边境实际控制线地区保持和平与安宁的协定》，1996年签署的《关于在中印边境实际控制线地区军事领域建立信任措施的协定》，2005年《解决中印边界问题政治指导原则的协定》等，双方确认：要通过和平的而非武力的方式解决争端；要在平等的基础上进行协商解决；要寻求公正合理且双方都能接受的解决方案；在边界问题最终解决前，要共同努力保持边境地区的和平与安宁。正是这些共识使中印在边境地区的一些突发事件没有升级为武装冲突，特别是在历时持久且性质严重的洞朗对峙中，中印两国始终保持外交沟通渠道的畅通，中印边防人员之间没有发生任何冲突或交火，在各自国内民情高涨的情况下，双方的斗争和博弈一直没有超出外交和舆论范畴，最终还是通过外交渠道实现了和平解决。这是前期和平谈判及所获成果的规范和制约之功，也反映了中国与印度和平解决边界问题的愿望。

然而，在较近的将来，依然不能期望中印边界争端可以通过和平谈判得到顺利解决。自20世纪80年代以来，中印之间的边界谈判已经持续了30多年，但迄今尚未在实质性问题上取得突破。考虑到当前的实际控制情形，中印两国各自处理边界问题的传统做法，以及1962年中印边界战争以

---

① 从20世纪80年代至2016年，国际法院受理的案件共147起，涉及大陆架划分、边界争端、渔业纠纷、核竞赛与核裁军、索赔等多个领域。其中领土和海洋、大陆架划界争端案共有32起，而与非洲国家有关的就有11起。根据国际法院网站“list of all cases”所列案件进行的统计。http://www.icj-cij.org/docket/index.php?p1=3&p2=2。

来，印度政府、媒体刻意在国内营造出来的“悲情心结”和“受害者心态”，中国希望通过谈判争回大面积领土的可能性非常渺茫。

可以预料，未来一段时期内，中印边境地区的各种突发事件很难完全避免，中印边界争端的彻底解决只能静待时机。但“静待”不是无所作为，而是“积极待变”。就对印关系而言，一方面要继续强调和落实中印友好，积极发展两国在其他领域的合作，加深两国从政府到民间的沟通和理解，切实培育两国战略互信；另一方面，为避免在具体事件的处理上被动，中国尤其要对印度可能采取的措施做最充分的预估和相应的预案，所谓“害人之心不可有，防人之心不可无”。对内而言，一方面要特别重视保持国内政治稳定，“稳定是压倒一切的大局”。近代以来中国的丧土失地以及遭受的种种欺压，无不与自身国内政治的腐败和混乱动荡有直接联系。另一方面，要坚定不移地推进国家经济建设，维持并加大对印度的经济优势和综合国力优势。此外，积极加强边疆地区的经济建设和部署，包括军事实务的部署，也是“积极待变”的应有之意。确保国家稳定和长治久安，是未来赢得对印战略主动和战略优势的一个必要条件，也是最终彻底解决中印边界争端的根本保证。

第五章
中国周边反恐形势年度分析

傅小强

【内容提要】2017年，中国周边备受国际恐怖主义和极端主义威胁冲击，多国恐怖情势趋恶，东南亚成为暴恐活动的新热点。“伊斯兰国”加快在中国周边地区渗透和转移，“基地”组织呈复燃态势，借助地区热点问题渗入阿富汗、菲律宾、缅甸和孟加拉国，建立恐怖网络，“东伊运”恐怖和极端势力在中国周边的活动空间增大，中国周边面临的反恐形势更为复杂，需要共同协调应对。

【关键词】恐怖主义　周边安全　地区合作

【作者简介】傅小强，中国现代国际关系研究院安全与军控研究所所长兼反恐研究中心主任，研究员、博士生导师，法学博士。

2017年，中国周边地区深受“伊斯兰国”外溢暴恐威胁，“基地”组织和本地极端势力潜滋暗长，缅甸若开邦和菲律宾南部成为周边暴恐新活动地区。阿富汗安全形势恶化，对中亚和南亚的安全冲击增大，周边反恐形势更趋复杂。中国进一步推动上海合作组织反恐合作，努力扩大与周边国家的反恐交集，反恐逐渐成为周边安全共同体建设的重要内容。

一、2017年周边反恐形势严竣

2017年，“伊斯兰国”依托“呼罗珊省”和“菲律宾省”分支，加快向东方扩张，对阿富汗、缅甸和菲律宾的渗透加剧，出现与地区暴恐势力结合的态势。中国周边遭国际恐怖和极端势力渗透，乱源联动和暴恐集聚的趋势更为明显。

（一）中亚暴恐威胁逐渐显现。11月1日，上海合作组织地区反恐机构执委会主任表示，国际恐怖组织建立“休眠小组”，正成为上海合作组织国家面临的主要威胁。这些恐怖分子潜伏很深，“平时活动不会引起军警和安全部门的关注，与普通人无异，但在收到‘醒来’信号后会立刻诉诸暴恐行动”。[①] 中亚面临日益严峻的中东暴恐分子回流威胁。据俄罗斯外交部相关负责人表示，约1万名来自独联体的外来者在叙利亚为恐怖团伙分子作战，其中一半拥有俄罗斯国籍，约5000人出生在中亚国家。[②] 随着“伊斯兰国”在伊拉克和叙利亚溃败，麾下的中亚籍暴恐分子加快回流，或者直接从伊叙返回母国潜伏，或者借道第三国回流。2017年，美、欧等国发生多起中亚籍恐怖嫌疑流窜作案的事件。2017年1月，出生于乌兹别克斯坦，曾在叙利亚为“伊斯兰国”作战多年的阿卜卡迪尔·马萨里波夫，在伊斯坦布尔一家夜总会持枪杀死39人。2017年4月，俄罗斯圣彼得堡地铁爆炸导致14人死亡，凶手迪加里洛夫22岁，是出生于俄罗斯的一个乌兹别克斯坦移民家庭。同月，39岁的乌兹别克斯坦人拉克马特·阿基洛夫在瑞典首都斯德哥尔摩驾驶卡车冲撞人群，制造恐怖袭击。10月31日，纽约恐袭嫌犯也是29岁的乌兹别克斯坦人萨夫洛·赛波夫。

乌兹别克斯坦等中亚国家已经成为美国政府关注的重点对象，白宫发言人称，或将乌兹别克斯坦列入总统旅行禁令，并禁止该国公民入境美国。“伊斯兰国”大量中亚裔人员回流和跨国流窜威胁，已经引起国际社会的高度关注。中亚恐怖分子分流到中亚、南亚、北非和欧美后，很快融入当地的极端组织，成为恐怖活动的组织者和行动力量，并利用当地中亚移民形成的族群网络，通过串联、组织和煽动，吸纳那些对现实不满的中亚移民，悄然向各热点地区扩张，成为全球范围活跃的暴恐力量，国际威胁与日俱增。

---

① 《上合组织地区反恐机构：恐怖分子“休眠小组”正成为上合组织国家的主要威胁》，俄罗斯卫星通讯社，2017年11月1日，http://sputniknews.cn/politics/201711011023945881/ 最后访问时间：2017年12月3日。

② 《俄媒：近1万独联体武装分子在叙为恐怖组织作战》，新华网，2017年10月10日，http://news.xinhuanet.com/mil/2017-10/10/c_129717827.htm，最后访问时间：2017年12月2日。

盘踞在阿富汗的中亚暴恐怖团伙对中亚威胁也在增大。“乌伊运”和“伊斯兰圣战联盟”等中亚恐怖团伙长期藏匿在阿富汗北部和东北部地区，并与“基地”组织和“伊斯兰国”分支相互勾结，常常通过阿富汗与塔吉克斯坦之间的边界向中亚渗透。2017年，“乌伊运”因与“伊斯兰国”的关系而受到阿富汗塔利班的打压，损失严重，其下人员回流中亚的愿意更为迫切。阿富汗安全形势恶化，成为国际恐怖势力竞相渗透的重点。一方面，塔吉克斯坦与阿富汗边境形同虚设，塔阿边境1300多公里，崇山峻岭，军警力量薄弱，躲藏在阿富汗北部的大量阿富汗恐怖势力对中亚是个定时炸弹。另一方面，阿富汗毒品问题日趋严重。大量毒品经中亚流向俄罗斯等地，也为中亚暴恐组织染指毒品利润和赚取暴恐资金提供机会。此外，中亚国家面临新一轮伊斯兰原教旨主义思想冲击，极端主义思潮抬头，恐怖袭击案件增多，中亚劳工常常成为恐怖组织的招募对象，治理难度很大。

（二）阿富汗乱局对国际恐怖和极端势力的吸附效应增大，中东暴恐策源地出现回摆南亚态势。一是“伊斯兰国”中东受压，在阿富汗活动快速扩张。该组织从东部楠格哈尔省的马曼德谷地向阿北、南部扩张，在巴达赫尚、昆都士、努尔斯坦、库纳尔、赫尔曼德和法拉赫等省重建据点，有报道称“伊斯兰国”已在巴达赫尚省和昆都士省建立多个武装训练营，参训者近5000人。“伊斯兰国”还与楠格哈尔、库纳尔等省部族签订“备忘录”，获取当地部族的支持。[①] 在“伊斯兰国”看来，包括伊朗、巴基斯坦、阿富汗和中亚等地在内的“呼罗珊”地区对哈里发帝国复兴有特殊意义，末日决战时，圣战军将高举黑旗从中亚杀奔而来。[②]“伊斯兰国”制定了在巴、阿地区的四阶段发展战略：第一阶段致力于宣传其萨拉菲—塔克菲尔圣战意识形态，并通过网络用小册子等方式传播其极端主义世界观；第二阶段鼓励潜在的激进分子“迁徙圣战”，控制领土；第三阶段宣布建立“呼罗珊省”，在阿富汗东部建立根据地，促进招募进程和训练武装人员开展

---

① Abdul Basit, IS Penetration in Afghanistan-Pakistan: Assessment, Impact and Implications, PERSPECTIVES ON TERRORISM Volume 11, Issue 3, p.20. Last accessed on 20 December 2017.

② Mustazah Bahari and Muhammad Hanif Hassan, “The Black Flag Myth: An Analysis from Hadith Studies,” Counter Terrorist Trend and Analysis, Volume 6, Issue 8, September 2014, pp. 15-20.

袭击；第四阶段重在召集足够人力和聚集行动能力，在巴、阿开展大规模恐怖袭击。2017年，巴、阿不断发生严重恐怖袭击，表明“伊斯兰国”在该地区的活动已开始进入第四阶段。[①] 2017年3月，“伊斯兰国”在伊拉克的军事委员会头目古尔莫德·哈里莫夫（Gulmorad Halimov）曾经访问阿富汗两周，会见“基地”和“阿塔”头目，平抑“伊斯兰国”与两者的矛盾。“伊斯兰国”在阿富汗的人员构成开始国际化，先以“阿塔”、“巴塔”残余为主，然后不断吸收全球各地成员，“伊斯兰国”位于伊叙总部的人员赴阿富汗的案例大增。

二是“阿塔”更为分裂，发展方向不确定性增大。一方面，以“阿塔”二号人物、“哈卡尼网络”头目哈卡尼为核心的强硬派在“阿塔”内部看涨，“阿塔”攻击范围逐步从南部、东南部、东部向全境扩散，与国际和地区暴恐势力的勾结增大，已引起美国高度关注。事实上，“阿塔”已分裂为奎塔苏拉、北方苏拉、马什哈德苏拉和拉苏尔苏拉四大分支。[②] “阿塔”派系之间的明争暗斗，更加刺激了阿富汗国内的恐怖袭击事件。据联合国驻阿富汗援助团2017年7月发布数据称，自2017年1月1日至6月30日，阿富汗共有1662名平民因恐怖袭击死亡，创历史新高。[③] 另一方面，“阿塔”各派竞相扩大对乡村地区的控制，对阿政府的挑战增大。4月28日，“阿塔”宣布发动“春季攻势”，其发言人对外叫嚣发起政治和军事双重打击行动，在控制区内建立政治机构，以“建立社会正义和发展的机制，保障社会安全和民众的利益”。同时，“阿塔”还力主拓展其在控制区域的影响力，夺取省会城市，建立省级行动中心和机构，加强各地联系。“阿塔”在各省以建立行动小分队为主，现扩大行动目标，建立政治机构加强协调，表明其已做好相关统治和管理的准备。

三是“基地”组织在阿富汗暗流涌动，图谋开辟巴、阿暴恐走廊。为

---

① “ISIL expands in Afghan-Pakistan areas, widening attacks,” Al-Jazeera, March 2, http://www.aljazeera.com/news/2017/03/isil-expands-afghanpakistan-areas-widening-attacks-170302041341156.html, last accessed on May 4, 2017.

② Landinfo report Afghanistan: Taliban’s Intelligence and the intimidation campaign, published on www.landinfo.no 23 August 2017.

③ 《联合国报告称阿富汗平民半年死亡人数达到新高》，人民网，2017年7月18日，http://world.people.com.cn/n1/2017/0718/c1002-29411532.html，最后访问时间：2017年11月29日。

躲避打击，“基地”加速从巴向阿转移，势力范围由北部库纳尔、努尔斯坦等省向阿南部省份和一些偏远地方渗透。美国军方预测，阿富汗仍遍布至少300多位“基地”核心领袖。“基地”开始躲在偏远城镇培养势力，外界难以发现，在阿拥有巨大关系网，将以新的形式继续扩大，并策划下一轮更大规模的反攻。新一代以本·拉登儿子哈姆扎为代表，被视为“恐怖王储”。2017年以来，频繁发声，大有“接班”之势。

（三）巴、印暴恐威胁潜滋暗长，极端主义威胁势头凸显。2017年，巴基斯坦安全局势虽有改善，但社会极端化苗头和教派冲突扩大。一是巴国内极端势力影响趋势增强。2017年，以阿富汗为根据地的巴暴恐势力与巴境内本土的教派极端组织勾连加强，特别是在俾路支省和信德省交界的安保薄弱地区日趋活动。巴境内的一些宗教极端武装重新结成暴恐行动同盟，其中包括巴基斯坦塔利班分支、“强格维军国际派”（LeJ-A）和“自由党”（JuA），这些暴恐组织彼此联系增强，出现意识形态、作案目标和手法趋同的现象，暴力化态势加剧。极端思想还持续向巴各级部门渗透，军方、情报机构和政府部门均未幸免。“伊斯兰国”、基地组织等主要极端组织在巴基斯坦持续发展，伴随着极端思想在巴安全部门的渗透，新的“内鬼”产生恐将无法避免。巴基斯坦恐怖势力卷土重来，2月13日，在旁遮普省会城市拉合尔省议会大院附近制造一起针对警察的自杀式炸弹袭击，造成13人死亡和85人受伤。二是教派冲突越演越烈。2017年，巴虽然教派冲突只发生了13起，却导致224人死亡，678人受伤。虽然案发数量较2016年的35起有所下降，但死亡人数却大幅攀升，显示案件的烈度和影响增大。2月16日，信德省一著名苏菲派清真寺被炸，死亡72人，150多人受伤，成为巴近年来最为严重的恐怖攻击事件之一。① 三是俾路支省分离势力暴恐活跃。“俾路支斯坦解放军”（BLA）和“俾路支斯坦解放阵线”（BLF）制造了大量袭击事件，使得俾路支斯坦省恐袭伤亡人数271，仅次于巴联邦直辖部落区（FATA）的340人。② 2017年7月以来，俾路支分离

---

① “Sectarian Violence in Pakistan: 1989-2017”, http://www.satp.org/satporgtp/countries/pakistan/database/sect-killing.htm last accessed on 8 November 2017.

② “Fatalities in Pakistan Region Wise: 2011-2017”, http://www.satp.org/satporgtp/countries/pakistan/database/fatilities_regionwise.htm last accessed on 8 November 2017.

势力实施了160多次袭击，以军方、巴工程部队和中巴经济走廊在建工程为主要袭击目标，对中巴经济走廊造成了较为严重影响。

2017年，印度虽未发生类似2008年孟买案的暴恐大案，但宗教极端与暴恐土壤滋长。“伊斯兰国”出现对印渗透迹象，3月8日，印度博帕尔开往乌贾因火车遭炸弹袭击，导致数十人受伤，警方怀疑为“伊斯兰国”所为。基地组织印度次大陆分支（AQIS）首次出现向印控克什米尔渗透迹象，并建立“印度圣战支持军”(Ansar Ghazwat-ul-Hind)，由“穆罕默德军”麾下一位名叫扎基·拉什德·巴特（Zakir Rashid Bhat)的头目负责。“伊斯兰国”呼罗珊分支也加紧从阿富汗向克什米尔转移人员，据称已在印控克什米尔建立两个营地。[①] 2017年，印巴两国关于“达瓦慈善会”哈菲兹·赛义德的释放问题再起争执，印度认为此人制造2008年孟买恐怖袭击，并被联合国列入恐怖分子名单，但2017年11月23日被巴地方法院释放。印巴克什米尔争端也使该地区安全形势复杂化，2017年，该地区武装袭击事件不断，年内被打死的安全部队人员和平民人数最终可能超过400人，是2009年以来最多的一年。

（四）东南亚暴恐案件频发，多点联动，成为国际反恐新乱源。一是菲律宾南部地区成为“伊斯兰国”向东南亚渗透的核心基地。5月23日以来，菲南部城市马拉维市遭暴恐分子占领，战事延宕至10月才得到缓解。“伊国”曾图谋借桑托索领导的“东印尼真主伊斯兰游击队”（MIT），在印尼中苏拉威西省波索地区打造地区恐怖策源地。2016年7月，桑托索及MIT被剿灭后，“伊斯兰国”目光转向菲南。菲南经济落后、民族宗教矛盾严重，自称“摩洛族”的菲南穆斯林长期寻求独立或自治，致使该地战乱不断，部分分离势力也诉诸极端效仿暴恐组织。阿布沙耶夫组织（ASG）、马巫德组织（MG）、摩洛伊斯兰自由战士（BIFF）、哈里发虔信者（AKP）四大极端组织，纠集菲南20多个暴恐团伙，于2016年在棉兰老岛宣布创建“伊斯兰国东亚省”（DIWM），企图肢解菲律宾，开辟东亚“圣战场”。菲南地区山高、岛多、林密，远离政经中心，长期战乱而久未开发，沦为

---

① “Code of Conduct : Al Qaeda i n Indian Subcontinent” , As Sahab Media Subcontinent, June 2017. https://azelin.files.wordpress.com/2017/06/alqacc84_idah-in-the-indian-subcontinent-22code-of-conduct22-en.pdf. Last accessed on 20 December 2017.

叛乱武装和暴恐分子的藏身地和庇护所。其南部的苏禄海和苏拉威西海连接印尼、马来亚，长期处“三不管”状态，成为国际暴恐势力的补给走廊和活动场所。2017年以来，“伊斯兰国”在叙、伊战场受挫后，加紧开辟域外战场，看重拥有庞大穆斯林的东南亚地区，不仅正式接受“阿布沙耶夫”组织效忠，还指定该组织头目哈皮伦为“埃米尔”，领导地区暴恐活动。“伊斯兰国”还在菲南巴西兰岛建立名为“外籍兵团”的分支组织，并推出马来文报刊，煽动该地区暴恐分子投奔该处就地“圣战”。据印尼安全官员估计，至少有1200名与“伊国”有关的外籍武装分子在菲南活动。

二是“伊斯兰国”在东南亚的渗透进入新阶段。“伊斯兰国”通过招募人员、宣扬极端主义思想、提供资金援助等手段，吸引大批追随者，阴谋在东南亚发动暴力恐怖活动。菲律宾的“阿布沙耶夫”组织、“马巫德集团”等宣誓效忠“伊斯兰国”。据新加坡防长黄永宏介绍，东南亚至少有31个恐怖组织与“伊斯兰国”有关，警告恐怖威胁将上升。随着“伊斯兰国”在中东屡屡受挫，不仅有部分武装分子潜回东南亚，这些宣誓效忠的地方恐怖组织还有意借机扩大影响，企图开辟新的暴恐基地。新加坡政治暴乱与恐怖主义研究国际中心主任古纳拉特纳认为，菲目前已是“伊斯兰国”在东南亚渗透的中心。此外，“伊斯兰国”由讲马来语的恐怖分子组成的“马来群岛单位”仍活跃在中东战场，其头目巴赫伦·纳伊姆不断指示恐怖分子在东南亚发动恐袭。菲律宾马拉维发现不少外国“圣战”分子投奔的现象。一份由印尼、马、新加坡和澳大利亚准备的地区性风险评估报告显示，“伊斯兰国”等一些恐怖组织向东南亚输送资金资助恐怖活动。

三是罗兴亚涉恐问题突出，多股武装大搞恐袭。20世纪80年代以来，受阿富汗反苏“圣战”浪潮影响，缅罗冲突刺激罗兴亚人极端化，相继成立“罗兴亚团结组织”、“若开罗兴亚民族组织”和“罗兴亚民族安全委员会”等涉恐武装。这些团伙主要由缅孟边境地区的罗兴亚人组成，还有少数来自巴基斯坦、阿富汗、沙特和印尼等国。2013年缅罗对抗升级后，受“伊斯兰国”“建国”“激励”，罗兴亚人新建“信仰运动”，扬言对缅政府和佛教徒搞“圣战”。2016年，改名为“若开罗兴亚救世军”(ARSA)，打着拯救罗兴亚人的旗号搞暴恐，活跃于若开邦毗邻缅孟边境的孟都镇、布提当镇和拉代当镇，实力发展迅速。缅情报部门评估认为2016年底其作战力量约500人，今年9月，缅警方认为或已逾5000人。[①] 今年8月25日，“救世军”同时袭击若开邦30处军警哨所，造成近百人死亡，并连续制造暴恐案件，引发缅军靖乱，罗兴亚人危机再起，成为近期地区热点问题。缅反恐委员会将其列为恐怖组织。一些罗兴亚人暴恐团伙还邀请沙特和埃及等国知名极端宗教权威发布“教令”，“批准”罗兴亚人“圣战自救”，为其暴恐袭击张目。罗兴亚人遭遇被国际暴恐势力大肆渲染，“伊斯兰国”和“基地”组织趁机渗透，图谋开辟国际暴恐新阵地。“伊斯兰国”欲在缅建“省”，“基地”也图谋把缅甸纳入“圣战”版图。2017年9月12日，“基地”发布“缅甸呼吁书”，称“缅穆斯林遭野蛮屠杀”，要求全球穆斯林，尤其是孟、印、巴、菲等国支持者赴缅参战，把拯救罗兴亚人当作“信徒的宗教责任”。此外，“基地”各分支机构纷纷声援罗兴亚人，索马里“青年党”、北非分支号召对缅佛教徒发动“圣战”。9月7日，阿拉伯半岛分支煽动“全力打击缅政府目标”。[②]《曼谷邮报》认为，罗兴亚问题已发酵成为东南亚的“巴勒斯坦问题”，将成伊斯兰世界极端恐怖势力长期关注的焦点，缅甸若开邦未来可能沦为国际暴恐活动重灾区。

四是泰南暴恐形势不容乐观。尽管较少受关注，但泰南分离运动依然活跃，暴恐活动近年来呈上升趋势。联合国毒品与犯罪办公室（UNODC）东南亚和太平洋区域代表道格拉斯介绍，2016年，泰南也遭遇恐袭高潮，发生了800多次恐袭，致300多人死600多人伤。[③] 2017年，泰南也多次遭遇恐袭，如5月北大年府一家商场遭炸弹袭击，致50多人受伤。[④] 泰南和泰马边境仍是恐怖分子进行地区串联、走私武器和运送资金的重要通道。

---

① The truth behind Myanmar's Rohingya insurgency, http://www.atimes.com/article/truth-behind-myanmars-rohingya-insurgency/ last accessed on 20 November 2017.

② Al Qaeda warns Myanmar of 'punishment' over Rohingya, September 13, 2017https://www.reuters.com/article/us-myanmar-rohingya-alqaeda/al-qaeda-warns-myanmar-of-punishment-over-rohingya-idUSKCN1BO0NI. Last accessed on 20 December 2017.

③ Asean's rising terrorism threat calls for urgent actions, http://www.philstar.com/letters-editor/2017/02/16/1672703/aseans-rising-terrorism-threat-calls-urgent-actions

④ Double bombing hits Thailand's violence-plagued south, 9 May 2017, http://www.aljazeera.com/news/2017/05/double-bombing-hits-thailands-violence-plagued-south-170509121156063.html. Last accessed on 20 December 2017.

二、周边境内外“三期叠加”趋势

2017年，中国周边遭国际恐怖和极端势力渗透，一些热点问题被利用，出现乱源联动和暴恐集聚态势，对中国周边安全压力增大。中国需要以“一带一路”建设为契机，进一步夯实与相关国家的反恐和安全合作机制，共同构建周边安全共同体。

中国周边地区面临的反恐靖乱压力将持续增大。一方面，“伊斯兰国”向中亚、南亚和东南亚回流渗透，利用其建立的“呼罗珊省”和“菲律宾省”等分支，勾结当地极端势力，利用阿富汗乱局、缅甸罗兴亚人问题和菲律宾南部民族分裂问题发展壮大，成为威胁周边地区安全稳定的重大隐患。另一方面，“基地”组织在周边伺机收编“伊斯兰国”势力，填补暴恐“真空”，出现明显的东山再起之势，本·拉登之子哈姆扎开始抛头露面，准备率领暴恐新生代接掌伊斯兰“圣战”领导权，对周边地区的威胁日益凸显。从费尔干纳谷地、阿富汗、克什米尔、缅甸若开邦到菲律宾南部，中国周边地区的暴恐热点已出现连片成势的危险趋势。周边地区也是中国推行“一带一路”和互联互通建设的重点地区，暴恐威胁和安全维护呈现的新型“三期叠加”现象可能凸显。换言之，中国周边出现的恐怖主义蓄势期和极端主义滋长期与中国“一带一路”建设过程中的境外安全推进期复杂共振，中国在周边地区面临必须一手抓建设、一手抓安全的“两手抓两手都要硬”的任务，对安全力量统筹、安全机制建设和安全伙伴经营都提出了新课题。

与此同时，中国新疆地区也正经历暴恐活动活跃期、反分裂斗争激烈期和干预治疗阵痛期的境内“三期叠加”现实挑战，国内的反恐形势越来越多地受到国际暴恐活动和境外“东突”暴恐势力的影响。事实上，“东突”暴恐势力正在加速融入国际恐怖网络，已经形成以叙利亚和伊拉克为实战训练场、中亚和东南亚为转运通道、阿富汗为渗透前沿的暴恐网络。随着国际恐怖势力和极端势力向中国周边集中，“东突”暴恐势力也将随之出现向周边地区的集聚趋势，特别是在安全问题相对复杂的中亚费尔干纳、阿富汗、克什米尔和孟缅交界地区。东南亚可能由“东突”暴恐势力的外逃通道变为其回流渗透的前沿，并且在印尼、马来西亚等国加入当地极端组织和合伙作案的危险增大。

周边恐情错综复杂，境内外“三期叠加”现象相互作用，中国面临的安全压力和反恐形势可能更趋严峻，任务也更加紧迫。与此同时，周边国家对中国的期待和倚重也有所上升，这将为中国安全力量“走出去”、推进海外安全布局，和增强海外利益保护能力提供契机。一方面，反恐已经成为国际安全和周边安全的重要议题，有利于中国坚定决心、主动作为，对内严打新疆“三股势力”，对外合纵连横压缩“东突”国际空间，逐步解决新疆长治久安问题。另一方面，周边多种反恐平台和机制并行发展，中国需要在参与和推动周边反恐合作过程中高举反恐义旗，结合“一带一路”建设考虑统筹资源，推进周边热点和重要安全问题的治理，特别是加大力度参与周边反恐靖乱，促进周边稳定和周边安全，构建休戚与共的周边安全共同体。

三、中国应对三策

首先，中国需要与周边国家和相关大国一道促进阿富汗和缅甸罗兴亚人等热点问题的解决。阿富汗是目前中国周边最大的乱源，“伊斯兰国”、“基地”组织和包括“东伊运”在内的许多国际恐怖组织在此活动，成为威胁中亚和南亚稳定的重要因素。2017年8月，美国出台新的阿富汗战略，其重点在于缓解美国恐患、维持美国对阿战略影响和塑造于美国有利的地区秩序，对解决阿富汗乱局作用有限。美国既担心“哈卡尼网络”、“基地”组织和“伊斯兰国”等形成恐怖病毒链，又担心俄罗斯、伊朗和巴基斯坦介入干扰美国对阿控制，因而在与阿富汗“塔利班”是打还是谈的问题上首鼠两端，更期望引入印度作为美国的帮手，根本不顾及印、巴之间复杂的地缘因素。美国新战略重印轻巴可能招致更为复杂的问题，使印、巴在阿富汗博弈激化，这对阿局势无异于雪上加霜。中国需要继续推动“阿人治阿”的目标，助推阿富汗和谈进程，帮助阿富汗政府提升安全自保和自力更生的能力，发挥上海合作组织在阿富汗问题上的协调作用，推进地区反恐和反极端问题的合作。对于缅甸罗兴亚人问题等新热点，需要妥善处理，充分发挥地缘大国作用，建设性介入帮助缅甸和孟加拉国改善关系和解决问题，防止国际恐怖势力介入生乱，高度重视这些国家和地区的稳定、发展和安全治理。

其次，中国需要与周边国家协作化解极端思想威胁。2017年，“伊斯兰国”加紧网络宣传，发布大量电子杂志、视频、声明，加大了对周边地区的渗透。受此影响，伊斯兰极端思想在周边加速蔓延和渗透，受蛊惑人数大幅增加，并诱发一系列暴恐案件，巴基斯坦、阿富汗、印尼等国的教派矛盾扩大，社会问题常常为极端势力所利用，成为诱发恐袭和影响地区稳定的新难题。面对极端思想的蔓延，欧美也在不断强化应对措施，防范和化解极端思想威胁已形成国际共识。中国与周边国家需要共同努力，推动美国西方放弃双重标准，加强中国与周边国家在去极端化方面的交流，增强相互理解和支持，共同加强周边安全治理，协调促进打击暴力极端主义的努力，以从根源上防范国际暴恐新威胁。

再次，中国需要与周边国家联合防范恐怖主义跨国流动潮。自2014年以来，全球共有110多个国家的超过4万名外国“圣战”分子加入“伊斯兰国”，目前大部分人员已经溃散，或留在伊、叙继续参加“圣战”活动，或转投其他恐怖组织，或向其他国家外逃流窜，国际暴恐势力跨国流动，对国际社会构成日益严峻的安全威胁。外国“圣战”分子跨国流窜，是导致周边地区恐怖主义蔓延的重要原因，任何一个国家都难以单独应对此种威胁，中国和周边国家亟须就此建立联防联打机制。中国应与周边国家在联合国、上海合作组织和东盟等多边框架下协调行动，加强在情报共享、边境管理、航空安全和打击跨国犯罪等方面的合作，不因地缘政治和一国之私而损及国际反恐大义。

第六章
澜湄水资源外交的新进展与中国的应对

肖　阳

【内容提要】2017年，澜湄六国积极落实首次领导人会议精神和共识，形成了多层次会晤机制和“3+5”的合作架构，澜湄合作机制已从倡议构想变成现实行动，成为流域内六国开展互利合作的重要平台，其中“澜湄速度”和“澜湄效率”成为区域合作的重要标杆。澜湄合作因水而生，因水结缘，水是澜湄合作机制六国合作的重要纽带。作为首个由中国发起和周边国家自主参与的流域性合作机制，澜湄合作机制将跨界水资源合作列为五大优先发展方向之一，也为中国与周边国家开展水资源外交带来了机遇。目前，澜湄合作机制还处于初级发展阶段，澜湄水资源外交仍面临各种问题和挑战，中国必须重视机制成立后水外交的内外环境变化，积极采取有效措施使水资源外交成为中国周边外交中的缩影和亮点。

【关键词】澜湄合作　水资源外交　跨界水资源

【作者简介】肖阳，武汉大学中国边界与海洋研究院博士研究生，国家领土主权与海洋权益协同创新中心研究人员。

一、澜湄合作机制下的中国周边水资源外交

2017年，澜湄合作迈入了务实推进阶段，中国积极推动水资源合作联合工作组投入实质运作，为推动澜湄合作机制的稳步健康发展起到了良好的促进作用。

（一）高层互动，加强对接。2017年，中国与湄公河国家水利部门高

层互动频繁，显示出中国与湄公河国家在水资源外交各方面的交流正在不断延续和深化。2017年2月，水利部副部长周学文在北京会见来华参加澜沧江—湄公河水资源合作联合工作组第一次会议的湄公河五国代表。[①] 2017年3月，水利部长、长江水利委员会主任魏山忠受邀率团访问柬埔寨、老挝以及缅甸，高位推进澜湄水资源合作项目进展，取得一系列丰硕成果。[②] 在柬埔寨，代表团出席了中柬水利合作项目成果交流会，就下阶段中柬水利合作达成多项共识，代表团还实地勘查了湄公河金边河段，调研洞里萨湖水资源开发利用、河湖关系和水生态环境等方面的情况；在老挝，中老就老挝国家水资源数据信息中心示范建设规划方案，南乌河、南屯河流域综合规划工作大纲等进一步加强对接，并签署了中老水利合作项目协议；在缅甸，中国就粮食主产区灌溉规划工作方案征求缅方意见，研讨了伊洛瓦底江防洪体系情况，双方签署了缅甸粮食主产区灌溉规划项目合作纪要。[③]

（二）机制成型，高效运作。澜湄合作机制自成立以来，就将机制建设作为合作发展的先行引领，这不仅有利于加强澜湄各国政策之间的相互协调和合作，提高澜湄合作的整体运行效率，也为中国与湄公河国家开展水资源外交提供坚强有力的组织保证。2017年3月和10月，"澜沧江—湄公河合作中国秘书处"和"澜沧江—湄公河合作柬埔寨国家秘书处"相继成立，云南省成立澜湄合作中国秘书处云南联络办公室及云南澜湄合作中心、云南澜湄研究院，形成了中央和地方共同参与和支持澜湄合作机制的良好局面。[④] 2017年2月27日，澜湄水资源合作联合工作组第一次会议在北京召开。会议审议通过了《澜湄水资源合作联合工作组概念文件》，各国代表就成立"澜湄水资源合作五年行动计划"起草小组、申报澜湄合作

① 《周学文会见澜沧江-湄公河水资源合作联合工作组第一次会议湄公河五国代表》，中国水利部，2017年3月1日，http://www.mwr.gov.cn/xw/slyw/201703/t20170308_880491.html。

② 《国科局组织召开澜湄水资源合作项目协调会》，水利部长江水利委员会，2017年7月10日，http://www.cjw.gov.cn/xwzx/jgdt/27438.html。

③ 《长江委主任魏山忠访问柬埔寨老挝缅甸 高位推动澜湄水资源合作进程》，中国水利部，2017年4月5日，http://www.mwr.gov.cn/xw/sjzs/201704/t20170407_917045.html。

④ 《杨秀萍秘书长出席澜湄合作系列活动开幕式》，中国—东盟中心，2017年6月12日，http://www.asean-china-center.org/2017-06/12/c_129630998.htm。

专项基金项目，以及各国澜湄水资源合作工作进展情况等事宜进行了交流。[①] 2017年6月，为贯彻落实澜湄首次领导人会议精神，由水利部长江水利委员会专门成立了澜湄水资源合作中心，承担澜沧江—湄公河水资源合作有关事宜，标志着澜湄水资源领域深化务实合作与交流进入到全面运作阶段。[②]

（三）项目为本，扎实推进。以项目为驱动是澜湄务实合作的重要特征，澜湄合作首次领导人会议确定的45个早期收获项目已完成大半，跨界水资源等五个优先领域的联合工作组均投入实质运作。[③] 在水电开发方面，中国与柬埔寨、老挝、缅甸等周边国家开展水电规划、融资、建设、标准和运营等全方位合作，各项建设纪录不断刷新，还带动了发电、输变电、装备制造等在内的产业"走出去"，澜湄水电合作不仅可以满足各国本土电力需求，还能够助力各国进行电力出口创汇，推动东盟地区的电力联网和一体化进程。在航道安全方面，截至2017年9月，中、老、缅、泰湄四国执法部门已经完成62次联合巡逻执法[④]，四国已开展了3次"平安航道"联合扫毒行动，参加国家由最初的中、老、缅、泰四国扩大为中老缅泰越柬六国，被联合国视为地区性禁毒合作典范。[⑤] 得益于流域治安的稳定环境，中、老、泰、缅还推出了8天7夜的"澜湄水路+昆曼公路环游金三角国际旅游"项目，开启了澜湄国际旅游合作新模式。[⑥] 在航道治理方面，中、老、泰、缅四国澜沧江—湄公河国际航道二期整治、中越红河水运、中缅伊洛瓦底江陆水联运项目正有序推进。中国正对中缅243号界碑至琅勃拉邦631公里航道进行整治升级，此举将构成连结滇西大理、保山等州

---

① 《澜沧江—湄公河水资源合作联合工作组第一次会议在北京召开》，水利部国际合作与科技司，2017年3月6日，http://gjkj.mwr.gov.cn/jdxw/201703/t20170306_880150.htm。

② 《西南诸河水文水资源勘测局正式投入运行》，长江水文网，2017年8月18日，http://www.cjh.com.cn/pages/2017-08-18/73_193011.html。

③ 《澜湄合作柬埔寨国家秘书处在金边成立》，中国新闻网，2017年10月10日，http://www.chinanews.com/gj/2017/10-10/8349390.shtml。

④ 《中老缅泰启动第62次湄公河联合巡逻执法》，新华网，2017年9月20日，http://news.xinhuanet.com/world/2017-09/20/c_1121693473.htm。

⑤ 张志韬：《湄公河淘金客：从生死货船到熙攘游船》，《南方都市报》2017年7月29日，第A01版。

⑥ 《"一船游四国"水陆连运旅游产品将于5月启航》，新华网，2017年3月29日，http://www.yn.xinhuanet.com/travel/2017-03/29/c_136166670.htm。

（市）与滇南和湄公河次区域国家间的陆水联运通道。[①]

（四）技术合作，广泛深入。技术交流是开展跨界水资源合作的重要基础，在澜湄合作机制框架下，中国水利部、外交部、长江水利委员会以及澜湄水资源合作中心密切合作，持续推进“澜湄水资源合作项目”，与湄公河国家在跨界水资源问题上进行了广泛、深入的技术合作，包括政策沟通、规划编制、技术分享、项目指导以及能力建设等方面。2017年以来，中国相继举办了“澜湄水资源合作项目”农业灌溉规划和管理技术培训班、城乡供水规划与管理培训班，以及缅甸高级水资源管理培训班，邀请了湄公河五国以及孟加拉国的官员和技术人员参加专题培训。内容涉及流域水量分配、防洪规划及治理、水能资源开发利用、流域综合规划、灌溉发展规划、水资源综合利用与保护、水坝设计及施工技术等众多方面。[②]此外，澜湄水资源合作中心还与武汉大学合作举办了“澜湄水资源合作项目”流域与水资源综合规划水利工程专业硕士研究生班[③]，与河海大学合作启动了中国政府奖学金“澜湄合作”水资源高层次人才计划[④]，为澜湄水资源合作的深入和长远发展提供了智力支撑。

（五）思想活跃，积极建言。自澜湄合作机制成立以来，跨界水资源问题一直都是政府及学界热议和关心的问题之一，政府部门、智库、高校以及企业等迅速成立了相关研究机构，开展学术活动，积极为澜湄水资源合作建言献策，一轨半对话机制的重要性日渐凸显。2017年1月，广西南宁举办了第二届“澜沧江—湄公河之约”流域治理与发展青年创新设计大赛（YICMG2017），澜湄六国9所高校共48名青年学子围绕“气候变化与减灾合作”进行了创意评比和交流，内容涉及澜湄流域的洪水、干旱、温

---

① 《云南加快构建出省出境“黄金水道”》，中新网，2017年1月3日，http://finance.chinanews.com/cj/2017/01-03/8112826.shtml。

② 《我院举办澜湄中心城乡供水规划与管理技术培训》，中国水利水电科学研究院，2017年8月28日，http://www.iwhr.com/zgskyww/IWHENEWS/webinfo/2017/08/1499910849792079.htm。

③ 《澜湄水资源合作项目水利工程专业硕士研究生班在汉开班》，水利部国际合作与科技司，2017年6月14日，http://gjkj.mwr.gov.cn/gjhz1/gjhzxm/201706/t20170614_936082.htm。

④ 《河海大学举行中国政府奖学金“澜湄合作”水资源高层次人才计划开班仪式》，河海大学10月24日，http://www.hhu.edu.cn/s/1/t/2655/92/6c/info168556.htm。

室效应、改善植被等内容。[①]2017年2月，长江水利委员会举办了澜湄水资源合作项目水资源可持续利用研讨会，澜湄六国的水资源行政主管部门、高等院校和相关科研机构的共70余名中高层管理人员、技术官员以及专家学者参加，六国代表分别介绍了各国水资源开发利用状况、面临的挑战以及最新的研究成果，并就澜湄水资源技术交流与合作交换意见。[②]

二、中国周边水资源外交面临的问题

在澜湄六国的大力推动下，澜湄合作机制目前虽起步较快，但仍处于初步阶段，中国在开展周边水资源外交的过程中还面临着诸多问题。

（一）域外国家介入引起水资源竞争与合作

澜湄区域目前存有大量的多边合作机制[③]，共同推动了次区域合作的发展，同时各种机制之间的交叉重叠，在一定程度上降低了合作的效率，增加了合作的参与成本，各种机制背后的利益博弈和冲突也十分明显，尤其是是域外国家建立的排他性机制，将给中国澜湄水资源外交带来巨大挑战。

近年来，美国以“湄公河下游行动计划”（LMI）和“湄公河下游之友（FLM）”为依托，采取扩员和援助的方式，极力拉拢并怂恿湄公河国家在跨界水资源问题上与中国抗衡。日本则紧随美国身后，形成了“日湄合作框架”。2015年，日本通过“新东京战略2015”计划，将在3年内向湄公河区域提供7500亿日元（约合61亿美元）政府开发援助，并将水资

---

① 《“澜沧江-湄公河之约”推动六国青年创新创业》，央广网，2017年1月14日，http://www.cnr.cn/shanghai/shzx/kc/20170114/t20170114_523482542.shtml。

② 《长江委举办澜湄水资源合作项目水资源可持续利用研讨会》，长江水利网，2017年3月7日，http://www.cjw.gov.cn/ldzl/mjh/gzhd/24894.html。

③ 例如大湄公河次区域机制（GMS）、湄公河委员会（MRC）、湄公河下游之友（FLM）、湄公河流域行动计划（LMI），东盟—湄公河流域开发合作（AMBDC）、中老缅泰“黄金四角”地区经济开发合作（QEC）等。

源保护和管理，作为与湄公河委员会（MRC）的合作重点。[①] 2017年8月，在第十次日湄外长会议上，六国重申将继续加强跨界水资源可持续发展合作。[②] 这些机制除了部分政治和经济利益外，也意图挑起中国与湄公河流域国家的跨界水资源争端和矛盾，稀释和削弱中国在周边地区的影响力，周边跨界水域可能将成为继南海之外又一个对华战略遏制包围圈。

（二）湄公河流域国家的参与意愿与中国角色

从湄公河流域国家参与的大量次区域机制，可以反映出各国在合作上的对外的依赖性。尽管澜湄合作机制在起步过程中，各国都积极参加，但同美湄合作、日湄合作、印湄合作等其他的区域机制一样，湄公河国家一方面希望借助各方的资金、技术等外部力量，实现本国的经济发展和繁荣稳定，另一方面，也利用各种机制实现平衡外交，防止地区被任何一方势力主导而使自身利益受损。从中国与下游国家之间的矛盾来看，中国在澜湄合作机制中发挥了主导作用，提供大量的公共产品，满足了下湄国家的部分利益需求。但是次区域公共产品的提供必然需要依赖于大量的外交资源运作，按照中国当前所处的国际地位和实力，不宜过多承担。此外，由于跨界水资源问题的高度复杂性和敏感性，再加上中国又是上游国，湄公河国家在对华态度上一直存有疑虑和防范，尤其是中国在上游的建坝活动，多年来一直受到下游国家的高度警惕。在澜湄机制中，若中国的角色过于强势，则会引起其他国家的担忧，势必会减少澜湄合作的参与程度，或引入其他域外势力对中国进行平衡。

（三）湄公河地区的非政府组织日趋壮大

在湄公河地区民粹主义运动中，非政府组织扮演着急先锋的角色，成为干扰国家间跨界水资源合作，甚至两国关系的重要阻碍。2014年3月，柬埔寨反对党、少数民族民众、僧侣和非政府组织成员等200多人，以破

① New Tokyo Strategy 2015 for Mekong-Japan Cooperation（MJC2015），日本外务省，2015年7月4日，http://www.mofa.go.jp/s_sa/sea1/page1e_000044.html。

② Chair's Statement of the 10th Mekong-Japan Foreign Ministers' Meeting，日本外务省，2017年8月6日，http://www.mofa.go.jp/files/000279893.pdf。

坏当地少数民族生存空间为由，要求政府停建中国投资开发的柴阿润水电站，迫使洪森宣布在任期内将该项目搁置。[①]2017年3月，泰国清莱府环保组织举行抗议活动，抵制湄公河疏浚计划，称该计划爆破清理礁石，会对当地生态环境造成恶劣影响。[②]2017年，昂山素季有意与中国合作进行水电开发，并多次出面协调民间反对势力，但非政府组织的抵制力量持续加强，并将矛头对准了本国政府，对缅甸政府的大肆抹黑和攻击，反映出其政治倾向的急转。可以预见的是，随着澜湄各国的水电开发的投入力度加大，非政府组织的影响力和活跃度也将不断提升，成为政府之外的一支不可忽视的力量，未来湄公河地区非政府组织的活动数量和频率将呈上升态势，澜湄跨界水资源合作将遭遇长期干扰和阻挠。

（四）澜湄跨界水资源争端解决机制尚未建立

目前，澜湄六国在跨界水资源合作方面多为项目推动，对于跨界水资源争端解决机制涉及较少，从长远来看，如何协调各方建立跨界水资源争端解决机制，不仅是实现全流域整体治理和可持续发展的基础，也是澜湄合作机制增强互信和保持稳定的内在要求和主要目标。我国目前与湄公河流域国家跨界水资源争端，主要是基于有限的国际河流条约、航运条约、环境条约以及陆地边界条约等进行外交途径解决，其主要优势在于当事各方能够通过直接与各当事方进行会谈，有助于避免对各方的国际声誉造成消极影响，这种和平解决国际争端的方式符合国际法的基本原则。但是，澜湄合作机制涉及六国，各国的立场和利益不尽相同，完全依靠外交方式，不仅会造成中国在双边谈判与机制协调之间的矛盾和冲突，而且也难以形成制度化保障，导致各国之间的互信不足和疑虑上升，加剧跨界水资源冲突爆发的可能。

---

① 上海市商务委、荷兰威科集团、走出去智库:《“走出去”案例：国电柴阿润水电站遭民众抗议搁置》，中国国际贸易促进委员会，2015年9月22日，http://www.ccpit.org/Contents/Channel_3430/2015/0922/489652/content_489652.htm。

② 《环保组织抵制中国遭泰总理严批》,《环球时报》2017年1月19日，第3版。

（五）气候变化下的极端天气灾害形成的冲击

澜湄流域总体属于西部型季风气候，其显著特点是旱、雨两季分明，但是近年来受全球气候变化影响，干旱已成为未来该流域的主要灾害。[①] 2015年底到2016年，澜湄流域各国均都遭受到不同程度旱灾，特别是越南南部的湄公河三角洲遭受了百年来最严重旱情，湄公河水位降至近90年最低，还出现了海水倒灌现象，对越南的农业产生了巨大威胁。中国政府克服自身困难，对下游国家持续进行应急补水，有效缓解了下游国家旱情。然而，临时调水方案并非长久之计，而且引发部分国外学者对中国水霸权威胁的担忧。[②] 随着澜湄各国对跨界水资源的竞相开发，各国纷纷在干流和支流制订了大量的大坝计划，但中国与下游国家因水电问题的争端和矛盾始终没有解决，各国在水电规划上仍然以国家利益为重，中国与湄公河委员会基本停留于水文报汛协议，各国并未建立统一的河流灾害应急管控机制。当极端气候灾害再次出现时，澜湄各国之间若不能进行有效协调和调度，势必会引起各方的猜忌和怀疑，将灾害成因对准中国等上游国家的水电建设等项目，会再次加剧上下游国家之间的跨界水资源矛盾和冲突，使问题的解决陷入恶性循环。

三、澜湄合作机制的若干对策建议

澜湄合作机制的建立必然需要经历一个从成型、运作、调整和成熟等多个阶段，跨界水资源合作水平的提升，也有赖于合作机制的不断完善。

（一）加强澜湄合作机制的内部完善和外部对接

从内部结构来看，澜湄合作的内部机制建设将是一个长期的过程，中国可从组织架构、运行体系、监管措施三方面入手，逐步推动并建立起科

---

① 于文金，邵明阳，李百群等：《澜沧江流域极端天气灾害特征及波动趋势研究》，《第十四届海峡两岸地貌学研讨会会议论文汇编》，第138页。

② 张励，卢光盛：《从应急补水看澜湄合作机制下的跨境水资源合作》，《国际展望》2016年第5期，第98-100页。

学管控、高效规范的澜湄合作运行体系。首先，目前亟待解决的问题是如何推动缅甸、泰国、越南和老挝四国的澜湄合作秘书处建立，加强在国家层面的联络、协调和运行作用；其次，可效仿中俄和中哈的成熟模式，建立澜湄国家跨界水资源联合委员会，推进澜湄六国在跨界水资源问题上的整体合作进程；再次，以宣言、公报、声明等作为切入点，逐步推动和建立澜湄跨界水资源磋商协调、争端解决、风险预警、监督反馈等内部机制，实现从松散型机制向约束型机制的过渡和转变。

（二）扩大澜湄水资源合作中心的合作范围

当前中国与下游国家的跨界水资源合作层次依然较低，随着各种新问题和新技术不断涌现，从整体和长远来看，各国在流域上都具有不同特点和问题，在水资源管理方面都积累了丰富的经验，单靠中国难以解决跨界水资源合作整体性问题。因此，中国可加大澜湄水资源合作中心的开放性，支持和推动在下游五国建立分中心，扩大跨界水资源合作的范围，全面构筑澜湄跨界水资源合作网络，发挥其在跨界水资源合作方面的独特优势，这不仅有利于加强各国之间的互派、互访、互学，为全流域水资源综合治理奠定技术基础，还有利于淡化中国主导作用过于强势，凸显出下游国家的主动参与意愿，保持澜湄合作机制的整体平稳性。

（三）推动涉水企业向本地化方向发展

涉水企业是中国“走出去”战略的主力军之一，也是澜湄跨界水资源合作的直接参与者。中国在澜湄地区的涉水企业众多，推动涉水企业向本地化方向发展，不仅能够更好融入当地社会，而且也有利于减少跨界水资源矛盾和冲突对企业造成的冲击和影响，增强自身的国际竞争能力。具体来说主要有两个方面：一是要协调涉水企业之间的同质化竞争，成立相关水电行业协会或联合体，全面地负责协调、解决涉水企业间的无序竞争，避免各自进行相互压价和利润空间缩减；二是要适应对象国的运作方式，企业自身要熟悉各国的文化、市场、行业、融资、法律、税务、财务、管理等方面的本土化运作模式，降低资本运营成本和风险。另外，可邀请本地或者国际的第三方评估机构对当地的自然生态环境和人文生态环境进行调研和评估，密切关注涉水项目对当地带来的各种影响。

（四）开展多层次的对话交流与务实合作

澜湄合作机制的发展是一个共商、共建、共享的过程，开展多层次的对话交流和务实合作，有助于化解分歧，推动跨界水资源合作的顺利开展。具体来说，一是要继续加强涉水政府相关部门、专家学者以及智库机构参与的二轨半、一轨半对话会议机制，加强澜湄六国在跨界水资源问题上的增信释疑。二是要高度重视与下游地区非政府组织、相关行业协会以及当地社区的深入对话和交流，通过灵活、有效的方式，加大对当地的公共外交投入，争取各方对中国开展跨界水资源合作的支持和理解。三是要加强舆论宣传引导，通过建立多语言的网站和社交平台、配套涉水纪念展厅建设，加强与当地媒体合作等方式拓宽对外传播渠道，增加各国对“澜湄文化”的认同感和参与度，及时向外界宣传中国开展跨界水资源合作的目标、努力和成就，塑造良好的中国形象。

（五）联合多部门发挥周边水资源外交工具箱作用

水资源的多用途性决定其治理的多利益主体性。从横向上看，周边水资源外交除了水利水电等传统领域外，还涉及安全、资源、环保、农业、交通、经济、法律、文化等多个领域。从纵向上看，周边水资源外交的参与主体不仅包括传统的外事和水利部门，还包括法律、环保、农业、交通、气象、林业、财政等多个部门以及地方政府、社会团体、企业、智库和个人。中国在澜湄合作机制下推进周边水资源外交，应充分发挥不同参与主体的作用，并实现协调一致，使周边水资源外交手段在选择、组合和使用上更加精细化、多元化和多样化，形成和丰富周边水外交的工具箱。

第七章
亚太经济治理新形势与中国的战略应对

贺　平　　王　蕾

【内容提要】当前，亚太区域经济治理的格局处于前所未有的深度调整之中。在参与乃至引领这一进程时，中国的外交实践面临巨大的机遇和挑战。在双边关系上，来自美国的直接经贸压力与日俱增，两国间多层次博弈由显性向隐性转移，主要大国围绕亚太经贸秩序展开的竞争日趋激烈。在区域机制上，区域全面经济伙伴关系（RCEP）等机制面临现实阻力，部分双边自由贸易协定的重新谈判及新兴协议网络的崛起，加剧了区域经济一体化的复杂性和碎片化。在经贸规则上，规则与标准的竞争重点由传统贸易领域逐渐向数字贸易等新兴领域外溢。这些挑战的出现乃至升级，要求中国妥善处理对美经贸摩擦，相机应对亚太区域经济治理机制，并充分挖掘与"一带一路"建设彼此借重的潜力。

【关键词】亚太　经济治理　逆全球化　区域全面经济伙伴关系（RCEP）

【基金项目】教育部国别和区域研究课题《亚太区域合作的历史、现状与未来发展》、教育部国别和区域研究2016—2017年度指向性课题《推动金砖国家经贸领域务实合作研究》(立项号：17GBQY041)。

【作者简介】贺平，复旦大学国际问题研究院日本研究中心、金砖国家研究中心副教授、两岸关系和平发展协同创新中心成员；王蕾，复旦大学金砖国家研究中心研究人员。

亚太区域经济治理是中国外交理论和实践的重要内容，其战略意义远远超越单纯的经贸领域和物质收益：亚太区域经济治理为中国全盘谋划与区域体系和域内各国的关系提供了平台，为中国参与乃至领导区域多边机制建设带来了机遇，也为中国置身国际经贸规则构建积累了宝贵的正反实践。

当前，亚太区域经济治理的格局处于前所未有的深度调整之中，尽管其变动态势尚未清晰，但不应消极等待，一味观望。针对亚太区域经济治理格局出现的新动向、新挑战、新变数，应充分评估其对中国战略空间的影响，未雨绸缪，妥善酝酿，动态调整参与亚太区域经济治理的方向、策略和步骤。

一、亚太区域经济治理格局评估

亚太区域经济治理格局正涌动着全方位的变动，触及理念、机制、行为体、议题等各个层面。从表面上看，当前出现的最显著变化莫过于美国退出一度由其主导的跨太平洋伙伴关系协定（TPP），但这无非是冰山一角。概言之，在理念上，亚太区域经济治理已成为全球化与逆全球化思潮激烈博弈的场所，直面主导思想的对峙及权力秩序的变动；在机制上，已建成的各项合作机制加速分化整合，主要经济体对其做出的反应和选择各有不同；在议题上，以数字贸易为代表的若干新兴议题正在成为重塑亚太地区经贸秩序的关键变量。

（一）亚太区域经济合作背景发生重大变化

第一，在全球层面，全球化本身正日益受到广泛的质疑，甚至不再被普遍视作世界经济的必然走向和合理归宿。在全球化进程中，反全球化的声音始终相伴，但长期以来主要被视作边缘化的、无法适应未来世界趋势的消极诉求，未能得到充分重视。直至特朗普新政、英国脱欧、欧洲难民危机等一系列事件发生，逆全球化思潮开始显现与全球化分庭抗礼的端倪。[①]

这一逆全球化思潮凸出地表现在美国，而美国一直以来是全球化的核

---

① 徐坚：《逆全球化风潮与全球化的转型发展》，载《国际问题研究》，2017年第3期，第1-15页。

心领导者和最大受益者。美国总统特朗普上台伊始宣布退出TPP，反映了新的美国领导层对于全球化的认知与应对方式。对于美国国内面临的诸多经济问题，既有的自由贸易机制被视作罪魁祸首。在全球化向纵深发展的进程之中，一部分产业和就业由发达国家向发展中国家转移，前者相较于后者的经济优势随之出现削弱。[①] 基于这一表象，特朗普政府认为有必要调整乃至退出多边和区域自由贸易机制，纠偏既有双边路径，从而纠正由全球化引发的国家间利益分配不均，确保自身的利益和优势。

第二，在区域层面，这一全球态势深刻影响到亚太地区。在亚太区域经济合作中，既存在着极大地受益于全球化进程的国家，也有不少受益程度较弱、尚未准备好全面融入的国家。近一年多来，声势浩大的逆全球化思潮引发了两方面的效应。对于受益较少的国家而言，美国的方向转变削弱了它们加速参与区域经济一体化的动力和压力。与之相对应，全球化的主要受益者则倾向于将逆全球化思潮视作威胁，激发起维护区域内自由贸易秩序的更大意愿。除了实际的物质利益，对部分行为体而言，维护自由贸易，抵制逆全球化，也是树立形象、拓展影响力的方式。值得注意的是，即便是全球化的支持者和受益者，由于国内部分产业部门自我保护的需求，在全球化退潮的影响之下，也有可能不得不以更为谨慎乃至矛盾的心态对待亚太区域经济一体化进程。

有鉴于此，在继续推进亚太区域经济合作的过程中，包括中国在内的部分国家正面对新的重大挑战，只有进一步彰显区域经济治理方案的说服力和吸引力，才有可能将国内产业部门和消极彷徨的其他国家争取到维护全球化秩序和一体化进程的阵营中来。

第三，在双边层面，这一境况也意味着中美博弈的转向。在奥巴马政府时期，中美两国围绕亚太区域经济治理的博弈主要表现为：美国通过规则和标准塑造亚太多边经贸合作秩序，以此制衡中国不断上升的实际影响力，中国则力图突破这一软性制衡，在机制建设上有所作为，拓展自身的

① Jacques Sapir, "President Trump and Free Trade," Real-World Economic Review, Issue No.79, 2017, http://www.paecon.net/PAEReview/issue79/Sapir79.pdf.

合作平台和战略空间。[1] 特朗普所持的“美国第一主义”和孤立主义立场，则明显地改变了中美博弈的形态。一方面，特朗普政府优先关注双边经贸利益分配问题，中国面临的经贸压力倍增。[2] 另一方面，在多边层面上，美国退出TPP，并不意味着两国间机制性博弈的终结，制衡与反制衡的竞争由显性层面向更为隐性的层面转移。美国退出TPP，并不意味着放弃亚太地区的贸易主导权。经由双边上的施压，不少亚太贸易伙伴将得不得再次接受美国的规则与标准，[3] 其形塑区域秩序的作用非但不会失效，还有可能进一步加强。

（二）当前亚太区域经济治理机制的现状评估

在亚太范围内，亚太经合组织（APEC）、东南亚国家联盟（ASEAN）、太平洋联盟（Pacific Alliance）等既有机制，面对上述亚太区域经济合作背景的深刻变化，受到的影响、做出的反应各有不同，将在很大程度上影响它们未来在区域经济治理进程中采取的立场、发挥的作用。

第一，APEC的整体凝聚力和机制推动力有可能进一步弱化。在2016年11月的利马峰会上，APEC各成员国一致表示应反对贸易保护主义，重申推进亚太自贸区（FTAAP）建设的决心。然而，仅仅在六个月之后，APEC贸易部长会议发布的行动声明中，有关反对保护主义的激烈措辞已悄然消失。这显然与特朗普政府直接相关。[4] 透视出至少在未来相当一段时间内，APEC将继续受制于全球化背后两种立场之间的撕裂，从而难以在推进区域经济合作上采取实质性的统一行动。对于APEC的结构性缺陷和现实发展困境，中国应有清醒认识。

第二，太平洋联盟呈现出逆势发展的态势。该机制由智利、哥伦比

① Kai He, “Contested Regional Orders and Institutional Balancing in the Asia Pacific,” *International Politics*, Vol.52, No.2, 2015, pp.208-222.

② William Choong, “Trump and the Asia-Pacific: Managing Contradictions,” *Survival*, Vol.59, Issue 1, 2017, pp.181-187.

③ James H. Nolt, “Trump and Trade Bilateralism,” World Policy Institute, January 11, 2017, http://www.worldpolicy.org/blog/2017/01/12/trump-and-trade-bilateralism.

④ Bloomberg, “APEC Trade Ministers Omit Protectionism Pledge in Statement,” May 21, 2017, https://www.bloomberg.com/news/articles/2017-05-21/apec-trade-ministers-omit-protectionism-pledge-in-statement.

亚、墨西哥、秘鲁四国于2012年成立，并拥有包括中国在内的52个观察员国。至2016年5月，太平洋联盟自贸区已达成92%的产品实现零关税的目标。在此基础上，近一个时期来，太平洋联盟继续积极推进其亚太定位，[①] 主要行动包括：与东盟达成“东盟—太平洋联盟合作框架”，涉及财政监管、贸易便利化、互联互通等多个领域；宣布将澳大利亚、新西兰、新加坡、加拿大四国发展为“联系国”，旨在与之达成“PA+1”模式的高标准自贸区。尤其是后一行动，具有一定的战略导向意义：在美国退出TPP之后，太平洋联盟试图主动提供一个推进TPP成员国之间经贸关联、进而探讨TPP或替代性机制的平台。[②] 可以预见，在其积极意愿的推动和部分域内大国的支持之下，太平洋联盟在亚太区域经济治理中将扮演日益重要的角色。

第三，东盟机制发展当前则是喜忧参半。2015年，东盟宣布建成经济、安全、社会文化三个共同体，并发布至2025年的共同体蓝图。就经济共同体而言，其主旨在于构建单一市场和生产基地。然而，当前东盟也面临诸多困境和挑战。迄今为止，东盟内部经济一体化的动力主要在于提升对外资的吸引力，而非各成员国之间的互相市场开放。在这种情况下，面对日渐拉大的经济发展水平，较落后的部分国家向其他成员国削减关税壁垒和非关税壁垒的意愿进一步减弱。三个共同体建设之间的异步乃至脱节，更是引发了不少担忧。[③] 尽管东盟倾向于继续参与亚太区域经济治理，并试图提升在其中的领导地位，但内部一体化方面的固有不足，限制了它作为一个整体发挥更为有力的作用。在全球化与逆全球化对峙日趋激烈之时，东盟内部的潜在分裂甚至有可能趋于公开，危及“东盟中心”的维系。

---

① 楼项飞：《太平洋联盟：运行特点与发展前景》，载《国际问题研究》，2017年第4期，第50-60页。

② Mexico News Network, “Pacific Alliance Could be an Alternative to TPP,” July 3, 2017, http://www.mexiconewsnetwork.com/news/pacific-alliance-alternative-tpp/.

③ Myrna S. Austria, “Non-Tariff Barriers: A Challenge to Achieving the ASEAN Economic Community,” in Sanchita Basu Das, etc., eds., *The ASEAN Economic Community: A Work in Progress*, ISEAS Pulbishing, 2013, pp.31-94; Nicholas Khoo, “The ASEAN Security Community: A Misplaced Consensus,” Journal of Asian Security and International Affairs, Vol.2, No.2, 2015, pp.180-199; Somkiat Tangkitvanich and Saowaruj Rattanakhamfu, “Assessing the ASEAN Economic Community,” East Asia Forum, March 21, 2017, http://www.eastasiaforum.org/2017/03/21/assessing-the-asean-economic-community/.

（三）当前亚太区域经济治理的行为逻辑分析

亚太区域经济治理格局纷繁复杂，与置身其中的经济体数量众多、相互间立场分歧显著的特点密切相关。

其一，在贸易保护主义与自由化之间，亚太国家的权衡取舍各有不同。对于该区域内的多数国家而言，往往是在整体上维护自由贸易秩序的同时，在部分产业领域偏向保护主义，如日本在参与TPP谈判的过程中，农业领域的开放即面临巨大压力。[①] 相较之下，印度当前仍较偏重贸易保护主义一端。为了将印度发展为亚太区域的制造中心，莫迪政府在大部分的投资领域加大开放力度，而在贸易领域对于国内制造业面临的冲击则十分警惕。这种心态所覆盖的产业面较为广泛，以至在区域全面经济伙伴关系（RCEP）谈判中，在货物贸易的关税削减上，印度迟迟难以与其他成员国达成一致。[②]

其二，面对TPP中主导国美国的缺位，日本等国的态度变化是当前值得关注的一个动向。美国退出TPP之初，日本、澳大利亚、新西兰等国在立场表述上较为谨慎，声称“缺少美国的TPP将毫无意义”。[③] 但仅仅几个月后，各国纷纷开始采取行动，试图挽救TPP，或在其框架内重新达成协议。作为其积极努力的阶段性成果，2017年11月，除美国之外的11国宣布达成框架协议，将签署“全面且渐进的TPP”（CPTPP）。这一进程反映了上述各国对自由贸易秩序高度依赖，也不愿轻易放弃TPP力图塑造的地区秩序。更重要的是，在美国淡出亚太多边经济合作的背景下，日、澳等国有意拓展自身在区域经济秩序中的自主表现、进取意识和战略空间。

这一主动行为主要包含两重目的。一方面，在这些国家的认知中，美

---

① Masayoshi Honma, “The TPP and Agricultural Reform in Japan,” in Aurelia George Mulgan and Masayoshi Honma, eds., *The Political Economy of Japanese Trade Policy*, London: Palgrave Macmillan, 2015, pp.94-122.

② 贺平:《印度对RCEP的政策取向：症结与出路》，载《国际问题研究》，2016年第4期，第75-88页。

③ Reuters, “Japan PM Says TPP Trade Pact Meaningless Without U.S.,” November 22, 2016, https://www.reuters.com/article/us-japan-tpp-abe/japan-pm-says-tpp-trade-pact-meaningless-without-u-s-idUSKBN13G2IK.

国的政策转变意味着中国将获得进一步主导亚太经济秩序的机会，同时，美国领导权的缺位则意味着它们需要自行主导机制建设、加强彼此间的政策协同，从而在经济秩序塑造上制衡中国。另一方面，特朗普政府推行的“美国优先”原则以及强势的双边谈判途径，给这些国家也带来了较大压力，亟须加强对美谈判的能力和筹码，甚至期望将美国拉回至原先的位置。

二、亚太区域经济一体化的发展动向

亚太区域经济治理的最主要特征，在于存在大量交叉重叠的自由贸易机制，它们既是区域经济一体化的持续动力，也间歇性地阻碍深度一体化的进程。在前述大环境之下，亚太地区的自由贸易机制目前出现了几个关键的发展动向，反映出亚太区域经济一体化的一些深层次走向：CPTPP暂时取代TPP，并不意味着由TPP与RCEP的双轨并立所代表的区域一体化进程的时期已经结束，区域经济合作机制的权力分布趋于去中心化、分散化是不争的事实；各个机制之间的彼此关联和相互影响日益加深，大部分区域经济治理机制的独立发展空间都出现一定程度的萎缩。随着TPP的“脱胎换骨”，各方关注的重点和伙伴压力的对象再度落在了RCEP身上。

（一）RCEP的前景与挑战

RCEP谈判在2016年下半年和2017年年初曾一度初见曙光，但随着特朗普执政后退出TPP等政策的真正落地，谈判氛围和势头出现微妙变化，重回之前举步维艰的状态。目前看来，RCEP在短期内达成协定的可能性并不乐观。

第一，基于对国内需求的考量，不少成员国在一些具体谈判领域中迟迟不愿做出让步。例如，由于国内制造业基础薄弱，保护主义传统深远，印度担心货物贸易领域的关税减让带来的冲击，将远大于潜在益处，尤其针对中印双边贸易，认为将助长两国间的贸易不平衡。[①]反过来，东盟等其他国家面对印度提出的提高各国服务业市场开放程度，以此换取关税减让承诺的方案，也一时难以同意。

第二，与奥巴马执政时期的TPP谈判不同，RCEP谈判中缺乏促成各方做出让步的强势力量。可以说，尚无一个国家或部门能够扮演起某种美国贸易代表办公室的角色。由于缺乏引领谈判的意愿和能力，各方都难以提供真正有效的正面激励，甚或负面威胁。

第三，RCEP内部有关自由贸易的规则和标准之争日趋激烈。日本等国希望将TPP式的规则和标准引入RCEP，但不少其他成员国对其接受度尚未出现实质性提高。

在这些因素的共同作用之下，RCEP很可能将继续经历一个相对漫长而艰难的谈判周期。对各成员国而言，RCEP将继续成为重要的外交博弈场所，但在短期内，却并不是一个有望达成全面高水平协议的经贸机制。

（二）区域内既有FTA的机制调整及其影响

特朗普政府不仅做出退出TPP的决定，并且认为其他一些已签订的双边或多边贸易协定，同样危及美国的经济利益，要求重启谈判。目前主要触及北美自由贸易区（NAFTA）及美韩自由贸易区（KORUS）。在特朗普看来，美国与墨西哥及韩国之间不断扩大的贸易逆差，是由FTA的运行直接造成的，[②]为扭转这一贸易局面，要求修改NAFTA之中的原产地规则、劳工待遇规定等，对于KORUS，则直接威胁将退出该协定。2017年8月中旬及9月初，NAFTA已举行两轮谈判，但尚未触及前述敏感议题，或取得实质性进展。面对美国的要求，韩国坚持认为需要对KORUS与两国贸易不平衡现状之间的关系进行深入调研，反对直接进入重新谈判进程，至9

---

① Amitendu Palit, "RCEP: An Indian Perspective," in Sanchita Basu Das and Masahiro Kawai, eds., *Trade Regionalism in the Asia-Pacific: Developments and Future Challenges*, Singapore: ISEAS Publishing, 2016, pp.167-182.

② C. Fred Bergsten, "The US Agenda: Trade Balances and the NAFTA Renegotiation," in C. Fred Bergsten and Monica de Bolle, eds., *A Path Forward for NAFTA*, Peterson Institute for International Economics, 2017, pp.13-23; Jeffrey J. Schott, "US Trade Policy Options in the Pacific Basin: Bigger Is Better," Peterson Institute for International Economics, Policy Brief, February 2017.

月初，美国已表示将暂缓退出KORUS。

尽管NAFTA和KORUS的重新谈判当前都面临着显性或隐性的抵触，但都不乏取得部分成功的可能，进而产生一定的示范效应和外溢作用。首先，新的谈判进程中引入了不少TPP式的议题与标准。2017年7月，特朗普政府发布NAFTA的重新谈判目标，调整贸易逆差、保护美国国内工人的需求与监管协调、数字自由化等议题在其中并列出现。[①] 在NAFTA重谈的问题上，美国国内的贸易和劳工保护势力与全球主义者之间存在巨大分歧，这份文件的出台，反映了特朗普政府有意将两派的利益和要求都融合进实际谈判的取向。[②] 这同时表明，在NAFTA未来的谈判过程中，美国国内全球主义者的主张和力量仍将发挥不可忽视的影响。由于加拿大和墨西哥都是TPP成员国，NAFTA将较易接纳与TPP相类似的议题与规则，从而在部分领域完整转型和升级。KORUS的重新谈判也不排除引入类似议题和标准的可能性。这将既有助于加深美墨、美韩之间的经贸关联，也可助力TPP式的经贸标准的巩固乃至扩大版图。

其次，尽管韩国目前对于KORUS的重新谈判持较强烈的抵触心态，但在朝核危机日渐深重的背景下，出于对美国所提供的安全保护的需求，韩国很可能终将接受重谈的要求，甚至在部分条款上做出重大让步。[③] 一旦美国成功利用其综合实力在KORUS谈判进程中取得成果，它将形成先例并获取动力，进一步推行其他双边FTA的重新谈判；而韩国在安全和贸易利益之间的衡量与最终选择，也将给美国的其他亚太同盟带来无形压力。

（三）其他重要FTA的发展走势预判

当前，东盟所推行的“10+1”FTA模式已不再为这一机制所独有，欧

① Office of the United States Trade Representative, “Summary of Objectives for the NAFTA Renegotiation,” July 17, 2017, https://ustr.gov/sites/default/files/files/Press/Releases/NAFTAObjectives.pdf.

② David Dayen, “Trump’s Renegotiation of NAFTA Is Starting to Look a Lot Like the TPP,” The Nation, July 18, 2017, https://www.thenation.com/article/trumps-renegotiation-of-nafta-is-starting-to-look-a-lot-like-the-tpp/.

③ Newsweek, “Trump Scores First Win on ‘Horrible’ South Korea Trade Agreement,” October 5, 2017, http://www.newsweek.com/trump-scores-first-win-horrible-south-korea-trade-agreement-678892.

亚经济联盟（EAEU）与太平洋联盟都正在积极推行与第三方国家之间的FTA，且目光都聚焦于亚太地区。这一进程正逐步改变亚太区域经济秩序的原有地理版图。

2016年10月起，欧亚经济联盟与越南之间的FTA正式生效，这是欧亚经济联盟与联盟外国家签订的第一个FTA。欧亚经济联盟与新加坡的FTA谈判也已经结束，并确定将与印度开启FTA谈判。欧亚经济联盟的这一系列行动既源于对亚太市场的关注，也与俄罗斯寻求应对西方制裁有关。① 如前所述，太平洋联盟的FTA谈判对象为澳大利亚、新西兰、新加坡及加拿大。其中，与前两者的谈判已于近期启动。可以看出，尽管不约而同地寻求加强与亚太国家的经贸合作，欧亚经济联盟与太平洋联盟当前所选择的FTA谈判对象国在地缘范围仍有所区别，前者主要聚焦于南亚和东南亚国家，而后者则选择了位于西太平洋沿岸、同为TPP成员国的一些国家。这一选择的差异不仅是出于地缘原因，更与两个联盟本身的市场开放程度和经济诉求有关，意味着它们能够达成的FTA深度上的差异。在商讨对印FTA谈判可能性的过程中，即有不少欧亚经济联盟成员国对于向印度开放服务贸易市场持谨慎态度，担忧本国的产业遭受冲击。② 此外，欧亚经济联盟在亚太地区扩展FTA网络还明显地受制于政治安全因素，美俄之间的紧张关系，使得欧亚经济联盟与韩国等国的FTA谈判在短期内难以启动。③

这些正在推进的新兴FTA网络对于亚太区域经济一体化有着重要影响。一方面，欧亚经济联盟和太平洋联盟有望成为区域内活跃的、值得重视的新兴行为体。另一方面，由于对开放程度及经贸标准的接受度各有不同，其所构建的诸多FTA也将增加在整个亚太范围内整合既有FTA的难度。

---

① 顾炜：《欧亚经济联盟的新动向及前景》，载《国际问题研究》，2015年第6期，第36—49页。

② Ajay Kamalakaran, "Russia and India Need to Restart EAEU Free Trade Agreement Talks," Russia Beyond, September 15, 2016, https://www.rbth.com/blogs/tatar_straits/2016/09/15/russia-and-india-need-to-restart-eaeu-free-trade-agreement-talks_630149.

③ Evgeny Vinokurov, "EAEU and Asian Countries: Plans, Prospects and Challenges," Valdai Discussion Club, December 16, 2016, http://valdaiclub.com/a/highlights/eaeu-and-asian-countries-plans-prospects/.

相较之下，谈判之中的中日韩FTA和构想之中的FTAAP的前景则不甚明朗。在美国放弃TPP之前，有关构建FTAAP路径的构想主要涉及三条路径：分别以TPP和RCEP为基础进行扩容，以及TPP和RCEP的殊途同归。[①] 由此，随着TPP的本质性变化以及RCEP谈判的逡巡不前，重新设计构建FTAAP的路径，既有赖于现有机制和未来谈判的发展状况，也需更长时间的谋划与协商。

三、未来展望与政策建议

当前亚太区域经济治理格局暗流涌动，瞬息万变，受其影响，中国参与区域经济治理的战略空间难言充裕。维护区域自由贸易秩序，并不意味着骤然冒进，扮演亚太区域经济治理秩序引领者的合适时机，仍需审慎判断。中国需要一方面以冷静理性的态度审视当下环境，明确对外行动的限度所在，另一方面在可能与合适的范围之内力争有所作为，切实维护自身利益，稳步推进区域经济治理。

（一）对中国参与亚太区域经济治理的基本战略判断

表面上看，美国正试图从亚太自由贸易秩序中抽身，但中国在区域经济治理中面临的环境反而更趋复杂，各个行为体都已择机而动，拓展其在亚太地区的经贸网络和战略影响。

中国理应对当前战略空间的有限性有明确认知，进而对参与亚太区域经济治理的战略方向做出相应调整。不求引领亚太自由贸易秩序的虚名，而以有效的手段追求市场开放和利益交换的实利。维护自由贸易之实，需聚焦双边领域，密切关注多边层面上的新兴态势，这包括：推进和拓展双边自贸谈判，以平等互利的姿态，切实解决双边层面上存在的贸易障碍；与太平洋联盟等寻求合作空间，在其推动的经贸合作网络中有所参与；在数字贸易等新兴议题上采取更为积极主动的策略，与国际规则和标准形成

① Peter A. Petri and Ali Abdul Raheem, "Can RCEP and the TPP Be Pathways to FTAAP?" in Pacific Economic Cooperation Council, *State of the Region 2014-2015*, 2014, pp.31-43.

良性互动。

（二）相机应对亚太区域经济治理机制

在当前的区域环境之下，RCEP谈判及FTAAP在短时间内取得进展的可能性进一步降低，因而有必要及时调整对待各合作机制的策略。

其一，对于RCEP，应当稳妥推进谈判进程，在重视谈判速度和势头的同时，不为较低水平的协议而急于求成。如前所述，各成员国之间在多个层面的分歧近来有增无减，RCEP谈判难以在短时期内完成。同时，在不少亚太国家看来，推动RCEP是中国构建区域经贸秩序的一个主要手段，[①] RCEP的任何进展都易引发对于中国区域战略的种种解读。在此情况下，中国需要在参与RCEP与推动区域经济治理战略时，寻求更为有效的应对各方矛盾的方式，在一个较长时限内寻求分歧的化解。

其二，对于中日韩FTA、FTAAP，则应以夯实基础、长期谋划为主线。这两个机制的推进都较多地受制于经贸以外的因素，集中力量关注经贸问题也于事无补。中日韩FTA的最终达成，需以三国间政治安全合作为基础，[②] 在就政治安全议题进行磋商的过程中，穿插经贸议题的对话，其效果可能优于FTA谈判本身。

（三）以我为主，积极推进“一带一路”建设

面对有限的战略空间，将参与亚太区域经济治理与推进“一带一路”倡议结合起来，将可起到互利之效。两者在地缘范围上有一定重叠，在目标和诉求上也往往殊途同归。根据亚太区域经济治理的需求和路径，可以细化“一带一路”的设计规划，而借助“一带一路”的力量，也可增加对于参与亚太区域经济治理的有效投入。

一方面，利用“一带一路”的平台和渠道，将有助于切实推进亚太区域的互联互通，从而为中国参与亚太区域经济治理奠定基础。例如，当前

---

① Young-Chan Kim, “RCEP vs. TPP: The Pursuit of Eastern Dominance,” in Young-Chan Kim, ed., *Chinese Global Production Networks in ASEAN*, Springer, 2016, pp.19-37.

② Srinivasa Madhur, “China-Japan-Korea FTA: A Dual Track Approach to a Trilateral Agreement,” *Journal of Economic Integration*, Vol.28, No.3, 2013, pp.375-392.

亚太区域秩序建设中，中等国家及小国联盟日渐活跃，这也触动中国跳出传统的大国合作视野，将更多精力投入与区域内新兴行为体的经贸合作。对此，可以借由“一带一路”，为新的投资和贸易合作项目提供政策扶持和资金支持，从而拓展中国的区域经济治理网络。

另一方面，以区域经济一体化为抓手，既可提升“一带一路”的实际效用，也有助于发现和防范该倡议可能面临的问题与挑战。“一带一路”倡议已提出了政策沟通、设施联通等目标，亚太区域经济治理中双边及多边经贸机制的构建和推进，则可为“一带一路”的目标和诉求注入更多具体而深入的内容。此外，当前在参与亚太区域经济治理时，自由贸易秩序的名与实之间的平衡、各国间就规则和标准展开的博弈、地缘政治和安全矛盾对经贸秩序的干扰等诸多问题已充分显现出来，而这些问题实际上也是实施“一带一路”过程中所可能面临的，从而为挑战的预估和防范提供了难得的参考。

综上所述，在参与乃至引领亚太区域经济治理的进程中，中国的外交实践在面临巨大机遇的同时，也遭遇重重挑战。在国家间关系上，双边层面来自美国的直接压力与日俱增，两国间的多层次博弈由显性向隐性转移，主要大国围绕亚太经贸秩序展开的竞争也日趋激烈。在区域经济治理机制上，中国在RCEP等机制中的行动空间受到多方限制，美国重谈KORUS等FTA，以及其他行为体着力构建新的FTA网络，加剧了区域经济一体化的复杂性和碎片化。在经贸规则上，规则与标准的竞争重点由传统贸易领域逐渐向数字贸易等新兴领域外溢，中国在新兴议题上兼具比较优势和比较劣势，面临的规则压力随之加重。这些挑战的出现乃至升级，要求中国在参与亚太区域经济治理时适当进行战略收缩，有所为亦有所不为，妥善处理中美经贸双边摩擦，相机应对亚太区域经济治理机制，并充分挖掘与“一带一路”建设彼此借重的潜力。

附录一
2017年中国周边外交纪事

赵卫华　编制

1月3日　外交部发言人耿爽在例行记者会表示，中方担任金砖国家主席国期间有四大重点工作。一是以经济合作为主线，协同推进各领域务实合作，不断开创贸易投资大融合、货币金融大流通、基础设施大联通、人员文化大交流的新局面。二是就国际和地区重大问题协调行动，推动完善全球治理，共同应对全球性挑战。三是着力打造人文交流新亮点，推动金砖合作深入民心，造福人民。四是继续完善金砖合作机制，构建更广泛的伙伴关系，不断扩大金砖“朋友圈”。[①]

1月4日　外交部发言人耿爽在例行记者会上回答有关提问时表示，中方支持菲律宾当好东盟轮值主席国，推动中国—东盟关系再上新台阶。[②]

1月5日　外交部发言人耿爽在回答关于韩国将继续部署“萨德”系统提问时，敦促有关方面停止部署进程，不要在错误的道路上越走越远。耿爽说：关于“萨德”问题，中方已多次表达关切和明确反对立场，有关方面对此是清楚的。美国在韩国部署“萨德”反导系统严重破坏地区战略平衡，损害包括中国在内的本地区有关国家战略安全利益，也不利于维护朝鲜半岛的和平与稳定。我们敦促有关方面停止有关部署进程，不要在错误的道路上越走越远。我们也希望中韩双方能通过沟通协商，找到兼顾彼此关切的妥善解决办法。[③]

1月6日　国家主席习近平在钓鱼台国宾馆会见吉尔吉斯斯坦总统阿塔姆巴耶夫。习近平指出，昨天是中吉建交25周年。25年来，两国政治互信不断

① 《人民日报》2017年1月4日第3版。

② 《人民日报》2017年1月5日第3版。

③ 《人民日报》2017年1月6日第3版。

深化，经济合作全面推进，双边关系达到前所未有的高度。双方在涉及彼此核心利益和关切问题上相互支持，在重大国际和地区事务中保持密切沟通和协作。中吉已经成为真正的好朋友、好邻居、好伙伴。中方愿同吉方一道，认真落实双方签署的有关合作文件，打造合作亮点，推动中吉战略伙伴关系发展不断取得新成果。习近平强调，中吉关系发展取得巨大成就，关键在于双方始终坚持睦邻友好、相互尊重、平等互利、合作共赢原则。吉尔吉斯斯坦是古丝绸之路沿线重要国家。近年来，在双方共同努力下，两国共建“一带一路”取得积极成果。双方应加快推进重大基础设施建设项目，推进落实产能投资合作，促进两国中小企业合作，做好“一带一路”建设同欧亚经济联盟建设对接，加强在教育、科技和旅游等人文领域的合作。中方愿同吉方深化安全合作，共同打击“东突”等“三股势力”，维护两国和本地区安全稳定。中方愿继续同吉方在上海合作组织框架内密切协调和配合。①

国家副主席李源潮在北京会见马尔代夫外长阿西姆。②

1月9日　国务院副总理汪洋在中南海紫光阁会见美国保尔森基金会主席、前财政部长亨利·保尔森。双方就中美经济关系等共同关心的问题深入交换了意见。③

全国政协副主席罗富和在京出席由全国友协、外交部和中国中亚友好协会共同举办的庆祝中国与乌兹别克斯坦、哈萨克斯坦、塔吉克斯坦、吉尔吉斯斯坦、土库曼斯坦建交25周年招待会。④

1月11日　全国人大与日本国会众议院合作委员会第九次会议在京举行。全国人大常委会副委员长兼秘书长王晨和日本国会众议院代表团团长、众议院运营委员长佐藤勉共同主持会议并作主旨发言。⑤

1月12日　中共中央总书记、国家主席习近平在人民大会堂同越共中央总书记阮富仲举行会谈。双方一致表示，要秉持“长期稳定、面向未来、睦邻友好、全面合作”方针和“好邻居、好朋友、好同志、好伙伴”精神，着眼大局、

① 《人民日报》2017年1月7日第1版。
② 《人民日报》2017年1月7日第3版。
③ 《人民日报》2017年1月10日第3版。
④ 《人民日报》2017年1月11日第3版
⑤ 《人民日报》2017年1月12日第3版

立足长远、坚定目标、相向而行，推动中越关系沿着正确轨道向前发展。习近平说，中越两国都是共产党领导的社会主义国家，是具有战略意义的命运共同体。中方始终从战略高度和长远角度看待和发展双边关系，愿同越方一道，牢牢把握中越友好大方向，坚持相互尊重，加强战略沟通，增进政治互信，深化务实合作，妥善管控分歧，继续把中越全面战略合作伙伴关系推向前进。习近平就进一步发展中越关系提出七点建议：

一是加强高层引领，增进政治互信。两党两国领导人保持经常接触，为推动双边关系发展发挥重要战略引领作用。二是深化两党合作，促进交流互鉴。两党关系对两国关系具有重要引领作用，双方要构建全方位、宽领域、多层次交往格局，深化治党治国经验交流互鉴，共同提升执政能力和党的建设科学化水平。三是深化务实合作，加快战略对接。要发挥双边合作指导委员会的统筹协调作用，深化两国互利合作，促进共同发展。四是拓展两军交往，深化安全合作。双方要深化两国执法安全交流合作，落实已经签署的合作机制和协议。五是活跃民间交往，夯实民意基础。双方要密切两国人民特别是年青一代交往，加强教育、文化、新闻、旅游、体育等领域合作。六是妥善管控分歧，推进海上合作。双方要加大战略沟通力度，继续增进互信，为海上问题解决奠定扎实的政治基础，同时推进海上共同开发与合作。七是加强国际协调，维护共同利益。中方支持越方举办2017年亚太经合组织领导人非正式会议。

会谈后，习近平和阮富仲共同出席双方有关合作文件的签字仪式。①

1月13日　中共中央政治局常委、全国政协主席俞正声在北京会见越共中央总书记阮富仲。②

中共中央政治局委员、中央书记处书记、中宣部部长刘奇葆在北京会见越共中央政治局委员、中央书记处书记、中央宣教部部长武文赏。③

1月14日　应中国共产党中央委员会总书记、中华人民共和国主席习近平的邀请，越南共产党中央委员会总书记阮富仲于2017年1月12日至15日对中华人民共和国进行正式访问。

① 《人民日报》2017年1月13日第1版。

② 《人民日报》2017年1月15日第1版。

③ 《人民日报》2017年1月15日第2版。

中越联合公报①

一、应中国共产党中央委员会总书记、中华人民共和国主席习近平的邀请，越南共产党中央委员会总书记阮富仲于2017年1月12日至15日对中华人民共和国进行正式访问。

访问期间，中共中央总书记、国家主席习近平同阮富仲总书记举行会谈。中共中央政治局常委、国务院总理李克强，中共中央政治局常委、全国人大常委会委员长张德江，中共中央政治局常委、全国政协主席俞正声，中共中央政治局常委、中央纪委书记王岐山分别会见阮富仲总书记。俞正声并与阮富仲总书记共同出席庆祝中越建交67周年暨2017年迎新春友好活动。在亲切、友好的氛围中，双方相互通报了各自党和国家的情况，就进一步深化发展新时期两党两国关系及共同关心的国际地区问题深入交换意见，达成广泛共识。除北京外，阮富仲总书记前往浙江省参观访问。

双方一致认为，访问取得了圆满成功，增进了互信，进一步巩固了中越传统友谊，深化了两国全面战略合作伙伴关系，并为促进本地区和世界和平、稳定、合作与发展作出了积极贡献。

二、双方认为，中越两国是有着悠久友好传统的邻国，都是共产党领导的社会主义国家，政治制度相同、发展道路相近，前途相关、命运与共，各自国家的可持续发展和两国友好关系与良好合作对两国都有重要意义。在国际地区局势深刻复杂变化的新的历史条件下，坚持共产党的领导和社会主义道路，是符合两国和两国人民根本利益的正确选择，必须长期坚持、永不动摇。

越方热烈祝贺中共十八届六中全会取得圆满成功，高度评价中共十八大以来中国各项事业取得的重大进展，衷心祝愿并相信中国共产党和中国各族人民在以习近平同志为核心的中共中央坚强领导下，一定能协调推进全面建成小康社会、全面深化改革、全面依法治国、全面从严治党，朝着

① 《人民日报》2017年1月15日第2版。

实现“两个一百年”奋斗目标奋勇前进，把中国建成富强、民主、文明、和谐的社会主义现代化国家。预祝中国共产党第十九次全国代表大会取得圆满成功。

中方热烈祝贺越共十二届四中全会取得圆满成功，高度评价越共十二大以来越南党、国家和人民在转变增长模式、调整经济结构、保障社会民生、加强党的建设与整顿、继续完善社会主义法权国家等方面取得的重要成果，衷心祝愿并相信在以阮富仲总书记为首的越南共产党领导下，越南人民一定能胜利实现越共十二大提出的各项任务目标，早日把越南基本建设成为民富、国强、民主、公平、文明的现代化工业国家。

双方表示，将进一步加强交流互鉴，推动符合各自国情的社会主义建设事业不断向前发展，共同为人类和平和进步事业作出不懈努力。

三、双方回顾了中越两党两国关系发展历程，一致认为由毛泽东主席和胡志明主席等老一辈领导人亲手缔造和精心培育的中越传统友谊是两党、两国和两国人民的宝贵财富，必须在新形势下进一步传承好、维护好、发扬好。

双方重申，中越将继续坚持“长期稳定、面向未来、睦邻友好、全面合作”方针和“好邻居、好朋友、好同志、好伙伴”精神，始终从战略高度和长远角度看待和发展双边关系，始终牢牢把握中越友好大方向，坚持相互尊重，加强战略沟通，增进政治互信，妥善处理分歧，深化互利合作，推动中越全面战略合作伙伴关系持续健康稳定发展，更好地惠及两国和两国人民，为促进本地区和世界和平、稳定与繁荣作出新的更大贡献。

四、双方认为，两党两国高层特别是最高领导人保持经常接触，对推动双边关系发展具有极其重要的战略引领作用。

双方一致同意，将继续通过双边互访、互派特使、热线电话、年度会晤、多边场合会见等形式，保持和加强中越高层交往的优良传统，就两党两国关系重大问题和国际地区形势及时交换意见，从战略高度引领和指导新时期中越关系不断向前发展。

五、双方认为，中越均处在经济社会发展的重要时期，两国发展互为重要机遇，应切实发挥好两党高层会晤机制、双边合作指导委员会等两党两国间交流合作机制的统筹协调作用，重点推动提升以下领域合作效果：

（一）执行好两党合作计划（2016—2020年），发挥好两党对外部门的协调推动作用，继续办好理论研讨会，实施好两党干部培训合作计划（2016—2020年），加强两党中央部门和地方特别是接壤各省（区）党组织间交流合作，加强思想建设、组织建设、作风建设、制度建设、反腐倡廉建设、深化改革和全面革新、依法治国等治党治国经验交流，共同提高执政能力和水平。积极推进中国全国人大与越南国会、中国全国政协与越南祖国阵线之间的友好交流合作。

（二）深化外交、国防、安全和执法领域交流合作。落实好两国外交部合作议定书，保持两部经常交往和两部对口机关之间的交流。保持两军高层交往，用好两军防务安全磋商、边境高层会晤机制和国防部直通电话等平台，有效落实《中国国防部和越南国防部关于2025年前国防合作共同愿景声明》，加强两军在边防友好交流、人员培训、军事学术研究等领域合作，继续举行北部湾联合巡逻和军舰互访活动。加强两国安全执法领域交流合作，有效落实双方业已签署的合作机制和协议，加强在反恐、预防打击犯罪、出入境管理、边境管控、网络安全、执法能力建设等领域合作和经验交流。加强两国海警的海上执法安全合作，积极开展青年警官交流、舰船互访、联合搜救演练等务实合作，继续举行两国海警工作会晤，共同维护北部湾海域和平稳定。按照双方已达成的原则共识，积极推动落实海上渔业活动突发事件联系热线，妥善处理相关问题，使之符合两国友好关系。

（三）进一步加强经贸务实合作。做好双边合作的总体战略规划。积极推进两国发展战略对接，包括"一带一路"倡议和"两廊一圈"构想对接。加强两国产能合作沟通，有效开展落实《中国国家发展和改革委员会与越南工贸部关于产能合作项目清单的谅解备忘录》。积极磋商达成一致，尽早签署《中越跨境经济合作区建设共同总体方案》。

发挥好中越经贸合作委员会及相关合作机制作用，落实好《中越两国政府经贸合作五年发展规划延期和补充协议》、《中越两国政府边境贸易协定》（2016年修订）等双边经贸合作文件，积极开展双多边领域经贸合作。采取切实措施进一步缓解两国贸易不平衡。落实好《农产品贸易领域合作谅解备忘录》，支持两国企业按照检验检疫法规标准要求，开展包括大米、木薯、乳制品、经过加工的水果在内的农林水产合作。

落实好《中国国家发展和改革委员会与越南计划投资部关于共同制定陆上基础设施合作2016—2020年规划的谅解备忘录》。实施好河内轻轨二号线（吉灵—河东）项目，加快基础设施建设与互联互通合作，有效落实老街—河内—海防标准轨铁路规划。进一步加强在农业、环境、科技、交通运输等领域的交流合作。加强在培育适应干旱和盐碱地条件的稻种和树种及造林方面的合作。开展好澜沧江—湄公河水资源可持续利用合作，进一步加强中越两国在水资源管理、保护和可持续利用方面的技术交流与合作。用好中越科技合作联委会机制。为双方航空合作提供便利条件。密切配合用好中国向越南提供的贷款和无偿援助。用好基础设施合作工作组、金融与货币合作工作组，共同推进各领域合作不断取得新进展。

中方鼓励代表中国先进技术和发展水平的企业赴越南投资符合越南需要和可持续发展战略的项目，鼓励中国企业扩大进口越南有竞争力的商品，同时愿为越南企业来华投资兴业创造便利条件，越方对此表示欢迎并愿为中国和越南加强经贸合作创造便利条件。双方支持两国企业加快解决有关合作项目遇到的困难和障碍。中方同意越方在中国杭州设立贸易促进办公室，愿继续为越南在华有关地方增设贸易促进机构创造便利条件。

（四）通过灵活多样的形式推动两国人民特别是年轻一代交往，使两国民间交往更加活跃、热络，增进相互了解和友谊。进一步扩大文化、教育、旅游、新闻等领域交流合作。继续办好中越青年大联欢和中越青年友好会见等民间交往活动。落实好《中越文化协定2016—2018年执行计划》、《中国教育部和越南教育培训部2016—2020年教育交流协议》，鼓励互派更多留学生到对方国家学习。加快互设文化中心，运营好河内大学孔子学院。加强两国新闻媒体和研究机构交流。2017年内完成越中友谊宫建设。鼓励两国地方特别是接壤各省（区）开展友好交流和互利合作。

（五）发挥好中越陆地边界联合委员会和中越陆地边境口岸管理合作委员会机制作用，落实好两国陆地边界有关法律文件，提升两国边境口岸建设、管理和开放合作水平，继续采取通关便利化措施，积极研究解决两国边境地区季节性务工问题，实现边境地区长治久安和共同发展。

六、双方就海上问题坦诚交换意见，强调要恪守两党两国领导人达成的重要共识和《关于指导解决中越海上问题基本原则协议》，用好中越政府边界谈判机制，坚持通过友好协商谈判，寻求双方均能接受的基本和长久解决办法，积极探讨不影响各自立场和主张的过渡性解决办法，包括积极研究和商谈共同开发问题。

双方一致同意做好北部湾湾口外海域共同考察后续工作，稳步推进北部湾湾口外海域划界谈判并积极推进该海域的共同开发，继续推进海上共同开发磋商工作组工作，有效落实商定的海上低敏感领域合作项目。

双方一致同意继续全面、有效落实《南海各方行为宣言》(DOC)，在协商一致基础上，早日达成“南海行为准则”(COC)；管控好海上分歧，不采取使局势复杂化、争议扩大化的行动，维护南海和平稳定。

七、越方重申坚定奉行一个中国政策，支持两岸关系和平发展与中国统一大业，坚决反对任何形式的“台独”分裂活动。越南不同台湾发展任何官方关系。中方对此表示赞赏。

八、双方同意继续加强在联合国、亚太经合组织、中国—东盟、澜沧江—湄公河等多边框架内的协调与配合，共同维护本地区和世界和平、稳定与繁荣。中方支持并愿积极参加越方主办的2017年亚太经合组织领导人非正式会议。越方支持并愿积极参加中方2017年主办的“一带一路”国际合作高峰论坛。

九、访问期间，双方签署了《中国共产党和越南共产党高级干部培训合作协议(2017—2020年)》、《中国国防部和越南国防部关于2025年前国防合作共同愿景声明》、《中国红十字会与越南红十字会合作备忘录》、《中国海关总署和越南国防部关于中越陆地边境口岸合作的框架协定》、《中国政府与越南政府关于实施老街—河内—海防标准轨铁路线路规划项目换文》、《中国商务部与越南计划投资部关于合作开展越南公共医疗卫生领域专项援助谅解备忘录》、《中国农业部和越南农业与农村发展部关于开展北部湾渔业资源增殖放流与养护合作的谅解备忘录》、《中国国家质量监督检验检疫总局与越南工贸部关于中国与越南双边贸易中食品安全的合作谅解备忘录》、《中国中央电视台与越南电视台关于合拍电视专题片的谅解备忘录》、《中国国务院发展研究中心与越共中央经济部合作备忘录》、《中国国家旅游局和越南文化体育旅游部2017—2019年旅游合作计划》、《中国人民对外友好协会与越南友好组织联合会2017年至2021年合作备忘录》、《中国国际广播电台与越南之声电台合作协议》、《中国国家开发银行与越南投资发展银行2017—2019年项目融资与双边授信合作谅解备忘录》、《中国人民出版社与越南真理国家政治出版社2017—2021年合作协议》等合作文件。

十、越共中央总书记阮富仲对中共中央总书记、国家主席习近平以及中国共产党、政府和人民所给予的隆重、热情和友好接待表示衷心感谢，郑重邀请中共中央总书记、国家主席习近平再次访问越南并出席在越南举行的亚太经合组织第二十五次领导人非正式会议。中共中央总书记、国家主席习近平对此表示感谢并愉快地接受了邀请。

在丁酉年春节即将到来之际，双方领导人祝愿中越两国人民新年快乐、幸福安康。

2017年1月14日于北京

1月17日 国家主席习近平在达沃斯会见美国副总统拜登。习近平指出，中美建交38年来，两国关系历经风雨，但总体不断向前发展。特别是自3年多前我同奥巴马总统达成构建中美新型大国关系共识以来，在双方共同努力下，中美关系沿着正确方向发展，并取得重要积极成果。两国双边贸易、双向投资存量、人员往来均创下历史新高。习近平强调，我们两国人民和世界人民的根本利益需要中美两国共同努力，构建长期稳定的合作关系。拜登表示，美中关系是极为重要的双边关系。在21世纪，美中两国的增长和繁荣对世界都至关重要。美方希望美中两国能够继续加深互信、扩大合作。①

1月18日 国务院副总理汪洋应约与美国财政部长雅各布·卢通话，就中美经济关系有关问题交换了意见。②

1月22日 中共中央对外联络部部长宋涛在北京会见菲律宾民主人民力量党副主席、政府能源部长阿方索·库西率领的代表团。③

1月23日 国务院副总理汪洋在中南海紫光阁会见菲律宾财政部长多明格

① 《人民日报》2017年1月18日第2版。
② 《人民日报》2017年1月19日第3版。
③ 《人民日报》2017年1月23日第3版。

斯率领的菲政府代表团一行。[①]

1月24日 外交部长王毅应约同蒙古国对外关系部长蒙赫奥尔吉勒通电话。[②]

1月25日 美国于当地时间24日对我发起卡客车轮胎“双反”调查终裁。[③] 商务部有关负责人发表谈话指出，中方对此强烈不满，敦促美国纠正错误做法，中方将采取必要措施维护企业公平权利。中方一贯反对贸易保护，对美方不顾事实、滥用贸易救济措施的做法表示严重关切。中方敦促美方恪守世贸组织相关规则，纠正错误做法。中方将密切关注案件进展，采取必要措施维护企业公平权利。[④]

1月26日 中国奥委会新闻发言人表示中国奥委会已就日本APA酒店放置右翼书籍事向日方提出交涉。要求其严格遵守《奥林匹克宪章》和亚奥理事会相关规定，尽快妥善解决此事，同时已致函亚奥理事会，请其敦促日方立即纠正错误。[⑤]

1月30日 外交部发言人耿爽就马来西亚沙巴州搭载中国游客的游艇翻沉事件表示，中方希望马来西亚方面继续全力做好翻沉快艇上人员的搜救工作，同时对翻沉事件进行公正、客观的调查。[⑥]

2月3日 国务委员杨洁篪应约同美国总统国家安全事务助理弗林通电话。[⑦]

外交部发言人陆慷答记者问时表示，所谓《美日安保条约》是冷战时期的产物，不应损害中国的领土主权和正当权益。敦促美方停止在钓鱼岛主权问题上发表错误言论，避免使有关问题进一步复杂化，给地区形势带来不稳定

---

① 《人民日报》2017年1月24日第3版。

② 《人民日报》2017年1月25日第3版。

③ 美国华盛顿时间1月24日，美国商务部就对华卡客车轮胎反倾销和反补贴调查作出终裁。其中，反倾销税率为9%和22.57%，反补贴税率为38.61%、52.04%和65.46%。此外，美方在调查中未给予中国涉案企业公平抗辩权，人为将涉案国企、私企等原材料供应商，以及商业银行认定为公共机构，将企业间正常商业往来视为补贴。中国业界对美方做法及决定强烈不满。

④ 《人民日报》2017年1月26日第3版。

⑤ 《人民日报》2017年1月27日第3版。

⑥ 《人民日报》2017年1月31日第3版。

⑦ 《人民日报》2017年2月4日第3版。

因素。[①]

2月7日 国家主席习近平同斯里兰卡总统西里塞纳互致贺电，热烈庆祝两国建交60周年。习近平在贺电中指出，中斯建交60年来，两国关系经受住了国际风云变幻的考验，保持健康发展势头。我高度重视中斯关系发展，赞赏斯里兰卡积极参与"一带一路"倡议，愿同你携手努力，巩固政治互信，扩大互利合作，深化民间友好，推动中斯真诚互助、世代友好的战略合作伙伴关系焕发新的生机活力。[②]

国务院总理李克强和斯里兰卡总理维克勒马辛哈互致贺电，热烈庆祝两国建交60周年。李克强在贺电中表示，中斯自1957年建交以来，两国关系健康稳定发展，历久弥坚。双方以共建"一带一路"为契机，不断拓展各领域合作的广度和深度，两国关系发展前景广阔。中方愿同斯方一道，弘扬传统友谊、深化互利合作，推动中斯战略合作伙伴关系取得更多新成就。[③]

中缅外交国防2+2高级别磋商在昆明举行。中国外交部副部长刘振民、军委联合参谋部副参谋长邵元明与缅甸外交国务部长觉丁、国防军第一特战局局长吞吞南共同主持。[④]

2月8日 两架中国产飞机的交付仪式在尼泊尔首都加德满都特里布万国际机场举行，来自中尼两国的政府官员，航空公司、飞机制造和销售公司代表等约200人参加。根据2013年11月两国政府签署的协议，中国向尼泊尔援助两架飞机，尼方以优惠贷款方式购买4架飞机。2014年，中方援助的一架新舟60和一架运12E飞机已顺利交付，此次交接的是尼方购买的4架飞机中的一架新舟60和一架运12E。中国驻尼泊尔大使于红说，尼泊尔是"一带一路"沿线重要国家，发展旅游和民航业至关重要，中国将一如既往地深化与尼泊尔的世代友好关系，加强合作，产生更加丰硕的成果。[⑤]

2月9日 外交部发言人陆慷在例行记者会上表示，中方已收到美国总统

---

① 《人民日报》2017年2月4日第3版。

② 《人民日报》2017年2月8日第1版。

③ 《人民日报》2017年2月8日第1版。

④ 《人民日报》2017年2月8日第3版。

⑤ 《人民日报》2017年2月9日第3版。

特朗普致习近平主席的春节祝贺信函。[①]“我们高度赞赏特朗普总统对习近平主席和中国人民的节日祝贺”。中方高度重视发展中美关系。“正如习近平主席指出，中美两国在维护世界和平稳定、促进全球发展繁荣等方面肩负着特殊的重要责任，拥有广泛的共同利益。合作是中美两国唯一的正确选择。”[②]

2月10日　国家主席习近平同美国总统特朗普通电话。习近平祝贺特朗普正式就任美国总统，感谢特朗普来信就元宵节和中国农历鸡年向中国人民致以节日祝福，对特朗普表示愿意努力拓展中美合作、发展惠及中美两国和国际社会的建设性双边关系表示高度赞赏。特朗普对此表示感谢，再次祝贺习近平主席和中国人民节日快乐。

习近平指出，总统先生就任以来，中美双方就共同关心的问题保持了密切沟通。面对当前纷繁复杂的国际形势和层出不穷的各种挑战，中美加强合作的必要性和紧迫性进一步上升。中美两国发展完全可以相辅相成、相互促进，双方完全能够成为很好的合作伙伴。搞好中美关系，符合两国人民根本利益，也是中美两个大国对世界的应有担当。中方积极致力于同世界各国和谐相处、合作共赢。我们愿意加强同美方在经贸、投资、科技、能源、人文、基础设施等领域互利合作，加强在国际和地区事务中沟通协调，共同维护世界和平稳定。

习近平赞赏特朗普强调美国政府坚持一个中国政策，指出一个中国原则是中美关系的政治基础。中方愿意同美方一道努力，加强沟通，拓展合作，推动中美关系健康稳定发展，取得更加丰硕的成果，造福两国人民和各国人民。两国元首同意保持密切联系，就共同关心的问题及时交换意见，加强各领域交流合作，并期待着早日会晤。[③]

中国援助柬埔寨国王工作队物资交接仪式在金边王宫举行。柬埔寨国王诺罗敦·西哈莫尼主持交接仪式，中国驻柬大使熊波、柬副首相兼王宫事务部大臣贡桑奥等官员出席。[④]

外交部发言人陆慷在例行记者会上表示，日本有关方面反对和阻挠设立

---

① 特朗普8日致信习近平主席，祝习主席和中国人民元宵节快乐，并表示希望与中方发展建设性关系。

② 《人民日报》2017年2月10日第3版。

③ 《人民日报》2017年2月11日第1版。

④ 《人民日报》2017年2月11日第1版。

“慰安妇”纪念碑，值得世人高度警惕。[①]陆慷说，众所周知，强征“慰安妇”是第二次世界大战期间日本军国主义对包括中国、韩国等在内的多个受害国人民犯下的严重反人道罪行，至今仍然对受害者和亲属的身心造成严重伤害。而对这些受害者和亲属造成更大伤害的，是日本一些人居然试图否认、抹杀这一历史。陆慷表示，正如在美国及世界各地广泛存在犹太人大屠杀纪念馆、纪念碑一样，“慰安妇”纪念碑的性质是一样的。它提醒人们勿忘历史。日本有关方面对此予以反对和阻挠，本身就值得世人高度警惕。[②]

2月13日 对于有报道称朝鲜12日发射了据称可携带核弹头的新型导弹，外交部发言人耿爽在例行记者会上表示，中方正密切关注事态发展。安理会决议对朝鲜利用弹道导弹技术进行发射活动有明确规定。中方反对朝方违背安理会决议进行发射活动。耿爽表示，当前形势下，有关各方不应做相互刺激，加剧地区局势紧张的事。各方都应保持克制，共同维护本地区和平稳定。我们也得到消息，联合国安理会将就朝鲜发射导弹一事进行磋商。中方将继续本着负责任和建设性的态度参加安理会相关讨论。[③]

2月14日 针对菲律宾2月10日遭受的地震灾害，外交部发言人耿爽在例行记者会上表示，中国外交部长王毅已致电菲律宾外长亚赛表示慰问。中国红十字会将提供5万美元人道主义援助。[④]

2月15日 中共中央政治局常委、国务院副总理张高丽在北京会见俄罗斯天然气工业公司总裁米勒。张高丽表示，双方要落实好中俄原油贸易及原油增供、东线天然气、亚马尔液化气等重大合作项目，按照利益共享、风险共担原则，进一步研究西线天然气、远东供气等合作项目，拓展双方在天然气发电、地下储气库、发动机燃料以及标准互认和合格评定、油田服务、能源技术装备等领域合作，推动两国能源领域务实合作积极稳步发展。[⑤]

外交部发言人耿爽在例行记者会上表示，中方已就涉台问题向印度提出严

---

① 美国旧金山市8日批准在该市设立“慰安妇”纪念碑，并拒绝了日方多次抗议和反对。据当地媒体报道，“慰安妇”幸存者及其家属表示，设立纪念碑是必要的，因为日本从来就没有为他们在战争中的行为忏悔。

② 《人民日报》2017年2月11日第3版。

③ 《人民日报》2017年2月14日第3版。

④ 《人民日报》2017年2月15日第3版。

⑤ 《人民日报》2017年2月16日第1版。

正交涉。希望印方坚持一个中国原则，慎重妥善处理涉台问题。他说，印方在涉台问题上是有承诺的。希望印方尊重和理解中方核心关切，坚持一个中国原则，慎重妥善处理涉台问题，维护中印关系健康稳定发展。[①]

外交部发言人耿爽表示，中方敦促日方尊重历史事实，停止挑衅，以正确的历史观教育年轻一代，以实际行动体现改善中日关系的诚意。[②]耿爽说，钓鱼岛及其附属岛屿自古以来就是中国的固有领土，中方维护领土主权的决心和意志坚定不移。无论日方说什么，做什么，都改变不了钓鱼岛属于中国的事实。[③]

2月16日 外交部发言人耿爽在例行记者会上说，根据中韩双方达成的共识，韩方将于3月22日向中方再次移交一批20余具在韩中国人民志愿军烈士遗骸及相关遗物。中韩遵循人道主义原则，本着友好协商、务实合作的精神，2014年至2016年已成功交接541位在韩志愿军烈士的遗骸。今年是按照中韩共识实施的第四次交接。中方将同韩方继续协商合作，做好在韩志愿军烈士遗骸交接事宜。[④]

2月17日 国家主席习近平致电巴基斯坦总统马姆努恩·侯赛因，对巴基斯坦信德省塞赫万地区发生重大恐怖袭击事件表示慰问。习近平表示，中方反对一切形式的恐怖主义，对这一恐怖袭击事件予以强烈谴责。中方将继续坚定支持巴基斯坦为打击恐怖主义、维护国家稳定、保护人民生命安全所作的努力。[⑤]

国务院总理李克强致电巴基斯坦总理纳瓦兹·谢里夫，对巴基斯坦信德省塞赫万地区发生重大恐怖袭击事件表示慰问。[⑥]

国务院副总理汪洋应约与美国财政部长努钦通话，双方就中美经济合作等问题交换了意见。[⑦]

---

① 据报道，台湾3名“立法委员”目前正在访问印度，还向印方提及“升级台驻印机构”问题。

② 据报道，日本文部科学省14日公布了中小学新版“学习指导要领”草案，首次明确要求在中小学社会课程中提出钓鱼岛是日固有领土。

③ 《人民日报》2017年2月16日第3版。

④ 《人民日报》2017年2月17日第3版。

⑤ 《人民日报》2017年2月18日第1版。

⑥ 《人民日报》2017年2月18日第1版。

⑦ 《人民日报》2017年2月18日第3版。

2月20日　国家副主席李源潮在北京会见来华访问的蒙古国外长蒙赫奥尔吉勒。[①]

2月21日　国务委员杨洁篪应约同美国国务卿蒂勒森通电话。[②]

最高人民检察院检察长曹建明会见乌兹别克斯坦共和国总检察长阿卜杜拉耶夫。两国检察机关培训部门负责人共同签署了合作谅解备忘录。[③]

国务委员杨洁篪在中南海会见来华参加中印战略对话的印度外交国务秘书苏杰生。[④]

2月23日　外交部长王毅在钓鱼台国宾馆会见印度外交国务秘书苏杰生。[⑤]

斯里兰卡自由党主席、总统西里塞纳，统一国民党领袖、总理维克勒马辛哈在科伦坡分别会见中联部部长宋涛。[⑥]

2月23-24日　外交部副部长刘振民在万象分别同老挝副外长坎葆和副外长兼东盟事务高官通潘举行外交磋商，重点就中老关系和区域合作交换了意见。[⑦]

2月26日　中共中央政治局委员、中组部部长赵乐际在北京会见新加坡副总理张志贤。[⑧]

2月27日　中共中央政治局常委、国务院副总理张高丽在北京会见新加坡副总理张志贤，并共同主持中新双边合作联委会第十三次会议、苏州工业园区联合协调理事会第18次会议、天津生态城联合协调理事会第九次会议和中新（重庆）战略性互联互通示范项目联合协调理事会第一次会议。同日，张高丽和张志贤共同主持4个双边合作机制会议。会议充分肯定了苏州工业园区、天津生态城、中新互联互通项目三个政府间合作项目取得的新进展，明确了下阶段合作方向和重点，提出了下一步发展目标和任务。会后，张高丽和张志贤共

① 《人民日报》2017年2月21日第3版。
② 《人民日报》2017年2月22日第3版。
③ 《人民日报》2017年2月22日第3版。
④ 《人民日报》2017年2月23日第3版。
⑤ 《人民日报》2017年2月24日第3版。
⑥ 《人民日报》2017年2月25日第2版。
⑦ 《人民日报》2017年2月26日第4版。
⑧ 《人民日报》2017年2月27日第3版。

同出席了两国科技、知识产权、信息通信、人文等领域有关合作文件的签字仪式。[①]

美国总统特朗普在白宫会见到访的中国国务委员杨洁篪。杨洁篪向特朗普转达了习近平主席的问候。特朗普对此表示感谢，并请杨洁篪转达他对习近平主席的问候。[②]

外交部长王毅在北京会见新加坡外长维文。[③]

2月28日　外交部发言人耿爽在例行记者会上宣布，应中国外交部邀请，朝鲜外务省副相李吉成将于2月28日至3月4日访华。[④]

正在美国访问的国务委员杨洁篪在美国国务院会见美国国务卿蒂勒森。[⑤]

巴基斯坦总理谢里夫在伊斯兰堡会见中国政府代表、外交部副部长张业遂。谢里夫感谢中国政府派代表作为特邀嘉宾出席第十三次经济合作组织峰会，表示巴中是全天候战略合作伙伴，巴政府致力于巩固同中国的特殊友好关系，愿保持两国高层交往，全力推进中巴经济走廊建设，加强同中方在重大问题上的战略沟通和相互支持，推动两国关系迈上新台阶。[⑥]

3月1日　国务院副总理汪洋在中南海紫光阁会见百胜中国控股有限公司首席执行官潘伟奇。双方就加强中美经贸合作等问题深入交换了意见。[⑦]

外交部发言人耿爽在例行记者会上表示，中俄坚决反对美韩部署“萨德”系统，要求美韩停止部署。他说，中俄将就该问题加强协调应对。耿爽说，2月28日，中国外交部部长助理孔铉佑和俄罗斯外交部副部长莫尔古洛夫在北京举行会晤，就朝鲜半岛局势等共同关心的问题深入交换意见。双方一致认为，当前朝鲜半岛局势复杂敏感，有关各方应保持冷静克制，不采取任何可能加剧局势紧张的举动，为重启对话进程、推动政治解决半岛有关问题发挥建设性作用。耿爽强调，中俄双方再次就美国和韩国推进在韩部署“萨德”反导系统表明严重关切和坚决反对，敦促美韩尊重中俄正当合理的安全关切，不做损

① 《人民日报》2017年2月28日第1版。
② 《人民日报》2017年2月28日第1版。
③ 《人民日报》2017年3月1日第3版。
④ 《人民日报》2017年3月1日第3版。
⑤ 《人民日报》2017年3月1日第3版。
⑥ 《人民日报》2017年3月2日第3版。
⑦ 《人民日报》2017年3月2日第3版。

害中俄利益和地区战略平衡的事，停止部署进程。双方表示将继续就“萨德”问题加强协调应对。[①]

3月3日 美中公共事务协会在纽约耶鲁俱乐部举行《上海公报》发表45周年纪念活动。中国常驻联合国代表刘结一，中美建交亲历者美国基辛格协会副主席、美国前副国务卿罗伯特·霍马茨和美国亚洲协会名誉会长卜励德，以及美中公共事务协会会长滕绍骏等150多位各界嘉宾出席。[②]

3月6日 国家主席习近平在中南海会见柬埔寨国王西哈莫尼和太后莫尼列。习近平指出，中柬两国人民传统友谊源远流长。中柬友好是由中国老一辈领导人和西哈努克太皇共同缔造和精心培育的，弥足珍贵。进入新的历史时期，中柬关系又增添新的活力，得到长足发展。上年我同西哈莫尼国王成功互访。当前，两国政治上高度互信，经济上互利合作，在实现国家发展中互帮互助，在国际和地区事务中密切配合。柬埔寨王室长期以来积极致力于中柬友好事业，为两国关系发展作出了重要贡献。我们愿同柬方携手努力，推动中柬全面战略合作不断迈上新台阶，更好造福两国人民。习近平强调，为促进中柬关系继续深入发展，双方要保持高层接触势头，真正像走亲戚一样常来常往，密切沟通交流。双方要深化互利务实合作，加强发展战略对接，大力推进重点项目合作。双方还要加强多边事务协调，继续为维护地区稳定和中国—东盟合作大局作出贡献。[③]

外交部发言人耿爽在例行记者会上表示，美国国务院日前发表的“2016年国别人权报告”涉华部分，罔顾事实、充满偏见，中方坚决反对，已向美方提出严正交涉。耿爽说，中国政府高度重视保护和促进人权。新中国成立以来，中国人权事业取得了举世瞩目的巨大成就，这是任何不带政治偏见的人都不能否认的事实。耿爽说，中方一贯主张，各国应在平等和相互尊重基础上就人权问题开展对话交流，以达到相互借鉴、共同提高的目的。“我们敦促美方客观、公正看待中国人权状况，停止借口人权问题干涉中国内政。”针对美方这一报告还对香港、澳门的情况提出指责，耿爽说，香港、澳门回归以来，“一国两制”和基本法得到贯彻落实，港澳居民依法享有充分的权利和自由，

---

① 《人民日报》2017年3月2日第3版。

② 《人民日报》2017年3月5日第3版。

③ 《人民日报》2017年3月7日第1版。

这是任何不带偏见的人所公认的客观事实，不容置疑。美方报告罔顾事实，对特区事务说三道四、妄加指责，是完全错误的，中方对此表示强烈不满和坚决反对。“香港、澳门是中国的特别行政区，港澳事务属于中国内政，美方无权干预。”①

3月7日　中国商务部和菲律宾贸工部在菲首都马尼拉举行第二十八届中菲经贸联委会，双方就进一步加强两国经贸合作达成多项共识。会议由正在菲律宾访问的中国商务部部长钟山与菲律宾贸工部部长拉蒙·洛佩兹共同主持。会议确定了三个使用中方优惠贷款的优先项目，分别是奇科河灌溉项目、新世纪水源—卡利瓦水坝项目和南北铁路的南线项目。双方还表示进一步支持包括跨境电子商务、大数据分析、创意产业、电动汽车、钢铁等领域的合作。会议同时讨论了菲律宾中国工业园区的拟建地点。②

3月8日　十二届全国人大五次会议在两会新闻中心举行记者会，邀请外交部长王毅就中国外交政策和对外关系回答中外记者提问。

王毅在十二届全国人大五次会议举行的记者会上③就中国外交政策和对外关系答中外记者问

本报北京3月8日电3月8日，十二届全国人大五次会议在两会新闻中心举行记者会，邀请外交部长王毅就中国外交政策和对外关系回答中外记者提问。

王毅：各位记者朋友，大家上午好！每年全国人大都安排我在3月8日举行记者会。这使我有机会能够当面向在场的女记者们、向所有女同胞们致以节日的祝福，祝大家天天高兴、事事顺遂。同时，我也要向所有媒体工作者表示衷心的感谢，是你们在中国外交和国内外民众之间架起了沟通的桥梁，作出了重要的贡献。现在，我愿意回答大家的提问。

新华社记者：今年5月，中国将举办“一带一路”国际合作高峰论坛。中方此时举办高峰论坛有什么考虑？希望达成什么目标？

---

① 《人民日报》2017年3月7日第3版。

② 《人民日报》2017年3月8日第3版。

③ 《人民日报》2017年3月9日第6版。

王毅：再过两个多月，我们就将在北京举办“一带一路”国际合作高峰论坛。据目前统计，20多个国家的元首或政府首脑、50多位国际组织负责人、100多位部长级官员以及总共1200多名来自世界各国、各地区的代表将齐聚一堂，共襄盛举。届时，除了领导人出席的圆桌峰会以外，还会有更大范围的高级别会议以及围绕“五通”也就是政策沟通、设施联通、贸易畅通、资金融通、民心相通等并行召开的六场主题会议。北京，将再次成为全球瞩目的焦点；“一带一路”，将继续成为世界热议的话题。

“一带一路”是中国的，但更是世界的。“一带一路”版权虽属中国，但收益为各国共享。习近平主席提出“一带一路”倡议3年多来，合作不断开花结果，影响迅速席卷全球，成为迄今最受欢迎的国际公共产品，也是目前前景最好的国际合作平台。“一带一路”之所以取得成功，根本在于响应了沿线各国加强互利合作的迫切愿望，提出了共商、共建、共享的开放包容理念。尤其是在当前保护主义、单边主义抬头形势下，“一带一路”是各国“撸起袖子一起干”的共同事业，有助于推动经济全球化朝更加普惠、包容方向实现“再平衡”，也将成为构建人类命运共同体的重要实践。

我们希望高峰论坛实现三方面成果：一是总结凝聚各方共识，对接各国发展战略，明确优势互补，共同繁荣的大方向；二是梳理重点领域合作，围绕基础设施互联互通、贸易投资、金融支持、人文交流等确定一批重大合作项目；三是提出中长期合作举措，探讨共建“一带一路”长效合作机制，构建更加紧密务实的伙伴关系网络。

美国全国广播公司记者：特朗普是一位与众不同的总统，你对美中关系未来怎么看？对美中在双方具有重大关切的问题上达成妥协有多大信心？

王毅：经过双方密切沟通和共同努力，中美关系正在朝着积极的方向平稳过渡和发展。特别是上个月习近平主席同特朗普总统进行了一次重要通话，两国元首确认了坚持一个中国原则的重要性，强调要推动中美关系在新的起点上取得更大发展，这为两国关系指明了方向、铺平了道路。双方正在为下一步实现两国元首以及各个级别的交往、拓展各领域的合作进行着有效沟通。只要遵循两国元首达成的共识，秉持不冲突不对抗、相互尊重、合作共赢的原则，中美两国就完全可以成为很好的合作伙伴。

作为两个具有全球影响的大国，中美关系的重要性不言而喻。维护好、发展好中美关系，不仅符合两国人民利益，也是国际社会的普遍期待。中美三个联合公报已经为中美关系奠定了坚实基础。展望未来，我们还应致力于两个超越：

首先是超越社会制度的不同。中美各自选择了不同的制度和发展道路。中国对自己的社会制度和发展道路充满自信，也乐见美国能够把自己的国家建设得更好。在一个文明不断进步、观念日益多元的时代，中美完全可以相互尊重、相互借鉴，和平共处、共同发展。

第二是超越零和博弈的传统思维。中美两国拥有着越来越广泛的共同利益，合作的需要远远大于分歧。在很多方面，中美利益已日益交融。我们应当做的，是齐心合力不断做大共同利益的蛋糕，而不是也不可能把一方的成功建立在另一方受损之上。

我还想说的是，中美建交38年了。中国人常说：三十而立，四十不惑。我们希望中美关系能真正超越旧观念，打开新视野，步入更加稳健、成熟的“不惑之年”，走上一条让两国人民安心、让世界各国放心的宽广大道。

《人民日报》记者：这几年中国外交有声有色，亮点纷呈。如果用一个词或几个词来总结十八大以来中国外交的特点或风格，你会选择用什么词？

王毅：党的十八大以来，在以习近平同志为核心的党中央坚强领导下，中国外交攻坚克难，开拓进取，取得一系列重大成就，开创了中国特色大国外交的新篇章，我认为有三个鲜明的特征：

首先是先进性。习近平总书记站在时代潮头，把握历史方向，提出一系列新思想、新理念。比如打造对话而不对抗、结伴而不结盟的伙伴关系，进而建立以合作共赢为核心的新型国际关系，在此基础上，各国共建人类命运共同体。这些新的思想和理念，摒弃了结盟对抗的旧思维，超越了零和博弈的老套路，既有鲜明中国特色，又有重大世界意义，不仅是新时期中国外交的行动指南，也将对人类发展进步事业产生深远影响。

二是开拓性。中国外交为国家和人民的利益积极进取，开拓创新。我们构建覆盖全球的伙伴关系网络，为国内发展营造了有利外部环境和战略支撑；我们推进“一带一路”倡议，开启了中国新一轮对外开放与互利合作的历史新篇；我们心系百姓，大力打造海外民生工程，有效维护了中国公民、企业在海外的正当和合法权益。

三是稳定性。面对动荡不安、冲突频发的地区和国际形势，我们始终坚持走和平发展道路；面对质疑现有国际秩序和国际体系的言行，我们始终主张在维护中加以改革完善。面对逆全球化和保护主义思潮抬头，我们始终高举多边主义和包容开放的旗帜。中国外交的这种稳定性和确定性，是大国应有的担当，不仅对冲了各种不确定性，也充分展示了中国的定力和自信。

今年，我们将迎来党的十九大。中国外交将在习近平总书记外交思想指引下继续开拓前行。中国，将继续做国际形势的稳定锚，世界增长的发动机，和平发展的正能量，全球治理的新动力。

路透社记者：当前朝鲜半岛形势异常紧张，朝鲜本周再次射导。中方是否认为半岛会发生战争？怎样才能避免战争？

王毅：朝鲜半岛局势正在呈现新一轮紧张。一方面，朝鲜不顾国际社会反对，违反联合国安理会决议，执意推进核导开发；另一方面，美韩在这一地区进行超大规模军事演习，持续加大对朝军事压力。就像两组不断加速的列车，互不相让，难道双方都做好迎头相撞的准备吗？

当务之急要做的，就是亮起红灯，同时刹车。

为应对半岛危机，中方的建议是，作为第一步，朝鲜暂停核导活动、美韩也暂停大规模军演。通过“双暂停”，摆脱目前的“安全困境”，使各方重新回到谈判桌前来。之后，按照双轨并进思路，将实现半岛无核化和建立半岛和平机制结合起来，同步对等地解决各方关切，最终找到半岛长治久安的根本之策。中方提出的这一思路抓住了半岛局势的症结，也完全符合联合国安理会第2270号和第2321号决议的要求。解决半岛核问题不能只有一手，需要两手并进。制裁是履行决议，促谈同样也是履行决议。

半岛核问题的主要当事方是朝美两家。作为半岛唇齿相依的近邻，中国当然也是解决半岛核问题不可或缺的重要一方。为解决核问题，中方始终坚持半岛无核化目标，坚持维护半岛稳定，坚持和平解决方式。迄今，中国为斡旋朝美接触、推进六方会谈倾注了全力，也为制定并执行安理会决议做出了贡献。今后，我们仍愿做一名“扳道工”，把半岛核问题扳回到谈判解决的轨道。我想强调的是，拥核不会安全，动武不是出路，复谈还有机会，和平仍有希望。

中央电视台、中国国际电视台记者：有观点认为西方主导的时代已经终结，未来关键要看以中国为代表的新兴市场国家。你怎么看世界力量对比变化？中国今年将主办金砖国家领导人会晤有何深层考虑？

王毅：金砖各国都是当今世界有代表性的新兴市场经济体。这些年来，金砖机制的成长有起有伏，金砖各国面临的挑战各有不同，但正如习近平主席所说，金砖国家就像五根手指，伸开来各有所长，攥起来就是一只拳头。只要五国团结一心，金砖不仅不会褪色，还会更加闪亮。

今年金砖合作将启动第二个十年，也是金砖机制的“中国年”。作为主席国，我们将同各国一起总结经验，规划未来，共同打造第二个“金色十年”，为促进世界和平与发展贡献“金砖方案”。今年金砖合作将有四大看点：

一是实现政治安全合作新突破。我们将发挥好安全事务高级代表机制作用，协商启动金砖国家外长正式会晤，推动金砖国家在国际舞台上展示合作的力量。

二是充实务实合作新内涵。我们将全面落实《金砖国家经济伙伴战略》，加强宏观政策协调和发展战略对接，出台一批实打实的合作举措，不断提升金砖的“含金量”。

三是打造人文交流合作新支柱。我们将落实五国领导人共识，举行金砖国家文化节、电影节、运动会等系列活动，拓展全方位人文交往，为金砖合作夯实民意社会基础。

四是构筑南南合作新平台。我们将探索“金砖+”的拓展模式，通过金砖国家与其他发展中大国或发展中国家组织开展对话，建设更广泛伙伴关系，扩大金砖“朋友圈”，把金砖合作打造成当今世界最有影响力的南南合作平台。

塔斯社记者：特朗普任总统后，外界对俄罗斯、中国和美国间的三角关系有很多评论，你认为这组关系会发生什么变化？

王毅：我愿首先告诉你的是，中俄关系很好，我们对中俄关系充满信心。

中俄的全面战略协作伙伴不是权宜之计，而是双方基于两国根本利益作出的战略抉择，经受了各种国际风云变幻的考验。当前，中俄关系正处于历史最好时期，双方互信也达到历史最高水平，绝不会因外界因素影响而动摇。同时，我们乐见俄美关系得到改善，因为这对当今世界将是一个重要利好。今年中俄元首还将多次会晤，继续引领两国关系迈上新的台阶。中俄双方也将加强在国际和地区事务中的战略协作，在动荡多变的国际局势中发挥好稳定器和压舱石的作用。

新时期的中美俄关系不是你上我下的跷跷板。三方应当一起做加法而不是减法，一道谋共赢而不是零和。中美俄可以通过良性互动，相互促进，共同履行维护世界和平的义务，共同承担促进全球发展的责任。

《环球时报》记者：2016年中国先后同冈比亚、圣多美和普林西比恢复外交关系。今年初，尼日利亚要求台驻尼机构“摘牌”并迁出首都，国内民众普遍表示大快人心，认为如果台湾当局在背离一个中国的路上越走越远，将是死路一条。请你谈谈看法。

王毅：世界上只有一个中国，台湾是中国的一部分，这不仅是历史事实，也是国际共识，更是由联合国决议等一系列国际文书所确立的一条准则。台湾地区与任何国家建立或保持所谓“外交关系”，都缺乏国际法依据，都没有正当性，也必然是没有前途的！台湾当局应该认清这一大势。任何人、任何势力都不可能阻挡中国最终实现国家的完全统一。

美国有线电视新闻网记者：特朗普奉行美国至上的孤立主义，有人认为这是中国的机遇，中方是否会承担起全球领导者的角色？

王毅：首先，中国一贯主张大小国家一律平等，我们不认为应把国家分为领导和被领导。其次，联合国是当今世界最有权威和公信力的政府间国际组织，应当让联合国根据宪章的宗旨和原则，切实发挥好处理国际事务的功能。第三，与其说“领导”，不如讲“责任”。大国拥有更多资源、更大能力，理应承担更多责任，作出更大贡献。作为联合国安理会常任理事国，中国愿为维护国际和平与安全履行应尽义务；作为世界第二大经济体，中国愿为促进世界经济增长作出应有贡献；作为最大的发展中国家，中国愿为维护广大发展中国家的正当权益发挥更大作用。

韩联社记者：当前韩中关系复杂敏感，今年是韩中建交25周年，中方对发展韩中关系有什么规划？

王毅：今年是中韩建交25周年，中方珍惜25年来两国人民共同努力得来的成果，希望韩方也能与中方一起共同维护好两国互利合作的大局。

当前影响中韩关系的最大问题就是美韩执意在韩部署充满争议的“萨德”反导系统。中方从一开始就坚决反对。“萨德”反导系统的监测预警范围远远超出半岛，危害中国战略安全的企图已是路人皆知。引进“萨德”显然是一个错误的选择，不仅有违为邻之道，而且很可能使韩国陷入更不安全的境地。我们奉劝韩国国内某些势力不要再一意孤行，否则结果只能是损人又害己。中方敦促韩方悬崖勒马，中止部署，不要在错误的道路上越走越远。

《中国日报》记者：习近平主席1月访问了在瑞士的国际组织。而特朗普对联合国和多边机构的批评态度令人担忧。在此背景下，中国对联合国和多边主义是否还有信心？

王毅：习近平主席对瑞士国际组织的访问释放出一个明确的信息，那就是中国将继续坚定不移走多边主义道路，继续坚定不移地支持以联合国为中心的多边国际体系。

我们现在身处的国际体系，是70多年前先辈们在二战废墟上搭建起来的，凝聚了各国的共同心血，汇集了人类的集体智慧。就像一座精心设计的大厦，最核心的基石是多边主义，最重要的支柱是以联合国为代表的众多国际机构。70多年过去了，它出现了一些老化和破损，但依然在为我们遮风挡雨，在为维护世界和平、促进人类发展发挥着不可替代的重要作用。我们现在要做的，不是另起炉灶，而是修整完善，不是一成不变，而是改革创新。要使其更加适应形势的发展，更加符合各国的需要，更加跟上时代的步伐。

坦桑尼亚标准报业集团记者：中非合作论坛约翰内斯堡峰会已经过去一年多了，峰会成果落实进展情况如何？

王毅：中非是休戚与共的命运共同体。中非合作是兄弟间的互帮互助。不管国际风云如何变幻，世界经济如何冷暖，中国支持非洲的力度都不会减弱。

中国对非合作的最大特点是言出必行。约翰内斯堡峰会举行一年多来，峰会成果正在得到快速全面落实，中方宣布的600亿美元资金支持已落实或作出安排近50%。亚的斯亚贝巴至吉布提铁路已竣工通车，肯尼亚蒙巴萨至内罗毕铁路即将竣工。刚果（布）黑角经济特区启动前期规划，坦桑尼亚港口综合开发取得积极进展，一大批工业园建设稳步推进。针对非洲发展的需求，中非合作正在呈现三个新变化：一是政府主导逐渐向市场运作转型，二是商品贸易逐渐向产能合作升级，三是工程承包逐渐向投资运营迈进。这三个新变化将为非洲实现可持续发展提供新的动能和机遇。

中国曾经是非洲争取民族独立解放事业的最真挚朋友，今后，中国也必将成为非洲加快工业化和农业现代化，提升自主发展能力的最可靠伙伴。

凤凰卫视记者：和去年相比，今年南海局势有所降温。虽然相关国家矛盾缓解，但域外国家并没有放弃干涉，美国仍在加强在南海军事部署，甚至有人认为中美在南海必有一战，你是否担心中美在南海发生军事冲突？

王毅：过去一年，南海潮起潮落，最终趋于平静。形势不是有所降温，而是明显降温。这是中国和东盟国家共同努力的成果，是地区之幸，也是世界之福。当前，《南海各方行为宣言》（DOC）正在得到全面有效落实，具体争议已经重回由直接当事方对话协商解决的正轨。我们还正在同东盟10国推进“南海行为准则”（COC）的磋商，打造共同认可的地区规则。上个月底刚刚举行的联合工作组磋商取得明显进展，已形成“准则”框架的第一份草案，中国和东盟国家都对此感到满意。在这个时候，如果还有人想兴风作浪、再生事端，不仅不得人心，也将遭到地区国家的共同抵制。我们决不会允许得来不易的稳定局面再受干扰和破坏。

中国人的海洋观推崇郑和，看重海洋合作，而世界上有些人信奉马汉，热衷控制海权。在21世纪的今天，我们希望海上的合作更多一些，各方的信任更增几分。即使中美之间，只要转变观念，浩瀚的海洋也完全可以成为两国合作的广阔天地。

埃菲社记者：英国启动脱欧程序，德国、法国将举行大选。你如何看待欧洲的未来？如何看中欧合作的未来？

王毅：欧盟是二战后启动最早、发展最快的区域合作机制，目前欧盟面临的挑战恰恰可能是走向成熟的机遇。中国将继续支持欧洲一体化进程，希望看到一个更为团结、稳定、繁荣的欧盟。

我们重视欧洲的战略地位和重要作用，愿意同欧洲继续打造和平、增长、改革、文明四大伙伴关系；愿意同欧洲尊重和照顾彼此合理关切，及时排除中欧合作的障碍；愿意同欧洲继续践行多边主义，推动世界多极化进程；愿意同欧洲共同提振世界经济，完善全球治理，促进经济全球化的健康发展。

中新社记者：外交部举办的省市区全球推介活动反响热烈，看得出来，这几年外交部在服务国内和地方发展方面做了很多努力。你能否介绍有关情况？

王毅：中国仍是一个发展中国家，为国内发展服务是中国外交的应有之义、应尽职责。

这几年，我们积极对外宣介中国特色社会主义道路，帮助国际社会更加客观了解中国，增添对华合作的信心。我们努力开展国际产能合作，已同30多个国家签署了产能合作协议，助力国内经济和产业结构转型升级。我们推动国际货币基金组织将人民币纳入特别提款权货币篮子，成立金砖国家开发银行和亚洲基础设施投资银行，提升了中国在全球经济治理中的制度性权利。我们启动省区市全球推介活动，一年来已为6个中西部省区市举办了推介，让各省区市不出国就能与各国探讨合作，让各国使节不出京就能与各地交流对接。我们派驻世界各地的驻外机构每天在为国内开展对外合作提供信息，牵线搭桥。去年G20峰会之后，浙江省和杭州市的经济和社会发展都呈现出新面貌，迈上了新台阶。大家都说，办好一个会，提升了一座城。最终受益的是广大老百姓。

发展是硬道理，为发展服务是硬任务。外交部将继续主动配合各地各部门，把这项重要的任务做得更实、更好。

菲律宾通讯社记者：菲律宾总统杜特尔特就任后，中菲关系全面改善。中国将如何发展与菲律宾关系？你对今年中国—东盟关系发展有什么期待？

王毅：杜特尔特总统上任以来，妥善处理南海问题，积极改善中菲关系，这不仅符合菲律宾人民的利益，也符合地区各国的期望。对于菲律宾伸出的善意之手，我们当然也要张开合作之臂。中菲关系重回正轨，提升的是中菲友好，获利的是两国民众，受益的是地区各国。这些都不是从天上掉下来的，而是中菲关系原本应有的常态。

当前，中菲合作潜力迅速释放。我们要把过去耽误的时间补回来。去年10月至今不到半年，中国新增赴菲旅游团组近千个，进口菲热带水果20余万吨，铁路、桥梁、水坝等基础设施项目正在加紧商谈，一些项目有望今年开工。中国新任商务部长正在访菲，这也体现了中方加强中菲友好合作的积极愿望。两国同意建立南海问题双边磋商机制，两国海警建立合作机制。今天的中菲关系已经重新走上一条符合两国人民利益的正确道路，双方应该把这条路走实、走好、走远。

中菲关系雨过天晴，也为中国—东盟关系驱散了阴霾。去年是中国—东盟建立对话关系25周年，今年又恰逢东盟成立50周年。25年是银婚，50年是金婚。对地区合作来说，这两年是“双喜临门”，要两好并一好，好上加好。我们将支持菲律宾履行好东盟轮值主席国职责，助力东盟推进共同体建设。

我们愿做大互利共赢的蛋糕，深化互联互通和产能合作，促进中国—东盟自贸区升级成果尽快落地，推动“区域全面经济伙伴关系”谈判尽早结束。

我们愿拉紧人民友谊的纽带，共同办好“中国—东盟旅游合作年”，努力实现2020年双方人员往来3000万人次，将人文合作打造成为双方关系的新支柱。

我们愿提升澜湄合作的水平，加快完成45个已经确定的早期收获项目，启动澜湄合作专项基金项目申报。澜湄合作的中国秘书处过几天就将正式成立。我们希望澜湄合作能成为周边命运共同体建设的一块金字招牌，为缩小地区发展差距、推进地区一体化进程发挥更大作用。

北京电视台记者：现在出国的中国人越来越多，中国公民在国外有困难，都会想到祖国。请问外交部和驻外使领馆为保护他们的安全采取了哪些措施？

王毅：说到领事保护，我不禁想到前不久发生在马来西亚的沉船事故。一位获救的中国同胞后来向记者说，当漂在茫茫的海里，食物和水即将耗尽，她鼓励同伴说："只要大使馆知道了，就一定会来找我们，我们一定会获救。"我们的同胞在生死关头，第一时间想到使馆，并把使馆的救援作为坚持下去的勇气，这对外交人员来说，是一份宝贵的信任，更是一份厚重的责任。面对这份信任和责任，我们义不容辞，必当全力以赴。

2016年，外交部和驻外使领馆处置了超过10万起领保案件，我们成功解救了遭索马里海盗劫持近5年之久的两岸同胞，从局势动荡的南苏丹安全撤离1000多名中国同胞，从遭遇地震、火灾、暴风雪灾害的新西兰、以色列、日本等地转移中国同胞上千人。哪里有困难和危险，哪里就会出现中国外交官的身影，哪里就会有五星红旗在飘扬。

当前，我国内地居民每年出境人次已超过1.2亿，连续6年年增1000万人次，这个数字仍在继续增长。领保工作面临的任务越来越繁重。但不管遇到什么样的困难和挑战，我们都一定要把领保工作越做越实，越做越好，让党中央放心，让老百姓安心。

朝日电视台记者：今年是中日邦交正常化45周年，中方如何看待两国经济关系良好，政治关系停滞不前？

王毅：今年是中日邦交正常化45周年，同时也是"卢沟桥事变"80周年。这两个纪念日代表两条截然不同的道路，一条是和平与友好，一条是战争与对抗。80年前，日本全面侵华，给中国以及亚洲各国人民造成深重灾难，最终自己也走向失败的深渊。45年前，日本领导人反省历史，同邻国改善关系，实现了自身的快速发展。然而几十年后的今天，日本国内有些人还在这两条道路之间摇摆不定，甚至企图开历史倒车。我们希望一切爱好和平的日本人民能够在这个重要的年头，把握好国家前行的方向。

对于中日关系，中方的立场是一贯和明确的。我们当然愿同日方改善关系，造福两国人民，但日方需要先治好自己的"心病"，理性看待和接受中国不断发展振兴的事实。

中央人民广播电台记者：去年11月，天网行动"百名红通"头号犯罪嫌疑人杨秀珠回国投案，在国内外引发巨大反响。你能否介绍一下外交部和驻外使领馆在这方面做了哪些工作？

王毅：反腐败国际追逃追赃是在党中央领导下，各部门齐心协力开展的一项重要工作，外交部在其中也担负着重要责任。党的十八大以来，外交部和各驻外使领馆全力协助国内各主管部门，共从90多个国家和地区追回腐败和经济犯罪外逃人员2500多人，其中“百名红通人员”38人。我们同世界上70个国家缔结了引渡条约和司法协助条约，基本建成覆盖全球各大洲主要国家的追逃追赃网络。我们还通过主办APEC、G20汇聚形成了国际社会反腐的共识。中国为此展示的决心和取得的进展，得到国际社会一致好评，树立起良好国际形象。

外交部将继续全力以赴做好这项党中央重视、老百姓关心的重要工作。我们的目标就是要打消所有违法分子的幻想，让他们明白：海外不是法外，避罪没有天堂。

半岛电视台记者：目前中东局势越来越复杂，中国作为安理会常任理事国，将会在该地区热点问题上发挥什么作用？

王毅：当前中东再次处于关键十字路口，既存在动荡加剧的风险，也孕育着迎来和平的希望。

中方认为，要推动中东形势朝正确方向发展，最重要的是三个坚持：一是坚持打击恐怖主义这一重要共识。二是坚持政治解决热点问题这一正确方向。三是坚持联合国主导中东和平进程这一主渠道。

伊朗核问题全面协议是政治外交手段解决争端的范例，各方都应重信守诺，履行应尽义务，有效落实协议。

巴勒斯坦问题是中东持续的痛。和平可能迟到，正义不应缺席。中国坚定支持两国方案，愿为重启和谈继续斡旋。

澎湃新闻记者：我们看到新媒体正在深刻改变世界。请问王外长，中国外交是如何适应新媒体时代的？

王毅：面对新事物，外交部不会落伍，也不会缺席。近年来新媒体风靡世界，我们第一时间跟上了这股潮流。目前，“外交小灵通”已经拥有1200万“通心粉”。外交部以及驻外使领馆开通了130多个新媒体账户，其中就包括人气很高的“领事直通车”微信平台。通过这些新媒体，我们第一时间把国际时事、领事保护、对外合作等民众关心的资讯“送货上门”，同时快速回收各种意见、建议甚至是吐槽。可以说，新媒体使外交更接地气、更有人气，在外交部和社会公众之间架起了一座更为直接的互动桥梁。

外交为民是中国外交不变的宗旨。下一步，我们将借助新媒体打造更多倾听民意的“顺风耳”，开设更多服务民众的“直通车”，开辟更多海外领保的“生命线”。我在这里要发布一个最新信息。两个星期后，外交部将正式推出12308的微信版，今后大家除了可以继续电话拨打12308领保热线之外，还可以通过它的微信公众平台进行实时咨询和求助，相信这将为广大民众带来更多便捷。

记者会历时2小时，近600名中外记者参加。

中国葛洲坝集团股份有限公司（简称葛洲坝集团）与巴基斯坦水电开发署在巴基斯坦首都伊斯兰堡签署达苏水电站主体工程建设商务合同，标志着巴国内目前投资最大的水电工程项目正式由中企承建。巴国防部长兼水资源和电力部长赫瓦贾·阿西夫、葛洲坝集团副总经理邓银启等一同见证签字仪式。①

3月10日　商务部贸易救济调查局局长王贺军就美国铝业协会对我输美铝箔提起反倾销和反补贴调查申请一事表示，中方希望美方不要动辄诉诸贸易救济措施。两国铝业合作空间广阔，希望两国业界继续通过磋商和对话，解决关注，希望美国商务部谨慎行事，拒绝对有损双方互利共赢的指控立案调查。②

3月12日　首届中缅旅游合作论坛在缅甸首都内比都举行，来自两国旅游部门和企业的300余人，围绕“旅游合作——中缅全面战略合作伙伴关系的新动力”主题进行讨论。本届论坛是在旅游年框架下中国与缅甸举办的首个旅游领域论坛，也是中国与澜湄国家近年来举办的首个专题性论坛。此次活动由中国国家旅游局、缅甸饭店和旅游部、中国驻缅甸大使馆和云南省人民政府共同主办。③

---

① 《人民日报》2017年3月10日第3版。达苏水电站项目位于巴基斯坦开伯尔—普什图省科希斯坦地区印度河流域，属印度河流域水电梯级规划的第二级，总装机容量5400兆瓦，建成后年发电量约120亿千瓦时，是巴国内技术难度、装机容量和总投资最大的项目之一，主体工程由大坝及其附属工程和地下厂房及隧洞工程等组成。

② 《人民日报》2017年3月11日第3版。

③ 《人民日报》2017年3月12日第3版。

3月13日 美国代理助理国务卿苏珊·桑顿在新闻发布会上表示，即将出访中国的美国国务卿蒂勒森将与中方代表就挑战和合作机遇进行对话，蒂勒森此次出访的焦点是寻求在美中两国之间建立“以结果为导向的、有建设性的关系”。国务院发言人托纳在同日的例行新闻会上说，中国已成为国际事务的重要参与者，美中两国如能在可以找到共同点的问题上进行合作，将为亚太地区带来好处。[①]

3月15日 十二届全国人大五次会议上午在人民大会堂举行记者会，国务院总理李克强应大会发言人傅莹邀请会见中外记者，并回答记者提问。

关于中美关系的底线和中美关系的发展，李克强表示：

你的提问让我回想起去年9月份，我去联合国出席联大系列高级别会议期间到美国纽约经济俱乐部演讲，当时美国总统大选正在白热化阶段，就有人向我提问，如果新的总统当选，中美关系会不会有大的改变？我的回答是，不管谁当选美国总统，虽然中美关系经历过风风雨雨，但会一直前行，我对此持乐观态度。特朗普总统当选以后，习近平主席和特朗普总统通了电话，两国元首都表示要共同推动中美关系向前发展。特朗普总统和美国新政府的高官也都明确表示，要坚持一个中国政策，这是中美关系的政治基础，不是风云变幻能够动摇的，也动摇不得。有了这样一个政治基础，中美合作的前景是广阔的。

我们之所以对中美关系前行持乐观态度，是因为中美建交几十年了，已经有了广泛的共同利益。当然，我们之间也有分歧，比如你刚才提到的在就业岗位、汇率等问题上有些看法不一，或者在安全问题上也有不同认识。我们双方都需要保持战略定力，加强沟通，坐下来谈，增进相互了解和理解，现在两国外交部门正就两国元首会晤进行沟通。我想，中美关系不仅关系两国利益，而且事关地区和世界的和平安全稳定，我们要维护它前行。

至于贸易问题，我在两会参加代表团讨论时，有来自外贸企业的人大代表跟我说，虽然中方是贸易顺差，但是企业生产的产品利润90%以上是

---

① 《人民日报》2017年3月15日第3版。

美国企业拿走了，中国的生产企业拿到的利润最低只有2%—3%。据有关统计，光去年一年，中美的贸易、投资给美国创造的就业岗位过百万个。当然，各方的统计方法可能不一，没关系，我们坐下来谈，总是会有共识的，即便一时达不成共识，可以搁置分歧。智者的办法是扩大共同利益，分歧点所占比例就会越来越小。

我想起前两天看到国际上有一个权威智库发表文章，他们认为，如果中美发生贸易战的话，首先受损的是外资企业，首当其冲的是美资企业。我们不希望看到打贸易战，贸易战带不来贸易公平，而且双方都受损。现在全世界都比较关心中美关系，中方希望，中美关系不管有什么样的坎坷，还是要向前走、向好处走。中美两国人民都是伟大的人民，我们有智慧来管控分歧，我们有需要也有条件来扩大共同利益。

关于中国打算采取什么样的措施和行动来缓解紧张的地区局势？中方将如何同日本等相关国家合作，解决朝核问题？李克强表示：

中国在朝鲜半岛问题上的立场是明确的、一贯的，坚持实现半岛无核化，坚持维护半岛和平稳定，坚持通过对话协商解决问题。对于联合国安理会已经通过的相关决议，中国一直态度鲜明，而且是全面严格执行。中国始终是核不扩散体系的坚定维护者。

的确，近来半岛乃至东北亚出现了一些紧张的气氛，紧张很可能会导致冲突，会使相关各方都受损。我们希望的是，各方共同努力，把紧张的气氛缓和下来，使大家都回到对话的轨道上来，最终解决问题。按常理说，谁也不愿意自己的家门口整天闹个不停。

关于中国在亚太地区发挥的作用？中美如何在这个地区继续和平共处？李克强表示：

亚太地区是地区国家共有的家园，我们不希望、也不愿意看到冷战思维下所谓“选边站队”的事情发生，有什么事情要按是非曲直来说话，总的还是要维护亚太地区的和平和稳定。在亚太地区，我们始终把东盟作为中国周边外交的优先方向，支持东盟共同体建设，在区域合作中发挥中心地位作用。我们希望看到的亚太地区是一个稳定、有秩序的地区，是一个可以协商一致达成原则的地区，是一个有能力管控分歧的地区，也是一个有智慧解决争端的地区。

中国和东盟正在推进“南海行为准则”磋商，已经取得了实质性进展，我们还会继续积极推进。我们希望维护南海的和平稳定，有关争端由当事方直接对话解决，各方共同维护地区的和平稳定与发展。

中美在亚太地区合作多年了，我们有许多合作的交汇点。不少美国跨国公司把亚太地区销售总部放在中国，我们希望中美合作的共同利益不断扩大，使东盟国家能从中得到机遇，而不是感到麻烦。①

国务委员兼国防部长常万全在北京会见越南海军司令范怀南。②

3月16日 2017“中国—东盟旅游合作年”开幕式在菲律宾马尼拉举行。国务院总理李克强和菲律宾总统杜特尔特分别向开幕式致贺词。国务院副总理汪洋出席开幕式并宣读李克强的贺词。③

中共中央政治局常委、国务院副总理张高丽在北京会见巴基斯坦陆军参谋长巴杰瓦。④

国务委员兼国防部长常万全在北京会见吉尔吉斯斯坦军队总参谋长杜伊申比耶夫。⑤

3月17日 菲律宾总统杜特尔特在达沃市会见在菲律宾进行正式访问的国务院副总理汪洋。访问期间，汪洋与菲律宾内阁经济管理团队举行会谈，出席“中国—东盟旅游合作年”开幕式并致辞，并将出席18日举行的中菲经贸合作论坛暨中小企业投资与贸易洽谈会并发表主旨演讲。双方签署了《中菲经贸合作六年发展规划》等合作文件。⑥

联合国安理会以15票赞成，一致通过关于阿富汗问题的第2344号决议，呼吁国际社会凝聚援助阿富汗共识，通过“一带一路”建设等加强区域经济合

① 《人民日报》2017年3月16日第2版。
② 《人民日报》2017年3月16日第3版。
③ 《人民日报》2017年3月17日第1版。
④ 《人民日报》2017年3月17日第3版。
⑤ 《人民日报》2017年3月17日第3版。
⑥ 《人民日报》2017年3月18日第1版。

作，敦促各方为“一带一路”建设提供安全保障环境、加强发展政策战略对接、推进互联互通务实合作等。决议强调，应本着合作共赢精神推进地区合作，以有效促进阿富汗及地区安全、稳定和发展，构建人类命运共同体。①

3月18日 国务委员杨洁篪在钓鱼台国宾馆会见美国国务卿蒂勒森，讨论发展中美关系问题。双方还就共同关心的国际和地区问题交换了看法。②

外交部长王毅在北京同来访的美国国务卿蒂勒森举行会谈。③

3月19日 国家主席习近平在人民大会堂会见美国国务卿蒂勒森。习近平指出，当前，中美关系发展面临重要机遇。我同特朗普总统通过通话和通信保持着良好沟通。我们都认为，中美两国完全可以成为很好的合作伙伴。只要双方坚持这个最大公约数，中美关系发展就有正确方向。希望双方按照我同特朗普总统达成的共识和精神，加强高层及各级别交往，拓展双边、地区、全球层面各领域合作，妥善处理和管控敏感问题，推动中美关系在新起点上健康稳定向前发展。习近平强调，中美关系对两国、对世界都很重要。双方要本着对历史、对子孙负责的精神把握好中美关系的发展方向。要加强战略互信，增进对彼此的认知。中美共同利益远大于分歧，合作是双方唯一正确选择。要从长远和战略角度看待中美关系，拓展合作领域，实现互利共赢。要加强地区热点问题上的沟通和协调。要尊重彼此核心利益和重大关切，维护中美关系大局稳定。要鼓励和扩大两国人民友好往来，不断夯实中美关系的社会基础。④

3月20日 外交部发言人华春莹表示，联合国安理会一致通过第2344号决议，首次载入“构建人类命运共同体”重要理念，反映了国际社会的共识。联合国安理会17日通过关于阿富汗问题第2344号决议，呼吁国际社会凝聚援助阿富汗共识，通过“一带一路”建设等加强区域经济合作。决议敦促各方进一步推进“一带一路”建设，并提出为此加强安全保障等具体要求，这是对以往联合国及安理会决议关于“一带一路”表述的继承和发展。⑤

3月21日 国务委员、公安部部长郭声琨在北京与俄罗斯联邦内务部部长

---

① 《人民日报》2017年3月19日第3版。

② 《人民日报》2017年3月19日第3版。

③ 《人民日报》2017年3月19日第3版。

④ 《人民日报》2017年3月20日第1版。

⑤ 《人民日报》2017年3月21日第3版。

科洛科利采夫举行会谈。[①]

中老缅泰第56次湄公河联合巡逻执法在中国西双版纳傣族自治州关累港正式启动。[②]

3月23日 中俄执政党对话机制第六次会议和第五届中俄政党论坛在俄罗斯喀山举行。中共中央总书记习近平和俄罗斯联邦总统普京分别致贺信。习近平在贺信中对会议和论坛召开表示热烈祝贺。指出，坚持战略协作精神和世代友好理念，坚定不移深化中俄全面战略协作伙伴关系，是我和普京总统达成的重要共识。中国共产党和统一俄罗斯党保持密切的机制化交往，对加强两党自身建设、增进双边战略互信、助推两国务实合作、维护世界和平发展发挥了积极作用。习近平强调，经过近十年发展，中俄执政党对话机制会议和中俄政党论坛已成为两党机制化交往的重要平台。这次会议和论坛分别以“执政党加强自身建设的新理念新举措”和“‘一带一路’和欧亚经济联盟建设对接合作下的中俄地方合作”为主题，有助于两党加强理念沟通、推动两国更好开展务实合作。[③]

3月24日 中共中央政治局常委、国务院副总理张高丽在海南博鳌分别会见马达加斯加总统埃里、密克罗尼西亚联邦总统克里斯琴、尼泊尔总理普拉昌达、阿富汗议会长老院主席穆斯利姆亚尔、缅甸副总统吴敏瑞。[④]

俄罗斯统一俄罗斯党主席、政府总理梅德韦杰夫在莫斯科会见中联部部长宋涛。[⑤]

3月25日 国家主席习近平向博鳌亚洲论坛2017年年会开幕式致贺信。习近平指出，博鳌亚洲论坛成立16年以来，立足亚洲，面向世界，在凝聚亚洲共识、推动亚洲合作、提升亚洲影响力方面发挥了重要作用。作为东道主，中方为论坛取得的成就感到高兴，对论坛历任理事、咨询委员和各界人士所作的贡献表示感谢。习近平强调，今年，博鳌亚洲论坛年会以“直面全球化与自由贸易的未来”为主题，体现了国际社会特别是亚洲国家对经济全球化问题

---

① 《人民日报》2017年3月22日第3版。

② 《人民日报》2017年3月24日第3版。

③ 《人民日报》2017年3月24日第1版。

④ 《人民日报》2017年3月25日第1版。

⑤ 《人民日报》2017年3月26日第1版。

的关注。希望与会嘉宾集思广益，群策群力，为解决世界和区域经济面临的突出问题贡献智慧，共同推动更有活力、更加包容、更可持续的经济全球化进程。[①]

中共中央政治局常委、国务院副总理张高丽在海南博鳌出席博鳌亚洲论坛2017年年会开幕式，发表题为《携手推进经济全球化，共同开创亚洲和世界美好未来》的主旨演讲。来自50个国家和地区的1700多位政界、工商界代表和智库学者参加开幕式。[②]

3月26日　国务院副总理汪洋在北京会见尼泊尔总理普拉昌达。[③]

中共中央对外联络部部长宋涛在北京会见尼泊尔总理普拉昌达。[④]

3月27日　国家主席习近平在人民大会堂会见尼泊尔总理普拉昌达。习近平指出，中尼友好合作符合两国和两国人民的根本利益。当前，中尼关系深入发展。两国保持了政府、政党等各层级密切往来，稳步推进互联互通、灾后重建、基础设施、人文交流等领域合作。我对此感到高兴。双方要继续一道努力，维护中尼关系发展积极势头，开创中尼友好合作新局面。习近平强调，中尼要不断增进政治互信，继续加强各层级往来，在涉及彼此核心利益的重大问题上相互支持。要坚定推进互利合作，以共建“一带一路”为契机，扎实推进互联互通、自由贸易安排、农业、产能、能源、灾后重建等各领域合作，扩大双向投资和贸易，促进双边贸易平衡可持续发展。双方要丰富人文交流内涵，深化旅游、文化、青年、媒体等领域合作，将地方合作走深走实。要深化执法安全合作。中方愿同尼方加强在联合国等多边机构内的合作，就气候变化、可持续发展等问题协调立场，维护共同利益。普拉昌达表示，中国是尼泊尔的友好邻邦，尼方衷心感谢中方长期以来给予的支持，特别是为尼灾后重建提供的宝贵帮助。近年来，尼中双边关系取得新的进展。尼泊尔坚定奉行一个中国政策，决不允许任何势力在尼领土上从事反华活动。尼方支持“一带一路”倡议，愿积极拓展同中方在贸易投资、交通运输、基础设施、旅游、航空等领域合作，密切人文交流，以更好造福两国人民。尼方赞赏中国在国际事务中发挥

---

① 《人民日报》2017年3月26日第1版。

② 《人民日报》2017年3月26日第2版。

③ 《人民日报》2017年3月27日第2版。

④ 《人民日报》2017年3月27日第2版。

的重要和积极作用，愿同中方在国际和地区事务中密切协调合作。①

中共中央政治局委员、中央政法委书记孟建柱在北京会见哈萨克斯坦国家安全委员会主席卡里姆·马西莫夫。②

“中巴经济走廊能力建设中心”成立仪式在巴基斯坦首都伊斯兰堡举行，这是巴基斯坦首家专注研究中巴经济走廊建设的具有官方背景的智库。③

3月28日 国务委员、公安部部长郭声琨在北京会见哈萨克斯坦国家安全委员会主席卡里姆·马西莫夫。④

3月29日 马来西亚总理纳吉布在吉隆坡会见正在马来西亚访问的中央军委副主席许其亮。许其亮出席马来西亚国防部长希沙姆丁举行的欢迎仪式，与其进行了富有成效的会谈。⑤

3月30日 外交部发言人陆慷在例行记者会上回答有关提问时表示，中方愿同美方共同努力，在相互尊重、合作共赢的基础上，拓展两国经贸领域的务实合作，通过对话沟通妥善处理经贸摩擦。陆慷说，中美经贸关系的本质是互利双赢的。建交38年来，中美经贸关系取得了长足发展，为两国工商界和消费者都带来了实实在在的利益。据统计，2016年，中美双边货物贸易达到5196亿美元，比建交时增长了207倍。目前中国是美国除北美地区市场外增长最快的出口市场。即便是美方经常谈到的贸易不平衡问题，实际上，在中国对美贸易顺差中，约40%来源于在华经营的美国公司。根据美中贸委会统计，2015年美中双边贸易和双向投资为美国创造了约260万个就业岗位，两国经贸关系每年可帮助每个美国家庭节省850美元。“当然，中方也从两国经贸合作中受益良多。”陆慷说，中国改革开放以来发生的巨大变化也得益于中国与包括美国在内的世界各国合作的成果。实践证明，中美经贸关系具有很强的互补性，市场选择已让两国形成了你中有我、我中有你的利益格局。让这一经贸关系更好造福各自国家人民的有效途径，是努力做大共同利益的蛋糕，而不是立足于简单的你多我少的分配格局。“我们愿同美方共同努力，在相互尊重、合

① 《人民日报》2017年3月28日第1版。
② 《人民日报》2017年3月28日第2版。
③ 《人民日报》2017年3月28日第2版。
④ 《人民日报》2017年3月29日第2版。
⑤ 《人民日报》2017年3月30日第2版。

作共赢的基础上，拓展两国经贸领域的务实合作，通过对话沟通妥善处理经贸摩擦，维护中美经贸关系健康稳定发展。”①

3月31日 最高人民法院院长周强在北京会见哈萨克斯坦总检察长阿萨诺夫一行。②

4月1日 商务部新闻发言人就美国两项有关贸易的总统行政命令发表谈话。指出，关于中美贸易逆差问题，双方已经讨论了很多年，中美之间逆差的真实情况、形成原因以及可能造成的影响，双方都是清楚的，再次强调“中美贸易是优势互补、合作共赢的，顺应了经济全球化发展规律，也反映了双方结构性的差异和内在的发展需求。”表示中美作为全球最大的两个经济体，对促进全球贸易投资和繁荣世界经济负有特殊的使命。美方的贸易执法措施应按照公认的国际规则办事，包括履行中国加入世贸组织议定书第十五条义务。中方愿与美方在平等互利、合作共赢基础上，加强对话合作，妥善处理分歧。③

4月2日 国务委员杨洁篪应约同美国国务卿蒂勒森通电话。④

4月4日 国家主席习近平就俄罗斯圣彼得堡市地铁发生爆炸造成严重人员伤亡，向普京总统致慰问电。习近平表示，贵国圣彼得堡市地铁发生严重爆炸事件，造成重大人员伤亡，我深感震惊。中方强烈谴责这一令人发指的恐怖袭击行径。我谨代表中国政府和中国人民，并以我个人的名义，对遇难者表示深切的哀悼，向伤者和遇难者亲属表示诚挚的慰问。在这艰难的时刻，中国人民同俄罗斯人民坚定站在一起。中方坚决反对一切形式的恐怖主义，愿同俄罗斯及国际社会一道，加强反恐合作，维护世界及地区和平与安全。⑤

国务院总理李克强就俄罗斯圣彼得堡市地铁发生爆炸造成严重人员伤亡向梅德韦杰夫总理致慰问电。李克强表示，惊悉贵国圣彼得堡市地铁发生爆炸，造成严重人员伤亡。中方强烈谴责这一恐怖袭击行径。我谨代表中国政府和人民，并以我个人的名义，向你并通过你对所有遇难者表示沉痛哀悼，向遇难者亲属表示诚挚慰问。中方坚决反对一切形式的恐怖主义，愿同俄方深化反恐合

---

① 《人民日报》2017年3月31日第3版。

② 《人民日报》2017年4月1日第3版。

③ 《人民日报》2017年4月2日第2版。

④ 《人民日报》2017年4月3日第3版。

⑤ 《人民日报》2017年4月5日第1版。

作，共同维护中俄两国和世界安全和平。①

4月6日 国家主席习近平在美国佛罗里达州海湖庄园同美国总统特朗普举行中美元首会晤。两国元首进行了深入、友好、长时间的会晤，双方高度评价中美关系取得的历史性进展，同意在新起点上推动中美关系取得更大发展，更好惠及两国人民和各国人民。会晤中，习近平指出，一段时间以来，我同总统先生保持了密切联系，进行了多次通话和通信。我很高兴应总统先生邀请来美国举行这次会晤。我愿同总统先生就中美关系和重大国际及地区问题深入交换意见，达成更多共识，为新时期中美关系发展指明方向。习近平强调，中美两国关系好，不仅对两国和两国人民有利，对世界也有利。我们有一千条理由把中美关系搞好，没有一条理由把中美关系搞坏。中美关系正常化45年来，两国关系虽然历经风风雨雨，但得到了历史性进展，给两国人民带来巨大实际利益。中美关系今后45年如何发展？需要我们深思，也需要两国领导人作出政治决断，拿出历史担当。我愿同总统先生一道，在新起点上推动中美关系取得更大发展。习近平指出，合作是中美两国唯一正确的选择，我们两国完全能够成为很好的合作伙伴。下阶段双方要规划安排好两国高层交往。我欢迎总统先生年内对中国进行国事访问。双方可以继续通过各种方式保持密切联系。要充分用好新建立的外交安全对话、全面经济对话、执法及网络安全对话、社会和人文对话4个高级别对话合作机制。要做大合作蛋糕，制定重点合作清单，争取多些早期收获。推进双边投资协定谈判，推动双向贸易和投资健康发展，探讨开展基础设施建设、能源等领域务实合作。要妥善处理敏感问题，建设性管控分歧。双方要加强在重大国际和地区问题上的沟通和协调，共同推动有关地区热点问题妥善处理和解决，拓展在防扩散、打击跨国犯罪等全球性挑战上的合作，加强在联合国、二十国集团、亚太经合组织等多边机制内的沟通和协调，共同维护世界和平、稳定、繁荣。中美两国元首还介绍了各自正在推进的内外优先议程，并就有关地区热点问题交换了意见。②

上海合作组织成员国安全会议秘书第12次会议在哈萨克斯坦首都阿斯塔纳举行，国务委员、公安部长郭声琨率团出席并发表讲话。③

---

① 《人民日报》2017年4月5日第1版。

② 《人民日报》2017年4月8日第1版。

③ 《人民日报》2017年4月7日第3版。

4月7日 国家主席习近平在美国佛罗里达州海湖庄园同美国总统特朗普举行中美元首第二场正式会晤。两国元首就中美双边重要领域务实合作和共同关心的国际及地区问题广泛深入交换意见。双方认为，这次两国元首会晤是积极和富有成果的。双方同意共同努力，扩大互利合作领域，并在相互尊重的基础上管控分歧。习近平指出，中美元首这次海湖庄园会晤对中美关系发展具有特殊重要意义。我同总统先生进行了长时间深入沟通，加深了彼此了解，增进了相互信任，达成了许多重要共识，建立起良好工作关系。双方要不断巩固已建立起来的关系，深化友好合作，推动中美关系向前发展，更好造福两国和两国人民，为促进世界和平、稳定、繁荣尽到我们的历史责任。习近平强调，中美已经互为第一大贸易伙伴国，两国人民都从中受益良多。中国正在推进供给侧结构性改革，不断扩大内需，服务业占国民经济比重不断提高。中国经济将保持良好发展势头，中美加强经贸合作前景广阔，双方要抓住这个机遇。中方欢迎美方参与“一带一路”框架内合作。习近平指出，两军关系是中美关系的重要组成部分。军事安全互信是中美战略互信基础。双方要保持两军各级别交往，继续发挥好中美国防部防务磋商、亚太安全对话等对话磋商机制作用，用好将建立的联合参谋部对话机制新平台，落实好双方已经商定的年度交流合作项目，用好并不断完善重大军事行动相互通报信任措施机制，和海空相遇安全行为准则两大互信机制。双方要共同努力，不断增进两军互信和合作。习近平强调，中方愿同美方加强执法合作，共同打击贩毒、拐卖儿童、洗钱、网络犯罪、有组织犯罪等各种形式的跨国犯罪。中美在维护网络安全方面拥有重要共同利益。双方要利用好执法及网络安全对话机制，共同推动和建设和平、安全、开放、合作、有序的网络空间。中国正在全力反对腐败，希望美方在追逃追赃方面给予中方更多配合。习近平强调，人文交流是两国关系的地基。两国人民对彼此素怀友好感情。双方应该加强人文交流，扩大两国人民友好往来，推动校际合作，促进旅游业合作，拓展艺术交流，加强体育合作，开展医疗卫生合作，夯实两国关系民意基础，给中美关系长期健康发展提供更多正能量。习近平向特朗普介绍了中国发展理念，强调中国坚定不移走和平发展道路，不奉行你输我赢的理念，不走国强必霸的老路，愿同美方一道维护世界和平、稳定、繁荣。[①]

4月10日 国家主席习近平在人民大会堂同缅甸总统吴廷觉举行会谈。两国元首一致同意，坚持风雨同舟、患难与共的优良传统，坚持相互尊重、互利共赢的合作方针，推动中缅关系持续健康稳定发展，给两国人民带来更多福祉。习近平指出，中缅山水相连，胞波情谊深厚。建交67年来，两国关系在和平共处五项原则基础上得到长足发展，为两国人民带来了实实在在的利益。中方高度重视发展同缅甸关系，愿同缅方一道努力，坚持从两国人民根本利益出发，牢牢把握中缅关系正确方向，提升全面战略合作水平，永远做好邻居、好朋友、好胞波、好伙伴。习近平强调，中缅双方要加强高层交往，深化治国理政经验交流，在涉及彼此核心利益的重大问题上相互支持。双方要深化务实合作。中方赞赏缅方积极支持和参与“一带一路”倡议，愿同缅方加强发展战略对接，统筹推进贸易、投资、基础设施建设、能源、农业、水利、电力、金融、边境经济合作区等领域合作，推动皎漂经济特区等双方重点合作及有关互联互通项目早日实施，推动中缅合作今后多向教育、农村发展等缅民生领域倾斜。双方要丰富两国人文合作内涵，加强文化、教育、青年、卫生、旅游、媒体、宗教等人文领域交流合作，不断夯实两国友好民意基础。双方要在联合国、东亚合作、澜沧江—湄公河合作等多边场合加强协调。中方尊重缅甸走符合自身国情的发展道路，愿继续为缅方推进国内和平进程发挥建设性作用，与缅方共同维护中缅边境地区安全稳定。会谈后，两国元首共同见证了两国经济技术、医疗、体育、交通、林业、文物等领域双边合作文件的签署。双方发表了《中华人民共和国和缅甸联邦共和国联合新闻公报》[②]

中华人民共和国和缅甸联邦共和国联合新闻公报[③]

（二〇一七年四月十日，北京）

一、应中华人民共和国主席习近平邀请，缅甸联邦共和国总统吴廷觉于2017年4月6日至11日对中国进行国事访问。

---

① 《人民日报》2017年4月9日第1版。

② 《人民日报》2017年4月11日第1版。

③ 《人民日报》2017年4月11日第3版。

访问期间，国家主席习近平同吴廷觉总统举行了会谈。国务院总理李克强、全国人大常委会委员长张德江分别会见了吴廷觉总统。双方就巩固中缅传统友谊、深化两国全面战略合作深入交换意见，达成广泛共识。

二、双方就中缅传统友好合作关系交换了意见，高度评价两国胞波情谊，一致认为，建交67年来，两国始终秉持和平共处五项原则，推动双边关系取得长足发展，为两国人民带来了实实在在的利益。

三、双方重申将继续奉行睦邻友好政策，坚持从战略高度和长远角度出发，以两国人民根本利益为重，推动中缅全面战略合作伙伴关系不断取得新进展。

四、双方同意，继续保持高层互访势头和多边场合接触，扩大各层级友好往来，加强战略沟通，深化治国理政经验交流。

五、缅方支持“一带一路”倡议，支持中方办好“一带一路”国际合作高峰论坛。

六、双方将继续发挥好经贸联合委员会、农业合作委员会、电力合作委员会等政府间合作机制作用，加强经贸、农业、电力、交通、产能等各领域互利合作，促进共同发展，惠及两国民众。

七、中方支持缅甸走符合本国国情的发展道路，稳步推进政治转型，赞赏缅甸政府为发展经济、改善民生所做努力，并愿为此提供力所能及的帮助。缅方重申坚定奉行一个中国政策，在台湾、涉藏、涉疆问题上继续支持中方立场。

八、双方同意，继续用好中缅外交国防2+2高级别磋商机制，共同维护两国边境地区安全法治与和平稳定，促进边境地区经济社会发展和民生改善。中方支持缅方通过政治对话实现国内和平与民族和解。缅方感谢中方对缅国内和平与和解进程提供的帮助，欢迎中方继续为此发挥建设性作用。

九、双方同意继续加强在联合国、中国—东盟等多边场合的协调配合，共同促进本地区和平、稳定与发展。

十、吴廷觉总统对访华期间受到习近平主席热情友好接待表示感谢，邀请习近平主席在双方方便的时候尽早对缅甸进行国事访问。习近平主席表示感谢。

国务院总理李克强在人民大会堂会见来华进行国事访问的缅甸总统吴廷觉。李克强表示，中缅是友好邻邦，两国人民有着深厚的胞波情谊。习近平主席同您举行了富有成果的会谈，有力推动两国关系与合作向前发展。中国支持缅甸走符合自身国情的发展道路，愿坚持两国友好合作的大方向，保持高层交往，推进各层级交流与各领域合作，不断为中缅关系发展注入新动力。李克强指出，中缅经济互补性强，合作前景广阔。中方愿同缅方加强发展战略对接，拓展利益契合点，稳步推进重点项目建设，在中国—东盟、澜沧江—湄公河合作等框架和机制内加强沟通协调，造福两国人民，助力区域合作与发展。李克强强调，缅北地区和平稳定直接关系中国西南方向的安全。中方不希望两国边境和地区和平安宁大局受到干扰，支持缅方实现国内和平与和解的努力，愿继续为缅国内和平进程发挥建设性作用。①

4月11日　国务院总理李克强在人民大会堂会见日本前众议长、国际贸易促进协会会长河野洋平和日本经济界大型代表团。李克强表示，历史和实践证明，只有恪守中日四个政治文件的原则精神，牢牢把握和平、友好、合作的大方向，中日关系才能保持健康稳定发展。中方愿本着以史为鉴、面向未来的精神，推动中日关系朝着正常轨道实现改善和发展。希望日方相向而行，视中国的发展为机遇，奉行积极的对华政策，为两国关系改善不断积累积极因素。李克强指出，40多年前，包括日本国际贸易促进协会在内的日本民间团体和各界友好人士为中日邦交实现正常化作出了积极努力。当前形势下，希望你们继续为推动中日关系改善和发展、促进双方各领域互利合作、增进彼此国民之间的了解和理解多做工作。河野洋平等表示，日本国际贸易促进协会成立60多年来，始终致力于通过开展经济合作推动日中关系发展。日本经济界高度关注中国发展的目标和举措，愿为促进日中合作交流、改善发展双边关系作出不懈努力。②

4月12日　国家主席习近平同美国总统特朗普通电话。习近平强调，两国领导人会晤取得了重要成果，中国人民和国际社会都予以积极评价。感谢总统

---

① 《人民日报》2017年4月11日第1版。

② 《人民日报》2017年4月12日第2版。

先生的热情接待和周到安排。习近平指出，两国领导人就新时期中美关系及重大国际和地区问题进行了深入沟通，达成重要共识。下一步，双方要通过外交安全对话、全面经济对话、执法及网络安全对话、社会和人文对话4个高级别对话机制，推进经济合作“百日计划”实施，拓展两军、执法、网络、人文等方面交流合作，加强在重大国际和地区问题上的沟通协调，争取尽可能多的早期收获，为两国关系发展注入新的动力，为促进世界和平和发展而共同努力。双方工作团队要密切合作，确保总统先生年内访华取得丰硕成果。特朗普表示，中美元首会晤很成功，两国元首保持密切联系十分重要。特朗普表示赞同美中双方应该共同努力，拓展广泛领域务实合作；期待着对中国进行国事访问。两国元首就朝鲜半岛局势等共同关心的问题交换了意见。习近平强调，中方坚持实现半岛无核化目标，坚持维护半岛和平稳定，主张通过和平方式解决问题，愿同美方就半岛问题保持沟通协调。关于叙利亚问题，习近平指出，任何使用化学武器的行为都不可接受。叙利亚问题要坚持政治解决的方向。联合国安理会保持团结对解决叙利亚问题非常重要，希望安理会发出一致声音。两国元首同意通过各种方式保持密切联系。[①]

中共中央政治局常委、中央书记处书记刘云山在北京会见越共中央委员、越南人民报总编辑、越南记协主席顺友率领的越南人民报代表团。[②]

4月13日　应邀访问俄罗斯的国务院副总理张高丽在莫斯科会见俄罗斯总统普京。12日，张高丽与俄罗斯第一副总理舒瓦洛夫举行中俄投资合作委员会第四次会议。双方一致强调，要深入推进两国发展战略对接，共同推动“一带一路”建设与欧亚经济联盟对接合作。要积极推动本次会议确定的73个合作重点项目，持续发挥重大合作项目对两国投资合作的带动作用。双方将督促两国企业按照商业原则，推动清单项目早日落地，并给予必要指导和服务。要积极推动地区和中小企业合作，双方同意将中俄地区间投资合作纳入委员会工作范畴，研究在委员会框架下设立“中小企业投资合作分委会”。会议结束后，双方签署了会议纪要。同日，张高丽与俄罗斯副总理德沃尔科维奇举行中俄能源合作委员会双方主席会晤，就中俄重点能源项目合作交换意见并达成广泛共

---

① 《人民日报》2017年4月13日第1版。

② 《人民日报》2017年4月13日第2版。

识。双方一致强调，要继续深化能源合作，积极推进中俄东线天然气管道、亚马尔液化天然气等项目进程，加强油气上游项目合作，开展储气库、天然气发电和天然气发动机燃料等合作，积极推进标准互认和合格评定等领域合作，推动两国能源合作取得更多实际成果。访问期间，张高丽还分别会见了俄罗斯总统能源发展战略和生态安全委员会秘书长兼俄罗斯石油公司总裁谢钦、俄罗斯天然气工业公司总裁米勒，就双方进一步合作交换了意见。①

4月16日 国务委员杨洁篪应约同美国国务卿蒂勒森通电话。②

4月17日 全国政协主席俞正声会见来北京出席中越双边合作指导委员会第十次会议的越南副总理兼外长范平明。俞正声说，中越关系发展势头良好。习近平总书记新年伊始即邀请阮富仲总书记访华，进行了亲切友好会谈，为新时期中越关系发展进一步指明了方向。双方应密切配合，把高层共识落实好，把握好中越关系发展方向，加强在“一带一路”、产能、交通、基础设施等领域的务实合作，扩大投资，增进人文交流，巩固和发展两党交往，妥善管控海上分歧，把中越全面战略合作伙伴关系推向新的更高水平。③

中国—越南双边合作指导委员会第十次会议在北京举行。中国国务委员杨洁篪和越南副总理兼外长范平明共同主持。杨洁篪表示，中越双边合作指导委员会第九次会议以来，两党两国领导人保持频繁接触，各领域交流合作稳步推进，中越关系继续保持良好发展势头。下步双方应共同努力，确保年内两党两国领导人互访圆满成功，进一步提升双边务实合作的质量和水平，夯实两国友好的民意基础。会后，双方共同出席了会议纪要签字仪式。④

中国援助尼泊尔地方选举物资交接仪式在尼首都加德满都举行。据了解，中国此次援尼物资包括中性笔、计算器、打孔机、订书机等11项，价值900万元人民币，分两批运抵加德满都。尼泊尔计划于5月14日在全国范围内举行地方选举。据悉，为顺利完成选举，尼泊尔请求中国、印度和联合国提供物资和财政援助。⑤

---

① 《人民日报》2017年4月14日第3版。

② 《人民日报》2017年4月17日第3版。

③ 《人民日报》2017年4月18日第1版。

④ 《人民日报》2017年4月18日第3版。

⑤ 《人民日报》2017年4月18日第3版。

4月18日 国务院副总理张高丽在阿斯塔纳分别会见哈萨克斯坦总统纳扎尔巴耶夫、总理萨金塔耶夫，并和第一副总理马明举行中哈合作委员会第八次会议。会议期间，张高丽和马明通过视频连线共同见证中哈产能合作项目——中国汽车在哈组装下线仪式。会后，双方共同签署会议纪要。[①]

国务院副总理汪洋在北京会见乌兹别克斯坦副总理兼农业水利部部长米尔扎耶夫一行。[②]

全国人大常委会副委员长严隽琪在北京会见以第一副主席法托赫佐达为团长的塔吉克斯坦人民民主党干部考察团。[③]

外交部长王毅在北京会见越南副总理兼外长范平明。[④]

4月21日 应俄罗斯联邦委员会主席马特维延科和国家杜马主席沃洛金邀请，全国人大常委会委员长张德江18日至20日赴俄出席中俄议会合作委员会第三次会议，在莫斯科会见俄罗斯总统普京，并与马特维延科和沃洛金分别举行会谈。张德江与马特维延科共同主持中俄议会合作委员会第三次会议。在俄期间，张德江会见了俄中友协积极分子，祝贺俄中友协成立60周年，感谢他们为中俄友好作出的贡献，希望他们继续为促进两国民情相知、民意相融、民心相通作出不懈努力。[⑤]

国务委员兼国防部长常万全在八一大楼与来访的马来西亚国防部长希沙姆丁举行会谈。[⑥]

外交部发言人陆慷在例行记者会上表示，中方敦促日方正视和深刻反省侵略历史，同军国主义划清界限。据报道，安倍晋三向靖国神社春季例行大祭供奉了“真榊”祭品，日本首相助理、总务大臣以及90多名国会议员集体前往参拜。针对上述报道，陆慷说，靖国神社供奉着对侵略战争负有直接责任的二战甲级战犯，我们一贯坚决反对日本政要的错误做法。中方敦促日方恪守中日四个政治文件精神，切实落实中日四点原则共识，正视和深刻反省侵略历史，

① 《人民日报》2017年4月19日第3版。

② 《人民日报》2017年4月19日第3版。

③ 《人民日报》2017年4月19日第3版。

④ 《人民日报》2017年4月19日第3版。

⑤ 《人民日报》2017年4月22日第3版。

⑥ 《人民日报》2017年4月22日第3版。

同军国主义划清界限，以实际行动取信于亚洲邻国和国际社会。[①]

哈萨克斯坦总统纳扎尔巴耶夫在阿斯塔纳会见对哈进行正式访问并出席上海合作组织外长会的外交部长王毅。纳扎尔巴耶夫表示，哈方将“一带一路”倡议放在中心位置来看待，愿通过共建“一带一路”促进两国及地区的和平、安全与繁荣。[②]

4月23日 应巴基斯坦穆斯林联盟（谢里夫派）邀请，中共中央委员、江西省委书记鹿心社率中共代表团于4月20日至23日访巴，其间会见巴国民议会议长萨迪克、参议院副主席海德里、旁遮普省首席部长夏巴兹等巴领导人。[③]

4月24日 国家主席习近平同美国总统特朗普通电话。习近平指出，当前国际形势迅速变化，中美双方保持密切联系，及时就重要问题交换意见，十分必要。习近平强调，中美双方要落实好我们达成的共识，巩固两国关系稳定发展势头。双方工作团队要加强协调，做好总统先生年内访华筹备工作，早日开启中美首轮外交安全对话、全面经济对话、执法及网络安全对话、社会和人文对话相关安排，推进经贸、两军、执法、网络、人文、地方等领域交流合作，加强在国际和地区问题上的沟通，推动中美关系不断取得新发展。两国元首就朝鲜半岛局势交换了意见。习近平强调，中方坚决反对违反联合国安理会决议的行为，希望有关各方保持克制，避免做加剧半岛局势紧张的事。只有有关各方都负起该负的责任、相向而行，才能尽快解决朝鲜半岛核问题，实现半岛无核化。我们愿同包括美方在内有关各方一道，为朝鲜半岛和平、东北亚和平、世界和平共同努力。两国元首同意通过各种方式保持密切联系，及时就共同关心的问题交换意见。[④]

4月26日 俄罗斯总统普京在莫斯科克里姆林宫会见中共中央政治局委员、中央书记处书记、中央办公厅主任栗战书。栗战书转达了习近平主席对普京总统的亲切问候和良好祝愿，并强调中俄全面战略协作伙伴关系处于历史最好时期，堪称以合作共赢为核心的新型国家关系的典范。中俄关系成熟、稳

---

① 《人民日报》2017年4月22日第3版。

② 《人民日报》2017年4月23日第3版。

③ 《人民日报》2017年4月24日第3版。

④ 《人民日报》2017年4月25日第1版。

定，保持高水平发展。不论国际形势如何变化，双方坚持巩固和深化全面战略协作伙伴关系的方针不会变，致力于实现共同发展振兴的目标不会变，携手捍卫国际公平正义和世界和平稳定的决心不会变。①

4月27日　中柬政府间协调委员会第4次会议在金边举行。国务委员杨洁篪与柬埔寨副首相贺南洪共同主持。双方全面回顾总结了第三次会议以来两国各领域合作的重要进展，并就今后一年的双边交流与合作作出了规划。双方均强调，中柬关系全面深入，高层接触对双边关系发展具有重要引领作用。会后，杨洁篪与贺南洪共同会见记者，并出席了会议纪要签字仪式。②

4月28日　中共中央政治局委员、中央政法委书记孟建柱在北京同乌兹别克斯坦副总理阿齐莫夫举行中乌政府间合作委员会双方主席会晤。③

柬埔寨国王西哈莫尼、首相洪森在金边分别会见国务委员杨洁篪。④

外交部长王毅在纽约出席联合国安理会朝鲜半岛核问题部长级公开会，代表中方做了发言。王毅表示，朝鲜半岛局势近来持续紧张升级，引发国际社会普遍关注忧虑。希望各方能就更加严格执行安理会涉朝决议，更加加大劝和促谈力度，使半岛核问题重回谈判解决轨道形成共识。王毅说，不管形势如何变化，中方在半岛核问题上都始终坚持两个基本方向。第一是坚持无核化既定目标。中方坚决反对朝鲜研发和拥有核武器，坚定执行安理会各项涉朝决议。第二是坚持对话谈判的解决道路。对话谈判是唯一出路，也是明智选择。半岛核问题的历程表明，只要对话谈判仍在进行，半岛局势就能保持基本稳定，反之则会走向失控。王毅强调，中国不是半岛问题的直接矛盾方，解决半岛核问题的钥匙也不在中国手中。但作为半岛近邻，中国为推动谈判解决半岛核问题作出了不懈努力。根据半岛形势的发展，在“双轨并行”思路以外，中方最近又提出了“双暂停”倡议。上述方案客观公正，合情合理，务实可行，正在得到越来越多国家的理解和支持。王毅指出，我们呼吁各方，尤其是半岛问题直接当事方，也就是朝鲜和美国展现对话诚意，重启对话进程。当务之急，一是尽快使半岛局势降温，避免采取相互刺激、导致误判的言行。朝鲜应遵守联合国

---

① 《人民日报》2017年4月27日第3版。

② 《人民日报》2017年4月28日第3版。

③ 《人民日报》2017年4月29日第3版。

④ 《人民日报》2017年4月29日第3版。

安理会决议，不得继续推进核导开发，同时美韩等方面也应避免继续实施甚至扩大针对朝鲜的军事演习和军力部署。二是全面理解和完整执行安理会涉朝决议，落实制裁是执行决议，推动复谈也是执行决议。针对朝鲜加快推进核导开发，国际社会有必要加大防扩散力度；针对半岛局势轮番升级，各方同时也有必要加大促和谈力度。通过“双加强”，推进半岛核问题和和平解决。①

4月30日 中国海军远航访问编队抵达菲律宾东南部城市达沃，开始进行为期3天的友好访问。这是此次中国海军远航访问编队出访的首站，也是中国海军舰艇编队首次访问达沃。正率团在菲律宾访问的中国海军政治委员苗华海军上将到码头迎接并致辞。②

5月1日 菲律宾总统杜特尔特率菲政府和军队官员，登上正在菲律宾达沃市进行友好访问的中国海军远航访问编队长春舰参观，并签名留言。杜特尔特说，我很感谢中国政府派军舰来菲律宾访问。我见过很多国家的舰艇，现在我见到了中国海军的舰艇，这是最好的一艘军舰，非常安全、整洁、漂亮，我对中国海军官兵的热情接待表示感谢，希望中国军舰以后有机会再来访问。菲中两国海军可以开展联合军演，我们很期待也很荣幸能以友谊的名义与你们一起在海上驰骋。③

位于西藏日喀则市亚东县的中印乃堆拉边贸通道迎来今年开关。乃堆拉山口是我国和印度之间唯一的陆路贸易通道，每年5月至11月开关，12月至次年4月闭关。开关期间，亚东县和印度锡金邦边境地区居民可凭边民证正常贸易往来。④

5月3日 国家主席习近平同菲律宾总统杜特尔特通电话。习近平指出，去年，我同总统先生两次会晤，就改善和发展中菲关系达成重要共识，两国关系实现全面改善。当前，双方政治互信不断加深，各领域合作全面展开，双方关于南海问题的对话协商渠道也已经建立。这完全符合中菲两国和两国人民根本利益，得到亚洲邻国和国际社会充分肯定。中菲要坚持两国睦邻友好合作大方向，全力推进各领域务实合作，更好造福两国和两国人民。习近平强调，中

① 《人民日报》2017年4月30日第3版。

② 《人民日报》2017年5月1日第3版。

③ 《人民日报》2017年5月2日第3版。

④ 《人民日报》2017年5月2日第3版。

方赞赏菲方作为东盟轮值主席国为推动东亚合作沿着正确方向发展所发挥的重要作用。菲律宾是中国友好近邻，也是“一带一路”建设的重要伙伴。我欢迎总统先生来华出席“一带一路”国际合作高峰论坛，并期待届时同总统先生再次会晤。①

中美全面经济对话中方牵头人、国务院副总理汪洋与美方联合牵头人美国财长姆努钦、商务部长罗斯通话，双方就推进中美全面经济合作有关问题交换了意见。②

5月4日 全国政协主席俞正声在人民大会堂会见以高村正彦会长为团长的日本日中友好议员联盟代表团。③

全国人大常委会副委员长、全国妇联主席沈跃跃在万象会见老挝国会主席巴妮。④

5月7日 中国红十字会援建的“中巴博爱医疗急救中心”在中巴经济走廊最南端的瓜达尔港落成，这是中国红十字会参与“一带一路”建设的又一重要举措。全国人大常委会副委员长、中国红十字会会长陈竺，中国驻巴基斯坦大使孙卫东，巴基斯坦港口航运部部长米尔·哈希尔·比曾乔，巴基斯坦红新月会主席赛义德·伊拉希等为新落成的急救中心揭牌，并共同见证签署《中国红十字会与巴基斯坦红新月会合作备忘录》。⑤

5月8日 中共中央政治局委员、中央政法委孟建柱会见蒙古国法律内务部部长宾巴朝格特。⑥

全国人大常委会副委员长、全国妇联主席沈跃跃会见柬埔寨国会主席韩桑林、副首相孟桑安。⑦

国务委员、公安部部长郭声琨在北京与蒙古国法律内务部部长宾巴朝格特举行会谈。⑧

---

① 《人民日报》2017年5月4日第1版。

② 《人民日报》2017年5月4日第3版。

③ 《人民日报》2017年5月5日第1版。

④ 《人民日报》2017年5月5日第3版。

⑤ 《人民日报》2017年5月8日第3版。

⑥ 《人民日报》2017年5月9日第3版。

⑦ 《人民日报》2017年5月10日第3版。

⑧ 《人民日报》2017年5月10日第3版。

5月9日 国务院副总理汪洋在中南海紫光阁会见美国彼得森国际经济研究所所长波森一行。[①]

5月10日 国家主席习近平向韩国当选总统文在寅致贺电，祝贺文在寅当选韩国总统。习近平指出，中韩两国互为重要邻国。建交25年来，在双方共同努力下，两国关系全面深入发展，各领域交流合作成效显著，为两国人民带来了实实在在的利益，也为地区和平与发展作出了积极贡献。习近平强调，我始终高度重视韩国和中韩关系。中方愿同韩方共同维护中韩关系来之不易的成果，在相互理解、相互尊重的基础上，巩固政治互信，妥善处理分歧，加强协调合作，推动两国关系健康稳定发展。我愿为此同你一道努力，使中韩关系发展更好地惠及两国和两国人民。[②]

5月11日 国家主席习近平同韩国总统文在寅通电话。习近平祝贺文在寅当选韩国总统。习近平指出，中韩两国是近邻，是本地区重要国家。建交25年来，中韩关系发展取得很大成就，值得珍惜。双方应该牢记中韩两国建交的初心，相互尊重彼此重大关切和正当利益，努力求同化异，妥善处理分歧。希望韩国新政府重视中方有关重大关切，采取实际行动推动两国关系健康平稳发展。实现中韩关系更好发展，符合我们两国人民共同利益，也有利于地区和平、稳定、发展。习近平强调，长期以来，中方一直坚持实现朝鲜半岛无核化目标，坚持维护朝鲜半岛和平稳定，坚持通过对话协商解决问题。这符合中韩两国共同利益和地区和平稳定大局。我们愿同包括韩方在内的有关各方一道，继续为半岛及地区和平和繁荣作出努力。两国元首同意保持联系并期待着早日会面。通话中，习近平对近日山东威海交通事故中10多名遇难中韩儿童表示哀悼，请文在寅向韩国遇难儿童家长转达慰问。文在寅感谢习近平的慰问和中国政府迅速采取措施妥善处理事故及善后事宜。[③]

国家主席习近平在人民大会堂同越南国家主席陈大光举行会谈。两国元首一致同意保持双边关系积极发展势头，推进各领域合作，推动中越全面战略合作伙伴关系迈上新台阶，为两国和两国人民带来更多实实在在利益。习近平指出，中越是山水相连的邻邦，也是志同道合的伙伴。中国坚定支持越南走符合

---

① 《人民日报》2017年5月10日第3版。

② 《人民日报》2017年5月11日第1版。

③ 《人民日报》2017年5月12日第1版。

本国国情的社会主义道路，也将坚持与邻为善、以邻为伴方针，坚持亲诚惠容理念，推动中越关系持续健康稳定向前发展。习近平强调，中越双方要保持高层交往，就双边关系和共同关心的问题及时沟通，为双边关系发展把稳方向。要用好中越双边合作指导委员会等机制，加紧双方发展战略对接，推进跨境经济合作区建设，深化产能、基础设施建设、投资、贸易等各领域合作，服务好各自经济社会发展。要扩大人文交流，积极开展教育、医疗、青年和文化产业合作，增进两国人民相互了解和友好感情，为中越友好夯实民意基础。要推进海上合作，逐步积累共识，扩大共同利益，同时通过双边对话，管控好分歧。要加强在联合国、亚太经合组织、中国—东盟、澜沧江—湄公河合作等多边框架内的协调和配合。习近平指出，当前形势下，即将举办的“一带一路”国际合作高峰论坛有利于凝聚各方共识，深化国际合作，推动经济全球化进程向更加开放、包容、普惠、平衡、共赢方向发展。越南是“一带一路”沿线重要国家。希望中越双方以这次高峰论坛为契机，加强发展战略对接，推进各领域务实合作，实现共同发展、共同繁荣。会谈后，两国元首共同见证了两国外交、经济技术、电子商务、基础设施建设、教育等领域双边合作文件的签署。签字仪式后，两国元首夫妇共同观看《中国摄影家眼中的越南》摄影展。①

国务委员杨洁篪在北京会见出席“一带一路”国际合作高峰论坛高级别会议的文莱首相府部长兼外交与贸易部第二部长林玉成。②

5月12日　国家主席习近平在人民大会堂同乌兹别克斯坦总统米尔济约耶夫举行会谈。两国元首一致同意弘扬中乌世代友好精神，推动中乌关系继往开来，更好造福两国人民。习近平指出，目前，两国高层交往密切，政治互信牢固。双方在共建“一带一路”框架内紧密合作，实施了一系列大型合作项目，给两国人民带来实实在在的好处。中方致力于同乌方发展全天候友谊。双方要继续在涉及彼此核心利益和重大关切问题上相互支持，不断巩固和深化政治和战略互信，让双边关系更好助力两国共同发展繁荣。中方愿同乌方就国际事务、中亚地区形势、上海合作组织发展等保持密切沟通和协调。习近平强调，乌兹别克斯坦是最早支持和参与“一带一路”建设的国家。中乌在“一带一

---

① 《人民日报》2017年5月12日第1版。

② 《人民日报》2017年5月12日第1版。

路”建设合作中取得丰硕成果，已经成为引领两国合作的主线。中方愿同乌方深挖潜力，推动中乌在“一带一路”建设合作中取得新进展。双方要加强发展战略对接，共同规划好两国合作的重点方向、重点领域、重点项目。要充分挖掘经贸合作潜力，扩大双边贸易规模，优化贸易结构，实现双边贸易长期稳定健康发展。中方愿在平等自愿、互利共赢的基础上，同乌方拓展产能、投资、工业园区和基础设施建设合作。会谈后，两国元首签署了《中华人民共和国和乌兹别克斯坦共和国联合声明》，并共同见证两国经济技术、交通运输、医疗、农业、水电、中小企业、基础设施、旅游和地方交往等领域双边合作文件的签署。①

中华人民共和国和乌兹别克斯坦共和国②
关于进一步深化全面战略伙伴关系的联合声明

应中华人民共和国主席习近平的邀请，乌兹别克斯坦共和国总统沙夫卡特·米尔济约耶夫于2017年5月11日至13日对中华人民共和国进行国事访问。

两国元首在亲切友好的气氛中举行会谈，高度评价中华人民共和国和乌兹别克斯坦共和国（以下简称“双方”）建交25年来各领域合作取得的显著成就，就双边关系以及共同关心的国际和地区问题深入交换意见，达成广泛共识。

双方重申共同遵守2013年9月9日签订的《中华人民共和国和乌兹别克斯坦共和国友好合作条约》、2016年6月22日签署并发表的《中华人民共和国和乌兹别克斯坦共和国联合声明》以及其他双边条约和协议，加强政治互信和互利合作，为实现共同发展繁荣和民族复兴作出不懈努力。双方声明如下：

① 《人民日报》2017年5月13日第1版。

② 《人民日报》2017年5月13日第3版。

一

双方一致决定深化真诚互信、合作共赢的全面战略伙伴关系。双方强调，政治互信是中乌全面战略伙伴关系的重要基础。

双方继续在涉及国家主权、安全和领土完整等核心利益问题上相互支持。

双方不允许第三国、任何组织或团体在本国领土上从事损害对方国家主权、安全和领土完整的活动。

双方声明，在国际事务和双边关系中将严格遵循《联合国宪章》和公认的国际法准则，将在平等、相互理解和考虑彼此利益基础上开展合作。

中方高度评价乌兹别克斯坦共和国独立26年来的重大发展成就，坚定支持乌兹别克斯坦根据本国国情自主选择的发展道路和乌兹别克斯坦政府为保持国内稳定、促进社会经济发展所采取的措施。

乌方坚定奉行一个中国政策，重申中华人民共和国政府是代表全中国的唯一合法政府，台湾、西藏是中国领土不可分割的一部分。乌方反对任何形式的"台湾独立"，支持两岸关系和平发展和中国政府为实现国家和平统一所作的一切努力。

二

双方一致认为，务实合作是中乌全面战略伙伴关系的重要组成部分。双方将全面落实两国现有双边各项合作文件和共同商定的合作项目，在共建"一带一路"框架内扩大贸易、投资、经济技术和交通、通信、农业、园区等优先领域合作。

双方认为，有必要充分利用中乌贸易巨大机遇和潜力，支持进一步扩大双边贸易。乌方愿在2009年10月14日签署的《中华人民共和国与乌兹别克斯坦共和国政府长期贸易协议》框架下并在互利共赢基础上向中方出口农产品及资源能源等产品。

双方将继续积极落实中华人民共和国主席习近平2016年6月对乌兹别

克斯坦共和国进行国事访问期间达成的共识。双方支持中国进出口银行和国家开发银行在《中华人民共和国商务部和乌兹别克斯坦共和国对外经济关系、投资和贸易部关于投资合作的谅解备忘录》框架下为能源、水电、化工、灌溉、土壤改良、建材制造、交通基础设施建设领域富有前景的投资项目提供融资。

双方同意继续加强经济技术合作，在乌兹别克斯坦实施卫生、教育、土壤改良、生态保护、文化旅游等领域项目。双方将加强在基础设施、中小水电站建设领域的合作。

中方对乌方实施的技术现代化和工业多样化积极政策表示支持。

乌方愿为中方企业在乌兹别克斯坦实施投资合作项目创造一切必要条件和提供支持。

双方将切实落实《中华人民共和国政府和乌兹别克斯坦共和国政府非资源和高科技领域合作规划》，并支持在其框架下在乌兹别克斯坦境内开展投资合作，首先在吉扎克自由经济区联合建立高技术产品加工企业。

双方将致力于改善投资环境，根据本国法律保护外国投资者合法权益。

双方指出，开展现代、环保、高技术的产能与装备制造合作，共同实现产业结构转型和现代化具有重要意义。中方支持乌方建立自由经济区和小工业区，并将推动中方企业参与区内联合生产，尤其是开展当地矿产和原材料深加工合作，生产高附加值产品。

双方强调加强区域交通合作的重要意义，并将继续致力于推动建设连接两国的铁路、民航和公路运输通道。

双方欢迎此访期间签署《中华人民共和国政府和乌兹别克斯坦共和国政府国际道路运输协定》。实施上述协议并为承运人和发挥过境潜力提供便利将促进扩大和巩固两国贸易联系。

双方指出，有必要建设连接中华人民共和国和乌兹别克斯坦共和国的高效和便捷铁路通道，加紧协商中吉乌铁路项目。

双方高度评价中乌政府间合作委员会及其分委会对深化双方务实合作起到的协调和促进作用，商定继续定期召开相关会议。

三

双方一致认为，“三股势力”、毒品犯罪、网络犯罪和各种形式的跨国有组织犯罪是对两国和地区安全稳定的重大威胁。为应对上述威胁，双方将深入开展执法安全合作和对口部门交流，加强情报信息共享。双方将继续举行两国执法安全部门间的联合反恐演习，提高联合行动能力和维稳处突能力。

双方将开展自然灾害预警、灾后恢复重建和防灾减灾技术交流等领域合作。

双方积极评价两国国防部门合作成果，将进一步加强各级别交往，密切军事和军事技术领域合作。

四

中乌同为丝绸之路文明古国，将共同致力于弘扬丝绸之路精神，深化人文交流，加强文化遗产保护，推动文化传承创新，让中乌文明成果更多惠及两国人民。

双方将继续扩大文化、教育、科学、体育、旅游领域合作，加强新闻媒体、学术机构、民间友好组织、演艺团体间的友好交流，共同办好乌兹别克斯坦境内孔子学院。

双方高度评价希瓦古城的保护修复工作，将继续推动在考古、文物保护和修复、专业人员培训等领域合作。

双方将充分发掘两国旅游合作潜力，支持中华人民共和国国家旅游局和乌兹别克斯坦共和国国家旅游发展委员会之间的交流与合作，鼓励双方旅游企业扩大交流。

五

双方将推动两国地方和友好城市间开展交流与合作，欢迎中华人民共和国河南省洛阳市与乌兹别克斯坦共和国布哈拉州布哈拉市建立和发展友城关系。

六

双方指出，在国际问题上的相互支持和协作是两国高水平战略互信的重要体现。

双方将继续加强在联合国、上海合作组织等多边框架内的相互支持与合作，就重大国际和地区问题及时交换意见，协调立场，共同应对全球性和区域性挑战。

双方一致认为，保持中亚地区的和平、稳定与发展对地区国家及世界均具有重要意义。国际社会应充分尊重中亚地区的历史文化传统，共同为促进地区发展繁荣作出贡献。双方愿就中亚事务保持密切协调，共同维护中乌在本地区的利益。

乌兹别克斯坦共和国总统米尔济约耶夫感谢中华人民共和国主席习近平对乌方代表团的热情友好接待，并邀请习近平主席在双方方便的时候对乌兹别克斯坦进行国事访问。

中华人民共和国	乌兹别克斯坦共和国
主席	总统
习近平	**沙夫卡特·米尔济约耶夫**

2017年5月12日于北京

国家主席习近平在人民大会堂会见来华出席“一带一路”国际合作高峰论坛的蒙古国总理额尔登巴特。习近平指出，中方一贯高度重视中蒙关系。双方应该坚持互信、合作、共赢原则，前瞻未来，把握机遇，加快脚步，不断拓展各领域交流合作，推动中蒙全面战略伙伴关系持续向前发展。习近平强调，中蒙关系有着广阔发展前景。双方要切实照顾彼此核心利益和重大关切，深化相互信任，确保中蒙关系发展不偏离正确轨道。要加快推进自由贸易区可行性研究和跨境经济合作，拓展矿能大项目和基础设施互联互通领域合作。要充实青年、媒体、地方往来等领域交流内涵，增进两国人民友好和互信。习近平指出，蒙古国是“一带一路”重要沿线国家。中方欢迎蒙方积极参与“一带一路”建设，支持蒙古国发挥连接欧亚大陆的桥梁和纽带作用。双方要落实贸易投资、互联互通、农牧业、产能、能源等领域合作，使“一带一路”倡议和蒙方“发展之路”倡议对接产生实效。要推进中蒙俄经济走廊建设，助力三方共同发展。①

国务院总理李克强在人民大会堂会见来华进行国事访问并出席“一带一路”国际合作高峰论坛的越南国家主席陈大光。李克强表示，中越是山水相连的邻邦。昨天，习近平主席同你举行了富有成果的会谈。中方愿同越方把握好两国关系发展的大方向，保持高层交往，加快对接“一带一路”和“两廊一圈”，按照海上、陆上、金融合作三线并举的思路，推进各领域互利合作，密切人文交流，使中越睦邻友好不断得到巩固，推动两国全面战略合作伙伴关系健康稳定发展。李克强指出，中方愿同越方加强在中国—东盟、澜沧江—湄公河等框架内的合作。推动边境经济合作，共同打击跨国犯罪。促进两国边境乃至本地区的和平、安宁与繁荣，造福两国和地区人民。②

国务院总理李克强在人民大会堂会见来华出席“一带一路”国际合作高峰论坛的蒙古国总理额尔登巴特。李克强表示，中蒙两国是友好邻邦和全面战略伙伴。双方要继续本着相互尊重、平等相待的原则，切实尊重彼此核心利益和重大关切，巩固中蒙关系的政治基础。我们愿加快“一带一路”倡议同蒙方“发展之路”战略对接，加大对跨境口岸建设和跨境经贸合作的投入，做好中蒙自贸区联合可行性研究相关工作，提升两国经贸合作水平。落实好住宅建设、农畜产品深加工、能源资源利用等领域达成的合作共识，更好实现互利共赢、共同发展。③

中央军委副主席范长龙在北京会见越南国防部副部长阮志咏。④

5月13日 国家主席习近平在钓鱼台国宾馆会见来华出席“一带一路”国际合作高峰论坛的巴基斯坦总理谢里夫。习近平指出，中方始终把中巴关系置

---

① 《人民日报》2017年5月13日第1版。

② 《人民日报》2017年5月13日第1版。

③ 《人民日报》2017年5月13日第1版。

④ 《人民日报》2017年5月13日第2版。

于中国外交优先方向，愿同巴方不断充实中巴全天候战略合作伙伴关系内涵。为推动中巴关系发展，双方要保持高层交往，密切政府、立法机构、政党等各层级交流互访。双方要扎实推进中巴经济走廊建设，稳步推进瓜达尔港及周边配套项目，加快研究走廊沿线产业园区建设规划，加紧完成走廊远景规划，推动并实施好交通基础设施建设、能源、民生等合作项目。双方要加强反恐、安全等领域合作，密切在重大国际和地区事务上的协调配合。中方期待在上海合作组织框架内同巴方深入合作。[①]

国家主席习近平在人民大会堂会见来华出席“一带一路”国际合作高峰论坛的马来西亚总理纳吉布。习近平指出，中马两国是隔海相望的近邻，更是相互信赖、相互尊重、合作共赢的好朋友、好伙伴。当前，中马关系处于历史最好时期。中方愿同马方规划好两国关系发展蓝图，推动中马全面战略伙伴关系取得更加丰硕的成果。习近平强调，近年来，两国领导人密切沟通，牢牢把握两国关系发展的战略方向。两国积极对接21世纪海上丝绸之路和马来西亚经济转型计划。双方要继续加强“两国双园”同步建设和互动发展，稳步推进有关工业园、铁路等大项目合作。中方愿同马方加强教育、文化、人员往来和旅游等领域合作，继续深化执法、安全、反恐等合作。马来西亚是古代海上丝绸之路上的重要国家，也是最早响应“一带一路”倡议的沿线国家，更是共建“一带一路”早期收获最丰硕的国家之一。中方愿推动中马两国在“一带一路”建设上取得更多实效。[②]

国务院总理李克强在人民大会堂会见来华进行国事访问并出席“一带一路”国际合作高峰论坛的乌兹别克斯坦总统米尔济约耶夫。李克强表示，中乌关系发展势头良好。昨天，习近平主席同你举行了富有成果的会谈。中方愿同乌方巩固政治互信，密切各层级交往，加强各领域合作，切实造福两国人民。李克强指出，欢迎乌方更多引进性价比较高、符合环保要求的中国装备，助力乌工业化进程。中方愿扩大从乌方进口有竞争力的产品。两国还可以增进中小企业间的合作，更好实现互利共赢。[③]

国务院总理李克强在人民大会堂会见来华出席“一带一路”国际合作高峰

① 《人民日报》2017年5月14日第1版。
② 《人民日报》2017年5月14日第2版。
③ 《人民日报》2017年5月14日第2版。

论坛的老挝国家主席本扬。李克强表示，中老传统友谊深厚，两国关系持续深入发展。习近平主席将同你就两党、两国关系发展深入交换意见。我们愿将“一带一路”倡议同老方“变陆锁国为陆联国”战略相衔接，充分发挥中老关系的政治优势和地缘优势，深化重点领域合作，确保中老铁路项目、边境经济合作区等顺利实施。继续加强基础设施建设、资源勘探开发、农业、电力等领域合作。李克强指出，中方重视老挝在地区事务中发挥的重要作用，愿在中国—东盟关系、澜沧江—湄公河合作机制下同老方加强沟通协调，更好造福地区人民。①

国务院总理李克强在人民大会堂会见来华出席“一带一路”国际合作高峰论坛的巴基斯坦总理谢里夫。李克强表示，中方高度重视发展同巴基斯坦的友好合作关系，愿同巴方携手努力，将两国高水平的政治互信转化为更多互利互惠的合作成果，推动两国全天候战略合作伙伴关系向前发展。李克强指出，中巴经济走廊是两国共同推动的重点项目，合作已取得积极成效。希望双方更好对接发展战略，稳步、按期、高质量推进重大交通基础设施和能源等项目建设，加强产能合作，促进贸易平衡发展。希望巴方加大力度保护中方在巴人员和相关项目的安全。会见后，两国总理共同见证双方经济技术等领域合作文件的签署。②

国务院总理李克强在人民大会堂会见来华出席“一带一路”国际合作高峰论坛的马来西亚总理纳吉布。李克强表示，中国重视发展同马来西亚的关系，赞赏马方积极响应“一带一路”倡议，愿同马方深化发展战略对接，共同落实好已达成共识的各项合作，继续支持中马钦州和马中关丹产业园区建设和互动发展，推进马六甲工业园区项目合作，扩大铁路等基础设施建设合作。密切教育、旅游等人文交流，筑牢中马关系的民意基础。加强防务、执法交流合作，共同应对传统、非传统安全挑战。希望马来西亚作为东盟重要成员，继续为推动中国—东盟关系发展发挥积极建设性作用。会见后，两国总理共同见证发展战略对接、检验检疫、基础设施等领域双边合作文件的签署。③

中共中央政治局常委、中央纪委书记王岐山在钓鱼台国宾馆会见老挝人民

① 《人民日报》2017年5月14日第2版。

② 《人民日报》2017年5月14日第3版。

③ 《人民日报》2017年5月14日第3版。

革命党中央总书记、国家主席本扬。[①]

5月14日 国家主席习近平出席“一带一路”国际合作高峰论坛开幕式，并发表题为《携手推进“一带一路”建设》的主旨演讲，强调坚持以和平合作、开放包容、互学互鉴、互利共赢为核心的丝路精神，携手推动“一带一路”建设行稳致远，将“一带一路”建成和平、繁荣、开放、创新、文明之路，迈向更加美好的明天。国务院副总理张高丽主持开幕式。[②]

携手推进“一带一路”建设[③]

——在“一带一路”国际合作高峰论坛开幕式上的演讲

（2017年5月14日，北京）

中华人民共和国主席　习近平

尊敬的各位国家元首，政府首脑，

各位国际组织负责人，

女士们，先生们，朋友们：

“孟夏之日，万物并秀。”在这美好时节，来自100多个国家的各界嘉宾齐聚北京，共商“一带一路”建设合作大计，具有十分重要的意义。今天，群贤毕至，少长咸集，我期待着大家集思广益、畅所欲言，为推动“一带一路”建设献计献策，让这一世纪工程造福各国人民。

女士们、先生们、朋友们！

2000多年前，我们的先辈筚路蓝缕，穿越草原沙漠，开辟出联通亚欧非的陆上丝绸之路；我们的先辈扬帆远航，穿越惊涛骇浪，闯荡出连接东西方的海上丝绸之路。古丝绸之路打开了各国友好交往的新窗口，书写了人类发展进步的新篇章。中国陕西历史博物馆珍藏的千年“鎏金铜蚕”，在印度尼西亚发现的千年沉船“黑石号”等，见证了这段历史。

古丝绸之路绵亘万里，延续千年，积淀了以和平合作、开放包容、互学互鉴、互利共赢为核心的丝路精神。这是人类文明的宝贵遗产。

① 《人民日报》2017年5月14日第4版。

② 《人民日报》2017年5月15日第1版。

③ 《新华每日电讯》2017年5月15日第3版。

——**和平合作**。公元前140多年的中国汉代，一支从长安出发的和平使团，开始打通东方通往西方的道路，完成了“凿空之旅”，这就是著名的张骞出使西域。中国唐宋元时期，陆上和海上丝绸之路同步发展，中国、意大利、摩洛哥的旅行家杜环、马可·波罗、伊本·白图泰都在陆上和海上丝绸之路留下了历史印记。15世纪初的明代，中国著名航海家郑和七次远洋航海，留下千古佳话。这些开拓事业之所以名垂青史，是因为使用的不是战马和长矛，而是驼队和善意；依靠的不是坚船和利炮，而是宝船和友谊。一代又一代“丝路人”架起了东西方合作的纽带、和平的桥梁。

——**开放包容**。古丝绸之路跨越尼罗河流域、底格里斯河和幼发拉底河流域、印度河和恒河流域、黄河和长江流域，跨越埃及文明、巴比伦文明、印度文明、中华文明的发祥地，跨越佛教、基督教、伊斯兰教信众的汇集地，跨越不同国度和肤色人民的聚居地。不同文明、宗教、种族求同存异、开放包容，并肩书写相互尊重的壮丽诗篇，携手绘就共同发展的美好画卷。酒泉、敦煌、吐鲁番、喀什、撒马尔罕、巴格达、君士坦丁堡等古城，宁波、泉州、广州、北海、科伦坡、吉达、亚历山大等地的古港，就是记载这段历史的“活化石”。历史告诉我们：文明在开放中发展，民族在融合中共存。

——**互学互鉴**。古丝绸之路不仅是一条通商易货之道，更是一条知识交流之路。沿着古丝绸之路，中国将丝绸、瓷器、漆器、铁器传到西方，也为中国带来了胡椒、亚麻、香料、葡萄、石榴。沿着古丝绸之路，佛教、伊斯兰教及阿拉伯的天文、历法、医药传入中国，中国的四大发明、养蚕技术也由此传向世界。更为重要的是，商品和知识交流带来了观念创新。比如，佛教源自印度，在中国发扬光大，在东南亚得到传承。儒家文化起源中国，受到欧洲莱布尼茨、伏尔泰等思想家的推崇。这是交流的魅力、互鉴的成果。

——**互利共赢**。古丝绸之路见证了陆上“使者相望于道，商旅不绝于途”的盛况，也见证了海上“舶交海中，不知其数”的繁华。在这条大动脉上，资金、技术、人员等生产要素自由流动，商品、资源、成果等实现共享。阿拉木图、撒马尔罕、长安等重镇和苏尔港、广州等良港兴旺发达，罗马、安息、贵霜等古国欣欣向荣，中国汉唐迎来盛世。古丝绸之路创造了地区大发展大繁荣。

历史是最好的老师。这段历史表明，无论相隔多远，只要我们勇敢迈出第一步，坚持相向而行，就能走出一条相遇相知、共同发展之路，走向幸福安宁和谐美好的远方。

女士们、先生们、朋友们！

从历史维度看，人类社会正处在一个大发展大变革大调整时代。世界多极化、经济全球化、社会信息化、文化多样化深入发展，和平发展的大势日益强劲，变革创新的步伐持续向前。各国之间的联系从来没有像今天这样紧密，世界人民对美好生活的向往从来没有像今天这样强烈，人类战胜困难的手段从来没有像今天这样丰富。

从现实维度看，我们正处在一个挑战频发的世界。世界经济增长需要新动力，发展需要更加普惠平衡，贫富差距鸿沟有待弥合。地区热点持续动荡，恐怖主义蔓延肆虐。和平赤字、发展赤字、治理赤字，是摆在全人类面前的严峻挑战。这是我一直思考的问题。

2013年秋天，我在哈萨克斯坦和印度尼西亚提出共建丝绸之路经济带和21世纪海上丝绸之路，即"一带一路"倡议。"桃李不言，下自成蹊。"4年来，全球100多个国家和国际组织积极支持和参与"一带一路"建设，联合国大会、联合国安理会等重要决议也纳入"一带一路"建设内容。"一带一路"建设逐渐从理念转化为行动，从愿景转变为现实，建设成果丰硕。

——**这是政策沟通不断深化的4年**。我多次说过，"一带一路"建设不是另起炉灶、推倒重来，而是实现战略对接、优势互补。我们同有关国家协调政策，包括俄罗斯提出的欧亚经济联盟、东盟提出的互联互通总体规划、哈萨克斯坦提出的"光明之路"、土耳其提出的"中间走廊"、蒙古提出的"发展之路"、越南提出的"两廊一圈"、英国提出的"英格兰北方经济中心"、波兰提出的"琥珀之路"等。中国同老挝、柬埔寨、缅甸、匈牙利等国的规划对接工作也全面展开。中国同40多个国家和国际组织签署了合作协议，同30多个国家开展机制化产能合作。本次论坛期间，我们还将签署一批对接合作协议和行动计划，同60多个国家和国际组织共同发出推进"一带一路"贸易畅通合作倡议。各方通过政策对接，实现了"一加一大于二"的效果。

——这是设施联通不断加强的4年。“道路通，百业兴。”我们和相关国家一道共同加速推进雅万高铁、中老铁路、亚吉铁路、匈塞铁路等项目，建设瓜达尔港、比雷埃夫斯港等港口，规划实施一大批互联互通项目。目前，以中巴、中蒙俄、新亚欧大陆桥等经济走廊为引领，以陆海空通道和信息高速路为骨架，以铁路、港口、管网等重大工程为依托，一个复合型的基础设施网络正在形成。

——这是贸易畅通不断提升的4年。中国同“一带一路”参与国大力推动贸易和投资便利化，不断改善营商环境。我了解到，仅哈萨克斯坦等中亚国家农产品到达中国市场的通关时间就缩短了90%。2014年至2016年，中国同“一带一路”沿线国家贸易总额超过3万亿美元。中国对“一带一路”沿线国家投资累计超过500亿美元。中国企业已经在20多个国家建设56个经贸合作区，为有关国家创造近11亿美元税收和18万个就业岗位。

——这是资金融通不断扩大的4年。融资瓶颈是实现互联互通的突出挑战。中国同“一带一路”建设参与国和组织开展了多种形式的金融合作。亚洲基础设施投资银行已经为“一带一路”建设参与国的9个项目提供17亿美元贷款，“丝路基金”投资达40亿美元，中国同中东欧“16+1”金融控股公司正式成立。这些新型金融机制同世界银行等传统多边金融机构各有侧重、互为补充，形成层次清晰、初具规模的“一带一路”金融合作网络。

——这是民心相通不断促进的4年。“国之交在于民相亲，民相亲在于心相通。”“一带一路”建设参与国弘扬丝绸之路精神，开展智力丝绸之路、健康丝绸之路等建设，在科学、教育、文化、卫生、民间交往等各领域广泛开展合作，为“一带一路”建设夯实民意基础，筑牢社会根基。中国政府每年向相关国家提供1万个政府奖学金名额，地方政府也设立了丝绸之路专项奖学金，鼓励国际文教交流。各类丝绸之路文化年、旅游年、艺术节、影视桥、研讨会、智库对话等人文合作项目百花纷呈，人们往来频繁，在交流中拉近了心与心的距离。

丰硕的成果表明，“一带一路”倡议顺应时代潮流，适应发展规律，符合各国人民利益，具有广阔前景。

女士们、先生们、朋友们！

中国人说，“万事开头难”。“一带一路”建设已经迈出坚实步伐。我们要乘势而上、顺势而为，推动“一带一路”建设行稳致远，迈向更加美好的未来。这里，我谈几点意见。

第一，我们要将“一带一路”建成和平之路。古丝绸之路，和时兴，战时衰。“一带一路”建设离不开和平安宁的环境。我们要构建以合作共赢为核心的新型国际关系，打造对话不对抗、结伴不结盟的伙伴关系。各国应该尊重彼此主权、尊严、领土完整，尊重彼此发展道路和社会制度，尊重彼此核心利益和重大关切。

古丝绸之路沿线地区曾经是“流淌着牛奶与蜂蜜的地方”，如今很多地方却成了冲突动荡和危机挑战的代名词。这种状况不能再持续下去。我们要树立共同、综合、合作、可持续的安全观，营造共建共享的安全格局。要着力化解热点，坚持政治解决；要着力斡旋调解，坚持公道正义；要着力推进反恐，标本兼治，消除贫困落后和社会不公。

第二，我们要将“一带一路”建成繁荣之路。发展是解决一切问题的总钥匙。推进“一带一路”建设，要聚焦发展这个根本性问题，释放各国发展潜力，实现经济大融合、发展大联动、成果大共享。

产业是经济之本。我们要深入开展产业合作，推动各国产业发展规划相互兼容、相互促进，抓好大项目建设，加强国际产能和装备制造合作，抓住新工业革命的发展新机遇，培育新业态，保持经济增长活力。

金融是现代经济的血液。血脉通，增长才有力。我们要建立稳定、可持续、风险可控的金融保障体系，创新投资和融资模式，推广政府和社会资本合作，建设多元化融资体系和多层次资本市场，发展普惠金融，完善金融服务网络。

设施联通是合作发展的基础。我们要着力推动陆上、海上、天上、网上四位一体的联通，聚焦关键通道、关键城市、关键项目，联结陆上公路、铁路道路网络和海上港口网络。我们已经确立“一带一路”建设六大经济走廊框架，要扎扎实实向前推进。要抓住新一轮能源结构调整和能源技术变革趋势，建设全球能源互联网，实现绿色低碳发展。要完善跨区域物流网建设。我们也要促进政策、规则、标准三位一体的联通，为互联互通提供机制保障。

第三，我们要将“一带一路”建成开放之路。开放带来进步，封闭导致落后。对一个国家而言，开放如同破茧成蝶，虽会经历一时阵痛，但将换来新生。“一带一路”建设要以开放为导向，解决经济增长和平衡问题。

我们要打造开放型合作平台，维护和发展开放型世界经济，共同创造有利于开放发展的环境，推动构建公正、合理、透明的国际经贸投资规则体系，促进生产要素有序流动、资源高效配置、市场深度融合。我们欢迎各国结合自身国情，积极发展开放型经济，参与全球治理和公共产品供给，携手构建广泛的利益共同体。

贸易是经济增长的重要引擎。我们要有“向外看”的胸怀，维护多边贸易体制，推动自由贸易区建设，促进贸易和投资自由化便利化。当然，我们也要着力解决发展失衡、治理困境、数字鸿沟、分配差距等问题，建设开放、包容、普惠、平衡、共赢的经济全球化。

第四，我们要将“一带一路”建成创新之路。创新是推动发展的重要力量。“一带一路”建设本身就是一个创举，搞好“一带一路”建设也要向创新要动力。

我们要坚持创新驱动发展，加强在数字经济、人工智能、纳米技术、量子计算机等前沿领域合作，推动大数据、云计算、智慧城市建设，连接成21世纪的数字丝绸之路。我们要促进科技同产业、科技同金融深度融合，优化创新环境，集聚创新资源。我们要为互联网时代的各国青年打造创业空间、创业工场，成就未来一代的青春梦想。

我们要践行绿色发展的新理念，倡导绿色、低碳、循环、可持续的生产生活方式，加强生态环保合作，建设生态文明，共同实现2030年可持续发展目标。

第五，我们要将“一带一路”建成文明之路。“一带一路”建设要以文明交流超越文明隔阂、文明互鉴超越文明冲突、文明共存超越文明优越，推动各国相互理解、相互尊重、相互信任。

我们要建立多层次人文合作机制，搭建更多合作平台，开辟更多合作渠道。要推动教育合作，扩大互派留学生规模，提升合作办学水平。要发挥智库作用，建设好智库联盟和合作网络。在文化、体育、卫生领域，要创新合作模式，推动务实项目。要用好历史文化遗产，联合打造具有丝绸之路特色的旅游产品和遗产保护。我们要加强各国议会、政党、民间组织往来，密切妇女、青年、残疾人等群体交流，促进包容发展。我们也要加强国际反腐合作，让“一带一路”成为廉洁之路。

女士们、先生们、朋友们！

当前，中国发展正站在新的起点上。我们将深入贯彻创新、协调、绿色、开放、共享的发展理念，不断适应、把握、引领经济发展新常态，积极推进供给侧结构性改革，实现持续发展，为“一带一路”注入强大动力，为世界发展带来新的机遇。

——中国愿在和平共处五项原则基础上，发展同所有“一带一路”建设参与国的友好合作。中国愿同世界各国分享发展经验，但不会干涉他国内政，不会输出社会制度和发展模式，更不会强加于人。我们推进“一带一路”建设不会重复地缘博弈的老套路，而将开创合作共赢的新模式；不会形成破坏稳定的小集团，而将建设和谐共存的大家庭。

——中国已经同很多国家达成了“一带一路”务实合作协议，其中既包括交通运输、基础设施、能源等硬件联通项目，也包括通信、海关、检验检疫等软件联通项目，还包括经贸、产业、电子商务、海洋和绿色经济等多领域的合作规划和具体项目。中国同有关国家的铁路部门将签署深化中欧班列合作协议。我们将推动这些合作项目早日启动、早见成效。

——中国将加大对“一带一路”建设资金支持，向丝路基金新增资金1000亿元人民币，鼓励金融机构开展人民币海外基金业务，规模预计约3000亿元人民币。中国国家开发银行、进出口银行将分别提供2500亿元和1300亿元等值人民币专项贷款，用于支持“一带一路”基础设施建设、产能、金融合作。我们还将同亚洲基础设施投资银行、金砖国家新开发银行、世界银行及其他多边开发机构合作支持“一带一路”项目，同有关各方共同制定“一带一路”融资指导原则。

——中国将积极同“一带一路”建设参与国发展互利共赢的经贸伙伴关系，促进同各相关国家贸易和投资便利化，建设“一带一路”自由贸易网络，助力地区和世界经济增长。本届论坛期间，中国将同30多个国家签署经贸合作协议，同有关国家协商自由贸易协定。中国将从2018年起举办中国国际进口博览会。

——中国愿同各国加强创新合作，启动“一带一路”科技创新行动计划，开展科技人文交流、共建联合实验室、科技园区合作、技术转移4项行动。我们将在未来5年内安排2500人次青年科学家来华从事短期科研工作，培训5000人次科学技术和管理人员，投入运行50家联合实验室。我们将设立生态环保大数据服务平台，倡议建立“一带一路”绿色发展国际联盟，并为相关国家应对气候变化提供援助。

——中国将在未来3年向参与“一带一路”建设的发展中国家和国际组织提供600亿元人民币援助，建设更多民生项目。我们将向“一带一路”沿线发展中国家提供20亿元人民币紧急粮食援助，向南南合作援助基金增资10亿美元，在沿线国家实施100个“幸福家园”、100个“爱心助困”、100

个“康复助医”等项目。我们将向有关国际组织提供10亿美元落实一批惠及沿线国家的合作项目。

——中国将设立“一带一路”国际合作高峰论坛后续联络机制，成立“一带一路”财经发展研究中心、“一带一路”建设促进中心，同多边开发银行共同设立多边开发融资合作中心，同国际货币基金组织合作建立能力建设中心。我们将建设丝绸之路沿线民间组织合作网络，打造新闻合作联盟、音乐教育联盟以及其他人文合作新平台。

“一带一路”建设植根于丝绸之路的历史土壤，重点面向亚欧非大陆，同时向所有朋友开放。不论来自亚洲、欧洲，还是非洲、美洲，都是“一带一路”建设国际合作的伙伴。“一带一路”建设将由大家共同商量，“一带一路”建设成果将由大家共同分享。

女士们、先生们、朋友们！

中国古语讲：“不积跬步，无以至千里。”阿拉伯谚语说，“金字塔是一块块石头垒成的”。欧洲也有句话：“伟业非一日之功”。“一带一路”建设是伟大的事业，需要伟大的实践。让我们一步一个脚印推进实施，一点一滴抓出成果，造福世界，造福人民！

祝本次高峰论坛圆满成功！

谢谢大家。

国家主席习近平在钓鱼台国宾馆会见来华出席“一带一路”国际合作高峰论坛的俄罗斯总统普京。习近平指出，中俄两国是好邻居、好朋友、好伙伴。今年以来，中俄全面战略协作伙伴关系保持高水平发展，各领域合作取得一批新成果。今年是中俄友好、和平与发展委员会成立20周年和俄中友协成立60周年，双方制定丰富多彩的活动计划并积极落实，增进了两国人民相互了解和友谊，巩固了中俄全面战略协作伙伴关系的社会和民意基础。面对复杂多变的国际形势，中俄两国发挥了大国担当，致力于推动有关热点问题政治解决进程，对维护地区及世界和平稳定发挥了重要的压舱石作用。习近平强调，发展和深化中俄关系是两国的战略选择。无论国际风云如何变化，我们都要全力把两国关系发展好、维护好。双方要深化经贸、能源等传统领域合作，落实好重点项目；同时，开拓科技、创新等领域合作，推动两国务实合作提高水平，取得更多成果。我们要加强战略协作，共同促进世界经济持续稳定增长，推动国际和地区热点问题和平解决，完善全球治理体系，为世界和平稳定注入更多正能量。习近平指出，2015年5月，中俄达成了“一带一路”建设同欧亚经济联盟对接的战略共识，得到联盟其他成员国积极响应和支持。2年来，对接合作稳步开展，进展显著。下阶段，中方愿同俄方共同推动对接合作不断收获实际成果，愿同欧亚经济联盟深化务实合作，推动对接项目落地。中俄要携手为上海合作组织自身发展以及助力“一带一路”建设同欧亚经济联盟对接创造良好条件。

普京首先祝贺“一带一路”国际合作高峰论坛成功开幕，称赞在当前国际形势下中方提出“一带一路”倡议并举办此次论坛非常及时，有助于促进各国经济交流合作。普京表示，俄中关系正高水平发展，两国高层交往频繁，政府部门及立法机构交流密切，双边贸易增长迅速、结构有所改善。俄方愿同中方一道，做好欧亚经济联盟同丝绸之路经济带发展战略对接，推进有关合作大项目落实。双方要深化贸易、能源、制造业、教育、地方、旅游、体育等合作。俄中在重大国际问题上积极沟通协调，相互支持，是国际社会的重要稳定因素。两国元首还就朝鲜半岛形势等共同关心的国际和地区问题交换看法。[①]

国家主席习近平在人民大会堂会见来华出席“一带一路”国际合作高峰论

① 《人民日报》2017年5月15日第2版。

坛的印度尼西亚总统佐科。习近平指出，2013年10月，我在印度尼西亚首次提出共同建设21世纪海上丝绸之路倡议。总统先生执政后，提出将印度尼西亚建设成为“全球海洋支点”。近年来，两国积极对接上述倡议和构想，全面深化合作，取得丰硕成果，为双边关系增添了更加丰富的内涵，打开了更加广阔的合作空间。习近平强调，为推动两国全面战略伙伴关系不断迈上新台阶，我们双方要保持高层交往，用好高级别对话和交流机制，深化政治互信。中方愿本着平等互利原则，推动两国在“一带一路”建设框架内全方位合作。要做深做实务实合作，推进基础设施建设项目，推动两国贸易平衡增长。要推进投资、金融、矿业、农业、核能以及反恐、禁毒、网络安全、打击跨国犯罪等领域合作，积极开展海上对话和合作。要推动旅游、教育、文化交流，加强多边组织中沟通和协调。中方愿支持东盟共同体建设，同东盟国家一道，共同推动中国—东盟关系和东亚合作得到更大发展。会见后，两国元首共同见证落实全面战略伙伴关系行动计划，经济技术合作、基础设施建设等领域合作文件的签署。[①]

国务院副总理汪洋在京会见来华出席“一带一路”国际合作高峰论坛的尼泊尔副总理兼财长马哈拉。[②]

5月15日　“一带一路”国际合作高峰论坛在北京雁栖湖国际会议中心举行圆桌峰会。来自30个国家的领导人和联合国、世界银行、国际货币基金组织负责人出席圆桌峰会，围绕“加强国际合作，共建‘一带一路’，实现共赢发展”的主题，就对接发展战略、推动互联互通、促进人文交流等议题交换意见，达成广泛共识，并通过了联合公报。中国国家主席习近平主持会议。张高丽出席。[③]

国家主席习近平在人民大会堂会见来华出席“一带一路”国际合作高峰论坛的肯尼亚总统肯雅塔。习近平指出，“一带一路”国际合作高峰论坛刚刚圆满闭幕，取得丰硕成果。中方赞赏肯方为此作出的积极贡献。近年来，中肯全面合作伙伴关系快速发展，两国关系正处于历史最好时期。肯尼亚是中非产能合作先行先试试点国家之一，在中非合作中发挥着引领和示范作用。我提议将

① 《人民日报》2017年5月15日第2版。

② 《人民日报》2017年5月15日第4版。

③ 《人民日报》2017年5月16日第1版。

中肯关系定位提升为全面战略合作伙伴关系。中方愿同肯方共同努力，推动两国关系不断迈上新台阶。习近平强调，双方要继续从战略高度和长远角度看待和发展双边关系，保持高层交往势头，继续在涉及彼此核心利益和重大关切问题上相互支持。要以蒙内铁路建设为牵引，推进建设路港一体化的产业经济走廊，共同打造蒙内铁路、蒙巴萨港、蒙巴萨经济特区三位一体合作新格局。要加强人文领域交流合作，推进中国文化中心项目。要加强和平安全领域和司法警务合作，共同打击跨国犯罪。要加强在国际和地区事务中沟通和协调。会见后，两国元首共同见证有关司法协助、产能、经济技术合作等领域双边合作文件的签署。①

国家主席习近平在人民大会堂会见来华出席“一带一路”国际合作高峰论坛的菲律宾总统杜特尔特。习近平指出，菲律宾是中国友好近邻，也是共建“一带一路”的重要伙伴。坚持睦邻友好合作、实现合作共赢是发展中菲关系正确道路。中方愿同菲方推动两国发展战略对接，在共同发展的道路上取得更多成果，更好造福两国人民。习近平强调，两国高层要就涉及两国关系发展的重大问题加强沟通，引领两国关系沿着正确方向健康稳定发展。双方要深化务实合作，加强基础设施建设、打击海上跨国犯罪、联合搜救、扶贫、民生、禁毒等领域合作，推动重点领域合作尽快落实或取得阶段性进展。要密切立法机构、地方政府、文化、青年、旅游、人员往来等领域交流合作。中方支持菲律宾当好东盟轮值主席国。中国将同东盟国家加强沟通和合作，深化政治安全和经济领域共同利益，扩大人文交流，推动中国—东盟关系迈上新台阶。会见后，两国元首共同见证了经济技术、基础设施、人力资源、能源、新闻出版等领域合作文件的签署。②

5月16日　中共中央总书记、国家主席习近平在北京同来华出席“一带一路”国际合作高峰论坛的老挝人民革命党中央总书记、国家主席本扬举行会谈，一致表示要以共建“一带一路”为契机，深化互利合作，实现共赢发展，共创中老关系美好未来。习近平欢迎本扬出席“一带一路”国际合作高峰论坛并访华，感谢老方特别是总书记同志对中方办会的大力支持。习近平指出，去

① 《人民日报》2017年5月16日第2版。

② 《人民日报》2017年5月16日第2版。

年我同总书记同志两度会面，就双边关系和共同关心的问题深入沟通，达成重要共识。我高兴地看到，在双方共同努力下，上述重要共识正在得到落实，有力推动了中老关系向前发展。中方赞赏老方积极支持和参与“一带一路”建设，愿以共建“一带一路”为契机，同老挝深化互利合作，实现共赢发展，共创美好未来。习近平强调，中老两国是具有战略意义的命运共同体。双方要牢牢把握中老关系发展的正确方向，推动中老全面战略合作伙伴关系长期健康稳定发展。两党两国高层特别是最高领导人要保持密切交往，及时就双边关系重大问题交换意见，加强对双边关系的政治引领和顶层设计。我愿同本扬总书记保持年度会晤传统，欢迎总书记同志经常来华。要深化两党合作，加强治党治国经验交流互鉴，共同提高执政能力和水平。要推动全面合作，以双方签署“一带一路”建设合作规划纲要为契机，紧密对接发展战略，在重点合作项目中密切配合，造福人民。要加强国际协调配合，共同维护中国—东盟关系大局和地区和平稳定。会谈结束后，两国元首共同出席了“一带一路”建设、经济技术、教育、电力等领域合作文件的换文仪式。①

国家主席习近平在钓鱼台国宾馆会见来华出席“一带一路”国际合作高峰论坛的吉尔吉斯斯坦总统阿坦巴耶夫。习近平指出，中吉建交25年来，双方秉持相互尊重、合作共赢的原则，积极推进双边关系，形成了政治上高度互信、经济上密切合作、安全上互为依托、文化上交流互鉴、国际事务中相互支持的全面合作局面。中方愿同吉方一道，弘扬睦邻友好精神，加强战略协调，深化互利合作，推动中吉战略伙伴关系不断向前发展。习近平强调，中方支持吉尔吉斯斯坦维护独立、主权、领土完整，支持吉方根据本国国情选择的发展道路和奉行的内外政策。中吉两国是维护本地区安全稳定的重要力量，双方要加强反恐和执法安全合作，共同维护两国和地区安全稳定。中吉围绕“一带一路”建设积极开展合作3年多来，取得显著成绩。双方要实施好重点合作项目，使“一带一路”建设成果更多惠及两国人民。②

国家主席习近平在人民大会堂会见来华出席“一带一路”国际合作高峰论坛的缅甸国务资政昂山素季。习近平指出，中缅“胞波”情谊源远流长，共

① 《人民日报》2017年5月17日第1版。

② 《人民日报》2017年5月17日第1版。

同战略利益广泛。吴廷觉总统上个月成功访华，双方就深化新时期两国全面战略合作达成重要共识。中方愿同缅方一道，继往开来，乘势而上，弘扬传统友谊，密切互利合作，推动中缅关系不断向前发展。习近平强调，双方要保持高层交往，加强战略沟通。要深化务实合作，推动重点合作项目顺利实施，推进经济走廊、基础设施、经济合作区建设等合作。要扩大民间交流，落实好双方在民生、人文等领域的合作共识，继续深化旅游、文化、媒体交流合作，夯实中缅友好民意支撑。中方愿继续为缅甸国内和平进程提供必要协助，双方要共同努力维护中缅边境安全稳定。中方愿意同缅方加强在“一带一路”倡议下合作，实现共同发展，给两国人民带来更多实实在在的利益。①

国家主席习近平在人民大会堂会见来华出席“一带一路”国际合作高峰论坛的斯里兰卡总理维克勒马辛哈。习近平指出，中国对斯里兰卡的友好政策是长期战略性选择。今年是中斯建交60周年和《米胶协定》签署65周年。中方高度重视发展同斯里兰卡关系，支持斯方为维护国家团结、和平、民族和解、促进经济发展所作努力。我们愿同斯方一道，延续中斯友谊，推动中斯战略合作伙伴关系迈上新台阶。习近平强调，为推动中斯关系发展，双方要以高层交往为引领，加强对中斯关系发展的顶层设计和政策沟通，就共同关心的全球性问题协调立场。要以大项目合作为先导，推动基础设施建设、海洋、航空等领域合作，实现设施联通。要以建设中斯自由贸易区为抓手，促进双边贸易平衡和可持续发展，加快投资便利化进程，实现贸易畅通和资金融通。要以庆祝建交60周年为契机，增进民心相通。中方愿同斯方加强青年、智库、高校、媒体、宗教界、旅游、地方等交流合作，不断扩大中斯友好的民意基础。②

国家主席习近平在钓鱼台国宾馆会见代表日本政府来华出席“一带一路”国际合作高峰论坛的日本自民党干事长二阶俊博。习近平指出，二阶先生是中国人民的老朋友，长期致力于中日友好交流合作。今年是中日邦交正常化45周年，明年是中日和平友好条约缔结40周年，两国关系既面临新的机遇，也需要应对一些突出挑战。中日双方应该在四个政治文件和四点原则共识基础上，本着以史为鉴、面向未来的精神，改善两国关系。希望日方同中方相向而

① 《人民日报》2017年5月17日第2版。

② 《人民日报》2017年5月17日第2版。

行、排除干扰，推动中日关系沿着正确方向向前发展。希望包括二阶先生在内的两国各界友好人士矢志不渝、继续努力，为两国关系改善凝聚更多正能量。习近平强调，中日邦交正常化45年来，在两国各界有识之士共同努力下，中日关系得到巨大发展，给两国和两国人民带来了实实在在的利益，也为地区和平稳定发挥了重要作用。历史证明，和平、友好、合作是双方唯一正确选择，也是两国人民和国际社会普遍期待。我们应该对干扰两国关系改善进程的问题症结深入思考，采取有效措施加以扭转。作为世界主要经济体，中日两国在推进经济全球化、推进贸易自由化等方面有着共同利益。“一带一路”倡议可以成为中日两国实现互利合作、共同发展的新平台和“试验田”。日方明确表示肯定“一带一路”倡议。我们欢迎日方同中方探讨在“一带一路”建设框架内开展合作。①

5月17日　国家主席习近平在钓鱼台国宾馆会见柬埔寨首相洪森。习近平欢迎洪森正式访华并出席“一带一路”国际合作高峰论坛。习近平指出，中柬关系发展势头良好。中方高度重视发展同柬埔寨关系，愿同柬方一道，坚定不移推进中柬友好事业，深化全面战略合作，更好造福两国人民，为地区和平和繁荣作出更大贡献。习近平强调，中柬明年迎来建交60周年。双方要以纪念建交60周年为契机，推动中柬关系行稳致远、更好发展。我们要发挥高层接触对双边关系的引领作用，加强治国理政交流。要深化务实合作，落实好推进“一带一路”建设合作规划纲要，抓好产能和投资合作重点项目。要提升经贸合作规模和水平，实施好有关合作项目建设。要加强执法安全、反恐、打击网络犯罪以及境外追逃等领域合作，扩大旅游、文化、教育、青年等社会人文交流。中方支持柬方在国际和地区事务中发挥更大作用，支持柬方当好澜湄合作主席国。② 两国发布了联合新闻公报。

① 《人民日报》2017年5月17日第2版。

② 《人民日报》2017年5月18日第1版。

中华人民共和国和柬埔寨王国联合新闻公报①

一、应中华人民共和国国务院总理李克强邀请，柬埔寨王国首相洪森于2017年5月13日至17日对中国进行正式访问。访问期间，国家主席习近平会见了洪森首相，国务院总理李克强同洪森首相举行会谈，全国人大常委会委员长张德江、全国政协主席俞正声分别会见了洪森首相。

二、柬方衷心祝贺中方在国家建设事业中取得的伟大成就，预祝中国共产党第十九次全国代表大会胜利召开并取得圆满成功。中方重申支持柬埔寨独立自主选择符合本国国情的发展道路，祝愿柬埔寨人民不断取得新的经济社会发展成就。

三、双方认为，中柬传统友谊是两国人民的宝贵财富，双方要共同维护并发扬光大。在新的历史时期，双方要推动中柬全面战略合作伙伴关系不断迈向新的广度和深度，为两国人民带来更多福祉，为地区发展繁荣作出更大贡献。

四、双方同意继续保持灵活多样的高层接触，就双边关系和重大问题及时进行战略沟通。加强政府、议会、群众团体和地方之间的交往，深化治国理政经验交流，推动双边合作全方位发展。发挥好中柬政府间协调委员会的作用，统筹协调和推进各领域务实合作。

五、双方同意继续加强外交、国防和执法安全领域交流合作。落实好两国外交部关于加强新形势下合作的协议，密切各层次沟通协作。保持两军各层级交往和多边安全领域协调。用好执法安全合作工作会晤机制，重点加强在国内安全保卫、反恐和打击偷渡、拐卖人口、电信诈骗、网络犯罪以及境外追逃等领域合作。

六、双方高度评价两国经贸投资合作成果，同意加快对接发展战略，落实好此访期间签署的《共同推进“一带一路”建设合作规划纲要》，抓好产能与投资合作重点项目。提升经贸合作规模和水平，争取到2020年双边贸易额达到60亿美元。中方将继续为柬发展经济、改善民生提供力所能及的帮助，支持中方企业继续推进金边—西哈努克港高速公路、暹粒新机

① 《人民日报》2017年5月18日第3版。

场等项目，双方共同建设好西哈努克港经济特区。

七、双方同意深化基础设施、交通、农业、科技、海洋、旅游等领域合作。落实好此访期间签署的加强基础设施领域合作的谅解备忘录、交通运输领域能力建设合作谅解备忘录。中方愿帮助柬方编制现代农业发展规划，加强农产品深加工合作。落实好关于共建中柬联合海洋观测站和旅游合作实施方案等文件。

八、中方重申坚定支持柬埔寨王国政府维护国家主权和独立及维护政治稳定的努力。柬方重申继续坚定奉行一个中国政策，承认中华人民共和国政府是代表全中国的唯一合法政府，台湾是中国领土不可分割的一部分，反对任何形式的“台湾独立”，继续支持两岸关系和平发展和中国的和平统一大业。中方对柬方的理解和支持表示高度赞赏。

九、双方一致认为，南海问题不是中国和东盟之间的问题，应由直接当事国通过对话协商解决。中国和东盟国家有能力通过合作共同维护好南海的和平稳定，域外国家应为此发挥建设性作用。中国愿同包括柬埔寨在内的东盟国家一道，全面有效落实《南海各方行为宣言》，推进“南海行为准则”

磋商，争取早日在协商一致的基础上达成“准则”。

十、双方就共同关心的国际和地区问题交换看法，同意继续加强在联合国、中国—东盟合作、澜沧江—湄公河合作等多边框架下的协调配合。柬方祝贺中方成功主办“一带一路”国际合作高峰论坛。中方全力支持柬方当好澜湄合作主席国。

十一、访问期间，双方签署了《共同推进“一带一路”建设合作规划纲要》《关于加强基础设施领域合作的谅解备忘录》

《关于交通运输领域能力建设合作谅解备忘录》《关于旅游合作的谅解备忘录实施方案（2017—2020）》,《关于共建中柬联合海洋观测站的议定书》等13份合作文件。

十二、双方对洪森首相访华取得的成果表示满意，一致认为此访对推动两国全面战略合作伙伴关系发展具有重要意义。洪森首相对访华期间受到中方热情友好接待表示感谢。

2017年5月17日于北京

5月17—18日 中国与东盟国家在贵州省贵阳市举行落实《南海各方行为宣言》第14次高官会和第21次联合工作组会，中国与东盟十国外交部高官出席了会议。各方就全面有效落实《宣言》，加强海上务实合作，以及“南海行为准则”磋商等议题进行了坦诚、深入的探讨，取得了积极成果。各方重申了全面、有效落实《宣言》的重要性，表示将坚持通过谈判协商和平解决南海争议，坚持通过地区规则框架管控分歧，深化海上务实合作，推进“准则”磋商，共同维护南海的和平与稳定。会议审议通过了“准则”框架。各方积极评价达成“准则”框架的重要意义，强调这是整个“准则”磋商的重要阶段性成果，为下一步“准则”磋商奠定坚实基础。各方将继续以建设性的态度推进磋商工作，力争在协商一致基础上早日达成“准则”。此次会议还审议通过了《建立三个技术委员会步骤文件》、外交高官热线平台试运行结果，并更新了2016—2018年工作计划。各方表示，今年是《宣言》签署15周年。15年来，中国和东盟国家通过落实《宣言》机制，携手维护了南海地区的和平稳定和经济繁荣。展望未来，各方应继续坚持全面、有效落实《宣言》，共同维护南海和平稳定，致力于将南海建设成为和平之海、友谊之海、合作之海。①

中国海军远航访问编队抵达缅甸仰光，进行为期4天的友好访问。这是中国海军舰艇编队第五次访问缅甸。②

5月19日 国家主席习近平在人民大会堂会见韩国总统特使李海瓒。李海瓒转交了文在寅总统致习近平主席的亲笔信。习近平指出，中韩两国是近邻。两国建交25年来，双边关系实现跨越式发展，为两国和两国人民带来巨大福祉，也为维护地区和平稳定作出了重要贡献。当前，中韩关系处于关键阶段。中方重视中韩关系，愿同韩方一道，维护中韩关系来之不易的成果，在相互理解、相互尊重的基础上，巩固政治互信，妥善处理分歧，推动中韩关系早日回到正常轨道，实现改善发展，更好惠及两国和两国人民。习近平强调，中方坚持实现朝鲜半岛无核化，坚持维护半岛和平稳定，坚持通过对话协商解决问题，这符合中韩两国及本地区的共同利益。中方愿同韩国新政府就此加强沟通，尽快缓和局势，坚定推动半岛无核化，并争取早日重启对话协商。③

---

① 《人民日报》2017年5月19日第3版。

② 《人民日报》2017年5月19日第3版。

③ 《人民日报》2017年5月20日第1版。

国务院总理李克强在中南海紫光阁会见菲律宾众议长阿尔瓦雷兹。李克强表示，中菲发展睦邻友好关系，符合两国和两国人民的根本利益，有利于地区的和平、稳定与发展。中方愿同菲方深化政治互信，拓展互利合作，密切各层级、各领域交往，不断扩大共同利益，妥善处理分歧，巩固中菲关系重返正常轨道的民意基础，保持中菲关系朝着健康稳定的方向发展。希望两国立法机构加强交流与合作，为促进中菲友好多做工作。李克强指出，今年是东盟成立50周年。中方支持菲律宾作为东盟轮值主席国的各项工作，愿同各方一道，推动新时期中国—东盟关系和东亚区域合作取得更大发展。[①]

全国人大常委会委员长张德江在人民大会堂与菲律宾众议长阿尔瓦雷兹举行会谈。张德江说，中菲两国交往有着上千年历史，友好合作是两国关系的主流。去年杜特尔特总统成功访华，习近平主席与杜特尔特总统就改善与发展中菲关系达成重要共识，两国关系实现全面改善，合作进入新阶段。前几天，习近平主席与来华出席“一带一路”国际合作高峰论坛的杜特尔特总统再度会晤，就两国关系未来发展达成新的重要共识。中方愿与菲方一道，保持相互信任，加强战略沟通，深化务实合作，抓住当前两国关系良好发展的势头，共同推动中菲关系取得更大发展。张德江说，中国全国人大重视发展同菲律宾国会的友好关系，愿加强双方交流合作，积极开展治国理政、立法、监督等方面的经验交流，推动两国关系发展。重点做好以下几点：一是密切友好交往，巩固和增进两国政治互信。中国全国人大愿与菲律宾国会参、众两院加强各层次各领域的沟通和交流，深化和扩大共识，增强推动两国关系发展的合力，巩固两国关系的政治基础。二是营造良好环境，支持和促进两国务实合作。在法律和政策层面为两国务实合作提供有力支持，推动落实双方签署的各项合作文件，争取尽快产生合作成效，为两国人民带来更多实惠。三是发挥桥梁作用，推动和扩大两国人文交往。充分发挥立法机关广泛联系人民的独特优势，促进两国人文交流、地方合作、政党及民间友好往来，夯实中菲关系的民意基础。[②]

为落实2016年10月菲律宾总统杜特尔特访华期间和中国国家主席习近平有关友好对话精神，中国—菲律宾南海问题双边磋商机制第一次会议在贵州省

---

① 《人民日报》2017年5月20日第1版。

② 《人民日报》2017年5月20日第1版。

贵阳市举行。中国外交部副部长刘振民和菲律宾驻华大使罗马纳分率各自代表团出席。双方就南海有关问题进行了坦诚、深入和友好的交流，重申将致力于开展合作，并探索加强双方互信和信心的方法，会议取得了丰硕成果。①

第二十三次中国—东盟高官磋商在贵阳举行。外交部副部长刘振民和新加坡外交部常务秘书池伟强共同主持，东盟其他各国高官或高官代表和东盟副秘书长出席了会议。会议全面回顾了中国和东盟“2+7合作框架”落实情况，特别是去年中国—东盟建立对话关系25周年纪念峰会成果落实进展，以及今年中国—东盟旅游合作年各项活动推进情况。会议高度评价中国—东盟合作的丰硕成果，强调这些成果给双方20亿人民带来了实实在在的利益，认为中国—东盟战略伙伴关系内涵更为丰富，合作前景更为广阔，处理分歧更加成熟理性，为促进地区和平、稳定与发展作出了重要贡献。东盟各国高官盛赞刚刚在华举办的“一带一路”国际合作高峰论坛，认为“一带一路”倡议有利于促进地区合作与发展，希望推动该倡议与东盟发展规划更紧密对接，为增进各国民众福祉提供新的发展机遇。中方祝贺东盟成立50周年，表示愿继续支持东盟共同体建设和东盟在区域合作中的中心地位。各方认为，当前中国—东盟关系处于承上启下的关键阶段，面临新的发展机遇，要从整体上把握双方关系发展主流，推动双方关系不断取得新进展；要深化各领域务实合作，打造人文交流新支柱；要培育次区域合作新引擎，加强在国际地区事务中的沟通合作，为经济全球化和地区一体化注入正能量；要以明年中国—东盟建立战略伙伴关系15周年为新契机，探讨打造更高版本的中国—东盟战略伙伴关系，规划好双方关系未来发展蓝图。②

5月20日　应乌兹别克斯坦最高会议邀请，全国人大常委会副委员长兼秘书长王晨17日至20日访问乌兹别克斯坦，会见总统米尔济约耶夫，祝贺他访华圆满成功，感谢他出席“一带一路”国际合作高峰论坛及其所作的贡献。同参议院主席尤尔达舍夫、立法院主席伊斯莫伊洛夫分别举行会谈，并拜谒了乌首任总统卡里莫夫墓。③

习近平主席特使、全国人大常委会副委员长张平在帝力出席东帝汶新总统

① 《人民日报》2017年5月20日第3版。

② 《人民日报》2017年5月20日第3版。

③ 《人民日报》2017年5月21日第3版。

卢奥洛就职仪式和东帝汶恢复独立15周年庆典，并会见卢奥洛总统。张平向卢奥洛转达了习近平主席的热烈祝贺和良好祝愿。①

国务委员杨洁篪应约同美国国务卿蒂勒森通电话。②

在第23届亚太经合组织贸易部长会议期间，越南国家主席陈大光在河内会见中国商务部长钟山。③

中国海军远航访问编队圆满结束对缅甸的友好访问。访问期间，中缅两国海军官兵开展了参观交流、足球友谊赛等活动，并举行了首次海上联合演练。④

5月22日 中共中央政治局委员、国家副主席李源潮在北京会见越南胡志明共青团中央书记处第一书记黎国锋率领的越南青年代表团。⑤

5月23-25日 应俄罗斯联邦总统办公厅邀请，中央书记处书记、中央纪委副书记赵洪祝率中共代表团访问俄罗斯。⑥

5月25日 中巴经济走廊萨希瓦尔燃煤电站1号机组满负荷运营仪式在巴基斯坦东部旁遮普省萨希瓦尔市举行，标志着中巴经济走廊框架内首个大型能源项目投产发电。巴基斯坦总理谢里夫、中国驻巴大使孙卫东等中巴各界友好人士500余人出席仪式。⑦

5月28日 国家主席习近平就斯里兰卡洪水和山体滑坡灾害向斯里兰卡总统西里塞纳致慰问电，对遇难者表示深切的哀悼，向受灾民众和遇难者家属表示诚挚的慰问。习近平在慰问电中指出，中斯是传统友好邻邦，中国人民对斯里兰卡人民遭受灾害感同身受。中国政府愿全力支持斯里兰卡政府开展救灾工作，向斯方提供支持和帮助。相信斯里兰卡政府和人民一定能够战胜灾害、重建家园。

国务院总理李克强就斯里兰卡近日发生的洪水和山体滑坡灾害向斯里兰卡总理维克勒马辛哈致慰问电，向斯里兰卡政府和灾区人民致以诚挚慰问。李

① 《人民日报》2017年5月21日第3版。
② 《人民日报》2017年5月21日第3版。
③ 《人民日报》2017年5月22日第3版。
④ 《人民日报》2017年5月22日第3版。
⑤ 《人民日报》2017年5月23日第3版。
⑥ 《人民日报》2017年5月26日第3版。
⑦ 《人民日报》2017年5月27日第3版。

克强表示，中方愿全力支持斯里兰卡政府开展救灾工作，向斯方提供支持和帮助。[①]

5月29日 国务委员杨洁篪应邀在东京附近同日本国家安全保障局长谷内正太郎共同主持中日第四次高级别政治对话。[②]

5月30日 泰国总理巴育会见来访的中央军委委员、中央军委联合参谋部参谋长。[③]

5月31日 日本首相安倍晋三在东京会见中国国务委员杨洁篪。[④]

6月1日 国家主席习近平致电阿富汗总统穆罕默德·阿什拉夫·加尼，对阿富汗首都喀布尔发生汽车炸弹袭击事件表示慰问。习近平在慰问电中表示，惊悉喀布尔发生严重汽车炸弹袭击事件，造成重大人员伤亡。我谨代表中国政府和中国人民，并以我个人的名义，对遇难者表示深切的哀悼，向受伤者和遇难者家属表示诚挚的慰问。中国反对一切形式的恐怖主义，对这一袭击事件予以强烈谴责。中国愿同国际社会一道，坚定支持阿富汗政府和人民防范和打击恐怖主义，维护国家安全稳定。[⑤]

国务院总理李克强致电阿富汗首席执行官阿卜杜拉，对阿富汗首都喀布尔发生汽车炸弹袭击事件表示慰问。李克强在慰问电中对这一袭击事件予以强烈谴责，表示中方反对一切形式的恐怖主义，将一如既往坚定支持阿富汗政府为维护国家安全稳定、打击恐怖主义所作的不懈努力。[⑥]

马来西亚总理纳吉布在总理府会见到访的国务委员、公安部部长郭声琨。[⑦]

6月4日 针对美国国防部长马蒂斯和日本防卫大臣稻田朋美3日在香格里拉对话会上就南海、涉台等问题发表的言论，外交部发言人华春莹答记者问时表示，注意到美国和日本有关人士不负责任的言论，对此强烈不满和坚决反对。强调几点：第一，中国对南沙群岛及其附近海域拥有无可争辩的主权。中

① 《人民日报》2017年5月29日第3版。
② 《人民日报》2017年5月30日第3版。
③ 《人民日报》2017年5月31日第3版。
④ 《人民日报》2017年6月1日第3版。
⑤ 《人民日报》2017年6月2日第1版。
⑥ 《人民日报》2017年6月2日第1版。
⑦ 《人民日报》2017年6月3日第1版。

国坚定维护在南海的领土主权和海洋权益的同时，始终致力于同直接有关当事国通过谈判磋商和平解决争议，同东盟国家共同维护南海和平稳定。中国一贯尊重和维护各国依国际法在南海享有的航行和飞越自由，但坚决反对个别国家打着航行和飞越自由的旗号在南海地区炫耀武力，挑战和威胁中国的主权和安全。中国在南沙岛礁进行有关设施建设，目的是改善驻守人员的工作和生活条件，更好地维护主权并履行中国承担的国际责任和义务。中国在自己领土上部署必要的国土防御设施是主权范围内的事情，是主权国家享有的自保权和自卫权，与所谓“军事化”无关。在地区国家共同努力下，南海形势趋缓降温，呈现积极发展态势。中国和菲律宾就妥善处理包括仲裁案在内的南海问题达成共识，并成功举行了南海问题双边磋商机制第一次会议。中国和东盟国家达成“南海行为准则”框架，这是中国和东盟国家继《南海各方行为宣言》之后打造行之有效的地区规则的具体努力。在此背景下，个别域外国家却执意逆潮流而动，就南海问题屡屡发表错误言论，无视事实，颠倒黑白，完全是别有用心。中方对此坚决反对，敦促有关方面停止发表不负责任的言论，充分尊重地区国家维护南海和平稳定的努力，为此发挥建设性作用。第二，中国和日本在东海存在钓鱼岛领土争议和海洋划界问题。钓鱼岛及其附属岛屿自古以来就是中国领土。中国政府公务船在有关海域的巡航执法正当合法。中国维护领土主权和海洋权益的决心和意志坚定不移，今后将继续开展有关巡航执法活动。日方有关说法罔顾事实，颠倒黑白，不值一驳。中方敦促日方为中日关系改善和地区和平稳定多做建设性努力。第三，中方在台湾问题上的立场是明确和一贯的。中方一贯坚决反对美国单方面制定的所谓“与台湾关系法”，要求美方恪守一个中国政策和中美三个联合公报原则，停止售台武器，停止任何形式的官方往来和提升美台实质关系，以实际行动维护中美关系大局和台海和平稳定。第四，中方反对有关国家部署“萨德”系统的立场是明确、一贯的，我们敦促有关国家立即停止有关部署进程。①

6月5日 在习近平主席即将对哈萨克斯坦进行国事访问，并出席上海合作组织成员国元首理事会第十七次会议和阿斯塔纳专项世博会开幕式前夕，中哈媒体交流座谈会在哈萨克斯坦首都阿斯塔纳举行。来自两国主流媒体的负责

① 《人民日报》2017年6月5日第1版。

人围绕发挥媒体在促进两国友好关系发展和各领域合作中的积极作用、进一步加强媒体交流合作进行了深入探讨，并达成广泛共识。①

6月6日 国家主席习近平在人民大会堂会见美国加利福尼亚州州长布朗。习近平指出，中美建交以来，两国关系经历风雨、砥砺前行，给两国人民带来了巨大利益，也有力促进了亚太地区和世界的和平、稳定、繁荣。中国将坚持和平发展、开放发展，坚持走绿色发展道路。新形势下，中美两国开展交流和合作的领域更加广泛。双方要加强沟通、拓展合作，推动中美关系健康稳定向前发展。习近平强调，地方交流合作是中美关系的重要支柱，对推动中美关系发展具有重要作用。近年来，两国地方交流合作蓬勃发展，成果丰硕。中美两国省州要加强发展战略对接，创造更多合作亮点，把地方交流和合作打造成中美关系发展新的增长点，更好造福两国人民。加州在美国具有重要经济社会影响，希望加州能为推动中美地方交流，促进两国在科技、创新、绿色发展等领域合作作出更多贡献。我们欢迎加州积极参加“一带一路”建设。②

2017年是中哈两国建交25周年，国家主席习近平和哈萨克斯坦总统纳扎尔巴耶夫分别为《美丽中国、美丽哈萨克斯坦——丝绸之路经济带与“光明之路”对接的伟大实践》画册致辞。习近平在致辞中说，中哈合作出版《美丽中国、美丽哈萨克斯坦》画册，向世界展示两国引人入胜的自然人文景观，体现中哈两国人民友谊，具有重要意义。习近平表示，中国和哈萨克斯坦作为古丝绸之路上的重要国家，为促进文明交流作出了重要贡献。中哈建交25年来，两国关系快速发展，双方高层交往密切，政治互信不断巩固，务实合作全面推进，中哈全面战略伙伴关系正在向更高水平迈进。③

6月7日 国家主席习近平对哈萨克斯坦共和国进行国事访问并出席上海合作组织成员国元首理事会第十七次会议和阿斯塔纳专项世博会开幕式。习近平向哈萨克斯坦人民转达中国人民的诚挚问候和良好祝愿。习近平指出，中国和哈萨克斯坦是山水相连的友好邻邦，两国人民友谊源远流长，历久弥新。中哈建交25年来，两国持续巩固政治互信，扎实推进各领域合作，密切在国际和地区事务中的配合和协作。中哈关系发展给两国和两国人民带来了实实在在

---

① 《人民日报》2017年6月6日第3版。

② 《人民日报》2017年6月7日第1版。

③ 《人民日报》2017年6月7日第1版。

的好处。这是我第三次访问哈萨克斯坦，我期待同纳扎尔巴耶夫总统共同规划中哈关系美好蓝图，推动中哈全面战略伙伴关系合作向更高水平迈进。习近平强调，我期待在上海合作组织峰会上同各方就本组织重大事项及共同关心的国际和地区问题深入交换意见，协商组织未来发展，推动各领域合作。[①]

6月8日 国家主席习近平在阿斯塔纳同哈萨克斯坦总统纳扎尔巴耶夫举行会谈。两国元首积极评价中哈建交25年来双边关系发展巨大成就，规划两国下阶段合作的重点方向和领域，决定推动中哈全面战略伙伴关系在更高水平上健康稳定发展，更好造福两国人民。习近平指出，今年是中哈建交25周年。建交以来，中哈关系发展取得令人瞩目的成就。两国政治互信达到前所未有的高度，建立了全面战略伙伴关系，实现了发展战略对接。双方保持密切高层接触，在国际事务中紧密协作，在核心问题上彼此坚定支持。双方合作广度、深度、规模、质量不断提升，人文合作蒸蒸日上。习近平强调，中哈关系之所以能在较短时间内实现跨越式发展，关键在于双方始终秉持睦邻友好、互惠互助精神，始终坚持彼此尊重、平等互利原则，始终奉行世代友好、共同发展理念。中方愿同哈方一道，全面规划两国发展战略对接，密切各领域友好交往和互利合作，打造更加紧密的利益共同体和命运共同体，永远做好邻居、好朋友、好伙伴。双方同意坚持发展全面战略伙伴关系的方针，保持密切高层和机制性交往，尊重对方根据本国国情选择的发展道路和采取的内外政策，支持彼此为维护核心利益所作努力，共同应对威胁地区安全和稳定的挑战。双方同意加快推进“一带一路”建设同“光明之路”新经济政策对接，实现两国发展战略深度融合。重点是实现新亚欧大陆桥、中国—中亚—西亚经济走廊建设同哈萨克斯坦打造国际物流大通道战略对接，国际产能合作同哈萨克斯坦加快工业化进程对接，中国陆海联运优势同哈萨克斯坦东向海运需求对接，“数字丝绸之路”倡议同“数字哈萨克斯坦”战略对接。双方同意加强产能与投资合作，改善两国贸易结构，支持共建工业园，加强互联互通，深化基础设施建设、交通物流、创新、制造业、农业、林业、金融、能源、科技、环保等领域合作。双方同意加强人文交流，积极开展地方合作，促进两国青年交流，拓展在媒体、教育、卫生、体育、旅游等领域合作。中方支持哈方办好阿斯塔纳专

---

① 《人民日报》2017年6月8日第1版。

项世博会。双方同意在重大国际和地区问题上保持密切沟通，在联合国、上海合作组织、亚洲相互协作与信任措施会议等多边机制框架内加强协调和配合，共同打击“三股势力”及跨国有组织犯罪，应对全球和区域性挑战，维护两国共同利益，保障全球和地区和平、安全、稳定。双方积极评价上海合作组织在国际关系中的重要积极作用，同意将秉持“上海精神”，深化和发展上海合作组织框架内的政治、安全、经贸、人文等领域合作。习近平高度评价哈方去年接任主席国后为深化上海合作组织各领域合作，办好阿斯塔纳峰会所做大量卓有成效的工作，强调中方接任轮值主席国后，愿同各方一道，切实落实阿斯塔纳峰会共识，确保本组织朝着协作更全面、合作更务实、行动更高效的方向发展。①

国家主席习近平在阿斯塔纳会见俄罗斯总统普京。习近平指出，不久前，我同普京总统在“一带一路”国际合作高峰论坛期间举行会晤，达成保持中俄全面战略协作伙伴关系高水平运行、加强两国全方位合作的重要共识。在当前复杂多变的国际形势下，中俄关系发展得好，对中俄各自发展振兴，对世界和平稳定都至关重要。双方要加大在涉及彼此核心利益问题上的相互支持，推动“一带一路”建设同欧亚经济联盟对接取得更多实际成果，深化人文交流和民心相通，密切在国际和地区事务中的协调和配合。习近平强调，上海合作组织正面临新的发展机遇和挑战。中俄两国应该加强沟通和协调，坚定遵循“上海精神”，巩固成员国团结协作，维护地区安全稳定，加大务实合作力度，不断提升上海合作组织在国际和地区事务中的影响力，更多发挥上海合作组织在阿富汗国内和平与和解进程中的作用。中方将在阿斯塔纳峰会后接任上海合作组织轮值主席国，愿同包括俄方在内的各方保持密切沟通和协调，全面深化上海合作组织各领域合作，共同推动上海合作组织实现新一轮发展。②

国家主席习近平在阿斯塔纳会见阿富汗总统加尼。习近平强调，中阿关系保持良好发展势头。两国各层级交往频繁，经贸、人文等各领域合作深化，共建“一带一路”取得积极进展。中阿双方要发挥高层交往对两国关系的引领作用，加强两国各层级交流互访。要积极落实《共同推进“一带一路”建设谅解

① 《人民日报》2017年6月9日第1版。

② 《人民日报》2017年6月9日第1版。

备忘录》等务实合作协议，在“一带一路”框架内深化务实合作，稳步推进中阿互联互通项目。双方要加强反恐和安全合作。中国支持阿富汗政府维护国内安全的努力，愿继续帮助阿方加强相关能力建设。习近平指出，中国坚定奉行对阿富汗友好政策，为推动阿富汗和平重建与和解进程发挥建设性作用。中方支持阿富汗在促进地区经济融合和互联互通方面发挥更大作用。[①]

6月9日　上海合作组织成员国元首理事会第十七次会议在哈萨克斯坦首都阿斯塔纳举行。国家主席习近平同哈萨克斯坦总统纳扎尔巴耶夫、吉尔吉斯斯坦总统阿坦巴耶夫、俄罗斯总统普京、塔吉克斯坦总统拉赫蒙、乌兹别克斯坦总统米尔济约耶夫出席会议。

习近平发表题为《团结协作开放包容，建设安全稳定、发展繁荣的共同家园》的重要讲话。强调上海合作组织成员国要强化命运共同体意识，巩固团结协作，携手应对挑战，深化务实合作，拉紧人文纽带，坚持开放包容，携手创造本组织更加光明的未来。习近平指出，今年是《上海合作组织宪章》签署15周年，也是《上海合作组织成员国长期睦邻友好合作条约》签署10周年。成员国坚定遵循“上海精神”，树立了合作共赢的新型国际关系典范。中方愿同各方一道，强化命运共同体意识，建设安全稳定、发展繁荣的共同家园。

习近平就上海合作组织发展提出5点建议：

第一，巩固团结协作。要深化政治互信，加大相互支持，加强立法机构、政党、司法等领域交流合作，构建平等相待、守望相助、休戚与共、安危共担的命运共同体。中方倡议制定《上海合作组织成员国长期睦邻友好合作条约》未来5年实施纲要。

第二，携手应对挑战。中方支持落实《上海合作组织反极端主义公约》，主张加强地区反恐怖机构建设，倡议举办防务安全论坛，制定未来3年打击“三股势力”合作纲要。呼吁各方支持阿富汗和平和解进程，期待“上海合作组织—阿富汗联络组”为阿富汗和平重建事业发挥更积极作用。

第三，深化务实合作。中方和有关各方正积极推动“一带一路”建设同欧亚经济联盟建设等区域合作倡议，以及哈萨克斯坦“光明之路”等各国发展战略对接，上海合作组织可以为此发挥重要平台作用。中方倡议逐步建立区域经

① 《人民日报》2017年6月9日第1版。

济合作制度性安排，支持建立地方合作机制，并积极开展中小企业合作。

第四，拉紧人文纽带。中方愿同各方继续做好上海合作组织大学运行工作，办好青年交流营、中小学生夏令营，并主办上海合作组织国家文化艺术节等活动，启动实施“中国—上海合作组织人力资源开发合作计划”。中方倡议建立媒体合作机制，将主办本组织首届媒体峰会。

第五，坚持开放包容。中方支持上海合作组织同观察员国、对话伙伴以及其他国家开展合作，赞成本组织继续扩大同联合国等国际和地区组织的交流。

与会领导人一致同意，上海合作组织扩员将促进本组织发展，提升本组织潜力。应该以相互尊重、合作共赢、不冲突、不对抗、遵循国际法准则，以及平等和不可分割安全、兼顾彼此利益等原则为基础，构建更加公正合理、符合各国共同利益及各自利益的多极世界格局，推动构建人类命运共同体。领导人重申恪守联合国宪章宗旨和原则，加大相互支持彼此维护国家独立、主权、领土完整等核心利益的努力，共同为巩固和平、维护全球安全稳定作出贡献。将加强协作，共同应对安全威胁与挑战，共同打击恐怖主义、分裂主义、极端主义。主张在恪守公认的国际法准则和原则基础上，采取政治外交手段解决地区冲突是唯一选择，不能容许以牺牲他国安全为代价维护自身安全。领导人欢迎“一带一路”倡议，高度评价今年5月在北京举行的“一带一路”国际合作高峰论坛成果，支持落实有关共识，推动区域经济合作。支持促进贸易和投资便利化，提升本地区互联互通能力，加强在基础设施建设、创新、金融、环保、科技、卫生、文化、教育、体育、旅游等领域合作。

成员国元首签署了《上海合作组织成员国元首阿斯塔纳宣言》《上海合作组织反极端主义公约》《关于完成接收印度共和国加入上海合作组织程序并给予其上海合作组织成员国地位的决议》《关于完成接收巴基斯坦伊斯兰共和国加入上海合作组织程序并给予其上海合作组织成员国地位的决议》《关于给予印度共和国和巴基斯坦伊斯兰共和国上海合作组织成员国地位背景下上海合作组织成员国会费比例的决议》《关于〈上海合作组织秘书长关于过去一年上海合作组织工作的报告〉的决议》《关于〈上海合作组织地区反恐怖机构理事会关于地区反恐怖机构2016年工作的报告〉的决议》和《关于〈上海合作组织成员国常驻地区反恐怖机构代表条例〉的决议》等。会议发表了《上海合作组织成员国元首关于共同打击国际恐怖主义的声明》和《上海合作组织成员国元首理事会会议新闻公报》。[①]

国家主席习近平在阿斯塔纳会见塔吉克斯坦总统拉赫蒙。习近平指出，中塔是亲密无间的友好邻邦和高度互信的战略伙伴。两国高层交往密切，经贸、农业、基础设施建设、能源、安全等领域合作成果丰硕，在联合国和上海合作组织框架内紧密协作。当前，中塔共建“一带一路”合作取得重要成果，下一步要推动合作向高端、创新、多元方向迈进。双方要加强经济政策协调和发展战略对接，推动互联互通建设取得新进展，加强产能和装备制造合作，深化救灾合作，促进贸易和投资自由化、便利化，加强防务和执法安全合作。中方愿同塔方一道，以两国建交25周年为契机，弘扬睦邻友好精神，加强战略协作，深化互利合作，推动中塔战略伙伴关系向更高水平迈进。[②]

国家主席习近平在阿斯塔纳会见印度总理莫迪。习近平指出，当前，国际形势正在发生深刻复杂变化。中印作为世界上最大的两个发展中国家，应该更多聚焦合作、结伴前行，为各自国家发展提供助力，为维护世界和平稳定、促进共同发展作出贡献。中方高度重视发展中印关系，愿同印方一道努力，增进政治互信，对接发展战略，深化务实合作，就重大国际和地区问题保持协调和配合，推动中印战略合作伙伴关系持续健康稳定发展。双方要密切高层交往和机制性交流，加强战略沟通，促进政策对接。要加强贸易投资合作，推动产能、产业园区、铁路建设等大项目取得更多早期收获。要携手促进区域联通和共同发展，加强发展倡议对接，推动孟中印缅经济走廊建设早日取得实质进展，加强在亚洲基础设施投资银行内合作。要加强地方、智库、文化、媒体、旅游等领域交流。要加强多边领域沟通和协调，妥善管控和处理分歧和敏感问题。习近平祝贺印度即将成为上海合作组织正式成员，表示中方愿同印方加强在上海合作组织框架内合作，共同为上海合作组织健康持续发展作出积极努力。[③]

国家主席习近平同哈萨克斯坦总统纳扎尔巴耶夫等各国领导人、共同出席阿斯塔纳专项世博会开幕式。[④]

---

① 《人民日报》2017年6月10日第1版。

② 《人民日报》2017年6月10日第2版。

③ 《人民日报》2017年6月10日第2版。

④ 《人民日报》2017年6月10日第2版。

6月10日 中共中央对外联络部部长宋涛在福州会见了来华出席金砖国家政党、智库和民间社会组织论坛的俄罗斯统一俄罗斯党总委员会副书记、前国家杜马副主席热列兹尼亚克。[①]

6月11日 中共中央对外联络部部长宋涛在福州会见了来华出席金砖国家政党、智库和民间社会组织论坛的菲律宾民主人民力量党总裁、参议长皮门特尔。[②]

6月12日 国家副主席李源潮在北京会见新加坡外长维文。[③]

国务院副总理汪洋在中南海紫光阁会见日本经济团体联合会会长榊原定征率领的日本经济界访华团一行。双方就推进中日经贸、环保、医疗等领域合作深入交换意见。[④]

外交部长王毅在北京同新加坡外长维文举行会谈。[⑤]

6月15日 全国政协主席俞正声在北京会见巴基斯坦参联会主席祖拜尔。俞正声说，中巴有着全天候友谊。建交以来，双方始终相互尊重和照顾彼此核心利益。2015年习近平主席成功访巴，与巴方领导人一道把两国关系提升为全天候战略合作伙伴关系，为两国关系发展指明了方向。中方愿与巴方共同落实好两国领导人共识，加强战略沟通，推动中巴经济走廊建设，打造中巴命运共同体。俞正声赞赏巴基斯坦政府和军队在打击恐怖主义方面给予中方的坚定有力支持，希望两军继续加强合作，为两国的安全发展做出积极贡献，共同维护地区和平稳定。[⑥]

中共中央政治局委员、中央政法委书记孟建柱在北京会见印度尼西亚总统特使、海洋统筹部长卢胡特。[⑦]

6月16日 中共中央政治局常委、国务院副总理张高丽在中南海紫光阁会见印尼总统特使、海洋统筹部长卢胡特。[⑧]

---

① 《人民日报》2017年6月11日第2版。

② 《人民日报》2017年6月13日第2版。

③ 《人民日报》2017年6月13日第3版。

④ 《人民日报》2017年6月13日第3版。

⑤ 《人民日报》2017年6月13日第3版。

⑥ 《人民日报》2017年6月16日第1版。

⑦ 《人民日报》2017年6月16日第3版。

⑧ 《人民日报》2017年6月17日第3版。

中共中央政治局委员、中央政法委书记孟建柱在中南海会见巴基斯坦参谋长联席会议主席祖拜尔。[①]

国务委员杨洁篪在合肥同俄罗斯总统全权代表巴比奇共同主持召开中国长江中上游地区和俄罗斯伏尔加河沿岸联邦区地方合作理事会第二次会议。杨洁篪和巴比奇启动"长江—伏尔加河"地方合作理事会网站，签署《会议纪要》和《关于对〈长江—伏尔加河地方合作理事会条例〉进行修订的议定书》，见证两地区地方政府签署多项合作文件。并在会后共同出席两地区第四届青年论坛闭幕式。[②]

中央军委副主席许其亮在北京会见巴基斯坦参联会主席祖拜尔。[③]

6月18日 中央军委副主席范长龙访问越南，在河内分别会见越共中央总书记阮富仲、国家主席陈大光、政府总理阮春福，与国防部长吴春历举行会谈。[④]

6月19日 第七次中俄财长对话在上海举行，中国财政部部长肖捷与俄罗斯财政部部长安东·西卢阿诺夫共同主持对话。[⑤]

6月20日 国务院副总理汪洋在中南海紫光阁会见美国艾默生电气公司董事长兼首席执行官范大为一行。[⑥]

6月20-21日 第九轮中美工商领袖和前高官对话在北京举行。双方代表围绕双边经贸关系发展新路径展开坦诚对话，内容涉及基础设施、双边投资、产能合作、数字经济等议题。对话结束时，双方发表联合声明，呼吁两国进一步开放国内经济，特别是为高新技术、互联网经济、制造业、金融服务等领域提供贸易投资便利。[⑦]

6月21日 国务委员杨洁篪同美国国务卿蒂勒森、国防部长马蒂斯在华盛顿共同主持首轮中美外交安全对话。杨洁篪指出，习近平主席同特朗普总统在海湖庄园的成功会晤为新时期中美关系指明方向，作出规划。在两国元首共

---

① 《人民日报》2017年6月17日第3版。
② 《人民日报》2017年6月17日第3版。
③ 《人民日报》2017年6月17日第3版。
④ 《人民日报》2017年6月20日第3版。
⑤ 《人民日报》2017年6月20日第3版。
⑥ 《人民日报》2017年6月21日第3版。
⑦ 《人民日报》2017年6月22日第3版。

识引领下，近来两国关系取得新的积极进展。双方要牢牢把握中美关系发展大方向，推动中美关系取得更多积极进展。双方均表示，将继续按照两国元首重要共识，共同努力扩大互利合作领域，在相互尊重的基础上管控分歧，推动中美关系长期健康稳定发展。双方认为保持高层密切交往十分重要，相信经过共同努力，两国元首在7月二十国集团领导人汉堡峰会期间的会晤将取得积极成果，特朗普总统年内应习近平主席邀请对中国进行的国事访问将取得成功。双方期待年内举行好全面经济、执法及网络安全、社会和人文等其他3个高级别对话机制的首轮对话。

中方指出，双方应该正确看待彼此战略意图。中国战略意图很明确，就是维护好自身的主权、安全和发展利益，努力实现“两个一百年”奋斗目标和中华民族伟大复兴的中国梦。中国坚持走和平发展道路，努力推动构建以合作共赢为核心的新型国际关系、打造人类命运共同体。中国致力于维护以联合国宪章宗旨和原则为核心的现行国际体系和秩序，推动国际体系和秩序朝着更加公正合理的方向发展。双方要尊重彼此的政治制度和发展道路，尊重彼此的主权和领土完整以及彼此的发展利益，确保中美关系健康稳定向前发展。

美方表示认识到中国正持续快速发展，没有任何意图遏制或削弱中国，愿与中国加强合作，发展长期建设性关系。双方应通过加强对话与合作，努力促进亚太地区和平、稳定、繁荣。中方指出，近来中美两军关系总体稳定发展，双方应按照两国元首共识，在新的起点上推动两军关系拓展升级，积极寻求发展建设性的、务实有效的合作关系。

双方同意认真落实年度交流合作项目，尽早实现两国防长互访、美军参联会主席访华；将深化在人道主义救援减灾、反海盗、军事医学等共同领域的合作，致力于落实建立信任措施的谅解备忘录。中方在对话中强调了在台湾、涉藏问题上的原则立场以及美方恪守有关承诺、妥善处理上述问题的重要性。美方表示，美国政府坚持奉行一个中国政策。美方承认西藏是中国一部分，不支持分裂中国的活动。关于朝鲜半岛核问题，中方重申坚持半岛无核化、坚持维护半岛和平稳定、坚持通过协商谈判解决问题的立场。各方应全面、严格执行安理会有关决议，同时应推动早日重启对话谈判。中方提出的“双轨并行”思路和“双暂停”倡议得到国际社会广泛理解和支持，有关各方应积极考虑采纳，共同推动朝核问题回到对话谈判的轨道。中方重申反对美国在韩国部署“萨德”系统，要求停止和撤销有关部署。关于南海问题，中方强调，中国对南沙群岛及其附近海域拥有无可争辩的主权，中方有权采取措施维护自身领土主权和海洋权益。同时，中方始终致力于同直接有关的当事国通过谈判磋商和平解决争议。美方应恪守在有关主权争议问题上不持立场的承诺，尊重中国的主权和安全利益，尊重地区国家通过和平谈判解决有关争议的努力，为维护地区和平稳定发挥建设性作用。

双方就国际反恐形势交换了意见。中方强调反对一切形式的恐怖主义，希望双方本着相互尊重、平等互利的原则加强反恐交流与合作。双方还就中东、阿富汗等共同关心的国际和地区问题交换了意见。双方认为首轮中美外交安全对话是建设性和富有成果的，同意继续用好这一平台，不断增进互信、扩大共识、促进合作、管控分歧，使其为推动中美关系取得更大发展发挥积极作用。[①]

6月22日　美国总统特朗普在白宫会见正在华盛顿出席首轮中美外交安全对话的国务委员杨洁篪。杨洁篪转达了习近平主席对特朗普总统的诚挚问候。[②]

6月24日　阿富汗总统加尼在喀布尔会见正在阿富汗访问的外交部长王毅。

第二届中印智库论坛在北京召开。本届论坛主题为“中印战略合作与发展伙伴关系”。来自中印两国的学者与智库机构领导共百余人出席，围绕战略互通、双边贸易与投资合作、人文交流、科学与技术等议题进行深入沟通和研讨。中印智库论坛由中印两国轮流举办，每年一次。首届中印智库论坛于2016年12月在新德里举行。本届论坛由中国社会科学院与印度外交部共同主办，中国宋庆龄基金会协办，中国社会科学院工业经济研究所、印度世界事务委员会承办。中印智库论坛为两国开展机制化智库交流提供了平台，发挥了促进沟通、深化了解、增信释疑、建言献策的作用。[③]

6月25日　巴基斯坦总统侯赛因在伊斯兰堡会见正在巴基斯坦访问的外交

① 《人民日报》2017年6月23日第3版。

② 《人民日报》2017年6月23日第3版。

③ 《人民日报》2017年6月25日第3版。

部长王毅。①

6月26日 外交部发言人耿爽在例行记者会上介绍，亚洲相互协作与信任措施会议（简称“亚信”）非政府论坛第二次会议将于28日至29日在北京举行。本次会议主题为“亚信25年：为了亚洲的安全与发展”。来自亚信成员国、观察员国和观察员组织以及地区有关国家的前政要、专家学者、媒体精英和非政府组织代表及驻华使节等共约300位中外方人士将出席会议，就践行共同、综合、合作、可持续的亚洲安全观，构建具有亚洲特色的区域安全架构，以及推动共建“一带一路”共识落地等议题进行探讨。除开幕式和全体会议外，会议框架内还将举行以亚洲安全形势、网络空间安全、反恐合作、应对气候变化、加强金融安全与合作、落实联合国2030年可持续发展议程、媒体作用、亚信非政府论坛发展为主题的8场专题圆桌会议。②

6月28日 亚洲相互协作与信任措施会议非政府论坛第二次会议在北京开幕。国家主席习近平向会议发来贺词。习近平指出，今年是亚洲相互协作与信任措施会议成立25周年。25年来，亚信为有关各方增进沟通、深化互信、加强合作提供了有益平台，对推动构建亚洲乃至人类命运共同体发挥着重要作用。实践证明，亚信的成立契合了亚洲国家探索地区安全和发展之路的共同愿望，顺应了和平、发展、合作、共赢的时代潮流。习近平强调，中国自2014年5月亚信上海峰会担任主席国以来，认真履职尽责，倡导和践行共同、综合、合作、可持续的亚洲安全观，推动探讨建立地区安全和合作新架构，深化各领域信任措施合作，加强亚信法律基础和机制建设，扩大亚信组成和伙伴网络，广泛动员民间力量建言献策。习近平强调，亚信非政府论坛系我在亚信上海峰会上提出的倡议，2015年5月成功举行了首次会议，开辟了传播亚信安全理念、推进地区安全治理的新渠道。今天，论坛第二次会议隆重开幕，将围绕“亚信25年：为了亚洲的安全与发展”的主题展开深入交流，相信将为维护地区和平稳定、促进共同繁荣作出新贡献。③

6月28日 国务委员兼国防部长常万全在八一大楼会见来访的吉尔吉斯斯

---

① 《人民日报》2017年6月26日第3版。

② 《人民日报》2017年6月27日第3版。

③ 《人民日报》2017年6月29日第1版。

坦军队副总参谋长乔莫耶夫。[①]

国务委员杨洁篪在中南海会见菲律宾外长卡耶塔诺。[②]

6月29日　国务院副总理汪洋在钓鱼台国宾馆与俄罗斯副总理兼总统驻远东联邦区全权代表特鲁特涅夫举行中国东北地区和俄罗斯远东及贝加尔地区政府间合作委员会双方主席会晤。

国务委员兼国防部长常万全在北京会见菲律宾外交部长卡耶塔诺。[③]

6月30日　国务院总理李克强在中南海紫光阁会见来华正式访问的菲律宾外长卡耶塔诺。[④]

7月3日　国家主席习近平应约同美国总统特朗普通电话。双方就中美关系和二十国集团领导人汉堡峰会交换了意见。习近平强调，我和总统先生在海湖庄园会晤以来，中美关系取得重要成果。与此同时，两国关系也受到一些消极因素的影响，中方已向美方表明了立场。我们很重视总统先生重申美国政府坚持奉行一个中国政策，希望美方切实按照一个中国原则和中美三个联合公报妥善处理涉台问题。习近平强调，中美双方应该按照我们在海湖庄园达成的共识，牢牢把握中美关系发展大方向，坚持相互尊重、互惠互利的原则，聚焦合作，管控分歧，推动中美关系取得更多实实在在的进展。习近平指出，当前，全球经济面临挑战。中美有必要同其他成员一道，加强二十国集团作用，形成合力。各成员应该加强沟通、协调、合作，围绕“塑造联动世界”的主题，推动汉堡峰会取得积极成果，促进世界经济增长。双方还谈及朝鲜半岛和平稳定等问题。两国元首同意在德国汉堡举行会晤，就共同关心的问题继续交换意见。[⑤]

国家主席习近平乘专机抵达莫斯科，开始对俄罗斯联邦进行国事访问。习近平出席机场欢迎仪式，代表中国政府和中国人民，向友好的俄罗斯政府和人民致以诚挚问候和良好祝愿。习近平指出，中俄两国是好邻居、好朋友、好伙伴，两国人民传统友谊源远流长。当前，中俄全面战略协作伙伴关系处于历史

① 《人民日报》2017年6月29日第3版。

② 《人民日报》2017年6月29日第3版。

③ 《人民日报》2017年6月30日第3版。

④ 《人民日报》2017年7月1日第4版。

⑤ 《人民日报》2017年7月4日第1版。

最好时期。双方在涉及对方核心利益问题上相互坚定支持，积极开展两国发展战略对接和“一带一路”建设同欧亚经济联盟对接。面对复杂多变的国际形势，中俄发挥大国作用和担当，树立了以合作共赢为核心的新型国际关系典范，为维护地区及世界和平稳定贡献了强大正能量。习近平强调，这是我担任中国国家主席后第六次来俄罗斯。我期待着同普京总统就深化双边关系、推动中俄各领域合作以及共同关心的重大国际和地区问题深入交换意见，同两国社会各界友好人士广泛接触交流。相信此行将推动中俄全面战略协作伙伴关系持续向前发展。①

在对俄罗斯联邦进行国事访问之际，国家主席习近平接受俄罗斯主流媒体采访。

习近平接受俄罗斯媒体采访②

新华社北京7月3日电 7月3日，在对俄罗斯联邦进行国事访问之际，国家主席习近平接受俄罗斯主流媒体采访。全文如下：

一、问：您多次提出中俄关系处于历史最好时期，您认为这体现在哪些方面？俄中两国及时就主要国际问题进行对话协商的做法对全球和地区和平稳定和发展繁荣有何重要意义？

答：当前，中俄全面战略协作伙伴关系处于历史最好时期，我认为主要体现在以下方面。

一是建立了高水平的政治和战略互信。双方彻底解决了历史遗留的边界问题，4300多公里共同边界成为连接两国人民友谊的纽带。双方签署《中俄睦邻友好合作条约》，将世代友好的理念以法律形式确立下来。双方达成“四个相互坚定支持”共识，即坚定支持对方维护本国主权、安全、领土完整等核心利益的努力，坚定支持对方走符合本国国情的发展道路，坚定支持对方发展振兴，坚定支持对方把自己的事情办好。中俄互为最可信赖的战略伙伴。

① 《人民日报》2017年7月4日第1版。

② 《人民日报》2017年7月4日第1版。

二是高层交往和各领域合作机制健全。我同普京总统建立了密切的工作关系和良好的个人友谊，保持年均5次会晤的频率，共同引领和规划两国关系发展。应普京总统邀请，我即将对俄罗斯进行国事访问，相信这次访问将为中俄关系发展注入新动力。两国各层级、各部门、各地方交往和磋商机制完备。中俄关系发展具有牢固的机制保障。

三是积极对接各自发展战略。我和普京总统达成“一带一路”建设同欧亚经济联盟对接的重要共识，两国能源、贸易、投资、高技术、金融、基础设施建设、农业等各领域合作发展迅速，现代化和科技创新含量不断提升。田湾核电站成为中俄核能合作的典范项目，中俄东线天然气管道项目进展顺利。双方正在积极开展联合研制远程宽体客机和重型直升机等战略性大项目合作，致力于提升两国综合国力和国际竞争力。双方还商定发展创新、电子商务等新兴领域合作，挖掘新的合作增长点和潜力。蓬勃发展的务实合作成为中俄关系持续发展的引擎。

四是社会和民意基础坚实牢固。今年是中俄友好、和平与发展委员会成立20周年和俄中友协成立60周年，也是中俄媒体交流年收官之年，双方正在举办一系列丰富多彩的人文交流活动。两国人员往来每年超过300万人次，中国连续多年保持俄罗斯最大外国游客客源国地位。双方互设文化中心，成立联合大学，制定了2020年互派留学生规模达到10万人的目标。两国民众十分喜爱对方国家的语言和文化，相互了解和友谊与日俱增。发展中俄友好合作关系成为两国人民的共同心声和愿望。

五是在国际和地区事务中保持密切战略协作。中俄同为世界主要大国、联合国安理会常任理事国、新兴市场国家，都主张坚持以联合国宪章宗旨和原则为基石的国际关系基本准则，倡导世界多极化和国际关系民主化，坚决捍卫第二次世界大战胜利成果和国际公平正义。双方在联合国、二十国集团、亚太经合组织等国际多边框架内密切协调和配合，共同倡导建立了上海合作组织、金砖国家合作等多边机制并努力推动其发展，维护中亚、东北亚等共同周边和平稳定。两国在国际事务中的协作有力维护了地区及世界和平、安全、稳定，在动荡多变的国际局势中发挥了稳定器作用，体现了中俄两个大国对世界和平与发展的担当。

展望未来，我们对中俄全面战略协作伙伴关系发展充满信心。我愿继续同普京总统一道，引领和推动两国关系沿着既定轨道健康发展，更好促进两国各自发展振兴，更好促进世界繁荣稳定。

二、问：有人认为当前俄中政治关系发展水平远高于经贸关系，您认为应该采取何种措施来改善俄中双边经贸关系，哪些方向和大项目具有优先地位？

答：我和普京总统都高度重视并积极推动中俄经贸合作。经贸合作在中俄务实合作中基础领域最广，合作潜力巨大。

我们要全面看待两国经贸合作发展。中国连续7年保持俄罗斯第一大贸易伙伴地位。去年，中俄经贸合作克服世界经济不景气、原油等大宗商品价格波动等不利因素影响，实现止跌回升，双边贸易额达到695.3亿美元、同比增长2.2%。今年前5个月，双边贸易进一步提速，增幅达到26%，全年贸易额有望超过800亿美元。

尤其是两国经贸合作的结构不断优化，呈现不少新增长点。一是机电和高新技术产品保持快速增长，今年第一季度增幅分别为20.8%和19.4%。二是投资合作效应正在逐步显现。两国政府间投资合作委员会今年确定了新一批73个合作项目清单，部分项目正在按计划实施。三是金融合作深入推进。俄罗斯央行在中国设立首家海外代表处。俄罗斯企业成为“一带一路”沿线首家在中国成功发行熊猫债券的企业。中方宣布设立总规模为1000亿元人民币的中俄地区合作发展投资基金，用于促进中国东北地区和俄罗斯远东地区合作。四是农产品贸易发展迅速。中方欢迎更多俄罗斯优质农产品进入中国市场。五是远东开发合作提速。中国已成为俄罗斯远东地区第一大贸易伙伴，双方在资源深加工、港口物流、现代农业、基础设施建设等领域积极推进一批有潜力的合作项目。六是中俄能源、核能、航空、航天、跨境基础设施建设等领域战略性大项目稳步推进，比如，东线天然气管道建设进展顺利，中国企业积极参与亚马尔液化气项目建设，远程宽体客机合资公司已于今年5月在上海挂牌成立。

当然，中俄相互投资规模有待扩大、中小企业合作发展还需加快，需要双方共同努力。双方要加强传统经贸合作，包括中方自俄罗斯进口油气、煤炭、电力、锯材等大宗商品，扩大双边本币结算，落实好商定投资项目，充分用好中俄博览会、圣彼得堡国际经济论坛、东方经济论坛等展会平台作用，挖掘中俄“长江—伏尔加河”、“东北—远东”等地方和边境地区经贸合作潜力。

中俄两国发展离不开欧亚大陆发展，也将以自身发展促进欧亚大陆发展。今年5月，普京总统来华出席“一带一路”国际合作高峰论坛期间表示支持并愿积极参与“一带一路”建设。中俄两国正在积极推进“一带一路”建设同欧亚经济联盟对接合作。在对接合作框架内，双方正在积极商谈中国同欧亚经济联盟经贸合作协议和对接合作项目清单。这将为两国经贸合作开拓更加广阔的发展空间，有助于提升两国贸易和投资便利化水平，为两国企业家创造更多新的合作机遇，实现产业、技术、资本、市场等有效流通，使欧亚各国在经济全球化和区域一体化进程中实现利益共享。

在双边大项目合作层面，双方要坚持推进能源领域上下游一体化合作。战略性大项目是两国经贸合作的基石，其综合效益和战略效果不能用简单的数字体现和衡量，双方要开展更多联合研制、联合生产、推广应用等合作。

在互联互通层面，我们欢迎并愿积极参与俄方提出的共同开发建设滨海国际运输走廊建议，希望双方早日建成同江铁路桥、黑河公路桥等重大跨境基础设施，共同开发和利用海上通道特别是北极航道，打造“冰上丝绸之路”。这些互联互通领域的合作将为促进两国经贸合作深入发展提供新动能。

中小企业是国家经济增长的重要支撑，也是推动社会创新和创造大量就业的积极要素。两国政府要为中小企业合作创造有利条件，调动他们合作的积极性，使大企业和中小企业同步发展、相互促进，并共同开拓第三国市场。

总之，我和普京总统都认为，中俄两国要深化经贸合作，筑牢共同利益纽带，同时要着眼长远，弘扬相互扩大开放、开展互利合作精神，着眼提升两国综合国力和国际竞争力，使合作成果更多惠及两国人民。

三、问：今年5月您成功主持召开了“一带一路”国际合作高峰论坛，您对这次高峰论坛成果有何评价？对“一带一路”建设未来发展前景有何期待？您如何评价俄罗斯在“一带一路”建设中的作用？

答:“一带一路”倡议是我在2013年访问中亚和东南亚时提出来的，目的是通过加强国际合作，对接彼此发展战略，实现优势互补，促进共同发展。近4年来，“一带一路”相关合作稳步推进，受到各方普遍欢迎和积极参与，取得了一批重要早期收获。在这一背景下，我们今年5月在北京成功举办“一带一路”国际合作高峰论坛，主要是总结过去、规划未来。来自29个国家的领导人和联合国、世界银行、国际货币基金组织的负责人，140多个国家和80多个国际组织的1600多名代表参加。各方围绕“加强国际合作，共建‘一带一路’，实现共赢发展”的主题，就加强政策协调和发展战略对接、深化伙伴关系、推动互联互通、促进人文交流等议题深入交换意见。会议总结了“一带一路”合作进展，达成广泛共识，各方形成5大类、76大项、270多项具体成果，传递出各方打造合作平台、为世界经济增长谋求动力、为经济全球化发展提振信心的积极信号。

我们将以此为契机，以共商、共建、共享为指导原则，推动各国政策沟通、设施联通、贸易畅通、资金融通、民心相通。加强政策协调和发展战略对接，把互联互通作为重点合作领域，支持加快经济走廊建设，推进国际产能和装备制造合作，促进教育、科技、文化、医疗卫生等领域合作，共同挖掘经济增长新动力，实现各国共同发展，努力打造人类命运共同体。

俄罗斯总统普京是最早接受我邀请参加高峰论坛的领导人，体现了俄方对中方办会的重要支持和中俄关系的高水平。2015年5月，中俄双方就“一带一路”建设同欧亚经济联盟对接合作达成重要共识，得到欧亚经济联盟其他成员国积极响应支持。2年来，对接合作稳步开展，进展显著。中方愿同俄方一道努力，以推进“一带一路”建设同欧亚经济联盟对接为契机，继续推动中俄关系不断向前发展。

四、问:能否请您简要介绍当前中国经济发展情况？您对即将召开的二十国集团领导人汉堡峰会有何期待？

答:今年以来，中国经济延续了去年下半年以来稳中向好的发展态势。第一季度，中国国内生产总值增长6.9%，实现了良好开局。随着中国重要领域和关键环节深层次改革持续推进并落地见效，新动能培育和传统动能改造协同发力，中国经济将继续保持平稳较快增长。

当前，世界经济增长势头进一步巩固，发达国家和新兴市场国家经济形势普遍向好，但也面临一些严峻挑战。在这一背景下，二十国集团继续发挥国际经济合作主要论坛作用、落实杭州峰会及历届峰会共识、引领世界经济前进方向尤为重要，也符合各方利益。中方对汉堡峰会有以下期待。

一是希望二十国集团继续秉持同舟共济、合作共赢的伙伴精神。这种精神曾指引二十国集团走过国际金融危机风雨，也将继续鼓舞二十国集团引领世界经济浪潮。正如我在杭州峰会欢迎晚宴致辞中讲的，“只要我们彼此包容、守望相助，就能无论晴时好、雨时奇，都坚定前行，共抵彼岸”。

二是希望二十国集团继续高举建设开放型世界经济的时代旗帜。作为世界经济的引领力量，二十国集团应该坚持开放发展，支持以世界贸易组织为核心的多边贸易体制，推动贸易和投资继续发挥世界经济增长引擎作用。

三是希望二十国集团继续引领创新增长、长效治理的发展路径。各国需要继续通过创新挖掘世界经济增长新动力，推动数字经济、新工业革命深入发展，加强基础设施建设投资，综合运用财政政策、货币政策、结构性改革，促进世界经济实现强劲、可持续、平衡、包容增长。

5月在北京成功举行的“一带一路”国际合作高峰论坛，同今年汉堡峰会的主题——“塑造联动世界”高度契合。“一带一路”倡议和二十国集团合作可以相互补充、相互促进，共同促进世界经济增长。中方愿以汉堡峰会为契机，同各方一道努力，为促进世界经济增长、完善全球经济治理作出积极贡献。

五、问：朝鲜半岛紧张局势长期未能得到有效缓和，国际社会高度关注半岛问题。中国认为应该如何解决这一问题？中国如何看待美国在韩国部署“萨德”反导系统的行动？

答：中方高度关注半岛局势发展，坚持实现半岛无核化，坚持维护半岛和平稳定，坚持通过对话协商解决问题。半岛问题由来已久，错综复杂，解决起来必须坚持标本兼治，兼顾各方合理关切。为此，中方提出实现半岛无核化和建立半岛和平机制“双轨并行”思路，以及朝鲜暂停核导活动和美韩两国暂停大规模联合军演“双暂停”倡议。俄方明确予以理解和支持，中俄双方有着相同和相近的立场，国际社会也越来越多地作出积极回应。希望半岛问题相关各方呼应中俄双方的劝和促谈努力，负起各自应负责任，互释善意，相向而行，争取早日将半岛问题纳入对话协商解决的正确轨道。

美国在韩国部署“萨德”反导系统严重损害包括中俄在内域内国家战略安全利益，破坏地区战略平衡，无助于实现朝鲜半岛无核化目标和地区和平稳定。中方已对此表明坚决反对立场和严正关切。中俄在各层级就“萨德”问题保持密切沟通和协调，双方对这一问题本质和危害的认识高度一致。中俄坚决反对美国在韩国部署“萨德”反导系统，强烈敦促有关国家停止并取消相关部署，双方将共同或各自采取必要措施，维护两国安全利益和地区战略平衡。

六、问：国际社会高度关注叙利亚问题，中方认为应该如何解决这一问题？您如何评价俄方在叙利亚问题上的作用？

答：叙利亚问题是当前中东最为复杂难解的热点问题，给叙利亚人民带来了深重苦难，也给地区和世界和平稳定带来严峻挑战。

在叙利亚问题上，中方的立场是一贯的，主张叙利亚主权独立、领土完整应当得到维护和尊重，叙利亚国家未来应该由叙利亚人民自主决定，认为政治解决是叙利亚问题的唯一现实出路。我们真诚希望叙利亚问题尽快得到妥善解决，希望叙利亚人民企盼和平的愿望早日实现，能够重返并重建家园。

近来，叙利亚问题出现积极势头。有关各方在阿斯塔纳对话会上签署备忘录，同意在叙利亚设立冲突降级区。联合国方面主持的日内瓦和谈持续推进。中方主张，当前形势下，国际社会要维护来之不易的叙利亚问题政治解决势头，支持联合国继续发挥斡旋主渠道作用，推动叙利亚政府和反对派展现诚意、耐心协商，努力达成兼顾各方合理关切的政治解决方案。有关各方还应该加强协调，形成合力，在国际法框架内有效打击叙利亚境内的恐怖主义。

俄方为推动叙利亚问题妥善解决发挥了重要、积极影响和作用，中方对此表示赞赏。

七、问：恐怖主义是世界安全和发展的现实威胁。您如何评价俄中两国在打击“三股势力”方面的合作?

答：近期，全球反恐形势深刻演变，国际恐怖活动持续活跃。今年以来，许多国家接连遭受严重恐怖袭击，造成大量人员伤亡。各方面情况表明，尽管国际社会军事打恐取得一定进展，但全球恐怖活动仍将多发频发，对世界和平、稳定、发展构成持续冲击，应对恐怖主义威胁仍是全球安全治理的一个突出难题。

面对严峻的恐怖威胁，国际社会命运共同体意识在增强，反恐共识不断增多，合作打击恐怖主义取得重要成效。但是，问题依然突出：一是恐怖主义同热点问题叠加共振，成为国际社会“越反越恐”的重要原因。二是国际恐怖组织号召并策划在全球各地发动更多恐怖袭击。三是暴力恐怖思想通过网络和社交媒体在全球持续蔓延，其深层次影响将不断显现。四是一些国家仍将反恐作为推进本国利益的手段，在反恐上奉行双重标准，导致反恐国际合作工具化、碎片化，难成合力。

中方一直以建设性方式支持国际社会打击恐怖主义的努力。我们认为，开展反恐国际合作，一是要摒弃“双重标准”，充分发挥联合国在国际反恐斗争中的主导作用，矢志一心，形成合力；二是要妥善解决地区热点问题，帮助叙利亚等中东国家尽快恢复稳定，遏制住恐怖主义蔓延猖獗之势；三是要着眼长远，综合施策，标本兼治，政治、经济、文化等多措并举，从源头肃清恐怖主义滋生的温床。

中国和俄罗斯都是恐怖主义受害者。两国在反恐安全领域的合作是中俄全面战略协作伙伴关系的重要组成部分，为国际反恐合作树立了典范。这既符合两国根本利益，也有利于本地区乃至世界和平稳定。双方通过执法安全合作机制，在打击恐怖主义、分裂主义、极端主义“三股势力”等领域开展了良好合作，为维护两国和本地区稳定发展发挥了重要积极作用。中方愿同俄方深化双边务实合作，加大在彼此反恐核心关切上的相互支持，同时密切在联合国、上海合作组织等多边框架内协调和配合，坚持联合国在反恐国际合作中的主导作用，推动上海合作组织等机制反恐安全合作不断走向深入，共同推动反恐国际合作取得更大进展。

国务院副总理汪洋与美国商务部长罗斯通话，双方就中美经济关系等问题交换意见。[①]

7月4日　国家主席习近平在莫斯科克里姆林宫同俄罗斯总统普京举行会谈。两国元首积极评价中俄传统友谊和双边关系发展成就，决定携手努力，巩固和发展平等信任、相互支持、共同繁荣、世代友好的中俄全面战略协作伙伴关系，更好惠及两国人民和各国人民。两国元首一致同意，携手努力，深化中俄全面战略协作伙伴关系，将高水平、强有力的中俄关系打造成两国发展振兴的助推器和世界和平稳定的压舱石。双方同意无论国际形势如何变化，都将恪守《中俄睦邻友好合作条约》，遵循两国元首达成的共识，相互支持对方维护主权、安全、领土完整等核心利益的努力，支持对方走符合本国国情的发展道路，支持对方发展振兴。双方同意发挥两国元首对双边关系的战略引领作用，保持密切高层交往，用好双边合作机制，加强立法机构协作，加强两国政府各部门、地方和民间团体友好交往合作。

双方高度评价今年5月在北京举办的“一带一路”国际合作高峰论坛，同意推动“一带一路”建设同欧亚经济联盟对接，促进贸易发展，扩大相互投资，推进大项目落实，积极构建能源战略伙伴关系，促进在可再生能源、煤炭、水电开发等领域合作，推动交通和基础设施项目建设，深化科技、创新、航天、网络安全、工业制造、通信、农业、金融、环境保护、北极事务等领域合作，推进安全领域合作。双方同意扩大人文交流，加强在教育、文化、体育、旅游、防灾减灾、卫生等领域合作，鼓励青年友好交流，拓展地方合作，办好中俄媒体交流年。以筹办2022年北京冬奥会为契机，推动冬季运动方面交流合作。以中俄友好、和平与发展委员会成立20周年和俄中友好协会成立60周年为契机，增进两国人民相知相亲。双方同意在国际和地区事务中开展密切有效的协作，加强在联合国及其安理会、上海合作组织、金砖国家、二十国集团、亚太经合组织、亚欧会议等框架下的沟通协调，共同维护联合国宪章的宗旨和原则，维护联合国在国际事务中的权威性和核心地位，同国际社会一道，致力于完善全球治理体系，维护国际战略平衡和稳定，共同应对恐怖主义等全球性威胁和挑战，推动地区热点问题政治解决进程，建设开放型世界经济，推动落实2030年可持续发展议程，为构建以合作共赢为核心的新型国际关系，促进

① 《人民日报》2017年7月4日21版。

世界和平、稳定、繁荣作出不懈努力。

会谈后，普京向习近平授予俄罗斯国家最高勋章“圣安德烈”勋章。两国元首签署了《中华人民共和国和俄罗斯联邦关于进一步深化全面战略协作伙伴关系的联合声明》《中华人民共和国和俄罗斯联邦关于当前世界形势和重大国际问题的联合声明》，批准了《〈中华人民共和国和俄罗斯联邦睦邻友好合作条约〉实施纲要（2017年至2020年）》，并见证了《中华人民共和国外交部和俄罗斯联邦外交部关于朝鲜半岛问题的联合声明》以及经贸、农业、能源、基础设施建设、金融、文化、创新、媒体、信息网络、检验检疫等领域多项双边合作文件的交换。[①]

中华人民共和国和俄罗斯联邦关于进一步[②]深化全面战略协作伙伴关系的联合声明

应俄罗斯联邦总统弗·弗·普京邀请，中华人民共和国主席习近平于2017年7月3日至4日对俄罗斯联邦进行国事访问。两国元首在莫斯科举行会晤。习近平主席还会见了俄罗斯联邦政府总理德·阿·梅德韦杰夫。

中华人民共和国和俄罗斯联邦（以下称“双方”），声明如下：

双方秉持2001年7月16日签署的《中华人民共和国和俄罗斯联邦睦邻友好合作条约》宗旨和原则，着眼两国人民的愿望，顺应合作共赢的时代发展潮流，开创性建立新型国家关系，其基础是相互尊重、平等信任，核心价值是相互支持，目标是两国人民共同繁荣。实践证明，中俄关系成熟稳固，不因外部环境影响而改变，是当今世界大国、邻国和谐共处、合作共赢的典范。中俄关系已超越双边范畴，成为维护国际战略平衡与世界和平稳定的重要因素。

新的历史条件下，双方将致力于进一步发展和巩固平等信任、相互支持、共同繁荣、世代友好的中俄全面战略协作伙伴关系，推动深化政治互信、务实合作、安全合作、人文交流、国际协作。

---

① 《人民日报》2017年7月5日第1版。

② 《人民日报》2017年7月5日第3版。

政治互信

双方强调，牢固的互信是中俄政治关系的本质属性和最重要特征。

双方一致同意，无论国际形势如何变化，都将恪守《中俄睦邻友好合作条约》；相互视对方为外交优先伙伴；遵循两国元首达成的共识，相互支持对方维护主权、安全和领土完整等核心利益的努力，支持对方走符合本国国情的发展道路，支持对方发展振兴，支持对方推行自主的内政方针。

两国元首将继续发挥对双边关系的战略引领作用。

双方将：

——保持高层密切交往。根据国际形势和两国关系发展需要，调整、充实和完善现有高级别对话交流机制架构、职能和内涵。

——充分发挥中俄总理定期会晤机制在统筹规划和推动两国务实合作方面的主导作用，保持投资、能源、人文、经贸、地方副总理级合作委员会高效运转，推动两国务实合作提质升级。

——加强立法机关协作，不断丰富合作机制内容，密切在多边议会组织框架内的沟通与配合。

——支持中国共产党同俄罗斯主要政党保持机制化交往，交流治党治国经验，增进相互理解与信任，推动双边关系整体发展。继续在中共中央办公厅、中央纪委监察部与俄总统办公厅建立的交流合作机制下开展全面协作。

——加强双边关系统筹协调，两国政府各部门、地方和民间团体以两国整体关系发展为中心开展友好交往合作，对两国整体关系发展形成有益促进和补充。

务实合作

双方商定，将继续发挥各自优势，本着互惠互利、相互理解的原则，围绕中俄发展战略对接以及“一带一路”建设与欧亚经济联盟对接，致力于深化各领域务实合作，巩固中俄关系持续发展的物质基础。

——双方继续开展“一带一路”建设与欧亚经济联盟对接，推动签署《中华人民共和国与欧亚经济联盟经贸合作协议》。双方将在开放、透明和考虑彼此利益的基础上，为推动地区一体化进程，继续就构建“欧亚经济伙伴关系”制定相关措施。

双方欢迎签署《中华人民共和国商务部与俄罗斯联邦经济发展部关于欧亚经济伙伴关系协定联合可行性研究的联合声明》，期待有关联合可行性研究尽快取得积极进展。

双方高度评价今年5月在北京举办的“一带一路”国际合作高峰论坛，各方围绕政策与发展战略对接、互联互通务实合作等共同关心的议题展开深入、富有成效的讨论，达成重要国际共识并取得重要成果。

双方将采取以下必要措施：

——巩固双边贸易回稳势头，促进贸易平稳发展，逐步优化贸易结构，创新合作模式，突出重点领域，培育新增长点。

——加强知识产权保护。

——努力扩大相互投资，推动大项目落地，在重点合作领域共同建设附加值链条。

——本着长期合作、利益共享和经济可行原则开展能源合作，积极构建能源战略伙伴关系。扩大两国境内油气田勘探开发合作，确保双方企业在上下游领域合作规模、效益相匹配。积极开展第三国油气项目合作，共同维护国际石油市场秩序；加强电力领域全产业链合作，开展包括标准认证领域在内的电力政策协调；促进双方企业在可再生能源、煤炭、水电开发等领域合作。

——根据两国总理发表的《关于深化和平利用核能领域合作的联合声明》，本着利益均衡和一揽子原则，推动落实两国核领域战略性合作项目。

——推动实施交通和基础设施项目，包括莫斯科至喀山高速铁路、同江—下列宁斯阔耶铁路大桥、黑河—布拉戈维申斯克公路桥、中蒙俄经济走廊等建设；继续建设黑瞎子岛—大乌苏里岛口岸，协作改善通过跨西伯利亚铁路至欧洲国家的货物运输条件，加快推进建设“滨海1号”和“滨海2号”国际交通走廊。

——探索科技合作新模式、新项目，加强前沿性、原创性联合研究，围绕两国科技发展优先方向共同规划并实施一批重点项目；积极开展创新对话，加强创新政策交流互动，推动双方创新主体间合作。

——在和平利用外层空间基础上，加强中俄航天领域合作，落实火箭发动机、对地观测、探月与深空探测、空间碎片监测等重点项目合作；签署并推动《2018—2022年中俄航天合作大纲》实施；探讨航天活动商业化等新合作模式。

——落实《中华人民共和国主席和俄罗斯联邦总统关于协作推进信息网络空间发展的联合声明》，进一步增强网络安全领域互信，加强网络安全标准化、网络安全人才培养、关键信息基础设施保护等领域协作。

——秉持务实态度和互利共赢原则，不断加强和推进中俄双方在工业制造及通信与信息技术领域合作。

——鼓励双方主管部门签订有关加强农业合作以及检验检疫合作的协议，发展渔业合作。便利农产品进入对方市场的手续，完善农产品进入对方市场的检疫准入程序，包括采取科学措施妥善解决动物疫病区化问题，推动双方肉类、水产品、杂粮杂豆类等农产品进出口贸易发展，鼓励开展农业领域相互投资项目。

——支持双方在财经合作问题上保持双、多边密切对话与协作。双方欢迎今年6月19日在上海举行的第七次中俄财长对话成果。

——推动扩大贸易、投资及金融领域本币使用规模。

——根据本国监管规定及世界贸易组织义务，通过发展金融体系和金融服务网络，加强中俄金融市场合作。在宏观审慎管理和金融机构监管等方面加强协作，开展保险和再保险领域合作。

——如在俄罗斯市场发行以人民币计价的俄罗斯联邦政府债券，鼓励中国投资者参与发行工作。

——加强双方在“一带一路”建设与欧亚经济联盟对接框架下的金融合作，建设长期、稳定、可持续的融资体系。

——支持深化金砖国家财金合作，包括在新开发银行、政府和社会资本合作（PPP）、会计审计和税收等领域的合作。

支持设立金砖本币债券基金，该基金投资范围可包括主权债、准主权债和公司债券，以促进本币债券市场发展。

——推动新开发银行和亚洲基础设施投资银行等多边开发机制参与为双方境内基础设施建设和升级改造进行融资，实现互利共赢。

——进一步加强跨界水体保护、跨界自然保护区建设、环境灾害应急、应对气候变化不良影响等合作，合力拓展在废物处理等领域的多层次互利合作。

——发挥中俄边界联委会作用，进一步深化双方边界各领域合作，加大边境地区基础设施建设，完善口岸工作。

——运用中国东北地区和俄罗斯远东及贝加尔地区政府间合作委员会、中国长江中上游地区和俄罗斯伏尔加河沿岸联邦区地方合作理事会机制合作经验，拓展地方合作范围和领域。通过利用中俄地区合作发展投资基金等机制落实重大双边合作项目，建立黑瞎子岛（大乌苏里岛）开发合作机制，包括采取环境保护措施。

——加强中俄在北极地区的合作。支持双方有关部门、科研机构和企业在北极航道开发利用、联合科学考察、能源资源勘探开发、极地旅游、生态保护等方面开展合作。

安全合作

双方指出，面对当前共同的安全风险和挑战，基于两国高度的政治和战略互信，双方将继续本着维护共同安全的目标，高度重视并大力推进安全领域合作，合力应对传统和非传统安全威胁挑战，共同维护各自国家及地区和世界的和平安宁。

——充分发挥双方高层交往及战略安全磋商机制作用，加大政治安全领域相互支持，不允许任何势力利用本国领土从事反对对方的活动；就发展道路和理念、治国理政经验、加强执政能力建设等加强交流对话，维护各自国家的社会稳定。

——发展军事和军技领域交流与合作，加强军事互信，推进两军现有合作机制不断深化，共同应对地区和全球安全威胁。

——用好执法安全合作机制平台，统筹协调、整体推进两国执法安全合作。

——两国继续致力于合作打击恐怖主义、分裂主义、极端主义活动及其他威胁两国安全的恐怖势力，全面加强在多边反恐领域的政策协调与建设性合作。

人文交流

双方强调，民意相通和文化相融是两国世代友好的根基，将积极致力于扩大中俄人文领域交流合作，不断增进友谊，巩固中俄关系的社会和民意基础。

双方高度重视中俄人文合作委员会在统筹人文合作方面开展的工作，将共同推动《中俄人文合作行动计划》实施。为此，双方将：

——继续支持深圳北理莫斯科大学建设，为各领域务实合作联合培养高层次专业人才；鼓励和支持高校开展合作，共同推动在华俄语研究和在俄汉语研究，致力于在2020年前将两国留学交流人员规模扩大到10万人。

——继续共同举办文化节、文化日、电影节、电视节等大型文化活动，鼓励两国专业文化机构、艺术院校、艺术院团加强联系，深化合作。双方支持两国文化中心积极开展活动，高度评价建立中国共产党第六次全国代表大会会址常设展览馆的工作。

——集中力量办好中俄冬季和夏季青少年运动会、“丝绸之路”国际汽车拉力赛等亮点活动。双方商定以筹办2022年北京冬奥会为契机，推动冬季运动项目、人才培养和运动科学等方面的交流合作。

——支持两国有关机构积极合作落实2016年至2017年中俄媒体交流年活动计划。双方指出，举办媒体交流年有助于加强两国媒体新闻领域合作、举办大型媒体活动、推广广播、电影与电视节目、翻译出版图书、扩大无需国际通讯社中转直接进行的视频资料和日常信息交换，以及加强其他领域合作。

——促进旅游活动，进一步扩大双向旅游交流规模，完善市场规则，推动旅游交流便利化，优化基础设施，提升旅游服务质量，丰富服务种类，推动历史和红色旅游合作深入开展。

——继续鼓励中俄青年友好交流，开展百名青年代表团互访项目，互学互鉴，传承中俄世代友好理念。

——加强防灾减灾救灾领域合作，重点在灾害监测预警、风险评估、灾情通报、救援技术分享、专家培养、经验交流等方面开展务实合作。

——在卫生领域积极协作，包括在灾害医学、疾病防控及卫生防疫等领域开展共同行动，在中俄医科大学联盟基础上扩大高校医学机构联系，开展现代生物医学技术应用领域的合作，在药品和医疗器械领域继续开展协作。

——继续促进两国档案部门之间的合作，包括交流档案工作先进经验，筹备联合出版文献，实施办展项目，在现存档案文献基础上研究中俄历史及两国关系。

——加强双方在对方境内烈士纪念设施保护管理方面的合作，在已有合作经验基础上制定并签署关于一揽子问题的新政府间协定。

——继续发挥中俄友好、和平与发展委员会作为两国民间交往主渠道的作用，配合两国关系发展的重大主题，积极推动和开展灵活多样的民间交流与合作，对官方外交形成有益补充。

国际协作

中俄是建立全面战略协作伙伴关系的两大邻国，同为第二次世界大战战胜国、联合国安理会常任理事国和主要新兴市场国家，认为当前国际形势仍然复杂多变，双方有责任、有义务、有必要在国际和地区事务中开展更加密切有效的协作，共同促进地区及世界的和平稳定和繁荣发展。

从当前实际出发，基于两国发展和维护新型国家关系的共同经验，中俄将以人类团结和共同利益为基础，推动国际秩序朝着更加公正、合理的方向发展。

——双方呼吁国际社会尊重各国人民自主选择本国政治制度和发展道路的权利，尊重别国利益；以《联合国宪章》宗旨和原则为指导，通过对话协商解决矛盾分歧，在考虑共同利益的基础上，严格在法律范畴内推动热点问题政治解决进程。

——双方将继续捍卫联合国在国际事务中的权威性和核心地位，推动联合议程，通过广泛协作完善全球治理，优化一体化进程，巩固包括新兴市场国家和发展中国家在内的所有国际社会成员立场并考虑其利益。

——双方将在坚持共商、共建、共享以及国际关系中的安全不可分割原则基础上推动树立共同、综合、合作、可持续的安全观，在以国际法为依据进行集体决策的基础上推动加强国际和地区安全与稳定。

——双方呼吁国际社会尊重当今世界文化差异和文明多样性，鼓励各文明间建设性协作，让文明交流互鉴成为人类社会进步的动力和维护世界和平的因素。

——双方致力于推动全球平衡落实2030年可持续发展议程，加强国际发展合作。双方倡导运用先进科技实现经济、社会、环境可持续发展，共同推动《巴黎协定》的落实，提高人民生活水平。

双方将全面加强国际领域战略协作，在外交工作中优先重视彼此就国际问题进行沟通，就各自重大政策和行动加强协调，深化各自外交部门、驻对方国家使领馆、各自驻第三国外交代表机构之间的合作。

为更加充分阐述双方对当前世界形势和重大国际问题的看法主张，双方将就此专门发表联合声明，呼吁国际社会共同努力应对当前发展阶段面临的挑战，实现合作共赢。

双方适应新形势下落实《中俄睦邻友好合作条约》和进一步发展两国全面战略协作伙伴关系的需要，制定《〈中华人民共和国和俄罗斯联邦睦邻友好合作条约〉实施纲要（2017年至2020年）》，两国元首予以批准。

中华人民共和国主席
习近平（签字）

俄罗斯联邦总统
弗·弗·普京（签字）

二〇一七年七月四日于莫斯科

关于当前世界形势和重大国际问题的联合声明①

中华人民共和国和俄罗斯联邦（以下称“双方”），在两国建立和发展新型国家关系的成功经验基础上，基于对国际关系和国际法的共同主张和理念以及对当前国际形势及重大问题的一致看法和立场，本着维护和平、推动合作、共创未来的精神，呼吁国际社会加强协作，凝聚共识，以人类团结和共同利益为基础构建国际关系，合力应对当前国际和地区形势中的威胁和挑战。

双方声明如下：

一、双方相信，当前国际体系正在朝着多极化演变。新兴市场国家和发展中国家崛起已成为不可阻挡的历史潮流。同时，世界经济增长总体乏力，由发展不平衡、分配不公正等引发的各类矛盾也在不断积聚，经济全球化进程遭遇逆风。地区冲突频发，影响全球战略稳定的消极因素正在世界各地增加，冷战思维和强权政治依然存在，恐怖主义、难民危机、重大传染性疾病、气候变化等非传统安全威胁持续蔓延。

尽管当前国际形势中不稳定、不确定因素有所增加，但和平共处与可持续发展仍是时代主题。坚持走多边主义道路解决重大问题，本着“共商、共建、共享”的原则，通过完善全球治理应对各类威胁与挑战，推动互利合作，构建以全人类团结和共同利益为基础的国际关系，是国际社会的必然选择。

二、双方指出，联合国作为最具普遍性、代表性和权威性的政府间国际组织，应继续在全球治理中发挥核心作用，履行维护世界和平、促进共同发展、推动国际合作的职责。这一作用只能强化，不能削弱。

双方认为，要维护安理会对维护国际和平与安全承担的主要责任，支持对联合国及其安理会进行必要、合理的改革，以更好地履行《联合国宪章》的职责。安理会改革应优先增加发展中国家的代表性和发言权，使广

① 《人民日报》2017年7月5日第3—4版。

大中小国家有更多机会轮流进入安理会并参与决策。各方应就安理会改革问题进行广泛民主协商，寻求兼顾各方利益和关切的“一揽子”解决方案。不能人为设定改革时限或强行推动不成熟的改革方案。

三、双方重申，各国应全面遵守《联合国宪章》、1970年《关于各国依〈联合国宪章〉建立友好关系及合作之国际法原则之宣言》所反映的国际法原则，特别是主权平等、不得使用或威胁使用武力、不干涉他国对内与对外事务、和平解决争端等对国际关系稳定至关重要的原则，尊重各国历史传承和文化传统，尊重各国人民自主选择未来的权利。双方一致反对通过非法外部干预对任何国家实施政权更迭，反对违背国际法在域外适用国内法，决心进一步加强合作，捍卫和促进国际法，推动国际秩序朝着更加公正、合理的方向发展。

四、双方坚决谴责一切形式的恐怖主义，认为国际社会应摒弃双重标准，形成政治合力，标本兼治，共同打击恐怖主义。

双方呼吁国际社会形成统一的反恐联盟，共同打击国际恐怖主义。国际恐怖主义给各国、各地区、包括上海合作组织成员国所在地区带来不稳定，加剧紧张局势。为此双方高度评价俄罗斯空天军应叙利亚合法政府要求，为恢复叙利亚领土完整和国家主权开展的反恐行动。

双方高度评价今年6月9日在阿斯塔纳举行的上海合作组织成员国元首理事会会议签署的《上海合作组织反极端主义公约》，呼吁尽快批准并落实这一多边协定，通过完善成员国主管机关之间的合作，巩固上海合作组织地区各国安全。

双方决心深化合作打击利用信息通信技术从事恐怖主义，共同探讨国际社会在该领域开展合作的形式及具体措施，制定打击利用信息通信技术从事恐怖主义公约，为各国开展具体多边执法合作提供依据。

五、双方将遵循2016年6月两国元首签署并发表的《关于加强全球战略稳定的联合声明》精神，本着各国安全不受减损的基本原则，呼吁国际社会所有成员尊重并照顾各国安全利益，停止以牺牲其他国家安全为代价保障本国或一些国家安全的做法，共同维护全球战略平衡与稳定。

双方认为，导弹防御（反导）领域的形势发展尤其令人担忧。某些国家以所谓导弹威胁为借口，单方面发展并在欧洲和亚太地区部署反导系统，严重损害包括中俄在内的域内国家战略安全利益，对国际和地区战略平衡与安全稳定带来消极影响，破坏各方为应对导弹及导弹技术扩散所作的多边政治外交努力。中俄两国对此强烈反对。

双方认为，外空武器化和将外空变为军事对抗区域的威胁正在上升。这一趋势的发展将破坏战略稳定，进而威胁国际安全。在此背景下，在中俄《防止在外空放置武器、对外空物体使用或威胁使用武力条约》草案（2014年6月10日提交裁军谈判会议的更新草案）基础上，启动谈判进程，制定相关国际法律文书，具有重大现实意义。同时，推动关于“不首先在外空部署武器”的国际倡议和政治义务也具有重要意义。这与中俄共提的《防止在外空放置武器、对外空物体使用或威胁使用武力条约》草案宗旨相一致，有利于实现防止外空武器化的目标。

双方反对大规模杀伤性武器及其运载工具扩散，认为防扩散事关国际战略安全与稳定。双方重申，共同维护《不扩散核武器条约》作为国际核裁军和核不扩散体系基石的权威性和有效性，强调日内瓦裁军谈判会议作为唯一多边裁军谈判机制的独特地位，支持有关各方为推动裁谈会工作所作努力。

双方对大规模杀伤性武器落入恐怖组织之手及生化物项被用于恐怖主义的威胁不断上升表示关切，主张就打击生化恐怖袭击制定国际公约。

六、双方强调，国际社会应秉持维护和平、安全与稳定，尊重国家主权、共治、普惠原则，共同构建和平、安全、开放、合作、有序的网络空间。双方主张尊重各国文化传统和社会习惯，尊重各国自主选择网络发展道路、网络管理模式、互联网公共政策，致力于推进在联合国框架内建立公平正义的国际互联网治理规则体系，反对利用信息通信技术干涉他国内政，破坏公共秩序，煽动民族间、种族间、教派间敌对情绪，破坏国家治理的行为。反对利用信息通信技术实施敌对行动和侵略行径，认为应防止网络军备竞赛。支持联合国在应对使用信息通信技术安全问题上发挥关键作用，推动在联合国框架下制定各方普遍遵守的负责任国家行为准则。加大工作力度，预防和打击利用网络进行犯罪活动，倡议在联合国框架下研究建立应对合作机制，包括研究制定国际法律文书。

七、双方将继续在人权领域开展合作，推动国际社会在促进和保护人权过程中，恪守《联合国宪章》宗旨和原则，尊重各国主权，尊重文化差异和文明多样性，尊重各国自主选择的人权发展道路，平等重视公民政治权利和经济、社会、文化权利及发展权；鼓励开展人权领域的建设性对话，反对将人权政治化，反对以人权为借口干涉他国内政。双方将推动不同文明建设性协作，取长补短、共同进步、共同繁荣，让文明交流互鉴成为人类社会进步的动力。

八、双方致力于建设开放型世界经济，坚定不移推动全球贸易投资自由化便利化，反对各种形式的保护主义。共同维护世贸组织在推动贸易自由化和协调制定全球贸易规则方面的主渠道地位，支持以世贸组织为核心的开放、透明、包容和非歧视的多边贸易体制。双方将与各方一道，推动世贸组织第11届部长级会议取得积极成果。

双方认为，区域贸易协定应是多边贸易体制的有益补充，而不是其替代。双方支持增强区域贸易协定的透明度，保持其开放、包容并与世贸组织规则相一致。

双方强调，各国应协调推进广泛、开放、互利合作的各类国家级、地区性和全球性安排，合力维护包容性经济增长和可持续发展。双方重申将继续致力于落实2030年可持续发展议程，加强落实工作沟通协调和经验交流，共同支持联合国在全球落实进程中发挥核心作用，深化全球发展合作，帮助发展中国家实现共同繁荣进步。

九、双方指出，上海合作组织成立以来，践行“互信、互利、平等、协商、尊重多样文明、谋求共同发展”的“上海精神”。上海合作组织是以平等合作、互利共赢为核心的新型国家间关系典范，成为维护全球和地区牢固安全与持久发展的重要建设性力量。

当前，上海合作组织正进入新发展阶段。印度和巴基斯坦成为上海合作组织正式成员国，为发展该组织各领域合作提供更多机遇。

俄方欢迎中方担任2017年至2018年轮值主席国，双方愿同其他成员国紧密协作，有效挖掘上海合作组织在保障地区安全稳定、社会经济持续发展、推动构建人类命运共同体方面的潜力。

十、双方欢迎金砖国家合作机制不断发展，在国际政治和经济事务中的影响力持续扩大，为促进世界经济增长、完善全球治理、推动国际关系民主化作出重要贡献。双方认为，金砖国家应继续秉承开放、包容、合作共赢、平等、相互尊重的金砖精神，继续发展战略伙伴关系和政治、经济、人文领域务实合作。俄方将全力支持中方作为金砖国家主席国的工作，共同推动2017年9月3日至5日金砖国家领导人厦门会晤取得圆满成功，开启金砖国家合作第二个“金色10年”。双方赞同继续认真落实《金砖国家经济伙伴战略》。

十一、俄方高度评价中国担任亚洲相互协作与信任措施会议（亚信）主席国期间为巩固亚信各领域合作所作的努力。中俄两国将继续携手各方推进亚信进程。

双方将继续在亚信、东亚峰会、东盟地区论坛、东盟防长扩大会、亚欧会议等区域组织内开展协作，推动以恪守国际法、共同、综合、合作、可持续安全和建立在合作基础上的平等不可分割安全、和平解决争端、不使用武力或以武力相威胁为原则，构建开放全面透明的亚太地区安全架构。

十二、双方将在二十国集团框架下加强合作协调，共同推动其在促进世界经济强劲、可持续、平衡和包容增长，维护国际金融稳定，完善全球经济治理，建设开放型世界经济等方面发挥更大作用。双方愿同2017年主席国德国及其他二十国集团成员一道，共同推动汉堡峰会在杭州峰会共识基础上取得积极成果。

十三、双方强调亚太经合组织作为亚太地区最具代表性和权威性的经济论坛和贸易投资对话平台的重要性，将继续在该平台上紧密协作，致力于提升贸易投资自由化便利化水平，打造开放型经济，加强区域内相互联系，在考虑地区各经济体利益以及“对接”有关区域经济一体化倡议基础上推动实现亚太自贸区。

十四、中俄印合作为促进地区和世界和平、稳定和可持续发展发挥了重要作用。中俄双方积极评价去年中俄印框架下对话取得的进展，将继续加强三方战略沟通，就重大国际和地区问题加强立场协调，扎实推进三方务实合作，不断提升中俄印机制在国际事务中的分量。

十五、双方将努力加强在亚欧会议框架下的协调合作，并强调应在这一平台上围绕发展本地区互联互通合作开展务实合作。亚欧合作应坚持协商一致、平等互利伙伴关系、不干涉内政、相互尊重等基本原则，积极顺应形势发展和亚欧人民期待，并兼顾有关各国利益。

十六、双方欢迎东盟成立50周年，支持东盟在东亚合作和国际地区事务中发挥更大作用。双方愿就深化本国与东盟合作加强沟通，支持东盟共同体建设，同时进一步密切在东亚峰会、东盟地区论坛、东盟防长扩大会等机制下的合作，携手应对恐怖主义、跨国犯罪、自然灾害等非传统安全挑战。

十七、双方高度评价双方迄今在东北亚地区问题上的沟通与协作。双方一致认为，当前本地区动荡因素进一步增多，为实现地区长治久安，亟需尽早建立区域安全保障机制。双方将为此共同作出积极努力。

双方对包括核问题在内的朝鲜半岛问题不断升温感到忧虑，强调各方应保持最大限度冷静克制，努力推动局势缓和。朝鲜作为联合国会员国，有义务切实遵守联合国安理会有关决议。

双方坚持实现朝鲜半岛无核化目标，强调对话协商是解决朝鲜半岛问题的唯一有效途径。敦促有关各方积极呼应中俄推动重启半岛问题对话谈判的努力，为实质性解决问题发挥建设性作用。中俄将紧密沟通协作，共同致力于在东北亚地区建立全面有效的和平与安全机制。

十八、双方指出，中亚地区当前面临的恐怖主义威胁正在上升。双方愿为保障中亚安全和发展付出协调一致的努力，并与中亚国家一道加强在中亚地区的反恐、执法和安全合作，支持该地区国家实现和平稳定和经济发展。

十九、双方强调，应尊重阿拉伯叙利亚共和国的主权、独立、统一和领土完整，呼吁通过不设前提条件和没有外部干涉的叙利亚内部各派广泛对话，以政治外交途径化解叙利亚危机，寻求符合叙利亚国情、兼顾各方关切的政治解决方案。双方支持在联合国发挥重要协调作用下，共同努力打击叙利亚国际恐怖主义。双方支持阿斯塔纳对话会为在叙利亚全境实现停火止暴发挥积极作用，欢迎在联合国主导下推进叙利亚政府和反对派日内瓦和谈。

双方强调，在叙利亚化武问题上，各方应在尊重叙利亚主权的前提下，支持禁化武组织、联合国有关机构开展独立全面的调查，基于确凿证据查明事实真相，得出经得起事实和历史验证的结论。双方强烈谴责任何人在任何地点使用化武。

二十、双方高度关注阿富汗局势，认为恐怖主义、极端主义、毒品及难民等问题对阿富汗及本地区的安全稳定形成威胁。双方对恐怖极端组织特别是“伊斯兰国”阿富汗分支在阿富汗加大渗透及活动力度表示忧虑。

双方呼吁阿富汗政府和国际捐助方致力于改善阿富汗国内社会、经济、安全形势，愿为阿富汗国家安全部队能力建设、国家和平重建与发展提供力所能及的帮助。双方认为推进“阿人主导、阿人所有”的和解进程是实现阿富汗长治久安的现实出路，呼吁阿富汗有关各方相向而行，为重启和谈创造有利条件。对此，双方支持包括地区国家在内的国际社会在促进阿富汗政府和塔利班和解方面作出的积极努力。

双方对在双多边框架下就阿富汗问题进行的沟通配合感到满意，认为目前存在的各种形式的涉阿富汗问题多边磋商有利于各方增进沟通协调，具有积极意义，愿在各方协商一致的基础上，继续举行相关磋商。

俄方高度评价中方近期对阿富汗和巴基斯坦开展穿梭外交，促进帮助阿巴关系改善和阿富汗和解进程，并取得了一系列积极成果。

中方高度评价2017年初在莫斯科启动的阿富汗问题地区磋商机制。

双方支持早日恢复上海合作组织—阿富汗联络组工作，为阿富汗和解进程发挥建设性作用。

二十一、双方欢迎《联合全面行动计划》得到顺利执行。这得益于伊朗核问题六国及欧盟与伊朗的真诚合作。执行该计划有利于巩固地区和国际安全以及国际核不扩散体系，符合国际社会的共同利益。双方呼吁《联合全面行动计划》各方和负责核查工作的国际原子能机构继续认真履行义务，通过谈判解决分歧，确保《联合全面行动计划》得到持续、全面、有效执行。双方将继续就执行《联合全面行动计划》保持紧密协作。

二十二、双方就拉美事务保持定期磋商，研究发展与拉美和加勒比国家社会、经济、人文领域合作的可能形式，促进该地区发展。①

---

①《人民日报》2017年7月5日第3版。

中华人民共和国主席　　　　　　俄罗斯联邦总统
习近平（签字）　　　　　　弗·弗·普京（签字）

二〇一七年七月四日于莫斯科

7月5日　全国政协副主席齐续春在兰州会见出席第二十三届中国兰州投资贸易洽谈会的尼泊尔副总统南德·巴哈杜尔·普恩。[①]

7月6日　国家主席习近平在柏林会见韩国总统文在寅。习近平指出，中韩地理相近、文化相通，互补优势明显。建交25年来，中韩双方秉持建交联合公报精神，本着相互理解、相互尊重原则，推动中韩关系实现跨越式发展，给两国和两国人民带来巨大福祉，也为地区和平稳定繁荣作出了重要贡献。习近平强调，文在寅总统派韩国政府代表团出席"一带一路"国际合作高峰论坛，派特使来华转交亲署信，表达改善和发展中韩关系、妥善处理敏感问题的积极意愿，我对此表示赞赏。一段时间以来，中韩关系面临困难，这是我们不愿看到的。中方重视韩国和中韩关系，致力于发展中韩友好的立场没有变。我们愿利用中韩建交25周年这一契机，同韩方认真回顾总结建交以来的经验教训，不忘初心、携手共进，推动中韩关系早日重回健康稳定发展的正确轨道。维护好、发展好中韩关系，是双方共同的责任。双方要立足大局，放眼长远，尊重彼此核心利益和重大关切。希望韩方重视中方正当关切，妥善处理有关问题，为中韩关系改善和发展扫除障碍。两国元首还就朝鲜半岛形势交换了看法。习近平指出，中方坚持实现半岛无核化，坚持维护半岛和平稳定，坚持通过对话协商解决问题，主张所有有关各方严格遵守联合国安理会有关决议。中方支持韩国新政府积极尝试同朝方重启接触对话、改善关系。国际社会应该一道努力，为缓和半岛局势发挥积极作用。[②]

国家主席习近平在汉堡会见新加坡总理李显龙。习近平指出，中新传统友好，合作成果丰硕，走出了一条与时俱进、互学互鉴的合作道路。中方高度重视发展同新加坡友好关系，愿同新方一道，推动两国与时俱进的全方位合作

① 《人民日报》2017年7月6日第3版。

② 《人民日报》2017年7月7日第1版。

伙伴关系不断取得新进展。习近平强调，中新双方要继承两国老一辈领导人留下的良好传统，从战略高度和长远角度把握好两国关系发展方向，继续在涉及彼此核心利益和重大关切问题上相互理解和支持。要创新合作思路，深挖合作潜力，落实好共同推进“一带一路”建设谅解备忘录，深化基础设施互联互通、经贸投资、金融合作。要建设好政府间重大合作项目，拓展互联网、信息通信技术等新兴领域合作。要开展好两国青少年和大学生交流项目，扩大人员往来，夯实两国友好民意基础。要加强在联合国、亚太经合组织、二十国集团等多边框架内的协调和配合，为完善全球治理作出贡献。习近平指出，新加坡现任东盟同中国关系协调国，明年还将接任东盟轮值主席国。中方支持新方工作，相信新方将引领东盟同中方一道，推动双方务实合作提高水平，共同引领区域一体化进程，建设更为紧密的中国—东盟命运共同体。①

农业部部长韩长赋在塔什干会见乌总理阿里波夫，就中乌农业合作交换意见。韩长赋表示，“一带一路”国际合作高峰论坛期间，两国元首举行了富有成果的会谈，此访目的就是落实双方共识，扎实推进两国农业全方位务实合作。②

7月8日　国家主席习近平在二十国集团领导人汉堡峰会闭幕后会见美国总统特朗普，就中美关系及共同关心的重大国际和地区问题深入交换意见。习近平指出，自海湖庄园会晤以来，双方工作团队按照两国元首达成的共识，推动两国各领域交流合作取得新进展。下阶段，双方要共同努力，牢牢把握中美关系大方向，相互尊重、互利互惠，拓展各领域务实合作，加强在国际和地区问题上的协调，推动中美关系健康稳定向前发展。两国元首同意保持高层密切交往，增进双方战略互信。双方商定首轮全面经济对话于7月19日举行，并将于近期举行首轮执法及网络安全对话、社会和人文对话。双方将充分发挥4个高级别对话机制作用，增进相互了解，推进务实合作。习近平指出，中美经济合作百日计划已取得重要进展，双方正商谈开展一年合作计划。双方要共同推动两国经济关系健康稳定发展。要积极推进执法、网络安全、人文、地方等领域交流与合作。要促进两军关系发展。两国国防部长要早日互访，要共同做好

① 《人民日报》2017年7月7日第1版。

② 《人民日报》2017年7月7日第1版。

美军参联会主席8月访华、两军联合参谋部11月举行首次对话、中国海军参加2018年“环太平洋”军演等工作。习近平强调，双方要尊重彼此核心利益和重大关切，妥善处理分歧和敏感问题。习近平强调，中方始终坚持实现朝鲜半岛无核化、坚持维护朝鲜半岛和平稳定、坚持通过对话协商解决问题。中方已多次表明自己的原则立场，即国际社会在对朝鲜违反联合国安理会相关决议的活动作出必要反应的同时，要加大促谈和管控局势的努力。中方重申反对美国在韩国部署“萨德”反导系统。两国元首同意继续就朝鲜半岛核问题保持密切沟通与协调。双方还讨论了其他共同关心的问题，并就加强中美在二十国集团框架下的协调与合作交换了意见。①

国家主席习近平应约在汉堡会见日本首相安倍晋三。习近平指出，中日互为重要近邻。中日关系健康发展，关系着两国人民福祉，对亚洲和世界也具有重要影响。今年是中日邦交正常化45周年，明年是中日和平友好条约缔结40周年。双方应该增强责任感和使命感，本着以史为鉴、面向未来精神，排除干扰，推动两国关系朝着正确方向改善发展。习近平强调，中日邦交正常化45年来，两国关系经历了复杂波折和严峻考验，得到长足发展，留下了不少有益经验和启示。在新的历史时期，双方应该审时度势，立足大局和长远，既在战略上把准和平、友好、合作大方向，又在行动上作出扎扎实实努力。希望日方把改善中日关系的意愿更多体现在政策和行动当中。习近平强调，维护好政治基础是中日关系健康发展的前提。邦交正常化以来，中日双方先后达成4个政治文件和4点原则共识，就妥善处理历史、台湾等问题确立了原则。在这些涉及两国关系政治基础的重大问题上，不能打任何折扣，更不能有一丝倒退。只有这样，中日关系才能不偏离轨道，不放慢速度。希望日方重信守诺，按规矩办事。习近平指出，经贸合作是中日关系的助推器。双方应该推进务实合作。我们欢迎日方同中方在“一带一路”框架内开展合作。双方可以在文化、教育、媒体、地方、青少年等领域开展广泛交流，夯实两国关系社会和民意基础。②

全国政协副主席、科技部部长万钢在伊斯兰堡拜会巴基斯坦总统马姆努恩·侯赛因。万钢是应巴基斯坦科技部部长侯赛因的邀请访问巴基斯坦并共同

---

① 《人民日报》2017年7月9日第1版。

② 《人民日报》2017年7月9日第2版。

主持召开中巴科技合作联委会第十八次会议。访巴期间，万钢与侯赛因共同为中国—南亚技术转移中心巴基斯坦分中心揭牌，并签署两项合作协议。[①]

7月10日　全国人大常委会副委员长王胜俊在人民大会堂会见了由越南国会国防安全委员会主任武重越率领的该委员会代表团。[②]

7月12日　国务院副总理刘延东在北京会见以日本自民党前总务会长野田圣子为首的日本执政党女国会议员代表团一行。[③]

柬埔寨王家研究院孔子学院在柬国防部开设的汉语中心在金边揭牌。据悉，柬国防部汉语中心首期招收学员60名，每周一至周五授课。此前，柬埔寨王家研究院孔子学院在柬军队系统中的陆军学院、伞兵部队、王家军医院等开设了汉语教学点。近年来，柬埔寨各领域汉语人才需求量不断增加，汉语热持续升温。随着中柬两军交往的密切，柬军队系统也需要更多会中文、了解中国文化的人才。[④]

7月14日　东盟互联互通协调委员会轮值主席、菲律宾常驻东盟代表伊丽莎白·布恩苏塞索对新华社记者表示，东盟愿意推进《东盟互联互通总体规划2025》与“一带一路”倡议的对接合作，欢迎亚洲基础设施投资银行（亚投行）等多边金融机构积极加入东盟国家的基础设施建设。[⑤]

7月18日　外交部发言人陆慷在例行记者会上说，中方对南京和日本广岛有关地方团体共同举办南京大屠杀相关展览给予积极评价。有记者问，据报道，名为“被封存的记忆不再让南京悲剧重演”的展览15日在日本广岛开幕，该展览由南京民间抗日战争博物馆与广岛南京大屠杀展主办委员会联合举办。中方对中日地方团体共同举办此活动有何看法？陆慷说，今年是南京大屠杀80周年。南京大屠杀是日本军国主义在第二次世界大战期间犯下的严重罪行，是一段不容抹杀的惨痛历史。只有深刻汲取历史教训，以史为鉴，才能避免战争悲剧重演，才能真正维护和平，开创未来。[⑥]

---

① 《人民日报》2017年7月10日第2版。

② 《人民日报》2017年7月12日第2版。

③ 《人民日报》2017年7月13日第3版。

④ 《人民日报》2017年7月13日第3版。

⑤ 《人民日报》2017年7月15日第3版。

⑥ 《人民日报》2017年7月19日第3版。

7月19日 中共中央政治局委员、中央政法委书记孟建柱在北京会见乌兹别克斯坦副总理库奇卡罗夫。孟建柱说，今年5月米尔济约耶夫总统成功访华，习近平主席同他举行了富有成果的会晤。中方愿与乌方一道，认真落实两国元首共识，加强“一带一路”建设与乌发展战略对接，打造合作新增长点，提高安全合作水平，推动中乌合作不断取得新成果。①

7月20日 全国人大常委会副委员长兼秘书长王晨在京会见日本国会众议院议长大岛理森，就推动两国立法机关交流，促进两国关系健康稳定发展交换意见。②

7月19日 首轮中美全面经济对话在美国华盛顿举行。中国国务院副总理汪洋与美国财政部长姆努钦、商务部长罗斯共同主持，中美双方共约15名部级官员参加。双方就服务业、中美经济合作百日计划及一年计划、全球经济与治理、宏观经济政策、贸易与投资、高技术产品贸易、农业合作等广泛议题深入交换意见，有效地增进了对相互政策的了解，深化了对分歧的认识，探索了解决问题的时间表、路线图，在一些问题上形成了共识，对话达到了预期的目的。双方高度评价百日计划取得的重要、平衡的成果。百日计划实施期间，美国牛肉时隔14年重返中国市场，美国液化天然气输华政策障碍开始破冰，中国批准美方5项生物技术产品申请，中国熟制禽肉输美以及有关金融申请逐步落实。上述成果的取得，落实了两国元首海湖庄园会晤的重要共识，延续了两国元首海湖庄园会晤营造的良好合作态势。③

7月22日 正在广岛举行的南京大屠杀史实展主办方邀请侵华日军士兵后代山本敏雄进行演讲。他为当地市民讲述了其父参与侵华战争的经历，呼吁人们永不再战。本次展览由南京民间抗日战争博物馆和广岛南京大屠杀展主办委员会联合举办。④

7月23日 柬埔寨国王诺罗敦·西哈莫尼、太后诺罗敦·莫尼列·西哈努克乘专机抵京访问。⑤

---

① 《人民日报》2017年7月20日第3版。

② 《人民日报》2017年7月21日第3版。

③ 《人民日报》2017年7月22日第3版。

④ 《人民日报》2017年7月23日第3版。

⑤ 《人民日报》2017年7月24日第3版。

7月24日　泰国总理巴育在曼谷会见外交部长王毅。王毅表示，中国始终高度重视中泰友好，赞赏泰方支持“一带一路”倡议，愿在此框架下对接双方发展战略，拓展合作领域，推进中泰铁路项目，参与泰国东部经济走廊建设，不断挖掘和书写两国关系的新潜力和新篇章。[①]

中共中央对外联络部部长宋涛在北京会见柬埔寨人民党中央监察委员会副主席棉森安及其率领的代表团。[②]

7月25日　第十一届中国—东盟社会发展与减贫论坛在柬埔寨暹粒开幕。来自中国和东盟十国的政府官员、专家学者、媒体、中资企业代表、非政府组织代表及国际组织代表120余人与会。本届论坛由中国国务院扶贫办与柬埔寨农村发展部共同主办，中国国际扶贫中心、广西壮族自治区扶贫办共同承办。论坛为期3天，围绕“中国与东盟：减贫创新与实践”主题，与会代表将广泛讨论中国与东盟国家在减贫理念创新及实践、中国—东盟减贫合作实施路径、实现2030年可持续发展目标等议题。[③]

国务院副总理汪洋在中南海紫光阁会见美国艾奥瓦州州长金·雷诺兹一行。汪洋转达了习近平主席对雷诺兹州长与艾奥瓦州人民的问候及祝愿。双方就中美经贸关系及农业合作等共同关心的问题深入交换了意见。[④]

7月26日　国务委员杨洁篪在北京同俄罗斯联邦安全会议秘书帕特鲁舍夫共同主持中俄第十三轮战略安全磋商。双方就中俄关系、在国际事务和多边框架内合作以及一系列国际和地区热点问题深入交换意见，达成广泛共识。双方同意加强沟通协调，推动即将举行的第七次金砖国家安全事务高级代表会议取得积极成果。[⑤]

7月27日　中共中央政治局委员、中央政法委书记孟建柱在京同俄罗斯联邦安全会议秘书帕特鲁舍夫共同主持召开中俄执法安全合作机制第四次会议。[⑥]

---

① 《人民日报》2017年25日第3版。

② 《人民日报》2017年25日第3版。

③ 《人民日报》2017年26日第3版。

④ 《人民日报》2017年26日第3版。

⑤ 《人民日报》2017年27日第3版。

⑥ 《人民日报》2017年28日第3版。

7月28日 国务院副总理刘延东在贵阳会见来华出席第十届中国—东盟教育交流周的老挝副总理宋赛。[①]

全国人大常委会副委员长兼秘书长王晨在北京会见由韩国21世纪韩中交流协会会长金汉圭率领的韩国青年国会议员代表团，双方就中韩关系等共同关心的问题交换意见。[②]

7月29日 外交部发言人耿爽就韩方宣称将立即同美方协商部署剩余4架“萨德”系统导弹发射车事表示，中方强烈敦促韩美双方正视中方利益关切，停止有关部署进程，撤除相关设备。他说，部署“萨德”解决不了韩方的安全关切，解决不了朝鲜半岛有关问题，只会使问题变得更加复杂。耿爽重申，在韩国部署“萨德”系统，严重破坏地区战略平衡，损害包括中国在内的本地区国家的战略安全利益。

关于朝鲜宣布再次成功发射洲际弹道导弹一事，外交部发言人耿爽表示，中方敦促朝方遵守安理会相关决议，停止采取可能导致半岛形势进一步紧张升级的行动。耿爽说，中方关注当前事态发展。安理会决议对朝鲜利用弹道导弹技术进行发射活动有明确规定。中方反对朝方违背安理会决议和国际社会普遍意愿进行发射活动。耿爽表示，中方敦促朝方遵守安理会相关决议，停止采取可能导致半岛形势进一步紧张升级的行动。同时希望有关各方慎重行事，防止紧张局势轮番升级，共同维护本地区和平稳定。[③]

7月31日 国务委员、公安部部长郭声琨在京会见老挝国防部部长占沙蒙。[④]

“传承与创新——中国非遗展”在柬埔寨国防部举行，让柬埔寨官兵近距离感受中国非物质文化遗产的博大精深。此次展览是“中国非遗文化周”的重要组成部分，由柬埔寨国防部、中国驻柬埔寨大使馆和中国湖北省武汉市文化局主办，金边中国文化中心、武汉市国际文化交流中心和柬埔寨王家研究院孔子学院承办。[⑤]

---

① 《人民日报》2017年29日第3版。

② 《人民日报》2017年29日第3版。

③ 《人民日报》2017年7月30日第3版。

④ 《人民日报》2017年7月30日第3版。

⑤ 《人民日报》2017年7月30日第3版。

8月2日　新华社发表中国政府声明《印度边防部队在中印边界锡金段越界进入中国领土的事实和中国的立场》。

印度边防部队在中印边界锡金段越界[①]进入中国领土的事实和中国的立场

一

1. 洞朗地区位于中国西藏自治区亚东县，西与印度锡金邦相邻，南与不丹王国相接。1890年，中国和英国签订《中英会议藏印条约》，划定了中国西藏地方和锡金之间的边界。根据该条约规定，洞朗地区位于边界线中国一侧，是无可争议的中国领土。长期以来，中国边防部队和牧民一直在该地区开展巡逻和放牧活动。目前，洞朗地区与锡金之间的边界是中印边界锡金段的一部分。

2. 2017年6月16日，中方在洞朗地区进行道路施工。6月18日，印度边防部队270余人携带武器，连同2台推土机，在多卡拉山口越过锡金段边界线100多米，进入中国境内阻挠中方的修路活动，引发局势紧张。印度边防部队越界人数最多时达到400余人，连同2台推土机和3顶帐篷，越界纵深达到180多米。截至7月底，印度边防部队仍有40多人和1台推土机在中国领土上非法滞留。

3. 事件发生后，中国边防部队在现地采取了紧急应对措施。6月19日，中方通过外交途径紧急向印方提出严正交涉，对印方非法越界行为予以强烈抗议和谴责，要求印方立即将越界的印度边防部队撤回到边界线印度一侧。中国外交部、国防部、中国驻印度使馆在北京和新德里先后多次向印度提出严正交涉，强烈要求印度尊重中国的领土主权，立即撤回越界的边防部队。中国外交部、国防部发言人多次公开表态，说明事实真相，表明中方立场，并公布了印军越界的地图和现场照片（见附件1）。

---

① 《人民日报》2017年8月3日第1版，第3版。

二

4. 中印边界锡金段已由1890年《中英会议藏印条约》（以下简称“1890年条约”，见附件2）划定。该条约第一款规定：“藏、哲之界，以自布坦交界之支莫挚山起，至廓尔喀边界止，分哲属梯斯塔及近山南流诸小河，藏属莫竹及近山北流诸小河，分水流之一带山顶为界”（注：支莫挚山即今吉姆马珍山）。此段边界线走向条约叙述清晰准确，实地边界线沿分水岭而行，走向清晰可辨。

5. 新中国成立和印度独立后，两国政府均继承了1890年条约以及据此确定的中印边界锡金段已定界，这反映在印度总理尼赫鲁给中国总理周恩来的信件、印度驻华使馆给中国外交部的照会、中印边界问题特别代表会晤印方提交的文件中（见附件3）。长期以来，中印两国按1890年条约确定的边界线实施管辖，对于边界线的具体走向没有异议。边界一经条约确定，即受国际法特别保护，不得侵犯。

6. 6月18日以来，印度边防部队非法越过中印锡金段边界进入了中国领土，这是不容否认的事实。此次事件发生在边界线清楚的已定界地区，与过去双方边防部队在未定界地区发生的摩擦有着本质区别。印度边防部队越过既定边界，侵犯了中国主权和领土完整，违反了1890年条约，违反了《联合国宪章》，是对国际法基本原则和国际关系基本准则的粗暴践踏，性质非常严重。

三

7. 事件发生以来，印度炮制种种“借口”为其非法行为辩护，有关说法在事实和法律上毫无根据，根本不能成立。

8. 中印边界锡金段已经划定，洞朗地区是中国领土。中国在自己的领土上进行道路施工，目的是为了改善当地的交通，完全正当合法。中国修路活动没有越过边界线，而且提前通报了印度，最大限度体现了善意。印度边防部队公然越过双方承认的边界线，侵入中国领土，侵犯中国的领土主权。这才是真正企图改变边界现状，也严重破坏了中印边境地区的和平与安宁。

9. 印度以中国修路活动带来“严重安全风险”为自己的非法越界行为辩护。联合国大会1974年12月14日通过的3314号决议规定，不得以任何理由，不论是政治性、经济性、军事性或其他性质理由，为一个国家的武装部队侵入或攻击另一国家的领土作辩解。以所谓的“安全关切”为由越过已定边界线进入邻国领土，无论从事任何活动，都违反国际法基本原则和国际关系基本准则，都不会为任何一个主权国家所容忍，更不是中印两个邻国正常的相处之道。

10. 长期以来，印军在多卡拉山口及其附近地区的边界线印度一侧修建了道路等大量基础设施，甚至在边界线上修建碉堡等军事设施。与此相反，中国在该段边界线中国一侧只进行了少量的基础设施建设。近年来，印度边防部队还阻挠中国边防部队沿着边界线正常巡逻执勤，并企图越界修建军事设施，中国边防部队对此多次提出抗议并依法拆除印军越界设施。实际上，正是印度企图不断改变中印边界锡金段现状，对中国构成严重的安全威胁。

11. 1890年条约已确定，中印边界锡金段起自与不丹交界的吉姆马珍山，这是中印边界锡金段的东端点，也是中国、印度、不丹的三国交界点。此次印度边防部队越界的地点位于中印边界锡金段的边界线上，距离吉姆马珍山约有2000多米之远。此次事件与三国交界点问题并无关系。印度应尊重1890年条约及其确定的中印边界锡金段东端点，无权单方面改变既定边界线及其东端点，更不得以此为由侵犯中国的领土主权。

12. 边界在国际法上具有稳定性和不可侵犯性。由1890年条约确定的中印边界锡金段持续有效，为中印双方一再确认。任何一方都须严格恪守，不得侵犯。中印双方正在边界问题特别代表会晤中探讨在锡金段边界实现解决边界问题的“早期收获”，这主要是考虑到锡金段边界已由1890年条约划定，且该条约由当时的中国和英国签署，中印应该以中国和印度的名义签订新的边界条约，以代替1890年条约。但这丝毫不影响中印边界锡金段的既定边界性质。

13. 洞朗地区历来属于中国，一直在中国的有效管辖之下，不存在争议。中国和不丹都是主权独立国家，从上世纪80年代开始通过谈判协商解决边界问题，迄今已进行了24轮边界会谈，达成了广泛共识。两国虽未正式划界，但双方已对边境地区实施了联合勘察，对边境地区的实际情况和边界线走向存在基本共识。中不边界问题是中、不两国的事情，与印度无关。印度作为第三方，无权介入并阻挠中不边界谈判进程，更无权为不丹主张领土。印度以不丹为借口侵入中国领土，不仅侵犯了中国的领土主权，而且是对不丹主权和独立的挑战。中国和不丹是友好邻邦，中国历来尊重不丹的主权和独立。在双方的共同努力下，中不两国边境地区一直保持和平安宁。中国愿继续同不丹一道，在不受外来干涉的情况下，通过谈判协商解决两国间的边界问题。

四

14. 事件发生以来，中国本着最大善意，保持高度克制，努力通过外交渠道与印度沟通解决此次事件。但任何国家都不应低估中国政府和人民捍卫领土主权的决心。中国将采取一切必要措施维护自己的正当合法权益。此次事件发生在已定边界线的中国一侧，印度应立即无条件将越界的边防部队撤回边界线印度一侧，这是解决此次事件的前提和基础。

15. 中印是两个最大的发展中国家。中国政府一贯重视发展同印度的睦邻友好关系，致力于维护两国边境地区的和平与安宁。中方敦促印度政府从两国关系大局和两国人民的福祉出发，恪守1890年条约及其确定的中印既定边界，尊重中国的领土主权，遵守和平共处五项原则等国际法基本原则和国际关系基本准则，立即将越界的边防部队撤回边界线印度一侧，并彻底调查此次非法越界行为，尽快妥善解决此次事件，恢复两国边境地区的和平与安宁。这符合两国的根本利益，也是本地区国家和国际社会的共同期待。

附件1

图一：印军越界地点示意图

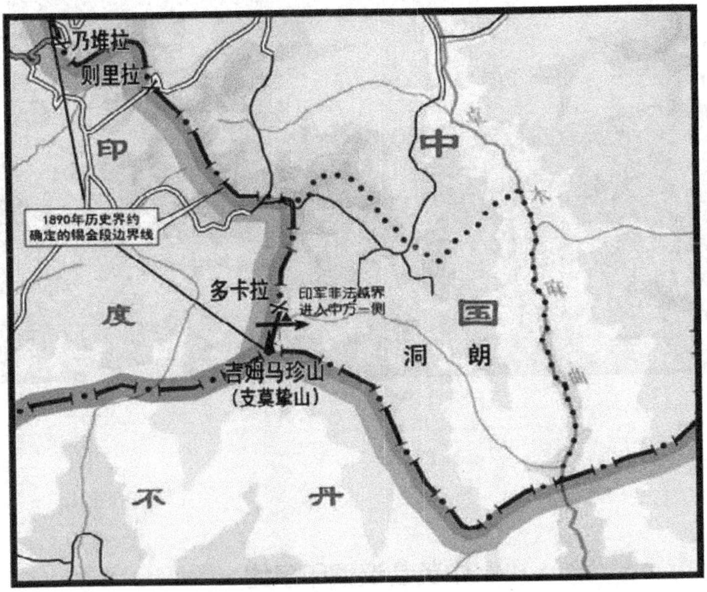

图二：印军越界现场照片（一）

图三：印军越界现场照片（二）

附件2

中英会议藏印条约

一八九〇年三月十七日，光绪十六年二月二十七日，加尔各答。

兹因大清国大皇帝、大英国大君主五印度大后帝，实愿固敦两国睦谊，永远弗替；又因近来事故，两国情谊有所不协之处，彼此欲将哲孟雄、西藏边界事宜，明定界限，用昭久远，是以大清国大皇帝、大英国大君主拟将此事订立条款，特派全权大臣议办，由大清国特派驻藏帮办大臣副都统衔升；由大英国特派总理五印度执政大臣第一等三式各宝星上议院侯爵兰；各将所奉全权便宜行事之上谕文凭公同校阅，俱属妥协，现经议定条约八款，胪列于后：

第一款　藏、哲之界，以自布坦交界之支莫挚山起，至廓尔喀边界止，分哲属梯斯塔及近山南流诸小河，藏属莫竹及近山北流诸小河，分水流之一带山顶为界。

第二款　哲孟雄由英国一国保护督理，即为依认其内政外交均应专由英国一国径办；该部长暨官员等，除由英国经理准行之事外，概不得与无论何国交涉来往。

第三款　中、英两国互允以第一款所定之界限为准，由两国遵守，并使两边各无犯越之事。

第四款　藏、哲通商，应如何增益便利一事，容后再议，务期彼此均受其益。

第五款　哲孟雄界内游牧一事，彼此言明，俟查明情形后，再为议订。

第六款　印、藏官员因公交涉，如何文移往来，一切彼此言明，俟后再商另订。

第七款　自此条款批准互换之日为始，限以六个月，由中国驻藏大臣、英国印度执政大臣各派委员一人，将第四、第五、第六三款言明随后议订各节，兼同会商，以期妥协。

第八款　以上条款既定后，应送呈两国批准，随将条款原本在伦敦互换，彼此各执，以昭信守。

光绪十六年二月二十七日，即西历一千八百九十年三月十七日，在孟腊城缮就华、英文各四份，盖印画押。

附件3

一、1959年3月22日印度总理尼赫鲁给中国总理周恩来的信

“印度的保护国锡金同中国西藏地方的边界，是由1890年的英中专约所确定，1895年共同在地面上标定。”

二、1959年9月26日印度总理尼赫鲁给中国总理周恩来的信

“1890年的这个条约也确定了锡金和西藏之间的边界；这条线后来在1895年加以标定。因此，关于锡金同西藏地方的边界，不存在任何纠纷。”

三、1960年2月12日印度驻华使馆给中国外交部的照会

“中国政府知道印度政府同不丹和锡金所有的特殊的条约关系。因此印度政府欢迎中国照会中对于锡金和不丹为一方和西藏为另一方之间的边

界的解释。照会说，锡金和中国西藏地方之间的边界早经正式划定，在地图上既没有任何分歧，在实践中也没有任何争论。印度政府愿意补充说明，这条边界在地面上也已标定了。”

四、2006年5月10日印方在中印边界问题特别代表工作组会议上提交的非文件

“五、双方同意锡金段的边界走向。”

外交部发言人耿爽就中方发布印军非法越界立场文件答记者问。耿爽表示，6月18日，印度边防部队越过中印边界锡金段进入中国领土。印军至今仍然非法滞留在中国领土上。事件发生以来，中方通过外交渠道多次向印方提出严正交涉，对印方非法越界行为予以强烈谴责，要求印方遵守历史界约，立即无条件将越界的印度边防部队撤回边界线印度一侧。中方的做法展示了高度克制。但印方不仅没有采取任何实际行动纠正错误，反而通过炮制各种站不住脚的理由，为印军非法越界行为编造借口。耿爽说，中印边界锡金段已由1890年《中英会议藏印条约》划定，是中印两国政府都确认的既定边界，这是不容否认的事实。印方所作所为违反1890年条约及其确定的中印既定边界，违反国际法基本原则和国际关系基本准则，不仅是对中国领土主权的严重侵犯，更是对地区和平稳定和正常国际秩序的严峻挑战，不会为任何一个主权国家所容忍。耿爽表示，中方发布《印度边防部队在中印边界锡金段越界进入中国领土的事实和中国的立场》文件，目的是向国际社会进一步说明此次印军越界事件的事实真相，全面阐述中国政府立场。中方这么做，是为了维护本国的领土主权，也是为了维护国际法的基本原则和国际关系的基本准则，维护公平和正义。中方相信，是非自有曲直，公道自在人心。①

第五届中国—中亚合作论坛在连云港举行。全国政协副主席王钦敏出席开幕式并致辞。②

① 《人民日报》2017年8月3日第1版。

② 《人民日报》2017年8月3日第1版。

8月3日　外交部发言人耿爽在答记者问时表示，印军非法越界行为不负责任、不计后果，印方应立即把非法越界人员撤回到边界线印方一侧。耿爽表示，6月16日，中方在中印边界锡金段中方一侧的洞朗地区进行道路施工，目的是为了改善当地的交通，便利当地牧民放牧和边防部队巡逻。这是中方在自己领土上的正常活动，完全正当合法。耿爽说，中方出于善意，分别于5月18日和6月8日通过边防会晤机制两次向印方提前作了通报，印方未做任何反馈。6月18日，印度边防部队270余人携带武器、连同2台推土机，在多卡拉山口悍然越过锡金段边界线100多米，进入中国境内阻挠中方的修路活动。耿爽表示，截至8月2日下午，印军仍有48人连同1台推土机非法滞留在中国领土上。此外，印军还有大量武装人员集结在边界线上和边界线印方一侧。耿爽说，洞朗地区位于1890年《中英会议藏印条约》规定的边界线中方一侧。印度边防部队从边界线印方一侧进入中国领土，其非法越界行为事实清楚，不容否认。印方无视中印间现有的相关机制和渠道，在未与中方进行任何沟通的情况下，直接派边防部队携带武器和装备越界进入中国领土并滞留不撤，其行为不负责任、不计后果。印军不论多少人员非法越界并滞留在中国境内，其性质都是对中国领土主权的严重侵犯，严重违反《联合国宪章》，构成国际不法行为，印方应为此承担相应的责任。[①]

8月4日　中国老挝合资银行老中银行首家分支机构——磨丁分行在老中边境的老挝南塔省磨丁开业，助益磨丁经济发展并推动两国金融合作。[②]

缅甸民盟主席、国务资政昂山素季在内比都会见中联部部长宋涛。[③]

8月7日　由柬中友好协会主办的第十一届中国—东盟民间友好大会在柬埔寨暹粒市开幕。与会代表将围绕中国与东盟共同响应“一带一路”倡议、青年友好与合作、城市规划与发展、旅游等共同关注的议题进行讨论交流。中国—东盟协会会长顾秀莲、柬埔寨副首相贺南洪、柬中友好协会主席埃桑奥以及来自中国、东盟各国约600名各界代表出席大会。[④]

8月8日　国家主席习近平向东盟轮值主席国菲律宾总统杜特尔特致贺电，

---

① 《人民日报》2017年8月4日第3版。

② 《人民日报》2017年8月5日第3版。

③ 《人民日报》2017年8月6日第3版。

④ 《人民日报》2017年8月8日第3版。

祝贺东南亚国家联盟成立50周年。全文如下：

值此东南亚国家联盟成立50周年之际，我谨代表中国政府和中国人民，并以我个人的名义，向你并通过你，向东盟各成员国政府和人民致以热烈的祝贺。

东盟成立半个世纪以来不断发展壮大并建成共同体，为维护地区和平稳定发挥了重要作用，已成为世界多极化发展的一支代表性力量。中方祝愿东盟共同体建设取得新的更大发展，为促进地区和平、稳定、繁荣作出更大贡献，为东盟各国人民带来更多福祉。

中国与东盟自1991年建立对话关系以来，坚持合作与发展主题，双方政治互信不断加强，务实合作硕果累累。中国—东盟关系已成为东盟同对话伙伴关系中最具活力、最富内涵的一组关系。中国愿继续秉持“亲诚惠容”理念，以2018年中国—东盟建立战略伙伴关系15周年为契机，立足当前，着眼长远，建设更为紧密的中国—东盟命运共同体，使之成为亚洲命运共同体的典范。①

菲律宾外长卡耶塔诺表示，南海的和平稳定最为重要，菲律宾不希望南海再起争端。针对美日澳三国近日就南海问题另外发表声明，他警告南海域外国家，菲律宾是独立主权国家，不需要其他国家告诉菲律宾做什么。作为今年的东盟轮值主席国，菲律宾自8月2日起举办了多场东盟相关会议。卡耶塔诺在总结东盟外长系列会议时说，南海的和平稳定最为重要，各国在南海主权问题上有争议，但不能让争议影响到国家间的良好关系。目前中国与东盟国家正在沿着积极的轨道前行。6日发表的东盟外长会联合公报指出，中国经济增长将会持续利好东盟，中国在该地区的作用日益重要。卡耶塔诺8日进一步表示，中国将是该地区社会、经济发展的“驱动力”，中国给地区带来的积极作用不应因南海主权问题的争议而受影响。②

8月9日　国务委员王勇在马来西亚关丹会见马总理纳吉布，并出席东海岸铁路开工仪式并致辞。王勇还参观了由中马共同建设的马中关丹产业园区。③

由中国共产党和日本自民党、公明党共同举办的中日执政党交流机制第六

① 《人民日报》2017年8月9日第1版。

② 《人民日报》2017年8月9日第1版。

③ 《人民日报》2017年8月10日第1版。

次会议8月7日至9日在日本举行。中共中央对外联络部部长宋涛率中共代表团出席会议，并作了题为“不忘邦交正常化初心，推动中日关系向前发展”的主旨发言。①

8月10日　美军“麦凯恩”号导弹驱逐舰当日未经中国政府允许，擅自进入中国南沙群岛有关岛礁邻近海域。外交部发言人耿爽对此强烈不满，并将向美方提出严正交涉。耿爽表示，美军“麦凯恩”号导弹驱逐舰未经中国政府允许，擅自进入中国南沙群岛有关岛礁邻近海域，进行所谓“航行自由行动”。中国军队随即派出军舰依法对美舰实施查证识别，并予以警告驱离。他说，中国对南沙群岛及其附近海域拥有无可争辩的主权。美舰有关行为违反中国法律和国际法，严重损害中国主权和安全，严重危及双方一线人员生命安全。“中方对此强烈不满，并将向美方提出严正交涉。”他指出，在中国和东盟国家的共同努力下，南海形势降温趋缓，并不断呈现积极发展态势，特别是日前在菲律宾举行的中国—东盟外长会一致通过“南海行为准则”框架。在此背景下，一些域外势力逆流而动，持续打着“航行自由”的旗号寻衅滋事，妄图搅乱当前来之不易的良好形势。这清楚表明，到底是谁不愿看到南海保持稳定，谁才是推动南海“军事化”的最大因素。他表示，中国维护本国领土主权和海洋权益的决心坚定不移，维护南海和平稳定的意志坚定不移。“中方敦促美方切实尊重中国的主权和安全利益，切实尊重地区国家维护南海和平稳定的共同努力，并为之发挥建设性作用，不要再做损害两国互信及地区稳定的事。”②

8月11日　朝鲜军方日前称将于8月中旬完成打击关岛海域计划。此后，美方表示，如朝对美及盟友采取任何举动或攻击，朝会面临想象不到的回应。外交部发言人耿爽就近期朝美之间言论升级表示，当前朝鲜半岛局势复杂敏感。中方希望有关各方谨言慎行，多做有助于缓解紧张局势、增进各方互信的事，而不要走彼此轮番示强，局势不断升级的老路。③

8月12日　国家主席习近平应约同美国总统特朗普通电话。习近平指出中美两国领导人，就共同关心的问题保持密切沟通，对中美关系发展十分重要。双方应该继续按照我和总统先生达成的共识，加强对话与沟通，推进各领域交

---

① 《人民日报》2017年8月10日第1版。

② 《人民日报》2017年8月11日第3版。

③ 《人民日报》2017年8月12日第3版。

流合作，妥善处理彼此关心的问题，推动中美关系健康稳定向前发展。两国元首就当前朝鲜半岛局势交换了意见。习近平强调，中美在实现朝鲜半岛无核化、维护朝鲜半岛和平稳定方面拥有共同利益。当前，有关方面要保持克制，避免加剧朝鲜半岛局势紧张的言行。解决朝鲜半岛核问题，归根结底还是要坚持对话谈判、政治解决的大方向。中方愿在相互尊重的基础上同美方保持沟通，共同推动朝鲜半岛核问题妥善解决。①

8月14日 巴基斯坦总统侯赛因在伊斯兰堡会见国务院副总理汪洋。侯赛因感谢中方派团出席巴基斯坦独立70周年纪念活动。他说，巴中是“铁杆朋友”，同中国的友谊是巴外交基石。巴方将继续在涉及中方核心利益问题上给予中方坚定支持，积极参与“一带一路”建设，推进巴中经济走廊建设，在国际和地区问题上同中方加强合作。汪洋向侯赛因转达了习近平主席的亲切问候。汪洋说，此次我受习近平主席委托，率团出席巴基斯坦独立70周年纪念活动，代表中国政府和人民向巴方表达热烈祝贺。中方愿同巴方一道，落实好习近平主席同巴方领导人达成的重要共识，持续深化战略互信，在涉及彼此核心利益问题上继续相互理解支持，深化经贸务实合作，扎实推进中巴经济走廊建设，加强反恐、安全合作，促进人文交流，在国际和地区事务上密切协调配合，不断充实中巴全天候战略合作伙伴关系内涵。汪洋出席巴基斯坦独立70周年纪念大会并致辞。巴总理阿巴西会见汪洋，双方就深化并拓展两国务实合作、加快推进中巴经济走廊建设等深入交换意见，达成广泛共识。双方共同出席中巴重要合作项目竣工和开工揭牌仪式及合作文件签字仪式。②

8月15日 在外交部例行记者会上，有记者问：8月13日，日本NHK电视台在日本侵华战争战败72年前夕播放了一期特别节目《731部队的真相》，发掘了日本731部队超过20个小时的认罪录音，完整还原了这支部队在侵华战争中犯下的滔天罪行。中方对此有何评论？外交部发言人华春莹说，第二次世界大战期间，侵华日军对中国人民发动了令人发指的细菌战，进行了惨无人道的人体活体试验，犯下了反人类的滔天罪行。有关史实铁证如山，不容否认。只有正确对待历史，日本才有可能卸下历史包袱。“我们赞赏日本国内有识之

① 《人民日报》2017年8月13日第3版。

② 《人民日报》2017年8月15日第3版。

士揭露历史真相的勇气，希望日方认真倾听国内外的正义呼声，正确认识和深刻反省日本军国主义侵略历史，切实尊重中国等亚洲受害国人民的感情。”同时，她表示反对日本首相安倍晋三15日以自民党总裁的名义，向靖国神社献上被称为“玉串料”的祭祀费。华春莹说，靖国神社供奉着对侵略战争负有直接责任的二战甲级战犯，我们坚决反对日方的错误做法。今年是卢沟桥事变和南京大屠杀发生80周年，中方敦促日方切实正视和深刻反省侵略历史，同军国主义划清界限，以实际行动取信于亚洲邻国和国际社会。[①]

8月16日 尼泊尔总统班达里在加德满都会见到访的国务院副总理汪洋。同日，尼泊尔总理德乌帕会见汪洋。访问期间，汪洋同尼泊尔副总理加奇恰达尔举行会谈，并会见多位尼党派领导人和工商界人士，就弘扬中尼友好、加强两国政党交流、切实推进双边经贸合作等进行深入探讨，达成广泛共识。[②]

8月17日 国家主席、中央军委主席习近平在人民大会堂会见来访的美军参联会主席邓福德一行。习近平指出，中美作为在地区和世界具有重要影响的大国、世界前两大经济体，在维护世界和平稳定、促进全球发展繁荣方面肩负着重要责任。把握好中美关系发展大方向，不仅关系到两国和两国人民根本利益，也深刻影响着国际战略全局。我和特朗普总统都高度重视中美关系，都愿积极推动中美关系不断向前发展。美国发展好了，对中国有利；中国发展好了，对美国也有利。尽管两国关系发展的道路上有时有一些坎坷与风雨，但风雨过后会见彩虹，希望双方以诚意与善意相待、密切沟通、妥处分歧，共同构建一个更加美好的明天。习近平强调，中美两军关系是两国关系重要组成部分，应该成为两国关系的重要稳定因素。近年来，两军在加强各级别交往对话、推动军事互信机制建设、深化务实合作等方面不断取得新进展。这次还签署了《中美两军联合参谋部对话机制框架文件》。这些将为促进两国关系发展发挥积极作用，希望双方相向而行，用好现有合作机制和平台，为两军关系积累正能量。我们愿同美方一道努力，相互尊重、聚焦合作、积累更多成果，造福于两国人民和各国人民。[③]

中央军委副主席范长龙在北京会见美军参联会主席邓福德一行。范长龙强

---

① 《人民日报》2017年8月15日第3版。

② 《人民日报》2017年8月17日第3版。

③ 《人民日报》2017年8月18日第1版。

调，中方坚持认为对话协商是解决半岛问题的唯一有效途径。希望美方与中方一道，推动有关各方相向而行，共同为解决朝核问题、维护半岛和平稳定发挥积极作用。[①]

国务委员杨洁篪在中南海会见了美军参联会主席邓福德一行。双方就中美两国两军关系及共同关心的重要国际地区问题交换了意见。[②]

主题为“以心相交、成其久远”的第五届中韩公共外交论坛在韩国济州举行。与会人士共同回顾了中韩两国建交25周年政治、经济、文化交流和人员往来等各领域发展情况，并就推动公共外交合作事业、促进两国关系不断发展等交换了看法。[③]

8月18日　外交部发言人华春莹强烈敦促美日在钓鱼岛及南海问题上采取负责任态度，停止发表错误言论，多做有利于地区和平稳定的事。有记者问：近日，美日外长防长“2+2”会谈后发表美日安全磋商委员会联合声明，重申《美日安保条约》第五条适用于钓鱼岛，并对南海局势表示所谓“严重关切”，中方对此有何评论？华春莹表示，中方对美日上述言论表示严重关切。中国在钓鱼岛及南海问题上的立场是一贯、明确的。中国政府和人民捍卫自身领土主权的决心和意志坚定不移。所谓《美日安保条约》是冷战时期的产物，不应用来为日本的非法主张背书，不得损害中国领土主权和相关权益。华春莹说，当前南海形势稳定向好，中国与东盟国家有关对话协商不断取得积极进展。美日不是南海问题当事方，理应谨言慎行，尊重地区国家通过协商谈判和平解决有关争议的努力，而不是相反。她表示，中方强烈敦促美日在有关问题上采取负责任态度，停止发表错误言论，多做有利于地区和平稳定的事。[④]

8月19日　中国驻泰国大使馆发布公告说，中泰铁路合作项目一期工程日前取得重要进展，项目建设有望在今年10月启动。公告说，中泰铁路合作联合委员会第二十次会议8月15至17日在泰国曼谷召开。双方在会上完成了中泰铁路合作项目一期工程（曼谷—呵叻段）设计合同的谈判，确定了监理合同价格。这是继项目获泰内阁、立法议会批准后取得的新的重要进展。共同主持

---

① 《人民日报》2017年8月18日第3版。

② 《人民日报》2017年8月18日第3版。

③ 《人民日报》2017年8月18日第3版。

④ 《人民日报》2017年8月19日第3版。

联委会的中国国家发展和改革委员会副主任王晓涛和泰国交通部长阿空要求双方工作团队继续抓紧工作，以便在9月初签署设计和监理合同，为在10月启动开工建设打下坚实基础。公告说，项目二期工程（呵叻—廊开段）的前期准备工作也启动在即。①

8月20-24日 应老挝人革党邀请，中央纪委宣传部部长朱国贤率中共专家组赴老讲学，并会见老挝党中央政治局委员、中央纪委书记本通和中联部部长顺通。②

8月21日 商务部新闻发言人就美国对华启动301调查发表谈话表示，美方无视世贸组织规则，依据国内法对华发起贸易调查，是不负责任的，对中方的指责是不客观的。中方对美方这种单边主义、保护主义的做法表示强烈不满。③

中央军委副主席许其亮在北京会见柬埔寨空军司令邢桑南。④

国务委员兼国防部长常万全在京会见泰国武装部队最高司令素拉蓬。⑤

国务委员杨洁篪在北京会见巴基斯坦外交国务秘书塔米娜。⑥

中国和印尼副总理级对话机制第六次会议在北京举行，国务委员杨洁篪和印尼政治法律安全统筹部长维兰托共同主持。双方表示要按照习近平主席和佐科总统达成的重要共识，推动两国全面战略伙伴关系向更深层次、更广领域发展。双方同意，继续保持高层交往，就两国关系重大问题保持密切沟通，加强发展战略对接和"一带一路"合作，深化防务、执法、反恐、禁毒、网络、海上、航天等领域合作。双方同意，共同维护南海和地区和平稳定，推动中国—东盟关系和东亚合作持续深入发展，在国际和地区多边机制中加强沟通协调。⑦

针对日本自民党决定组织议员游说加拿大政府与安大略省议会以阻止设立"南京大屠杀纪念日"，外交部发言人华春莹表示，南京大屠杀是一段不容抹

---

① 《人民日报》2017年8月21日第3版。

② 《人民日报》2017年8月25日第3版

③ 《人民日报》2017年8月22日第2版。

④ 《人民日报》2017年8月22日第3版。

⑤ 《人民日报》2017年8月22日第3版。

⑥ 《人民日报》2017年8月22日第3版。

⑦ 《人民日报》2017年8月22日第3版。

杀的惨痛历史，只有以史为鉴，才能避免战争悲剧重演。①

8月23日 中国人民对外友好协会在北京举办招待会，庆祝中国与韩国建交25周年。全国人大常委会副委员长陈竺及韩国驻华大使金章洙出席致辞。来自两国社会各界人士约200人出席活动。②

国务委员杨洁篪应约同美国国务卿蒂勒森通电话，双方就当前阿富汗局势交换了意见。③

国务院副总理刘延东在北京会见来华例行查体休养的柬埔寨国王西哈莫尼和太后莫尼列。④

8月25日 国务委员、公安部部长郭声琨在北京应约会见美国驻华大使特里·布兰斯塔德。⑤

第十九次中日韩环境部长会议在韩国水原举行，中国环境保护部部长李干杰、韩国环境部部长金恩京、日本环境省大臣中川雅治分别率团出席会议，就三国最新环境政策、全球及区域热点环境问题、联合行动计划实施进展等开展对话和交流。当天，三国部长就联合国2030年可持续发展议程、2020年将在中国举行的《生物多样性公约》第十五次缔约方大会、"一带一路"生态环保合作等全球和区域环境议题交换了意见。⑥

日本政府通过新的对朝单边制裁措施，对象包括中国企业和个人。外交部发言人华春莹就此表示，日方这一做法严重损害中方利益和司法主权，如果日方一意孤行，必须承担由此造成的后果。华春莹说，中方一直全面完整执行安理会决议，同时我们坚决反对任何国家在安理会框架外实施单边制裁，尤其是针对中方实体或个人实施制裁。日方不顾中方严正立场，执意追随某些国家，对中国企业和个人实施单边制裁，中方对此表示强烈不满和坚决反对。日方这一做法严重损害中方利益和司法主权，给中日关系改善进程制造新的政治障碍。"中方要求日方立即停止有关错误做法，如果日方一意孤行，必须承担由

① 《人民日报》2017年8月22日第3版。

② 《人民日报》2017年8月22日第3版。

③ 《人民日报》2017年8月22日第3版。

④ 《人民日报》2017年8月25日第3版

⑤ 《人民日报》2017年8月22日第3版。

⑥ 《人民日报》2017年8月22日第3版。《人民日报》2017年8月25日第3版。

此造成的后果。”[①]

第九次中日韩文化部长会议在“东亚文化之都”日本京都召开。中国文化部部长雒树刚、日本文部科学大臣林芳正、韩国文化体育观光部长官都钟焕出席会议。此次会议是落实中日韩领导人会议文化领域有关成果的重要举措。会议审议通过了《京都共同文件》，确定将于2018年在中国召开第十次中日韩文化部长会议。三国文化部长还在京都共同出席中日韩联合演出等文化活动。[②]

8月28日　据外交部消息，在中印边界锡金段越界的印度边防人员及装备下午已经全部撤回边界印方一侧。印军越界事件已得到解决。外交部发言人华春莹在当日的例行记者会上说，6月18日，印度边防部队非法越过中印锡金段已定边界进入中国洞朗地区。中方通过外交渠道多次向印方提出交涉，向国际社会说明事实真相，阐明中方严正立场和明确要求，敦促印方立即将越界边防部队撤回边界印方一侧。同时，中国军队采取有力应对措施，维护国家领土主权和合法权益。华春莹表示，28日下午2时30分许，印方将越界人员和设备全部撤回边界印方一侧，中方现场人员对此进行了确认。中方将继续按照历史界约规定行使主权权利，维护领土主权。华春莹说，中国政府重视发展同印度的睦邻友好关系。希望印方切实遵守历史界约和国际法基本原则，与中方一道，在互相尊重领土主权的基础上，维护边境地区和平安宁，促进两国关系健康发展。[③]

8月31日　在人民大会堂同来华进行国事访问并出席新兴市场国家与发展中国家对话会的塔吉克斯坦总统拉赫蒙举行会谈。两国元首一致决定建立中塔全面战略伙伴关系，推动中塔关系在新的历史起点上实现更大发展。会谈后，两国元首共同签署并发表了《中塔关于建立全面战略伙伴关系的联合声明》，见证了《中塔合作规划纲要》及科技、农业、能源、基础设施、人力资源、地方、媒体等领域10多项合作文件的签署。[④]

---

① 《人民日报》2017年8月26日第3版。
② 《人民日报》2017年8月27日第3版。
③ 《人民日报》2017年8月29日第3版。
④ 《人民日报》2017年9月1日第1版。

中华人民共和国和塔吉克斯坦共和国[①]关于建立全面战略伙伴关系的联合声明

应中华人民共和国主席习近平邀请，塔吉克斯坦共和国总统埃莫马利·拉赫蒙于2017年8月30日至9月1日对中华人民共和国进行国事访问。

两国元首在亲切友好的气氛中举行会谈，高度评价中华人民共和国和塔吉克斯坦共和国（以下称“双方”）建交25年来各领域合作取得的丰硕成果，就双边关系以及共同关心的国际和地区问题深入交换意见，达成广泛共识。

双方重申2007年1月15日签订的《中华人民共和国和塔吉克斯坦共和国睦邻友好合作条约》、2013年5月20日签订的《中华人民共和国和塔吉克斯坦共和国关于建立战略伙伴关系的联合宣言》和2014年9月13日签订的《中华人民共和国和塔吉克斯坦共和国关于进一步发展和深化战略伙伴关系的联合宣言》具有重要的历史和现实意义，为两国关系长期和稳定发展奠定了坚实的法律基础。

双方一致认为，2013年中塔建立战略伙伴关系以来，两国高层交往、政治互信、互利合作达到前所未有的高水平。基于当前中塔关系发展的现实需要和两国继续积极推进各领域合作的愿望，双方决定建立全面战略伙伴关系，并作出声明如下：

一

双方强调，政治互信是中塔全面战略伙伴关系的重要基础。双方将继续在涉及国家主权、安全和领土完整等核心利益问题上相互支持。双方将发展中塔关系置于各自外交政策的优先方向，致力于发展全天候友谊，打造中塔命运共同体。

双方重申将恪守两国签订的关于边界问题的协定和文件，坚持永久和

---

① 《人民日报》2017年9月1日第3版。

平、世代友好原则，将中塔边界建设成为睦邻友好和相互信任的桥梁。

双方重申，不参与任何损害对方主权、安全和领土完整的联盟或集团，不采取任何此类行动，包括不同第三国缔结此类条约，不允许在本国领土上成立任何损害对方国家主权、安全和领土完整的组织和团体，并禁止其活动。

中方高度评价塔吉克斯坦共和国独立26年来的发展成就，坚定支持塔吉克斯坦根据本国国情自主选择的发展道路，理解和尊重塔吉克斯坦政府为保持国内稳定、促进社会经济发展所采取的措施。

塔方重申坚定奉行一个中国政策，承认中华人民共和国政府是代表全中国的唯一合法政府，台湾是中国领土不可分割的一部分，反对任何形式的“台湾独立”，承诺不与台湾建立官方关系和进行官方往来，支持两岸关系和平发展和中国政府为实现国家统一所作的一切努力。

二

双方决定进一步加强两国领导人互访以及各层级、各部门之间的交流和磋商，加大相互支持力度，保持中塔关系在高水平运行。

双方一致认为，立法机关交往是两国全面战略伙伴关系的重要组成部分。双方支持中华人民共和国全国人民代表大会同塔吉克斯坦共和国议会进一步加强两国立法机关领导人、各专门委员会和友好小组之间的交流与合作。

双方愿进一步扩大两国各政党、社会友好团体之间的合作，相互交流治国理政经验，巩固中塔关系发展的社会和民意基础。

三

双方一致认为，务实合作是两国全面战略伙伴关系的坚实物质基础，加强全方位经贸合作给两国和两国人民带来了福祉。双方全力支持并积极参与“一带一路”倡议，欢迎签署并认真落实中塔合作规划纲要。双方商定开展“一带一路”建设同塔吉克斯坦“2030年前国家发展战略”对接合作，实现优势互补和共同发展繁荣。

双方一致认为，应坚定维护经济全球化，维护多边体制权威性和有效性，保障各国在国际经济合作中权利平等、机会平等、规则平等。

中塔互为全面战略伙伴和重要邻国，中国是塔重要投资来源国、第一大贸易伙伴。

双方积极评价中塔政府间经贸合作委员会对深化双方务实合作起到的重要作用，愿进一步发挥该委员会作用，优化两国贸易结构，丰富合作形式，拓宽合作规模和渠道，提升两国经贸合作水平。中方欢迎塔方有竞争力的产品进入中国市场。

双方指出，中塔产能和投资合作取得积极进展，深化这一领域合作具有广阔前景。中方支持塔方境内工业园建设，将推动中方企业同塔方开展联合生产。双方将深化金融合作，推动在双边贸易中使用本币结算，支持两国银行机构互设，发展银行间各领域合作，为金融机构和金融合作创造良好条件。

双方将在平等互利基础上改善贸易和投资环境，根据本国法律采取有效措施保障对方国家公民和法人在本国境内的人身、财产安全和各项合法权益，鼓励和支持本国部门和企业积极参加在对方境内举办的展览会、展销会及其他贸易和投资促进活动。

双方将全面加强互联互通合作，完善公路、铁路和航空运输条件。双方将共同实施铁路、公路、天然气管道等跨境基础设施项目，继续推进中塔公路修复工作。

双方将加强海关领域合作，促进口岸通关及贸易便利化。

双方将继续深入开展能源、资源的勘探、开发、研究、加工和运输合作，发展基础设施项目合作，采用能够降低能耗的新的节能技术，进行经济技术可行性研究，拓展风能和太阳能等可再生能源开发合作。

双方充分肯定农业合作领域成果，将发挥中塔农业合作委员会的潜力，扩大蔬菜栽培、畜牧育种和灌溉技术、农业机械、共建农业科技示范园，以及农业科研院所交流等方面合作。

双方将继续推动在质检领域的合作。两国质检部门正在推动塔柠檬输华检验检疫准入工作，双方将继续加强农产品检验检疫合作。

塔方将发展同中国新疆维吾尔自治区合作，最大限度发挥中塔政府间经贸合作委员会新疆—塔吉克斯坦经贸合作分委会的积极作用，利用好中国—亚欧博览会等机制和平台，将塔吉克斯坦共和国同中国新疆维吾尔自治区合作推向更高水平。

四

双方一致认为，“三股势力”、贩毒、网络犯罪和跨国有组织犯罪是对两国和地区安全稳定的威胁。为应对上述威胁，双方将在执法安全领域深化合作，开展对口部门间的业务情报交流。

双方将加强执法安全和防务部门交流，深化情报信息共享，共同打击“三股势力”、毒品走私、网络犯罪和跨国有组织犯罪。双方同意加强执法安全部门的能力建设合作。

双方将继续扩大在双边和多边框架内的防务合作，加强在团组互访、人员培训、联合反恐等领域的务实交流。

双方认为，加强防灾、紧急救灾和消除灾害后果、相关人员培训、提升行动能力等领域合作十分必要。

五

中塔同为丝绸之路文明古国，将共同致力于弘扬丝绸之路精神，深化人文交流，加强文化遗产保护合作，支持文化传承创新。双方愿进一步加强文化、教育、卫生、体育和旅游合作，扩大教育科研机构、新闻媒体、民间友好组织、文艺团体和青年组织友好交往。

双方对教育领域合作快速发展表示满意。中方欢迎塔方学生来华学习，并愿为塔提供年度留学生名额，为塔优秀留学生提供中国政府奖学金，协助在塔汉语教学，办好孔子学院。

双方认为，中塔科技合作潜力巨大。双方将继续发展两国科技领域特别是高新技术领域的互利合作，加强两国科研机构和高校的联系，制定和落实联合科研教学项目。中方欢迎塔方参加中方举办的各类科技培训班。

双方将推动两国地方和友好城市间开展交流与合作，欢迎中华人民共和国陕西省与塔吉克斯坦共和国哈特隆州、中华人民共和国山西省太原市与塔吉克斯坦共和国索格特州胡占德市建立和发展友好省州和友城关系。

六

双方指出，在国际和地区问题上的相互支持和协作是两国高水平战略互信的重要体现。

双方将继续加强在联合国、上海合作组织等多边框架内的相互支持与合作，就重大国际和地区问题及时交换意见，协调立场，共同应对全球性和区域性挑战。塔方全力支持中方担任2017—2018年上海合作组织轮值主席国。

双方一致认为，中亚地区保持和平稳定发展对于本地区所有国家乃至世界具有重要意义。双方坚决反对外部势力以任何借口、任何方式干涉中亚国家内政，破坏中亚稳定。双方将为维护本地区和平与稳定，促进国家间合作保持紧密联系。

塔吉克斯坦共和国总统埃莫马利·拉赫蒙感谢中华人民共和国主席习近平对塔方代表团的热情友好接待，并邀请习近平主席在双方方便的时候对塔吉克斯坦进行国事访问。

中华人民共和国主席　　　　塔吉克斯坦共和国总统
习近平　　　　**埃莫马利·拉赫蒙**

2017年8月31日于北京

国务院总理李克强在人民大会堂会见来华进行国事访问并出席新兴市场国家与发展中国家对话会的塔吉克斯坦总统拉赫蒙。李克强表示，中塔互为友好邻邦，建交25年来关系实现跨越式发展。中方愿同塔方深化政治互信，拓展互利合作，扩大人文交流，密切在上海合作组织等机制内的沟通协调，更好造福两国和本地区人民。李克强指出，中方坚定支持塔吉克斯坦人民走符合本国国情的发展道路，愿将“一带一路”倡议同塔方发展战略相衔接，深化能源、基础设施建设、加工制造等重点领域产能合作，提升交通、通信等领域互联互通水平。希望塔方继续为双方合作顺利开展提供便利。[①]

全国人大常委会委员长张德江在人民大会堂会见塔吉克斯坦总统拉赫蒙。[②]

9月1日　中共中央对外联络部部长宋涛在北京分别会见由中央委员、青年联合会主席洪玛尼率领的柬埔寨人民党青年干部考察团和美国驻华大使布兰斯塔德。[③]

9月3日　国家主席习近平在厦门会见俄罗斯总统普京。习近平欢迎普京来华出席金砖国家领导人第九次会晤和新兴市场国家与发展中国家对话会。习近平强调，我今年7月访问俄罗斯期间，同总统先生就深化中俄全面战略协作伙伴关系达成重要共识。两国各部门正在全面落实两国元首共识，推动各领域合作取得新成果。双方要巩固业已建立的高度政治互信，坚定加大相互支持，加强战略协作。要发挥双边合作机制作用，落实能源、航空航天、核电等重点领域合作项目，积极推进“一带一路”建设同欧亚经济联盟对接合作，加紧开展互联互通等方面项目对接，促进两国毗邻地区共同发展。要密切人文和地方交流，增进两国人民相互了解和友谊。要加强两军交流合作，密切在国际多边场合协调和配合。中方愿同俄方携手努力，推动中俄关系迈上新的更高水平，助力两国各自发展振兴，合力维护地区及世界和平稳定。习近平指出，当前形势下，做强金砖合作，在国际事务中发挥更大作用，符合金砖国家共同利益，也是国际社会特别是新兴市场国家和发展中国家的期待。我们要巩固团结合作，对外传递积极信号；着眼合作全局，规划金砖合作方向和重点；加强协调配合，提升在国际事务中的影响力；完善机制建设，推动金砖合作行稳致远。中方愿同包括俄方在内金砖国家一道，推动厦门会晤取得丰硕成果，做好会晤成果后续落实，全力推动金砖合作走深走实，开启金砖合作第二个“金色十年”。习近平和普京还就共同关心的国际和地区问题深入交换意见，一致同意坚持朝鲜半岛无核化目标，并密切沟通协调，妥善应对朝鲜再次进行核试验

---

① 《人民日报》2017年9月1日第1版。

② 《人民日报》2017年9月1日第1版。

③ 《人民日报》2017年9月2日第3版。

这一最新形势。[①]

9月4日 国家主席习近平在厦门会见来华出席新兴市场国家与发展中国家对话会的泰国总理巴育。习近平强调，中泰一家亲，两国人民情同手足。作为泰国的亲密友好邻邦，中方高度重视发展中泰友好关系，愿一如既往尊重泰国选择适合本国国情的发展道路，并在国际和地区事务中发挥更大作用，推动两国全面战略合作伙伴关系得到更大发展。双方要保持高层密切往来，照顾彼此核心利益和重大关切。中方赞赏泰方积极参与“一带一路”建设合作，愿同泰方一道，落实好《共同推进“一带一路”建设谅解备忘录》和未来5年《战略性合作共同行动计划》，加强投资、铁路和互联网金融、数字经济、电子商务等领域合作，扩大人员往来，密切旅游和地方交流，加强执法安全特别是反恐合作。双方要深化在联合国、亚洲合作对话、亚太经合组织等多边框架内协调和配合，为维护地区和世界和平、稳定、发展作出积极贡献。今年是东盟成立50周年，明年是中国—东盟建立战略伙伴关系15周年。中方期待泰国发挥独特影响力，推动澜湄合作和中国—东盟关系再上新台阶。会见后，两国领导人见证了战略性合作共同行动计划及“一带一路”建设、铁路等领域双边合作文件的签署。[②]

中共中央对外联络部部长宋涛在北京会见由越南共产党中央委员、越通社社长阮德利率领的越共高级干部考察团。[③]

9月4-8日 俄罗斯总统普京6日在符拉迪沃斯托克会见应邀出席第三届东方经济论坛的国务院副总理汪洋。4日至5日，汪洋与俄副总理罗戈津共同主持了中俄总理定期会晤委员会双方主席会晤，双方就核能、航天、农业、北极、民用航空、数字经济等领域合作深入交换意见。7日，汪洋出席第三届东方经济论坛全会，与俄副总理特鲁特涅夫共同出席“俄罗斯—中国”商务对话会并致辞。8日，双方在哈巴罗夫斯克举行中国东北地区和俄罗斯远东及贝加尔地区政府间合作委员会第一次会议。[④]

9月5日 国家主席习近平在厦门会见来华出席金砖国家领导人第九次会

① 《人民日报》2017年9月4日第1版。

② 《人民日报》2017年9月5日第2版。

③ 《人民日报》2017年9月5日第4版。

④ 《人民日报》2017年9月8日第3版。

晤和新兴市场国家与发展中国家对话会的印度总理莫迪。习近平强调，中印互为重要邻国，也是两个最大发展中国家和新兴市场国家，一个健康稳定的中印关系符合两国人民根本利益，也是本地区和国际社会共同期待。近年来，两国领导人就发展中印关系达成广泛共识，同意构建更加紧密的发展伙伴关系，明确了中印关系发展的长远目标，双边关系在坚持这一定位的基础上不断取得长足发展。中方愿同印方一道，以双方共同倡导的和平共处五项原则为指引，增进政治互信，推进互利合作，推动中印关系沿着正确轨道向前发展。习近平指出，中印两国要坚持双方互为发展机遇、互不构成威胁的基本判断。希望印方能够正确、理性看待中国发展。要向世界表明，和平相处、合作共赢是中印两国唯一正确的选择。双方应相互尊重、求同存异，维护好边境地区的和平安宁。中印在经济社会发展方面有很大合作潜力。双方要加强发展战略对接，扩大在基础设施建设、互联互通等领域合作，增进人文交流，加强在国际事务中的沟通协作，推动国际秩序朝着更加公正合理的方向发展。中方愿同金砖各国一道，落实好厦门会晤成果，共同开创金砖合作新局面。①

9月6日 国家主席习近平应约同美国总统特朗普通电话。习近平指出，当前，中美各领域交往与合作继续推进。两国外交安全团队和经济团队保持密切沟通，双方正在筹备首轮中美社会和人文对话、执法及网络安全对话。中方重视总统先生年内对中国的国事访问，希望双方团队共同努力，确保访问取得成功。习近平强调，中方坚定不移致力于实现朝鲜半岛无核化，维护国际核不扩散体系。同时，我们始终坚持维护朝鲜半岛和平稳定，坚持通过对话协商解决问题。要坚持和平解决的大方向，解决朝鲜半岛核问题，归根结底要靠对话谈判、综合施策，积极探寻长久解决之道。②

9月7日 全国人大常委会委员长张德江在人民大会堂与缅甸联邦议会人民院议长吴温敏举行会谈。③

国务院总理李克强在中南海紫光阁会见尼泊尔副总理兼外长马哈拉。李克强表示，中尼是山水相连的友好邻邦，友谊源远流长。中方希望尼各派继续加强团结，顺利推进政治议程，早日开启尼泊尔持久稳定与繁荣发展的新阶段。

① 《人民日报》2017年9月6日第2版。

② 《人民日报》2017年9月7日第1版。

③ 《人民日报》2017年9月8日第1版。

中方愿同尼方保持高层交往势头，推动两国友好与合作继续在有利于双方自主与共同发展，有利于造福两国人民，有利于地区稳定与繁荣的道路上前进。李克强指出，中方愿以共建“一带一路”为契机，同尼方加强互联互通，扩大贸易投资，推进中尼自贸协定联合可行性研究和跨境经济合作区建设，开展能源、基础设施等领域产能合作，加强灾后重建、旅游等领域合作。中方愿为尼经济社会发展提供力所能及的支持。①

中共中央对外联络部部长宋涛在北京会见缅甸民盟中央书记、人民院议长吴温敏。②

外交部发言人耿爽在例行记者会上表示，中方已就美韩“临时”部署“萨德”向韩方提出严正交涉。耿爽说：“中方坚决反对美国在韩国部署‘萨德’反导系统的立场是明确、一贯和坚定的。”他表示，中方愿再次敦促美韩重视中国等地区国家的安全利益和关切，立即停止有关部署进程，撤除相关设备。③

9月8日　全国政协主席俞正声在人民大会堂分别会见缅甸联邦议会人民院议长吴温敏一行和日本前众议长、国际贸易促进协会会长河野洋平等来华出席中日邦交正常化45周年纪念招待会的日方代表团主要成员。④

国家副主席李源潮在北京会见泰国公主帕查拉吉迪雅帕。李源潮说，中泰一家亲，双方正大力推进“一带一路”框架下的合作，两国关系面临重要发展机遇。中方愿同泰方一道，加强传统友好，深化务实合作，推动两国全面战略合作伙伴关系不断发展。⑤

中共中央政治局委员、中央政法委书记孟建柱在中南海紫光阁会见巴基斯坦外长阿西夫和总理国家安全顾问詹朱阿。⑥

中国人民对外友好协会、中国日本友好协会在京举办中日邦交正常化45周年纪念招待会，全国人大常委会副委员长兼秘书长王晨出席，并在招待会开

---

① 《人民日报》2017年9月8日第3版。

② 《人民日报》2017年9月8日第3版。

③ 《人民日报》2017年9月8日第3版。

④ 《人民日报》2017年9月9日第1版。

⑤ 《人民日报》2017年9月9日第3版。

⑥ 《人民日报》2017年9月9日第3版。

始前会见日本前众议院议长河野洋平等日方主要代表。中日两国各界人士300余人出席活动。①

国务委员杨洁篪在北京会见巴基斯坦外长阿西夫。②

9月9日 应密克罗尼西亚联邦国会、文莱政府、柬埔寨参议院邀请，全国政协副主席王家瑞率团访问上述三国。③

中共中央政治局委员、中央政法委书记、中国和乌兹别克斯坦政府间合作委员会中方主席孟建柱在塔什干会见乌总统米尔济约耶夫和乌总理、中乌政府间合作委员会乌方主席阿里波夫，并与后者共同主持中乌政府间合作委员会第四次会议。④

9月11日 中共中央政治局常委、国务院副总理张高丽在广西南宁分别会见前来出席第十四届中国—东盟博览会和中国—东盟商务与投资峰会的文莱苏丹哈桑纳尔、柬埔寨首相洪森、越南常务副总理张和平和老挝副总理宋赛。⑤

中共中央政治局常委、国务院副总理张高丽在广西南宁会见前来出席第十四届中国—东盟博览会和中国—东盟商务与投资峰会的哈萨克斯坦第一副总理马明。⑥

中共中央对外联络部部长宋涛在南宁会见来华出席第十四届中国—东盟博览会的柬埔寨人民党主席、政府首相洪森，双方就加强中柬关系特别是两党交流合作深入交换了意见。⑦

9月13日 国家主席习近平在人民大会堂同文莱苏丹哈桑纳尔举行会谈。两国元首一致同意，共同规划好两国未来合作，推动中文关系在新时期得到更大发展，更好造福两国人民。习近平指出，中方愿同文方从战略高度和长远角度把握双边关系，加强治国理政经验交流和发展战略对接，做大做强各领域务实合作，进一步促进各自国内发展。习近平强调，双方要保持高层交往，持续深化政治互信，继续在涉及彼此核心利益和重大关切问题上相互理解和支持。

---

① 《人民日报》2017年9月9日第3版。

② 《人民日报》2017年9月9日第3版。

③ 《人民日报》2017年9月10日第3版。

④ 《人民日报》2017年9月11日第3版。

⑤ 《人民日报》2017年9月12日第1版。

⑥ 《人民日报》2017年9月12日第3版。

⑦ 《人民日报》2017年9月12日第3版。

中方赞赏文方积极响应“一带一路”倡议，愿同文方一道，以共建“一带一路”为契机，本着共商共建共享原则，加强基础设施建设、能源、清真食品、农渔业、数字经济等领域合作。双方要加强防务和执法合作，把两军互信和合作提升到新高度。要加强文化、教育、体育、卫生、旅游、媒体、地方交往等领域交流合作，巩固两国友好的民意基础。双方要加强地区和国际事务合作，在联合国、亚太经合组织等框架内加强沟通和协调。习近平指出，中方赞赏文方积极推动中国—东盟关系发展，愿加强“一带一路”倡议同东盟发展规划对接，推动双方关系提质升级，助力东盟共同体建设。当前，南海局势趋稳降温，呈现积极发展态势。中方愿同文方及有关各方一道，将南海建设成和平之海、友谊之海、合作之海。会谈后，两国元首共同见证了两国“一带一路”建设、基础设施建设、卫生等领域双边合作文件的签署。[①]

国家主席习近平同俄罗斯总统普京分别向深圳北理莫斯科大学开学典礼致贺辞。习近平强调，希望中俄两国教育主管部门和教育工作者发挥各自优势，深挖合作潜力，加快完善深圳北理莫斯科大学各项建设，努力建设高水平大学、培养高素质人才，为深化中俄教育合作、增进两国人民友谊作出贡献。[②]

国务委员杨洁篪在白宫会见美国总统国家安全事务助理麦克马斯特、总统高级顾问库什纳。双方就中美关系以及共同关心的国际和地区问题交换意见。双方同意，将加强高层及各级别沟通，拓展合作，共同做好特朗普总统应习近平主席邀请年内对中国国事访问的准备工作，推动中美关系健康稳定向前发展。[③]

9月14日　老挝人民革命党总书记、国家主席本扬在万象会见了来访的国务委员兼国防部长常万全。常万全首先转达了习近平总书记对本扬总书记的亲切问候和良好祝愿。常万全说，中国军队将按照两党两国领导人共识，同老挝军队一道，按照“长期稳定、睦邻友好、彼此信赖、全面合作”的方针和“好邻居、好朋友、好同志、好伙伴”的精神，加强交往，深化合作，为打造中老命运共同体，做出积极贡献。常万全还介绍了“一带一路”建设和迎接中共

---

① 《人民日报》2017年9月14日第1版。

② 《人民日报》2017年9月14日第1版。

③ 《人民日报》2017年9月15日第3版。

十九大等情况。[①]

全国政协副主席王家瑞在京会见应中联部邀请访华的以国土交通副大臣秋元司为团长的日本自民党“志帅会”代表团。[②]

中共中央对外联络部部长宋涛在北京分别会见由中央委员、奠边省委书记陈文山率领的越南共产党高级干部考察团和由国土交通副大臣秋元司率领的日本自民党“志帅会”代表团。[③]

9月15日　第十四届中国—东盟博览会、中国—东盟商务与投资峰会在广西南宁闭幕。据介绍，本届东博会展览总面积12.4万平方米，总展位数6600个，参展企业2709家，8个东盟国家包馆，展览规模、参展企业数量均创新高。共吸引了68个国家和地区采购商参会，国际买家达到4000人，主要来自东盟国家、欧美等国家和地区。会议期间，举办了80场经贸投资促进活动，同时举办了东盟各国和特邀合作伙伴国家推介会等，达成许多投资合作项目。[④]

全国人大常委会副委员长沈跃跃在人民大会堂会见来访的阿富汗议会下院第二副议长艾哈迈德一行，双方就中阿关系及议会交流等共同关心的问题交换了意见。[⑤]

“新时期中越党建和治国理政”研讨会在越南首都河内举行。此次研讨会由越南社科院中国研究所和中国驻越南大使馆共同举办，来自两国的专家学者，就新形势下本国在完善国家治理、发展国民经济等领域的措施和经验进行了介绍与交流。[⑥]

9月16日　中老两军首次边境高层会晤在老挝琅南塔省、乌多姆赛省和中国云南省勐腊县举行。中国国务委员兼国防部长常万全与老挝国防部长占沙蒙率团出席，共同祭扫中国援老烈士陵园，参观慰问边防连队和小学，观摩联合巡逻，并举行会谈。会谈后，双方发表了联合新闻公报。[⑦]

9月17日　国务委员、公安部部长郭声琨在北京会见来华出席上合组织地

---

① 《人民日报》2017年9月15日第3版。

② 《人民日报》2017年9月15日第3版。

③ 《人民日报》2017年9月15日第3版。

④ 《人民日报》2017年9月16日第2版。

⑤ 《人民日报》2017年9月16日第3版。

⑥ 《人民日报》2017年9月16日第3版。

⑦ 《人民日报》2017年9月17日第3版。

区反恐怖机构理事会第三十一次会议的各方代表团团长。[①]

9月18日 国家主席习近平同美国总统特朗普通电话。习近平强调，中美两国拥有广泛的共同利益，当前各领域交往与合作势头良好。双方要加强高层及各级别交往，办好首轮中美社会和人文对话、执法及网络安全对话，拓展两国各领域合作。习近平主席就美国近日连续遭受飓风袭击向特朗普总统并通过特朗普总统向美国人民表示慰问。特朗普总统对此表示感谢。两国元首并就当前朝鲜半岛局势交换了看法。[②]

中国中车资阳机车有限公司（中车资阳）日前在孟加拉国首都达卡与当地企业中部能源有限公司签署协议，以电站辅助系统项目总承包方式为对方建造150兆瓦重油电站项目。双方代表举行协议签字仪式。孟加拉国外交部国务部长阿拉姆、中资企业代表、孟方业主代表出席了仪式。[③]

9月18-19日 应越南共产党邀请，中共中央政治局常委、中央书记处书记刘云山对越南进行正式访问，在河内分别会见越共中央总书记阮富仲、总理阮春福、国会主席阮氏金银，与越共中央政治局委员陈国旺举行会谈。访越期间，刘云山还在越共中央政治局委员范明政陪同下考察了胡志明国家政治学院，并与曾赴华考察交流的越方学员代表进行了座谈。[④]

9月19日 国务院总理李克强同来华进行正式访问的新加坡总理李显龙举行会谈。李克强表示，中新始终坚持相互尊重、平等相待，全方位互利合作不断深化，两国人民从中切实受益。我们愿与新方努力深化政治互信，共同把握好两国关系发展大方向，推动政府间合作项目取得新进展，加强两国人文、社会治理、防务与执法安全等领域交流合作，在国际地区事务中密切沟通协调。李克强指出，中国是新加坡最大贸易伙伴，新加坡是中国最大外资来源国。我们愿将“一带一路”倡议同新方发展战略更好对接，进一步提升中新贸易投资合作。共同推进区域全面经济伙伴关系协定商谈和中新自贸协定升级谈判。拓展金融、科技、创新等领域合作。欢迎更多新加坡企业来华投资兴业，不仅同中国沿海地区，也同中西部地区加强合作。中国高铁技术先进、安全可靠、性

---

① 《人民日报》2017年9月18日第3版。

② 《人民日报》2017年9月19日第1版。

③ 《人民日报》2017年9月19日第3版。

④ 《人民日报》2017年9月20日第2版。

价比高，希望新方支持中国企业参与新马高铁项目。李克强强调，东盟是中国周边外交的优先方向。中方希望并支持新加坡作为中国—东盟关系协调国和明年东盟轮值主席国，继续为中国—东盟关系和东亚合作发展发挥积极建设性作用，打造更高水平的中国—东盟战略伙伴关系，维护地区的和平稳定，促进共同发展繁荣。双方还就共同关心的国际和地区问题深入交换了看法。[①]

国务院副总理汪洋在中南海紫光阁会见由共同主席里克·拉森和达林·拉胡德率领的美国国会众院“美中工作小组”代表团。双方就中美经贸关系等共同关心的问题深入交换了意见。[②]

9月19-21日　应柬埔寨人民党邀请，中共中央政治局常委、中央书记处书记刘云山对柬埔寨进行正式访问，在金边分别会见人民党主席、政府首相洪森，和代理国家元首、人民党副主席、参议院主席赛冲。会见结束后，刘云山和洪森共同出席了双方多个合作文件的签字仪式。访柬期间，刘云山还访问了西哈努克省，出席了中国和平发展基金会在当地援建的中柬友好“丝路之友”5所学校项目的启动仪式，并实地考察了中柬企业共同开发建设的西哈努克港经济特区。[③]

9月20日　国家主席习近平在人民大会堂会见来华进行正式访问的新加坡总理李显龙。习近平指出，保持高层接触是中新两国老一辈领导人的良好传统，也是中新关系紧密的体现。习近平强调，加强两国的政治互信，不断巩固和发展中新关系，符合两国和两国人民利益，也有利于地区和世界的和平、稳定与繁荣。双方要坚持相互理解和尊重，在涉及彼此核心利益和重大关切问题上相互支持。中新两国在经济全球化、贸易自由化、投资便利化方面立场相近，观点相似，有着广泛共同利益。双方要加强发展战略对接，发挥好中新双边合作联合委员会等机制作用，不断开拓创新，丰富合作内涵，深化全方位合作。两国领导人还就共同关心的国际和地区问题交换了看法。[④]

中共中央政治局常委、国务院副总理、中俄能源合作委员会中方主席张高丽在北京与俄罗斯副总理、委员会俄方主席德沃尔科维奇举行中俄能源合作委

① 《人民日报》2017年9月20日第2版。

② 《人民日报》2017年9月20日第3版。

③ 《人民日报》2017年9月22日第1版。

④ 《人民日报》2017年9月21日第1版。

员会第十四次会议。会议期间，双方就天然气、石油、电力、煤炭、核能、新能源、标准互认等领域合作深入交换意见，一致认为要切实落实两国元首达成的能源领域合作共识，充分发挥好中俄能源合作委员会机制作用，实施好能源领域战略性大项目，加强标准对接、能源技术装备、工程建设等非传统领域合作，不断提高两国能源合作水平。会后，张高丽与德沃尔科维奇共同签署了《中俄能源合作委员会第十四次会议纪要》。[①]

国家副主席李源潮在北京会见由党的最高顾问、前众议长横路孝弘率领的日本民进党政治家代表团。[②]

全国人大常委会副委员长严隽琪在人民大会堂会见了由主席祖特·巴哈杜尔·图呼尔·卡德基率领的尼泊尔议会外事与劳工委员会代表团一行10人，双方就中尼关系、议会交往等问题交换了意见。该团系应全国人大外事委员会邀请访华。[③]

国务委员兼国防部长常万全在八一大楼会见新加坡国防部长黄永宏。[④]

缅甸国务资政昂山素季在内比都接受人民日报等五家中国媒体联合采访，就缅甸若开邦局势、缅中关系等发表看法。[⑤]

9月22日 国务委员王勇在中南海会见柬埔寨王国国务大臣兼工业及手工业部部长占蒲拉西一行。[⑥]

9月23-24日 中越两军第四次边境高层会晤在越南莱州市和我国云南省金平县举行，中央军委副主席范长龙和越南国防部长吴春历率团出席，双方举行两军边境友好座谈会，共同出席越中边境友好文化室落成剪彩仪式，观摩中越两军边防部队联合反恐演练和联合巡逻，参观金水河口岸边境小学，签署会晤纪要。[⑦]

9月25日 国务院总理李克强在中南海紫光阁会见美国商务部长罗斯。李克强表示，当前中美关系与各领域合作发展势头良好。习近平主席同特朗普总

---

① 《人民日报》2017年9月21日第1版。
② 《人民日报》2017年9月21日第2版。
③ 《人民日报》2017年9月22日第3版。
④ 《人民日报》2017年9月22日第3版。
⑤ 《人民日报》2017年9月23日第3版。
⑥ 《人民日报》2017年9月23日第3版。
⑦ 《人民日报》2017年9月25日第3版。

统多次成功会晤、通话，两国各层级对话交流持续推进。中美分别作为世界上最大的发展中国家和最大的发达国家，是全球规模最大的经济体和贸易国，双边关系健康稳定发展，符合两国自身利益，也是国际社会的普遍期待。李克强指出，中美互为最大贸易伙伴，两国经贸关系的主流是合作，共同利益远大于分歧。我们愿同美方本着相互尊重、合作共赢的精神，扩大货物、服务贸易规模，通过对话协商妥善处理摩擦与分歧。中国对外开放的大门会越来越大，营商环境会越来越好。欢迎更多美国企业来华投资兴业。希望美方对中国企业赴美投资给予公平待遇，放宽高科技产品对华出口，使中美经贸合作在动态平衡中取得更大发展，更好造福两国人民。①

中共中央政治局常委、国务院副总理张高丽在北京会见俄罗斯天然气工业公司总裁米勒，就中俄天然气领域合作深入交换了意见。②

国务院副总理汪洋在中南海会见美国商务部长罗斯一行。双方就中美经贸关系等共同关心的问题深入交换了意见。同日，汪洋还会见阿拉斯加州州长沃克和密苏里州州长格雷滕斯一行。③

中共中央书记处书记、中央纪委副书记赵洪祝在北京与柬埔寨人民党中央常委、副首相兼议会联络与监察部大臣梅森安会谈。④

中共中央对外联络部部长宋涛在北京会见柬埔寨人民党中央常委、副首相兼议会联络与监察部大臣梅森安。⑤

中俄双方参演兵力在鄂霍次克海开展联合解救被劫持船舶和救助遇险舰船两个科目的演练后，双方舰艇举行了告别仪式。“海上联合—2017”军事演习圆满结束。这次演习在科目设置、演习海域和具体实施上都有新的变化和突破，特别是首次组织联合援潜救生演练，首次组织多兵种、多机动、多舰种联合反潜演练。⑥

9月26日　中共中央政治局常委、中央纪委书记王岐山在中南海紫光阁会

---

① 《人民日报》2017年9月26日第1版。
② 《人民日报》2017年9月26日第1版。
③ 《人民日报》2017年9月26日第3版。
④ 《人民日报》2017年9月26日第3版。
⑤ 《人民日报》2017年9月26日第3版。
⑥ 《人民日报》2017年9月26日第3版。

见柬埔寨人民党中央常委、副首相兼议会联络与监察部大臣梅森安。①

全国政协主席俞正声在北京会见越南祖国阵线中央委员会副主席张氏玉映。②

全国政协副主席马飚在北京与越南祖国阵线中央委员会副主席张氏玉映举行会谈。双方就落实好两国领导人共识，推动新时期两国关系持续健康稳定发展进行了交流。③

国务院副总理汪洋在中南海紫光阁会见美国戴尔科技集团董事长兼首席执行官迈克尔·戴尔。④

中共中央政治局委员、中央政法委书记孟建柱在北京会见出席国际刑警组织第八十六届全体大会的马来西亚副总理兼内政部长扎希德。⑤

9月28日 美国总统特朗普在白宫会见正在华盛顿出席首轮中美社会和人文对话的国务院副总理刘延东。⑥

首轮中美社会和人文对话在华盛顿举行，国务院副总理刘延东和美国国务卿蒂勒森共同主持。会议发表了《联合声明》，并将通过《首轮中美社会和人文对话行动计划》，落实130多项具体成果。⑦

9月30日 国家主席习近平在人民大会堂会见美国国务卿蒂勒森。习近平指出，当前，中美关系总体稳定发展。我同特朗普总统保持着良好沟通。双方工作团队要按照两国元首达成的共识，牢牢把握中美关系大方向，相互尊重、互利互惠，聚焦合作、妥处分歧，推动两国关系行稳致远。中方高度重视特朗普总统将于今年11月对中国进行的国事访问。我期待着同他共同规划和推进中美关系未来发展。双方工作团队要共同努力、密切合作，确保访问成为一次成功的、特殊的访问。习近平强调，中美作为最大的发展中国家、最大的发达国家和世界前两大经济体，两国和平相处、合作共赢是两国人民之福，也是世界各国人民之幸。发展中美关系要坚持正确方向，两国共同利益远大于分歧，

① 《人民日报》2017年9月27日第1版。
② 《人民日报》2017年9月27日第3版。
③ 《人民日报》2017年9月27日第2版。
④ 《人民日报》2017年9月28日第3版。
⑤ 《人民日报》2017年9月28日第3版。
⑥ 《人民日报》2017年9月30日第3版。
⑦ 《人民日报》2017年9月30日第3版。

合作是双方唯一正确的选择。中美在双边、地区、全球层面需要合作并能够合作的事情很多。双方要深挖潜力，拓展各领域互利合作，不断培育新的合作增长点，加强在重大国际和地区问题上的沟通与协调。要在尊重彼此核心利益和重大关切的基础上，通过对话协商妥善处理两国之间的分歧和敏感问题，维护中美合作大局的稳定。要厚植人民友谊，继续鼓励和扩大两国人民友好交往，不断夯实中美关系的社会和民意基础。①

国务委员杨洁篪在北京会见美国国务卿蒂勒森。双方就中美关系、朝鲜半岛形势及其他共同关心的问题交换了看法。②

外交部长王毅在北京同美国国务卿蒂勒森举行会谈。双方就中美关系、特朗普总统访华、当前朝鲜半岛局势以及阿富汗问题等深入交换意见。③

10月2日 国家主席习近平致电美国总统特朗普，就美国拉斯维加斯市发生枪击事件造成重大人员伤亡，向美国政府和美国人民表示深切同情，向遇难者表示沉痛的哀悼，向受伤者表示真挚的慰问。祝愿受伤者早日痊愈。④

10月4日 首轮中美执法及网络安全对话在华盛顿举行。国务委员、公安部长郭声琨与美国司法部长塞申斯、国土安全部代理部长杜克共同主持。双方回顾总结了近年来中美两国在执法及网络安全领域合作取得的成效，并就反恐、禁毒、打击网络犯罪、追逃追赃、遣返非法移民等议题进行深入交流，达成了广泛共识。双方同意根据习近平主席和特朗普总统海湖庄园会晤达成的重要共识，坚持相互尊重、依法对等、坦诚务实，充分发挥中美执法及网络安全对话的作用，进一步加强两国在执法及网络安全领域的对话与合作，为特朗普总统应习近平主席邀请于11月对中国进行国事访问积累更多成果。⑤

10月7日 中国海军远航访问编队结束对泰国的友好访问，开始踏上回国的航程。编队圆满完成了对亚非欧三大洲20个国家的远航访问任务。中国驻泰国国防武官，泰国海军舰队官兵代表，华侨华人、中资机构和留学生代表等200余人在码头冒雨为编队送行。访泰期间，编队指挥员沈浩拜会了泰国副总

---

① 《人民日报》2017年10月1日第1版。

② 《人民日报》2017年10月1日第3版。

③ 《人民日报》2017年10月2日第3版。

④ 《人民日报》2017年10月3日第1版。

⑤ 《人民日报》2017年10月6日第3版。

理兼国防部长巴威等泰军政领导。①

10月9日 俄中友协成立60周年庆祝大会在莫斯科举行。国家主席习近平向俄中友协致贺信。习近平在贺信中指出，60年来，俄中友协始终秉持对华友好理念，积极开展两国民间交往，为增进两国人民相互了解和友谊作出积极贡献，是巩固和发展中俄关系的一支重要力量。习近平强调，"国之交在于民相亲"。当前，中俄关系正站在新的历史起点上。希望俄中友协以成立60周年为契机，开创两国民间交往新局面，为促进两国民心相通、民意相融作出更大贡献，助力中俄全面战略协作伙伴关系高水平发展。俄罗斯总统普京也就俄中友协成立60周年致贺信。②

10月19日 在中国共产党第十九次全国代表大会召开之际，周边国家一些领导人、政党和组织纷纷致电或致函表示热烈祝贺。他们是：塔吉克斯坦人民民主党主席、总统拉赫蒙，蒙古国总理乌赫那·呼日勒苏赫，日本自由民主党干事长二阶俊博，韩国共同民主党党首秋美爱，巴布亚新几内亚人民进步党领袖、前总理陈仲民，蒙古国蒙古民主党主席、国家大呼拉尔委员索·额尔登，蒙古国蒙古人民革命党主席那·恩赫巴亚尔，蒙古国蒙古民族民主党主席巴·朝格特格日勒，韩国自由韩国党党首洪准杓，菲律宾民主人民力量党总裁、参议长皮门特尔，菲律宾民主人民力量党秘书长、众议长阿尔瓦雷斯，东帝汶独立革命阵线总书记、政府总理阿尔卡蒂里，哈萨克斯坦"光明道路"民主党中央委员会，柬埔寨奉辛比克党主席诺罗敦·拉那烈亲王，尼泊尔共产党（毛中心）主席、前政府总理普拉昌达，印度国民大会党主席索尼娅，泰国民主党主席、前政府总理阿披实，俄罗斯自由民主党主席日里诺夫斯基，日本自由党党首小泽一郎，斯里兰卡自由党总书记、政府农业部长迪萨纳亚克，马尔代夫进步党副领袖拉希姆，泰国泰中文化经济协会会长颇欣·蓬拉军，斯里兰卡—中国友好协会主席阿南德·古纳蒂拉克，老挝和平与团结委员会主席宋潘，蒙古国蒙古人民党总书记达·阿玛尔巴雅斯格楞，巴基斯坦俾路支省省督阿查克扎伊，老挝和平与团结委员会秘书长米赛，尼泊尔—中国文化教育协会主席沙哈，日本中国友好协会会长丹羽宇一郎，日本九州日中商务交流协会会

① 《人民日报》2017年10月8日第3版。

② 《人民日报》2017年10月10日第1版。

长井上澄代，日本星火产业株式会社社长吉田由美子，尼泊尔尼中媒体论坛主席科绍，尼泊尔世界事务委员会秘书长阿希姆，尼泊尔尼中文化教育协会主席哈利仕，印度尼西亚国企工会主席阿瑞夫，孟加拉国达卡商会前董事鲁米·赛义夫拉，斯里兰卡斯中佛教友好协会荣誉会长苏马提，菲律宾总统中国事务特使施恭旗等。[①]

10月20日　在中国共产党第十九次全国代表大会召开之际，周边国家一些领导人、政党和组织近日纷纷致电或致函表示热烈祝贺。他们是：缅甸国务资政昂山素季，尼泊尔大会党主席、政府总理德乌帕，缅甸全国民主联盟中央执行委员会，印度共产党总书记雷迪，印度共产党（马克思主义）中央委员会总书记亚秋里，尼泊尔农工党中央委员会主席比久克切，尼泊尔共产党（马列）中央委员会总书记迈纳利，亚洲政党国际会议常委会主席德贝内西亚、副主席穆沙希德，马来西亚马来民族统一机构秘书长阿德南，马来西亚华人公会总会长、政府交通部长廖中莱，巴基斯坦神学会（法鲁兹派）秘书长、参议院副主席海德里，巴基斯坦穆斯林联盟（谢里夫派）旁遮普省主席、旁遮普省首席部长夏巴兹，菲律宾自由党总裁、参议员潘基利南，斯里兰卡人民阵线党主席佩里斯，缅甸掸族民主联盟主席坤吞乌，缅甸傈僳民族发展党主席瑞民，巴基斯坦哈扎拉民主党主席哈扎拉，塔吉克斯坦共产党主席阿卜杜洛耶夫，斯里兰卡人民解放阵线总书记席尔瓦，斯里兰卡人民联合阵线领袖古纳瓦德纳，斯里兰卡泰米尔全国联盟领袖杉潘坦，阿富汗劳工发展党领袖奥米德，阿富汗伊斯兰民族运动党代理领袖杜斯塔姆，马来西亚印度人国民大会党秘书长萨克斯维尔，缅甸联邦议会法律事务与特别事务评估委员会主席、前议长吴瑞曼，俄罗斯统一俄罗斯党鞑靼斯坦地区分部书记穆哈梅特申，巴基斯坦国家党秘书长纳希尔，尼泊尔共产党（联合马列）资深领导人、前政府总理尼帕尔，尼泊尔和平与团结理事会，国际道德重整日本协会会长矢野弘典，蒙古国和平友好组织，巴基斯坦中国学会执行主席穆斯塔法·赛义德，蒙古国地缘政治研究所所长米雅格玛尔，蒙古国蒙中翻译家协会会长刘巴特尔，日本国自治体国际化协会北京事务所所长北村朋生，菲律宾大学良政中心主任图阿松，韩国韩中文化青少年协会会长权丙铉，泰国开泰银行董事长兼首席执行官伍万通，俄中经贸

① 《人民日报》2017年10月20日第3版。

关系发展协会主席奥列格·杰米好等。[①]

10月21日 在中国共产党第十九次全国代表大会召开之际，一些外国领导人、政党和组织继续纷纷致电或致函表示热烈祝贺。他们是：马尔代夫进步党领导人、人民议会议长马斯赫，斯里兰卡统一国民党总书记、政府国有企业发展部长哈希姆，韩国国民之党党首安哲秀，巴基斯坦穆斯林联盟（谢里夫派）常务副主席纳赛尔，尼泊尔共产党（联合马克思列宁主义）资深领导人、前政府总理卡纳尔，巴布亚新几内亚国民联盟党领袖、议会反对党领袖普鲁埃奇，柬埔寨合作与和平研究院董事会主席西里武亲王，尼泊尔中国研究中心秘书长高塔姆，尼泊尔共产党（联合马克思列宁主义）主席奥利，缅甸民主党主席都伟，泰国国家发展党主席提拉，孟加拉国民族社会党（伊努派）主席伊努、总书记埃克特，孟加拉国共产党中央委员会，阿富汗伊斯兰促进会主席拉巴尼，缅甸勃欧民族阵线中央执行委员会，斯里兰卡共产党总书记古纳塞克拉，孟加拉国共产党（马列）总书记巴鲁阿，东帝汶重建全国大会党总书记黎发芳，泰国为泰党核心领导人素达拉，泰国为泰党代理秘书长普坦，尼泊尔国家人民党主席团成员贾阿，印度尼西亚民主斗争党人类发展与文化委员会主席安德列斯，泰国人民民主改革委员会秘书长、前政府副总理素贴，尼泊尔公民意识论坛主席什雷斯塔，日本日中友好议员联盟会长高村正彦，日本霞山会理事长池田维，日本青年会议所会长青木照护，美国华盛顿中国和平统一促进会，尼泊尔尼中经贸协会主席阿努伯·巴塔莱伊等。[②]

10月25日 国家主席习近平应约同美国总统特朗普通电话。特朗普祝贺中共十九大胜利闭幕，祝贺习近平再次当选中共中央总书记。特朗普表示，中共十九大举世瞩目，我也密切关注习主席在会上发出的重要政策信息。美国人民都在热议我即将对中国进行的国事访问，我期待着同习主席在北京会面，就加强美中合作及共同关心的国际和地区问题充分交换看法。习近平感谢特朗普来电祝贺。习近平指出，刚刚闭幕的中共十九大绘制了中国未来发展的宏伟蓝图，是一次十分重要的大会。我在十九大所作报告中明确指出，中国将始终不渝走和平发展道路、奉行互利共赢的开放战略，扩大同各国利益的交汇点，推

---

① 《人民日报》2017年10月21日第3版。

② 《人民日报》2017年10月22日第3版。

进大国协调和合作。习近平强调，中方高度重视发展中美关系，愿同美方在相互尊重、互利互惠的基础上推动两国关系长期健康稳定发展。总统先生不久将对中国进行国事访问，我期待着在北京同你共同规划中美关系未来发展，推动中美开展更多互利合作，给两国人民带来更多实实在在的利益，为地区及世界和平、稳定、繁荣作出更大贡献。①

10月26日　国家主席习近平应约同俄罗斯总统普京通电话。普京对中共十九大胜利闭幕和习近平再次当选中共中央总书记表示热烈祝贺。普京表示，中共十九大确立习近平新时代中国特色社会主义思想十分重要。大会成果充分体现了广大中国人民对您领导的中国共产党的信任和支持。您在中国党和人民中享有崇高的威望。我衷心祝愿习主席带领中共这一世界最大政党持续取得新的成就。俄中关系是当代世界大国和睦共处的典范。我愿同习主席保持紧密联系，推进两国各领域合作，并就重大国际和地区问题密切沟通协调。习近平感谢普京来电祝贺。习近平指出，刚刚闭幕的中共十九大制定了中国党和国家未来发展的总体方针和行动纲领，反映着全党8900万党员的高度共识，具有特殊重要的意义。我们有信心、有能力带领中国人民朝着实现中华民族伟大复兴的奋斗目标迈进，这是中国共产党的历史责任和使命。习近平强调，中国的发展离不开世界。俄罗斯是中国的全面战略协作伙伴，无论国际风云如何变幻，中方深化中俄关系的决心不会改变。中方愿同俄方一道努力，把两国关系发展得更好，取得更多实实在在的成果，造福中俄两国人民和各国人民。②

菲律宾总统杜特尔特在总统府会见来访的国务委员兼国防部长常万全。杜特尔特表示对中共十九大取得圆满成功感到高兴，热烈祝贺习近平主席当选中共中央总书记和中央军委主席，并请转达对习主席的亲切问候，相信中国在习主席领导下会取得更大成就。菲方高度重视菲中关系，感谢中方向菲建设发展特别是反恐维稳提供的宝贵支持，愿与中方进一步深化友谊与合作，通过对话协商和友好合作妥善处理南海问题，造福两国人民。常万全感谢杜特尔特总统拨冗会见，并首先转达了习近平主席的亲切问候和良好祝愿。③

中老缅泰四国联合巡逻执法编队在中国关累港扬帆启航，启动第六十三次

① 《人民日报》2017年10月26日第1版。

② 《人民日报》2017年10月27日第1版。

③ 《人民日报》2017年10月27日第3版。

湄公河联合巡逻执法行动。据云南公安边防总队水上支队介绍，此次行动四国将派出执法船7艘，历时4天3夜，总航程500余公里。巡航期间，四国将派出指挥官在编队指挥艇53901号艇共同指挥勤务。联合巡逻执法编队将在相关水域开展联合查缉、联合走访、治安形势调研等行动，共同分析研判湄公河流域治安形势和水文变化情况，全力维护湄公河国际航运安全。①

10月26-27日　中国国家主席习近平特使、国务院副总理张高丽赴泰国曼谷，出席泰国国王普密蓬葬礼仪式。②

10月27日　国务院副总理汪洋应约与美国商务部长罗斯通话，双方就美国总统特朗普访华有关经济成果准备工作、中美经贸关系相关议题等深入交换了意见。③

中国外交部部长助理孔铉佑在日本东京同日本外务审议官秋叶刚男共同主持第十五次中日安全对话，两国外交、防务部门人员参加。同日，孔铉佑部长助理会见日本外相河野太郎。中日安全对话中，双方就国际地区安全形势、两国安全政策和两国防卫交流合作等交换了意见。双方同意继续开展对话，加强危机管控，为改善两国关系发挥积极作用。④

中俄"长江—伏尔加河"高校联盟在四川省成都市正式启动，同日还举行了中俄"长江—伏尔加河"高校联盟智库论坛。作为中俄"长江—伏尔加河"合作机制的重要内容，中俄"长江—伏尔加河"高校联盟是中俄间首个以区域划分的高校联盟，承担着深化两国人文交流、拓展中俄高校高端国际合作、助推"一带一路"建设的重要使命，致力于打造促进中俄两国教育、科技、人文交流合作的重要平台和典范。⑤

10月29日　中共中央对外联络部部长宋涛在北京同老挝人民革命党中央总书记特使、中联部部长顺通举行会谈。⑥

10月30日　中共中央总书记、国家主席习近平在人民大会堂会见越共中

① 《人民日报》2017年10月27日第3版。
② 《人民日报》2017年10月28日第6版。
③ 《人民日报》2017年10月28日第6版。
④ 《人民日报》2017年10月29日第7版。
⑤ 《人民日报》2017年10月29日第7版。
⑥ 《人民日报》2017年10月30日第3版。

央总书记阮富仲特使、越共中央对外部部长黄平君。黄平君转交了阮富仲总书记致习近平总书记的贺信并转达口信。习近平感谢阮富仲的口信。习近平表示，越共中央和阮富仲总书记分别就中共十九大召开和我再次当选中共中央总书记发来热情洋溢的贺函，又在大会刚刚闭幕不久派特使专程来华致贺，这体现了中越两党的友好情谊，也表明越方对中越关系的高度重视。习近平强调，当前，中国特色社会主义进入了新时代，越南社会主义建设和革新事业也步入关键期。在中共十九大上，我提出要不忘初心、牢记使命。发展中越关系同样要不忘初心、牢记使命。这个初心，就是两党两国老一辈领导人亲手缔造和精心培育的中越传统友谊；这个使命，就是我们两党共同拥有的理想信念和肩负的历史担当。中越两党同为社会主义国家执政党，应该从更高角度和更深层次审视中越关系，坚定不移推动构建具有战略意义的命运共同体。新一届中共中央领导集体将一如既往奉行对越友好方针，同以阮富仲总书记为首的越共中央领导集体一道，加强对双边关系的政治引领，深化战略沟通，增进政治互信，落实重要共识，妥善处理有关问题，推动中越关系持续健康稳定发展。①

中共中央政治局常委、国务院副总理、中俄总理定期会晤委员会中方主席汪洋在重庆与俄罗斯副总理、委员会俄方主席罗戈津共同主持中俄总理定期会晤委员会第二十一次会议，为即将举行的中俄总理第二十二次定期会晤做准备。会议期间，双方系统梳理了委员会过去一年来的工作进展，就下一步的各领域合作深入交换了意见，签署了《中俄总理定期会晤委员会第二十一次会议纪要》。会前，汪洋与罗戈津举行了小范围会谈，并共同向苏军烈士墓献花篮。②

10月31日　国务院总理李克强晚在钓鱼台养源斋会见来华进行正式访问并出席中俄总理第二十二次定期会晤的俄罗斯总理梅德韦杰夫。两国总理高度评价中俄关系取得的良好发展。李克强表示，今年以来，习近平主席同普京总统多次成功会晤、通话，有力推动中俄关系发展。中国共产党第十九次全国代表大会刚刚胜利闭幕，选举产生了以习近平同志为核心的新一届党中央。总理先生是十九大后首位来华访问的外国领导人，这充分体现了中俄关系的紧密性

① 《人民日报》2017年10月31日第1版。

② 《人民日报》2017年10月31日第3版。

和高水平。中方愿同俄方巩固互信、拓展合作、扩大交流，通过总理定期会晤和各领域合作机制，推动两国更多合作愿景变成现实，使中俄关系持续健康稳定发展，更好造福双方人民，共同维护世界和平稳定与发展繁荣。李克强强调，新形势下，中国将进一步深化改革，扩大开放，培育新动能，推动形成全面开放新格局，同世界各国共享发展机遇。①

11月1日 国家主席习近平在钓鱼台国宾馆会见俄罗斯总理梅德韦杰夫。习近平欢迎梅德韦杰夫在中共十九大胜利闭幕后随即访华，强调俄罗斯是中国的最大邻国和全面战略协作伙伴，中方发展和深化中俄关系的明确目标和坚定决心不会改变。中方愿同俄方一道，扩大各领域、全方位合作，密切在国际事务中的协调和配合，推动构建人类命运共同体。相信中俄全面战略协作伙伴关系会在新起点上把握新机遇，展现新气象，取得新成果。习近平指出，中俄要充分发挥总理定期会晤机制的统筹协调作用，加强在能源、装备制造、农业、航天等领域合作，继续提升双方合作中的科技创新含量，将大数据、物联网、智慧城市等数字经济领域作为新的合作增长点。要做好“一带一路”建设同欧亚经济联盟对接，努力推动滨海国际运输走廊等项目落地，共同开展北极航道开发和利用合作，打造“冰上丝绸之路”。中俄教育、旅游、媒体等人文合作高潮迭起，“一带一路”沿线人文交流很有起色，双方要继续办好大型国家主题年活动，推动两国地方交流合作，进一步巩固两国关系的民意基础。②

国务院副总理张高丽，中共中央政治局常委、国务院副总理汪洋，国务院副总理刘延东在北京人民大会堂接受俄罗斯总理梅德韦杰夫代表俄罗斯政府授予的“友谊”勋章。“友谊”勋章是俄罗斯联邦国家奖，旨在表彰为加强各民族友谊与合作、推动各民族文化交流、促进世界和平、发展国家间友好关系作出杰出贡献的人士。③

11月2日 习近平总书记特使、中联部部长宋涛赴老挝通报中共十九大情况。老挝人革党中央总书记、国家主席本扬会见宋涛。宋涛向本扬转达了习近平总书记的口信。习近平在口信中强调，在中共十九大精神指引下，中国党和人民将为推动建设新型国际关系、构建人类命运共同体作出新的更大贡献。中

---

① 《人民日报》2017年11月1日第3版。

② 《人民日报》2017年11月2日第1版。

③ 《人民日报》2017年11月2日第1版。

老同为共产党领导的社会主义国家。中方愿同老方一道，继续秉承“十六字”方针和“四好”精神，构建牢不可破的中老命运共同体，推动社会主义事业开辟新境界。宋涛还通报了中共十九大主要精神。本扬表示，老方高度评价中共十九大取得伟大成就，高度评价习近平新时代中国特色社会主义思想对世界社会主义事业的理论贡献，愿学习借鉴中共十九大的理论和实践创新成果，不断加强两党交流合作，共同筑牢老中命运共同体。①

中共中央政治局委员、国务委员杨洁篪应约同美国国务卿蒂勒森通电话。双方重点就下周特朗普总统应习近平主席邀请对中国进行国事访问各项准备工作深入交换意见，一致同意加强沟通，密切配合，相向而行，使这次访问取得重要成果。双方并就共同关心的国际和地区问题交换了意见。②

中共中央政治局委员、国务委员杨洁篪在京会见出席第十七届中韩知名人士论坛的韩国前总理李寿成一行。③

11月3日　越南共产党中央总书记阮富仲和越南政府总理阮春福分别在河内会见外交部长王毅。阮富仲和阮春福热烈祝贺中共十九大取得圆满成功，祝贺习近平新时代中国特色社会主义思想被确立为中国共产党的指导思想，表示越方将学习了解十九大精神，借鉴有益成功经验，推动自身社会主义事业发展。④

11月6日　习近平主席就美国得克萨斯州教堂枪击事件向美国总统特朗普致慰问电，向无辜遇难者表示沉痛的哀悼，向伤者和受害者家属表示诚挚的慰问，祝愿受伤者早日康复。⑤

外交部就李克强总理出席东亚合作领导人系列会议并访问菲律宾举行中外媒体吹风会，外交部部长助理陈晓东、商务部副部长王受文介绍有关情况，并回答中外记者提问。⑥

11月8日　国家主席习近平和夫人彭丽媛陪同来华进行国事访问的美国

① 《人民日报》2017年11月3日第3版。

② 《人民日报》2017年11月3日第3版。

③ 《人民日报》2017年11月3日第3版。

④ 《人民日报》2017年11月5日第3版。

⑤ 《人民日报》2017年11月7日第1版。

⑥ 《人民日报》2017年11月7日第3版。

总统特朗普和夫人梅拉尼娅参观故宫博物院。两国元首夫妇在故宫宝蕴楼茶叙，共同参观故宫前三殿，观看文物修复技艺展示和珍品文物展，并欣赏京剧表演。习近平强调，特朗普总统此次访华意义重大，不仅为中美两国高度关注，也为世界各国所瞩目。相信在双方的共同努力下，这次访问将取得积极和重要成果。习近平应询向特朗普介绍了中国经济社会发展现状和刚刚闭幕的中共十九大重要成果。特朗普感谢中方对他此次访华作出的周到安排，祝贺中共十九大圆满闭幕和习近平再次当选中共中央总书记，称赞中国经济发展取得的成就，期待对中国的国事访问取得成功。参观交流期间，两国元首还就治国理政及中美关系等共同关心的问题交换了看法。①

国务院副总理汪洋在人民大会堂与美国商务部长罗斯举行会谈，双方就中美经贸关系相关议题深入交换了意见。会谈后，汪洋与罗斯共同见证了特朗普总统访华部分商业成果的签约。②

全国人大常委会副委员长向巴平措在京会见应中国人民对外友好协会邀请来华访问的菲律宾—中国了解协会主席、菲众议员、前总统格洛丽亚·阿罗约一行，双方就发展中菲关系，推动民间友好合作等话题进行了交流。③

中共中央对外联络部部长宋涛在北京会见菲律宾前总统、菲中了解协会主席阿罗约。④

11月9日　国家主席习近平在人民大会堂同美国总统特朗普举行会谈。两国元首就中美关系及共同关心的重要国际和地区问题广泛、深入地交换了意见。双方认为，今年以来中美关系取得重要进展。中美关系事关两国人民福祉，也关乎世界的和平、稳定、繁荣。合作是中美两国唯一正确选择，共赢才能通向更好未来。双方同意继续发挥元首外交对两国关系的战略引领作用，加强两国高层及各级别交往，充分发挥4个高级别对话机制作用，拓展经贸、两军、执法、人文等领域交流合作，加强在重大国际和地区问题上的沟通和协调，推动中美关系得到更大发展。两国元首听取了中美外交安全对话、全面经济对话、社会和人文对话、执法及网络安全对话4个高级别对话机制双方牵头

---

① 《人民日报》2017年11月9日第1版

② 《人民日报》2017年11月9日第1版

③ 《人民日报》2017年11月9日第3版

④ 《人民日报》2017年11月9日第3版

人的汇报，并就深化中美各领域交流合作提出指导性意见。会谈中，两国元首就加强中美双边、地区和全球层面合作达成多项重要成果和共识。双方同意，扩大经贸、投资、能源等领域合作，通过做大中美经济合作蛋糕解决两国经济关系快速发展过程中出现的问题和矛盾。继续加强网络安全、追逃追赃、遣返非法移民、禁毒等领域合作。共同努力促进中美双向留学，推动教育、科技、文化、卫生等领域合作。双方重申致力于促进亚太地区和平、稳定与繁荣。致力于维护国际核不扩散体系，致力于实现朝鲜半岛无核化目标，强调两国在通过对话谈判最终解决朝鲜半岛核问题方面拥有共同目标，双方致力于维护半岛和平稳定。会谈后，两国元首共同见证了能源、制造业、农业、航空、电气、汽车等领域商业合同和双向投资协议的签署。特朗普总统访华期间，两国签署的商业合同和双向投资协议总金额超过2500亿美元。①

在对越南社会主义共和国进行国事访问前夕，中共中央总书记、国家主席习近平在越南《人民报》发表题为《开创中越友好新局面》的署名文章。

开创中越友好新局面②

中共中央总书记、中华人民共和国主席习近平

应越共中央总书记阮富仲和国家主席陈大光邀请，我即将对越南社会主义共和国进行国事访问。这是我在2015年年底访问越南后，再次踏上这片美丽的土地，感到十分亲切。

中越是山水相连、唇齿相依的邻邦。两国人民毗邻而居，自古便有互通互鉴之情。

近代以来，在争取国家独立和民族解放的斗争中，两国人民并肩战斗、彼此支援，结下了“同志加兄弟”的特殊情谊。胡志明主席在中国开展革命的时间前后长达12年，同毛泽东主席、周恩来总理等中国领导人情同手足。越南著名将领洪水积极投身中国革命，参加红军25000里长征，成为新中国授衔的唯一一位外籍军官，也是世界上少有的“两国将军”。

① 《人民日报》2017年11月10日第1版

② 《人民日报》2017年11月10日第1版，第3版。

中国人民也为越南民族解放斗争提供无私帮助，毛泽东主席曾表示“7亿中国人民是越南人民的坚强后盾，辽阔的中国领土是越南人民的可靠后方”。中国赴越南军事顾问团首任炮兵顾问窦金波，在接到帮助越南同志的任务后，将刚降生的女儿起名为“越华”。忆峥嵘岁月，两党两国老一辈领导人亲手缔造、两国人民用鲜血凝成的情谊值得我们永远铭记和珍惜。

进入新时期，在推进改革和革新以及社会主义建设事业中，两国人民相互借鉴、携手并进。我们共同探索符合本国国情的社会主义发展道路，创造出各自的发展奇迹，也推动两国关系得到长足发展。两国政治互信日益牢固，高层往来更加频密。我这次访问是两党两国最高领导人时隔两年后再度实现年内互访。两国务实合作深入拓展。中国连续13年保持越南第一大贸易伙伴地位，越南成为东盟国家中中国最大贸易伙伴，2016年双边贸易额近1000亿美元。越来越多的中国企业到越南投资兴业。天虹集团在越南经营十几年，在广宁省兴建的工厂为当地创造了7000多个就业岗位，也是省内纳税大户。以中国民营企业为主的投资商在前江省创建的龙江工业园，已有30多家企业入驻。两国人文交流更加密切。中国是越南第一大外国游客来源地，岘港、芽庄等旅游城市随处可见中国游客。每周往返于两国之间的客运航班有300多趟。中国的《三国演义》《水浒传》等经典名著在越南备受推崇，当代影视作品也深受越南民众喜爱。越南歌手杜氏清花还在中国中央电视台《星光大道》节目中获得月度冠军。更难能可贵的是，两国通过友好协商解决了陆地和北部湾划界问题，妥善处理并管控分歧，为两国共同发展和地区和平稳定创造了有利条件。这些都是对中越全面战略合作伙伴关系精神内核和丰富内涵的最好诠释。

当前，两国都走在改革发展的新征程上，朝着各自的宏伟目标奋勇前进。上个月，中国共产党成功召开第十九次全国代表大会。这次大会制定了中国党和国家未来发展的总体方针和行动纲领。大会绘制了从现在到本世纪中叶中国建设发展的宏伟蓝图。到2020年，将全面建成小康社会；从2020年到2035年，基本实现社会主义现代化；从2035年到本世纪中叶，把中国建设成为富强民主文明和谐美丽的社会主义现代化强国。我们有能力、有信心带领中国人民朝着实现中华民族伟大复兴的中国梦迈进。越南也正按照越共十二大确定的方针，全面推进革新事业，朝着早日建成民富国强、民主、公平、文明的现代化工业国目标迈进。我们比以往任何时候都需要携手合作，共同追寻强国富民梦。

当前，国际和地区形势风云变幻，中越两党两国面临许多相同或相似的新问题新挑战。中国俗语称，“艰难困苦，玉汝于成”。越南有句俗语，“莫见浪头高，放下手中桨”。作为前途相关、命运与共的好邻居、好朋友、好同志、好伙伴，我们要维护和发展好两国关系，为各自维护稳定、深化改革、改善民生提供助力，共同推进社会主义事业，促进地区和平稳定和开放发展。我愿就此分享几点想法。

——把稳方向，谋求战略互信新高度。我们要保持高层经常接触，及时就两党两国关系及共同关心的问题交换意见，为中越关系掌好舵。积极开展执政兴国经验交流，加强党际交往，共同丰富和发展社会主义建设理论和实践，打造具有战略意义的命运共同体。

——深化合作，构建利益融合新格局。我们要继续把两国发展战略紧密对接起来，共同推进“一带一路”和“两廊一圈”建设，推动基础设施建设、经贸、产能、跨境经济合作区、农业等重点领域合作取得实质进展，给两国人民带来更多实惠。

——扩大交流，筑就民心相亲新基础。我们要把传统友谊发扬光大，促进人文交流，密切文化、教育、旅游、青年、媒体等合作，讲好中国故事和越南故事，让中越友好扎根人民心间、代代薪火相传。

——加强协调，打造多边合作新亮点。我们要把握世界大势和时代潮流，加强在联合国、亚太经合组织、中国—东盟、澜沧江—湄公河合作等多边框架内的协调和配合，共同引领开放包容的区域合作，维护地区开放发展势头。

——着眼大局，续写敦亲睦邻新篇章。我们要从各自改革发展稳定和中越友好大局出发，管控矛盾分歧，坚持友好协商，寻求双方均能接受的海上问题基本和长久解决办法。我们要全面有效落实《南海各方行为宣言》，积极推进“南海行为准则”磋商，共同维护南海和平稳定。

我这次访问还有一个重要日程，就是出席在岘港举行的亚太经合组织第二十五次领导人非正式会议。中方支持越方办好这次会议，愿同越方和其他成员一道，在“打造全新动力，开创共享未来”的主题下，就深化区域经济一体化、建设亚太自由贸易区、加强地区互联互通、推进经济结构改革创新、促进包容性发展、规划2020年后合作愿景等方面开展务实讨论，取得积极成果，为推动亚太共同发展繁荣作出积极贡献。

胡志明主席称越南同中国的关系“如手和足，如杵和臼，如根和茎，如兄和弟”。中国有句古话，“兄弟同心，其利断金”。我期待通过这次访问，同越南领导人以及各界朋友深入交流，共挖合作潜力，厚植友好情谊，深化两国特殊友好，携手开创中越关系新局面。

国家主席习近平在人民大会堂同来华进行国事访问的美国总统特朗普共同会见记者。习近平指出，两天来，我同特朗普总统就中美关系和共同关心的重大国际和地区问题深入交换了意见，就今后一个时期两国关系发展达成了一系列新的重要共识。我们的会晤是建设性的，取得了丰硕成果。中美两国的发展相辅相成、并行不悖，中美各自的成功符合双方共同利益。面对复杂多变的国际形势，中美两个大国在维护世界和平稳定、促进全球发展繁荣方面拥有共同利益更多了，肩负责任更大了，合作空间更广了。一个健康稳定发展的中美关系不仅符合两国人民根本利益，也是国际社会的共同期待。对中美两国来说，合作是唯一的正确选择，共赢才能通向更好的未来。我和特朗普总统同意继续通过多种方式保持密切联系，及时就共同关心的重大问题交换意见。双方同意充分用好中美外交安全、全面经济、社会和人文、执法及网络安全4个高级别对话机制，共同努力推动对话机制取得更多成果。双方同意加强两军各层级交往和对话，加强执法及网络安全领域合作。

在谈到中美经贸合作时，习近平指出，两国元首认为，中美作为世界前两大经济体和全球经济增长引领者，应该扩大贸易和投资合作，加强宏观经济政策协调，推动两国经贸关系健康稳定、动态平衡向前发展。有必要制定并启动下一步中美经济合作计划，积极拓展两国在能源、基础设施建设、“一带一路”建设等领域的务实合作。访问期间双方签署的商业合同和双向投资协议充分展示了两国在经贸领域的广阔合作空间，将给两国人民带来巨大实惠。关于朝鲜半岛核问题，习近平指出，中美双方重申坚定致力于实现半岛无核化，维护国际核不扩散体系。双方将致力于通过对话谈判解决半岛核问题，并愿同有关各方共同探讨实现半岛和东北亚长治久安的途径。

习近平强调，中美的共同利益远大于分歧，应该尊重彼此的主权和领土完整，尊重彼此对发展道路的选择和彼此的差异性。只要始终采取建设性的态度，双方就能求同存异、聚同化异、推进合作。中美都是亚太地区具有重要影响的国家。太平洋足够大，容得下中美两国。双方应该在亚太事务中加强沟通和合作，培育共同的朋友圈，形成建设性互动的局面，共同维护和促进地区的和平与繁荣。习近平指出，我和特朗普总统都认为，两国人民的友谊是中美关系长期稳定发展的根基，同意扩大人文交流。习近平强调，特朗普总统对中国的国事访问是一次成功的历史性访问，此次两国元首会晤为今后一个时期中美关系的发展明确了方向、规划了蓝图。中方愿同美方一道，按照双方达成的共识，推动中美关系取得更大进展，更好造福两国人民和各国人民。①

中美元首会晤达成多方面重要共识②
同意共同努力推动两国关系取得更大发展

新华社北京11月9日电 应中国国家主席习近平邀请，11月8日至10日，美国总统特朗普对中国进行国事访问。据中国外交部副部长郑泽光向媒体介绍，两天来习近平主席和特朗普总统就中美关系和共同关心的重大国际与地区问题坦诚、深入交换了意见，就新时代中美关系发展达成了多方面重要共识，会晤取得重要、丰硕成果。

郑泽光指出，两国元首认为，中美在维护世界和平、稳定、繁荣方面拥有广泛共同利益和重要责任，强调中美关系的走向具有重要的全球影响，一个不断向前发展的中美关系不仅符合两国人民根本利益，也是国际社会普遍期待。

双方高度评价两国元首海湖庄园会晤以来中美关系发展取得的重要成果，将共同努力推动两国关系取得更大发展。为此，双方将进一步发挥元首外交对中美关系的战略引领，加强高层及各级别交往，在互利互惠的基

① 《人民日报》2017年11月10日第2版。

② 《人民日报》2017年11月10日第2版。

础上拓展广泛领域合作，在相互尊重的基础上管控好分歧，加强两国人民间的相互了解和友谊，合作应对重大国际、地区问题和全球性挑战。

习近平主席和特朗普总统一致同意继续通过通电话、通信、会晤等方式保持密切联系，及时就共同关心的重大问题交换意见。

双方认为中美外交安全、全面经济、社会和人文、执法及网络安全4个高级别对话机制对于拓展两国交流与合作具有重要意义，同意继续充分用好对话机制，取得更大成果。

习近平主席强调，中美经济关系涵盖宏观经济、贸易、投资、国际经济合作等广泛领域，其本质是互利共赢的。保持中美经济关系持续稳定发展，不仅造福两国人民，也将为世界经济增长做出巨大贡献。对于中美经济关系快速发展过程中出现的问题和矛盾，双方应以前瞻性思维和建设性方式，通过做大中美经济合作蛋糕加以解决。

中美双方愿进一步加强宏观经济政策包括财政、货币和汇率政策的协调，并就各自结构性改革和全球经济治理有关问题保持沟通与协调。双方将共同努力推动全球经济强劲、可持续、平衡和包容增长。中方愿就增加自美商品进口、各自外资安全审查政策同美方加强沟通。双方欢迎两国民航当局签署《适航实施程序》。

中方按照自己扩大开放的时间表和路线图，将大幅度放宽金融业，包括银行业、证券基金业和保险业的市场准入，并逐步适当降低汽车关税。在2018年6月前在自贸试验区范围内开展放开专用车和新能源汽车外资股比限制试点工作。对干玉米酒糟在进口环节和国内环节实施相同的增值税政策，恢复免征进口环节增值税。

中方要求美方切实放宽对华高技术产品出口管制、履行中国入世议定书第15条义务、公平对待中国企业赴美投资、推动中金公司独立在美申请相关金融业务牌照进程、慎用贸易救济措施。双方将就中美经济合作一年计划或中长期合作规划保持沟通。

两国元首表示，双方将继续致力于互利共赢的中美经贸合作，并见证了两国企业签署多项商业合同和双向投资协议。在特朗普总统访华期间，两国签署的商业合同和双向投资协议涉及总金额超过2500亿美元。

双方取得的商业成果丰硕。既有贸易，也有投资；既有货物，也有服务；既有商品，也有技术，涉及能源、环保、文化、医药、基础设施等广泛领域，涵盖“一带一路”、三方合作、产业基金等方面合作。这些成果的取得表明双方共同利益远大于分歧，标志着中美经贸合作领域具有广泛的基础和广阔的前景。

此外，两国企业家举行了圆桌会，与双方政府官员共同就中美经贸合作面临的机遇和挑战进行深入探讨。

郑泽光表示，两国元首重申了两军关系的重要性，致力于扩大两军各层级交往与对话，中方欢迎马蒂斯国防部长明年上半年访华，美方欢迎中方高级别军事代表团于明年下半年访美。双方同意办好年内举行的两军联合参谋部对话机制首次对话和人道主义救援减灾联合实兵演练和研讨交流。

双方同意两国继续执行2015年达成的网络安全合作五点共识，用好打击网络犯罪和网络安全热线机制，加强在打击网络犯罪和网络保护问题上的合作，包括保持和加强网络安全信息共享，并考虑今后在关键基础设施网络安全保护方面开展合作。双方将加强网络反恐和打击网络儿童淫秽信息、电子邮件欺诈、网络窃取企业知识产权案件等方面合作。双方决定在外交安全对话框架下、在对口部门之间就网络空间国际规则制订事宜开展对话，以促进网络空间的国际和平与安全。

双方同意两国加强合作，避免各自国家成为逃犯的“避罪天堂”，并将确定可行的逃犯案件开展合作。双方计划继续开展定期会晤和建立工作组，确定重点案件，减少藏匿在本国的对方国家逃犯数量。为此，双方同意尽快确定重点在美逃犯案件，开展联合追逃行动。双方承诺在相互尊重彼此主权和法律的基础上，开展追逃行动。双方将依法处理违反上述原则的行动。

双方同意推动在遣返非法移民方面取得积极进展，并按商定的时间建立相关长效合作机制。

双方同意继续加强在新精神活性物质及其前体管控和禁毒执法领域合作，并开展双边禁毒情报交流。中方将继续推动增加列管双方重点关切的新精神活性物质。双方将加强涉芬太尼类物质的情报共享，就涉毒邮包开展个案合作，合作打击非法贩运活动。

双方同意采取必要措施，加强对在本国的对方国家公民和机构的保护，有力打击侵害两国公民安全的刑事犯罪活动。双方同意年内举行中美境外非政府组织管理工作磋商。

习近平主席阐述了中方在台湾问题上的原则立场。特朗普总统重申美方将继续奉行一个中国政策。

两国元首同意，双方将共同努力促进中美双向留学，推动两国教育机构和学者间的交流合作。中方将实施“优秀美国学生短期留学中国计划”，未来4年向美国提供一万个学分生奖学金名额。双方欢迎每年在两国举办“中美青年创客大赛”，并在两国新设若干“中美青年创客交流中心”。

双方欢迎《中美科技合作协定》及早续签。双方将召开“中美环境合作联委会会议”，致力于支持双方艺术和文化机构建立长效沟通与合作，包括举办文化交流活动。双方同意建立中美妇女交流对话机制，中方支持世界银行集团管理的“妇女创业融资倡议”。

双方同意开展关于防治艾滋病、新发和再发传染病等领域的合作，继续落实国际卫生条例，并根据“健康一体化”方针，执行好遏制抗生素耐药多领域国家行动计划。双方同意快速、持续分享可能引发大规模传染的流感病毒，并制定清晰的流程和时间表。双方致力于建立高级别卫生官员年度会面机制。

双方同意加强在重大国际、地区和全球性问题上的沟通与合作，共同推动有关问题的妥善处理和解决，促进世界和地区的和平与稳定。

两国元首重申致力于促进亚太地区的和平、稳定与繁荣，决定继续探讨关于改善两国互动的基本原则。习近平主席重申了中方在南海问题上的一贯立场。两国元首表示支持维护南海和平稳定，支持根据公认的国际法，包括1982年《联合国海洋法公约》，基于友好谈判协商和平解决争议，支持通过对话管控争议。双方支持维护各国依据国际法享有的航行和飞越自由，同意在海洋环保等领域开展更多对话与合作。

郑泽光表示，习近平主席全面阐述了中方在朝鲜半岛核问题上的一贯立场。双方同意致力于维护国际核不扩散体系，重申致力于实现全面、可核查、不可逆的半岛无核化目标，不承认朝鲜拥核国地位。双方认为朝鲜进行核导试验违反联合国安理会相关决议，同意继续通过全面、严格执行联合国安理会各项涉朝决议，对朝核导活动保持压力，同时推动通过对话谈判和平解决问题，解决各方合理关切。双方同意就下步半岛形势发展及中美应采取的措施保持沟通，并继续通过现有机制加强沟通与合作。双方强调在通过对话谈判最终解决半岛核问题上有共同目标，并致力于维护半岛和平稳定。

双方重申反对一切形式的恐怖主义，同意在双向互利的基础上拓展反恐合作，包括开展反恐情报交流等。

双方同意向伊拉克提供帮助，支持伊和平重建和恢复稳定，包括探讨在能源领域开展中美伊合作，支持伊拉克重建捐助大会等。

双方支持以“阿人所有、阿人主导”方式实现阿和平重建，呼吁阿富汗有关各方尽早通过政治谈判实现广泛、包容性的民族和解，愿继续通过阿巴中美四方协调组等机制发挥积极作用。双方认为阿富汗和周边邻国保持稳定和建设性关系对阿和平与重建进程具有重要意义，决定继续通过有关地区合作倡议等渠道开展合作。

郑泽光表示，两国元首同意双方继续通过有关双、多边平台深化核安全、打击核走私、打击核恐怖主义等方面的对话与合作，继续就外空、生化履约等问题开展对话。双方同意加强对联合国维和行动的支持，包括快速部署联合国维和部队及保障维和人员的安全，并就加强非洲第三国维和能力建设开展合作。

国务院总理李克强在人民大会堂会见来华进行国事访问的美国总统特朗普。李克强表示，当前中美关系稳定向前发展。习近平主席同总统先生多次成功会晤和通话，此访期间又举行了富有成果的会谈，就两国关系与合作的未来规划达成重要共识。两国保持高层交往和密切沟通，将为双方深化合作注入新动力，推动两国关系迈上新水平。李克强指出，中美之间业已形成利益深度交融的经济合作格局。当前两国经济保持向好态势对中美和世界都是福音。中国作为最大的发展中国家有广阔的市场和丰富的人力资源，美国作为最大的发达国家有高新技术和先进经验，双方合作潜力巨大。当然，合作中难免会遇到分歧和摩擦，比如美方关心的贸易逆差问题。中国从来不追求对任何国家的贸易顺差，中美建交几十年来经贸关系快速发展的事实也充分表明，两国合作具有高度互补性和相对平衡性。中美要进一步相互扩大开放，为两国企业创造公平竞争的良好营商环境。欢迎美方拓展对华服务贸易，扩大高技术产品出口，通过更高层次的经贸合作，更充分地释放互补优势，更好实现互利共赢。李克强强调，中美同为联合国安理会常任理事国和亚太重要国家，有责任共同维护地区和平稳定与发展繁荣。中方愿同美方加强在国际和地区事务中的沟通协调。希望在包括中美在内的各方共同努力下，即将举行的东亚合作领导人系列会议能够发出聚焦区域合作、维护地区稳定、促进共同发展的积极信号。①

11月10日　中共中央总书记、国家主席习近平抵达越南岘港，出席亚太经合组织第二十五次领导人非正式会议并对越南社会主义共和国进行国事访问。习近平在机场发表书面讲话，代表中国共产党、中国政府、中国人民，向兄弟的越南共产党、越南政府、越南人民致以诚挚问候和良好祝愿。习近平指出，中越是山水相连的友好邻邦，政治制度相同，发展道路相近，前途命运相关。建交67年来，中越关系内涵不断丰富，双方合作水平不断提升。进入新的历史时期，两国全面战略合作伙伴关系持续深化，给两国人民带来了切实利益，为地区和平、稳定、繁荣作出了重要贡献。两党两国领导人达成的共识正在逐步得到落实，中越战略合作正迈向新的广度和深度。中方高度重视同越南的关系。我期待同阮富仲总书记、陈大光主席等越南党和国家领导同志，以及越南各界人士广泛接触，就中越两党两国关系及共同关心的国际和地区问题深入交换意见，巩固传统友谊，规划未来发展，推动中越全面战略合作伙伴关系迈上新台阶。

国家主席习近平应邀出席在越南岘港举行的亚太经合组织工商领导人峰会并发表题为《抓住世界经济转型机遇，谋求亚太更大发展》的主旨演讲，强调世界正处在快速变化的历史进程之中，世界经济正在发生更深层次的变化。我们必须顺应大势，勇于担当，共同开辟亚太发展繁荣的光明未来。②

国家主席习近平在越南岘港会见俄罗斯总统普京。习近平指出，我同总统先生多次会晤，引领中俄关系在高水平上行稳致远，取得一批可喜成果。双方坚定支持对方维护本国核心利益，政治互信进一步巩固，是真正相互信赖的战

① 《人民日报》2017年11月10日第3版。

② 《人民日报》2017年11月11日第1版。

略伙伴。中俄务实合作再创佳绩，人文交流红红火火，在国际事务中密切有效协作。中俄建立和发展的全面战略协作伙伴关系树立了相互尊重、公平正义、合作共赢的新型国际关系的典范。中方愿同俄方携手努力，坚定不移推动两国关系高水平发展，更好促进各自国家安全和发展，更好维护地区及世界和平稳定。习近平强调，当前，中国特色社会主义进入新时代，俄罗斯在强国富民的发展道路上稳步前进。在我们两国各自发展的关键时期，中俄关系也迎来新的发展机遇。双方要继续加大相互支持，加强全方位合作。要同步提升双边贸易规模和质量，落实好能源、投资、高技术、航空航天、基础设施建设等领域大项目，推动"一带一路"建设和欧亚经济联盟对接取得实质成果，规划和实施好新的国家主题年活动。要加强在国际和地区热点问题上的沟通，密切在联合国、上海合作组织、金砖国家等多边框架内的协调和配合。习近平指出，亚太经合组织是亚太地区最重要的经济合作机制。中方愿同俄方加强在亚太经合组织内沟通和协作，推动亚太自由贸易区建设、互联互通、改革创新取得新进展，加快构建开放型经济。习近平向普京介绍了中共十九大有关情况，强调中国外交的目标，就是要推动建设相互尊重、公平正义、合作共赢的新型国际关系，构建人类命运共同体。习近平和普京还就朝鲜半岛局势等共同关心的问题深入交换了意见。①

国家主席习近平出席在越南岘港举行的亚太经合组织领导人与东盟领导人对话会。与会领导人围绕"合作挖掘新动力，构建全面联通和一体化亚太"议题进行讨论，共商亚太经合组织同东盟合作。习近平在讲话中指出，亚太经合组织是亚太地区最具影响力的经济合作平台，东盟是亚洲最具活力和潜力的区域一体化组织。两大机制合作理念相通，都遵循协商一致、灵活务实、照顾各方舒适度等原则，双方开展合作对接前景广阔。习近平就亚太经合组织同东盟合作提出几点建议：

共同推进区域经济一体化。我们应该合力构建亚太开放型经济，推动形成平等协商、共同参与、普遍受益的区域合作框架，携手推进亚太自由贸易区建设。中方坚定支持东盟在区域全面经济伙伴关系协定谈判中发挥核心作用，愿同东盟成员一道推动谈判尽早结束。

① 《人民日报》2017年11月11日第2版。

共同推进互联互通建设。我们应该发挥亚太经合组织和东盟双引擎作用，在基础设施建设、政策规制、人员往来等领域采取更加有力的举措，构建更广范围、更深层次的互联互通网络。

第三，共同推进包容、可持续发展。我们要把自身发展战略同联合国2030年可持续发展议程有效对接，探索经济、社会、环境协调并进的可持续发展之路，加强减贫、应对气候变化、妇女等领域合作，帮助发展中成员开展能力建设，缩小发展差距。

习近平强调，中国同东盟山水相连，是互信、互谅、互利、互助的战略伙伴。中国坚持亲诚惠容理念，坚定发展同东盟友好合作，坚定支持东盟共同体建设，坚定支持东盟在区域合作中的中心地位，将推动“一带一路”倡议同东盟发展战略深入对接，打造更高水平的中国—东盟战略伙伴关系，迈向更为紧密的中国—东盟命运共同体，为亚太地区实现联动发展和共同繁荣注入新动力。①

11月11日　亚太经合组织第二十五次领导人非正式会议在越南岘港举行。国家主席习近平出席并发表题为《携手谱写亚太合作共赢新篇章》的重要讲话，强调亚太各方应该坚持不懈推动创新，坚定不移扩大开放，积极践行包容性发展，不断丰富伙伴关系内涵，引领全球新一轮发展繁荣。②

中共中央总书记、国家主席习近平在岘港行政中心会见越南总理阮春福。习近平指出，当前中越关系保持良好发展势头，双方高层互访频繁，务实合作深化，人文交流活跃，多边协调密切。中方高度重视同越南的关系。我期待通过这次访问，同越南领导同志就两党两国关系以及共同关心的问题深入交换意见，推动中越全面战略合作伙伴关系进入新的发展阶段。习近平强调，国际和地区格局正在发生深刻复杂变化，中越两国改革发展也正处于关键时期。我们要拓展中越全面战略合作的广度和深度，实现中越两个共产党领导的社会主义国家长治久安。中越双方要保持高层接触，加强战略沟通，深化治党理政经验交流。要加快“一带一路”和“两廊一圈”建设对接，深化经贸、金融、产能、基础设施建设等领域务实合作，推进重点项目建设，实现互利共赢。要活跃人

① 《人民日报》2017年11月11日第3版。

② 《人民日报》2017年11月12日第3版。

文交流，促进民心相通，使中越友谊更加深入人心。要妥善处理分歧，确保两党两国关系始终朝着正确方向向前发展。[①]

国家主席习近平在越南岘港会见菲律宾总统杜特尔特。习近平指出，杜特尔特总统去年10月访华以来，中菲关系翻开了新的一页，双方积极开展合作，两国关系健康稳定发展，给两国人民带来了切实利益，也为地区和平稳定作出重要贡献。睦邻友好是中菲关系必须坚持的正确方向。中方愿同菲方一道，继续从战略高度和长远角度把握两国关系，增进政治互信，巩固深化合作，以更多成果造福两国人民。习近平强调，上个月刚刚闭幕的中共十九大确定了未来一个时期中国的奋斗目标。中国的发展需要持久和平稳定的外部环境。中国将坚持走和平发展道路，坚持在开放和合作共赢中实现发展。中国将继续奉行亲诚惠容理念和与邻为善、以邻为伴的周边外交方针，推动构建人类命运共同体。当前，中菲关系正站在新的历史起点上。双方要密切高层交往，增进理解和信任，加强战略引领，确保两国关系始终沿着正确方向发展。要围绕“一带一路”倡议和菲方发展战略对接，深化和拓展基础设施建设、农业、投资等领域务实合作。中方愿帮助菲律宾做好扶贫工作，继续支持菲律宾政府维护国家安全的努力。双方要加强政党、议会、地方、民间组织往来，密切教育、科技、文化、卫生、体育、青年等领域合作，调动民智民力，为中菲关系厚植民意基础。中国将继续同东盟国家一道，维护好南海地区和平稳定和发展繁荣。[②]

国家主席习近平在越南岘港会见韩国总统文在寅。习近平指出，中韩两国是搬不走的近邻，也是天然合作伙伴。建交25年来，友好交流、合作共赢始终是中韩关系主旋律。中韩两国在促进各自经济社会进步、实现地区和平稳定繁荣方面有着广泛共同利益。良好的中韩关系符合历史和时代大势，也是两国人民共同愿望。中方重视同韩国的关系，愿意同韩方一道，致力于推动两国关系的健康稳定发展。习近平强调，当前，中韩关系正处于关键时期。双方要尊重彼此核心利益和重大关切，维护政治互信，加强沟通和协调。习近平重申了中方在“萨德”问题上的立场，强调在事关重大利害关系问题上，双方都应该

① 《人民日报》2017年11月12日第3版。

② 《人民日报》2017年11月12日第3版。

本着对历史负责、对中韩关系负责、对两国人民负责的态度，作出经得起历史考验的决策，确保中韩关系始终沿着正确方向，行稳致远。习近平指出，保持和加强中韩高层互动对双边关系具有重要引领作用。中方欢迎韩国外长本月内访华。双方要继续加强对下一阶段两国关系发展作出总体规划，就扩大双方在国际和地区事务中的合作进行探讨。要深化两国各领域务实交流合作，更好造福两国人民。①

国家主席习近平在越南岘港会见日本首相安倍晋三。习近平指出，中日是近邻，也是亚洲和世界主要经济体。中日关系稳定发展符合双方利益，对地区和世界具有重要影响。今年是中日邦交正常化45周年，明年将迎来中日和平友好条约缔结40周年。双方要从两国人民根本利益出发，准确把握和平、友好、合作大方向，通过坚持不懈努力，积累有利条件，推动中日关系持续改善，向好发展。习近平强调，改善中日关系，关键在于互信。希望日方以更多实际行动和具体政策体现中日互为合作伙伴、互不构成威胁的战略共识。在历史、台湾等涉及中日关系政治基础的重大原则问题上，要始终按照中日四个政治文件和双方已达成的共识行事。要以建设性的方式妥善管控两国存在的分歧。习近平指出，互利合作是中日关系向前发展的动力。新形势下，双方应该提升双边务实合作水平，积极推进区域经济一体化，推动"一带一路"框架内合作尽早落地。双方应该继续在文化、媒体、青少年等领域加强交流，利用两国相继举办奥运会的机会开展奥运合作，增强两国关系发展的民意纽带。②

11月12日　中共中央总书记、国家主席习近平在河内越共中央驻地同越共中央总书记阮富仲举行会谈。双方积极评价彼此发展成就，一致同意继承、维护、发扬好中越传统友谊，相互坚定奉行友好政策，把两国全面战略合作发展得越来越好，给两国和两国人民带来更多切实利益。习近平和阮富仲分别介绍了中共十九大、越南党和国家事业有关情况。

习近平强调，中越是山水相连的好邻居、荣辱与共的好朋友、志同道合的好同志、合作共赢的好伙伴。中越建交67年来，由毛泽东主席、胡志明主席等两国老一辈领导人亲手缔造和精心培育的中越传统友谊不断得到巩固、弘

① 《人民日报》2017年11月12日第3版。

② 《人民日报》2017年11月12日第3版。

扬。今年以来，两党两国高层保持密切接触，各领域合作不断深化，中越关系取得积极进展。当前，中越两国均处在改革发展的关键阶段，两国各自建设事业和双边关系发展面临难得的历史性机遇。双方要以两党两国关系大局为重，从两国人民根本利益出发，弘扬风雨同舟的优良传统，不断开创中越关系新局面，在前进道路上和衷共济、共谋发展。习近平对越南实施革新开放30多年来各项建设取得的巨大成就表示祝贺。习近平强调，相信在以阮富仲总书记为首的越共中央坚强领导下，兄弟的越南人民一定能够开创社会主义建设事业更加美好的未来。

习近平和阮富仲就新形势下深化中越全面战略合作伙伴关系达成重要共识，一致认为中越两国是有着悠久友好传统的邻国，都是共产党领导的社会主义国家，政治制度相同、发展道路相近，前途相关、命运与共。双方要相互借鉴，共同发展，为各自国家社会主义建设事业注入新活力，推动中越全面战略合作伙伴关系持续健康稳定向前发展，为促进地区和平、稳定、繁荣作出积极贡献。双方同意保持和加强高层交往优良传统，相互坚定奉行友好政策，加强战略沟通，增进政治互信，妥善处理分歧，引领中越关系正确方向。深化党际交往，发挥中越关系独特优势，密切治党治国理政经验交流。充分发挥中越双边合作指导委员会作用，加强外交、国防、公安、安全等各部门各层级交流合作。双方同意落实好共建“一带一路”和“两廊一圈”合作文件，促进地区经济联系和互联互通，推动经贸、产能、投资、基础设施建设、货币金融等领域合作不断取得务实进展，稳步推进跨境经济合作区建设，加强农业、环境、科技、交通运输等领域合作。双方同意扩大文化、教育、媒体、卫生、青年、地方、旅游等领域合作，推动河内中国文化中心、越中友谊宫尽早投入使用，办好民间交往活动，夯实中越友好民意基础。

双方同意按照两党两国领导人达成的重要共识，妥善处理海上问题，稳步推进包括共同开发在内的各种形式的海上合作，共同致力于维护南海的和平与稳定。双方同意加强在联合国、世界贸易组织、亚太经合组织、亚欧会议、中国—东盟、澜沧江—湄公河合作等国际和地区框架内的配合。中方祝贺越方成功主办亚太经合组织第二十五次领导人非正式会议，愿同包括越南在内的各方一道，为推动亚太区域经济一体化、促进地区发展繁荣作出积极贡献。会谈后，两国领导人共同见证了共建“一带一路”和“两廊一圈”合作备忘录以及产能、能源、跨境经济合作区、电子商务、人力资源、经贸、金融、文化、卫生、新闻、社会科学、边防等领域合作文件的签署。①

中共中央总书记、国家主席习近平出席越共中央总书记阮富仲和越南国家主席陈大光在河内国际会议中心举行的隆重欢迎宴会。阮富仲代表越南党、政府和人民热烈欢迎习近平对越南进行国事访问。习近平在致辞中指出，时隔两年再次踏上这片美丽富饶的土地，我又一次感受到了越南人民对中国人民的深情厚谊。今天的越南，政治社会稳定，经济持续发展，人民安居乐业。相信在越南共产党坚强领导下，越南人民一定能够早日把越南建设成为民富国强、公平、民主、文明的社会主义现代化国家。习近平强调，我这次访问的主要目的是巩固传统友好，深化务实合作，规划中越关系美好未来。中越两国都坚持共产党领导，坚持社会主义道路，加强团结合作，共谋发展繁荣，符合两国人民根本利益，也有利于本地区乃至世界和平、稳定、发展。中方愿同越方一道，继续遵循长期稳定、面向未来、睦邻友好、全面合作的方针和好邻居、好朋友、好同志、好伙伴的精神，推动中越全面战略合作伙伴关系不断向前发展。②

应东盟轮值主席国菲律宾总统杜特尔特邀请，国务院总理李克强乘专机抵达马尼拉，出席12日至14日举行的第二十次中国—东盟（10+1）领导人会议、第二十次东盟与中日韩（10+3）领导人会议和第十二届东亚峰会，并在与会后对菲律宾进行正式访问。菲律宾外交部长卡耶塔诺等政府高级官员和中国驻菲律宾大使赵鉴华、驻东盟大使徐步等到机场迎接。李克强表示，今年适逢东盟成立50周年、10+3合作启动20周年。当前本地区保持稳定、合作、发展，在乍暖还寒的全球经济中是稳定增长极，也给复杂多变的世界形势注入稳定力量。中方愿同各方在东盟发展的新起点上规划未来，团结合作，打造更紧密的周边利益共同体、命运共同体。李克强指出，当前中菲关系保持健康稳定发展态势，符合两国和地区人民的共同利益与期待。我愿同菲方领导人就进一步巩固友好交换意见，在双方发展需求契合的领域深化合作，为中菲长期睦邻友好

① 《人民日报》2017年11月13日第1版。

② 《人民日报》2017年11月13日第1版。

夯实基础。出席会议期间，李克强将同东盟国家领导人共同庆祝东盟成立50周年，出席区域全面经济伙伴关系协定领导人会议，并与会部分国家领导人举行双边会见。李克强将同杜特尔特总统举行会谈、见证双方合作文件签署、共见记者并出席双边合作项目奠基和开工仪式。[①]

11月13日　中共中央总书记、国家主席习近平在河内主席府同越南国家主席陈大光举行会谈。习近平祝贺越南社会主义革新开放事业呈现出蓬勃生机，祝贺在岘港举行的亚太经合组织领导人非正式会议取得圆满成功。习近平指出，作为社会主义邻邦和重要合作伙伴，相同的政治制度和共同的发展目标，将中越两党、两国和两国人民的命运紧紧联系在一起。中国党和政府高度重视中越关系，将坚持奉行对越友好的基本方针，致力于加强两国全面战略合作，切实造福两国人民。习近平强调，在国际和地区形势深刻复杂变化、中越各自改革发展任务艰巨的背景下，我们两党两国高层要加强战略沟通，为中越关系发展把准方向，推动中越关系航船继续沿着正确航道破浪前行。双方要巩固好双边贸易额稳步增长势头，加快“一带一路”同“两廊一圈”建设对接，推进基础设施建设、产能、跨境经济合作区等重点领域合作，抓好重点项目。要加大对人文领域投入，广泛开展民间交往，增进两国民众特别是青年一代相互了解，夯实中越关系民意基础。要妥善管控分歧，维护海上和平稳定，推进共同开发。双方要全面落实好这次访问的成果，推动新时期中越关系得到更大发展。[②] 两国发布了《中越联合声明》。

中越联合声明[③]

一、应越南共产党中央委员会总书记阮富仲、越南社会主义共和国主席陈大光邀请，中国共产党中央委员会总书记、中华人民共和国主席习近平于2017年11月10日至13日对越南社会主义共和国进行国事访问并出席亚太经合组织第二十五次领导人非正式会议。

访问期间，习近平总书记、国家主席分别同阮富仲总书记、陈大光国

---

① 《人民日报》2017年11月13日第3版。

② 《人民日报》2017年11月14日第1版。

③ 《人民日报》2017年11月14日第3版。

家主席举行会谈，并会见了越南政府总理阮春福、国会主席阮氏金银。两党两国领导人相互通报了各自党和国家情况，就双边关系及共同关心的国际地区问题深入交换意见，并就新形势下进一步深化中越全面战略合作伙伴关系达成了重要共识。

二、双方对两党两国在探索符合各自国情的社会主义发展道路上取得的历史性伟大成就感到高兴，一致认为，中越两国是有着悠久友好传统的邻国，都是共产党领导的社会主义国家，政治制度相同、发展道路相近，前途相关、命运与共，各自国家的可持续发展和两国友好关系与良好合作对两国都有重要意义。在新的历史条件下，坚持共产党的领导和具有本国特色的社会主义发展道路，是符合两国人民根本利益的正确选择。双方将相互借鉴，共同发展，为各自国家社会主义建设事业注入新的活力，为人类和平和进步事业作出不懈努力。

中方高度评价越共十二大以来，越南党和国家在加强党的建设、推进全面革新、改善社会民生等方面取得的重要成就，衷心祝愿并相信在以阮富仲总书记为首的越南共产党的坚强领导下，越南人民将胜利实现越共十二大提出的目标，早日把越南建设成为民富、国强、民主、公平、文明的社会主义现代化工业国家。

越方热烈祝贺中国共产党第十九次全国代表大会取得圆满成功，高度评价大会在新时代建设中国特色社会主义等方面取得的重大理论创新成果，衷心祝愿并相信在以习近平同志为核心的中共中央领导下，中国人民将继续统筹推进“五位一体”总体布局、协调推进“四个全面”战略布局，朝着实现“两个一百年”奋斗目标迈进，把中国建成富强民主文明和谐美丽的社会主义现代化强国。

三、双方认为，由毛泽东主席和胡志明主席等老一辈领导人亲手缔造和精心培育的中越友谊是两国人民的共同宝贵财富，双方应共同继承、维护和发扬好。双方将始终从战略高度和长远角度看待和发展中越关系，相互坚定奉行友好政策。双方愿携手努力，牢牢把握中越关系发展大方向，加强战略沟通，增进政治互信，深化互利合作，妥善处理分歧，推动中越全面战略合作伙伴关系持续健康稳定发展，给两国和两国人民带来切实利益，为促进地区和平、稳定与繁荣作出积极贡献。

四、双方认为，两党两国高层特别是最高领导人保持经常接触，对双边关系发展具有重要引领作用，一致同意通过双边互访、互派特使、热线电话、年度会晤及多边场合会见等灵活多样的形式，保持和加强高层交往的优良传统，及时就两党两国关系的重大问题和共同关心的问题交换意见。

五、双方认为，中越互为重要邻国和合作伙伴，均处在改革发展的关键阶段，两国发展互为机遇。双方要切实发挥两党高层会晤、中越双边合作指导委员会等两党两国间交流合作机制的统筹协调作用，重点推动以下领域合作：

（一）密切治国理政经验交流，加强党际交往，执行好2016—2020年两党合作计划，办好两党高层会晤、理论研讨会，深化两党团组交流和干部培训合作，继续加强两党中央部门和地方特别是接壤省（区）党组织交流合作。积极推进中国全国人大和越南国会、中国全国政协和越南祖国阵线之间的友好交流合作。

（二）落实好两国外交部关于加强新形势下合作的协议，保持两部领导经常接触，继续办好年度外交磋商，加强对口司局交流，实施好干部培训计划，支持对方外交代表机构改善办公和住宿条件并提供相应便利。

（三）加强防务和执法安全合作，落实好2025年前国防合作共同愿景声明，用好国防部直通电话，办好边境高层会晤、防务安全磋商。办好两国海军、海警北部湾联合巡逻和舰船互访等机制性活动，加强两军人员培训合作，深化军队党务和政治工作、医学、联合国维和方面经验交流。发挥好合作打击犯罪会议、战略安全对话机制作用，加强在反恐、禁毒、反假币、打击电信诈骗、出入境管理、边境管控、网络安全等领域合作，开展国内安全保卫、联合追逃等方面的经验交流。推动《中越引渡条约》早日生效。

（四）采取有效措施，共同推动经贸、产能与投资、基础设施、货币金融等领域合作不断取得实质进展。

1. 越方欢迎并支持推进"一带一路"倡议，以便促进各国间互利合作和经济联系以及地区互联互通，为地区乃至世界的和平稳定与发展繁荣作出积极贡献，愿同中方落实好业已签署的共建"一带一路"和"两廊一圈”合作文件，在符合各自利益、能力和条件的基础上，尽早确定合作的优先领域、重点方向及具体项目，推进双方政策沟通、设施联通、贸易畅通、资金融通、民心相通，为两国全面战略合作提质升级创造条件。

2. 用好产能合作机制，进一步加强两国企业对接，实施好确定的重点合作项目，推动产能合作取得务实进展。持续开展投资政策交流，努力改善投资环境，推进符合各自需求和可持续发展战略的投资合作。中方鼓励代表中国先进技术和发展水平的企业赴越投资。

3. 共同落实好《中越经贸合作五年发展规划（2017—2021）》，签署并实施重点合作项目清单。推动河内轻轨二号线（吉灵—河东轻轨）项目如期完工。指导双方企业尽快解决合作项目存在的问题和障碍。

4. 发挥陆上基础设施合作工作组对提升两国互联互通的作用。编制好陆上基础设施合作交通和能源领域规划。按计划完成老街—河内—海防标准轨铁路项目规划编制。

5. 发挥中越经贸合委会及相关合作机制的作用，推动两国贸易投资、经济合作关系深入发展，实现双方互利双赢。促进双边贸易持续稳定平衡发展，落实好《农产品贸易领域合作谅解备忘录》。中方愿扩大自越南进口，优先开展越南乳类及乳制品输华的准入评估工作，加快履行各项法律程序，对越南部分水果开放市场，开展包括大米、木薯在内的农林水产领域合作。在此访期间双方签署的《关于加快推进中越跨境经济合作区建设框架协议谈判进程的谅解备忘录》基础上，积极商谈跨境经济合作区建设框架协议，带动两国边境地区发展，提升双方互联互通水平。中方宣布完成越方驻杭州贸易促进办公室的审批手续，愿为越南在重庆、杭州贸易促进机构开展工作提供便利。

6. 用好金融与货币合作工作组机制，继续探讨研究本币在双边贸易和投资领域的使用，加强货币政策和金融稳定方面的经验分享，继续支持对方金融机构依法在本国开展相关业务。越方宣布原则同意中国农业银行设立河内分行。鼓励双方金融机构为条件成熟的合作项目提供融资支持。落实好中方提供的贷款，为使用亚洲基础设施投资银行资金开展基础设施互联互通项目创造条件。中方将为越方根据相关规定申请中方优惠贷款及其他资金提供便利。

（五）推进农业、水资源、环境、科技、交通运输等领域合作。加强在适应干旱和盐碱地条件杂交稻种方面的研究合作。按照双方已达成的原则共识，积极推动落实海上渔业活动突发事件联系热线，妥善处理有关问题，使之符合两国友好关系。在包括澜沧江—湄公河合作机制在内的双边和多边合作机制下，积极开展环境保护、应对气候变化和水资源管理保护和可持续利用领域合作，加强在防洪减灾领域的技术交流与合作。用好中越科技合作联委会会议机制，有效推进联合研究项目、青年科学家交流、技术转移合作及人力资源培训。推动核安全监管领域合作。为双方促进公路、铁路、水路、航空交通和相关基础设施互联互通合作创造条件。

（六）扩大文化、媒体、卫生、民间等领域合作。落实好中越文化协定年度执行计划和文化产业合作谅解备忘录，运营好河内大学孔子学院，推动河内中国文化中心、越中友谊宫尽早投入使用。加强两国媒体交流合作，扩大对两国友好的宣传力度。实施好中越卫生合作执行计划。在此访期间签署有关换文的基础上，加快援越南传统医药学院的可行性研究，早日实施援越南北部地区基础教育、医疗卫生项目。继续办好中越青年友好会见、边民大联欢、人民论坛等民间交往活动。

（七）加强对两国地方特别是边境省区开展友好交流和互利合作的指导和支持，发挥好地方现有机制作用，加强经贸、旅游等务实合作。积极研究加强管理两国边境地区季节性务工人员的措施，保护其正当权益。

（八）发挥好中越陆地边界联合委员会机制的作用，严格落实中越陆地边界各项法律文件，加强边境地区治安、安全管理。加强两国及地方口岸合作，继续推动边境口岸的开放和升格，采取措施提升通关便利化，商讨规范边境地区设关活动，防范打击走私等各类违法犯罪行为，维护边境地区的安全和社会秩序。

六、双方就海上问题坦诚深入交换意见，一致同意继续恪守两党两国高层领导达成的重要共识和《关于指导解决中越海上问题基本原则协议》，用好中越政府边界谈判机制，寻求双方均能接受的基本和长久解决办法。

双方一致同意做好北部湾湾口外海域共同考察后续工作，稳步推进北部湾湾口外海域划界谈判并积极推进该海域的共同开发，继续推进海上共同开发磋商工作组工作，有效落实商定的海上低敏感领域合作项目。双方高度评价北部湾渔业资源增殖放流与养护项目。

双方一致同意继续全面、有效落实《南海各方行为宣言》(DOC)，在协商一致基础上，早日达成"南海行为准则"(COC)；管控好海上分歧，不采取使局势复杂化、争议扩大化的行动，维护南海和平稳定。

七、越方重申坚定奉行一个中国政策，支持两岸关系和平发展与中国统一大业，坚决反对任何形式的"台独"分裂活动。越南不同台湾发展任何官方关系。中方对此表示赞赏。

八、双方同意继续加强在联合国、世界贸易组织、亚太经合组织、亚欧会议、中国—东盟、澜沧江—湄公河合作等国际和地区框架内的配合，共同维护地区乃至世界的和平、稳定和繁荣。中方祝贺越方成功主办亚太经合组织第二十五次领导人非正式会议，越方祝贺中方成功主办"一带一路"国际合作高峰论坛，相信这将为各国带来共同利益。

九、访问期间，双方签署了《中越国防部边防合作协议》、《共建"一带一路"和"两廊一圈"合作备忘录》、《电力与可再生能源合作谅解备忘录》、《2017年中越产能合作项目清单的谅解备忘录》、《核安全合作谅解备忘录》、《加快推进中越跨境经济合作区建设框架协议谈判进程的谅解备忘录》、《关于成立电子商务合作工作组的谅解备忘录》、《确定2017—2021年中越经贸合作五年发展规划重点合作项目清单的谅解备忘录》、《关于人力资源合作开发谅解备忘录》、《关于使用中方援款开展建设传统医药学院项目可行性研究的换文》、《银行监管信息交流谅解备忘录》、《关于文化产业合作的谅解备忘录》、《中越卫生合作执行计划》、《中国社科院同越南社科院学术交流合作协议》、《中国外文出版发行事业局同越南国家政治真理出版社2017—2022年合作框架协议》、《全国新闻工作者协会同越南记者协会新闻交流合作协议》、《中国共产党广西壮族自治区委员会同越南共产党广宁、谅山、高平、河江省委员会关于开展干部培训合作的协议》，以及一些企业和金融机构间的合作协议。

十、双方一致认为，习近平总书记、国家主席对越南的国事访问取得圆满成功，为巩固中越传统友谊、深化全面战略合作、促进本地区乃至世界的和平稳定与发展作出了重要贡献，具有重要里程碑意义。

习近平总书记、国家主席对阮富仲总书记、陈大光国家主席以及越南共产党、政府和人民所给予的隆重热情友好接待表示衷心感谢，邀请阮富仲总书记、陈大光国家主席再次访华，阮富仲总书记、陈大光国家主席对此表示感谢。

2017年11月13日于河内

中共中央总书记、国家主席习近平在万象国家主席府同老挝人民革命党中央委员会总书记、国家主席本扬举行会谈。双方高度评价对方发展成就，同意加强交流互鉴，推动中国改革开放和老挝革新事业不断向前发展，继续秉持好邻居、好朋友、好同志、好伙伴精神，巩固中老传统友好，推动长期稳定的中老全面战略合作伙伴关系迈上新台阶。习近平和本扬相互介绍了中共十九大和老挝党和国家事业有关情况。习近平强调，中老是社会主义友好邻邦，传统睦邻友好历久弥坚。建交56年来，双方政治互信不断增强，务实合作持续扩大，人文交流日益密切，两国关系全面深入发展，给两国人民带来实实在在的利益。中老理想信念相通，两国关系战略定位高远，发展空间广阔。中方始终珍视中老传统友谊，高度重视同老挝关系，愿同老方携手努力，不断丰富和发展高度互信、互助、互惠的中老全面战略合作伙伴关系，使两国永远做好邻居、好朋友、好同志、好伙伴。习近平和本扬就两党两国关系及共同关心的国际和地区问题深入交换意见，达成重要共识。双方一致认为，中老同为共产党领导的社会主义国家。双方在彼此信赖的基础上，共同打造中老具有战略意义的命运共同体，符合两党两国和两国人民的根本利益和共同愿望，有利于人类和平与发展的崇高事业。双方同意保持高层互访的优良传统，引领和指导新时期中老关系发展。加强两党友好交流合作，深化治党治国理政经验交流，加强外交、国防和执法安全领域合作。双方重申坚定支持对方核心利益和重大关切。双方同意加快中国“一带一路”倡议同老挝“变陆锁国为陆联国”战略对接，共建中老经济走廊，推进中老铁路等标志性项目，提升经贸合作规模和水平，促进两国经济优势互补，深化产能、金融、农业、能源、资源、水利、通信、基础设施建设、医疗、卫生等领域合作，推动双方务实合作更多惠及两国基层民众。双方同意深化文化、教育、科技、旅游等领域合作，办好老挝中国文化中心，加强青少年友好交往，扩大地方间合作。密切在联合国、亚欧会议、东亚合作、澜沧江—湄公河合作等多边框架内协调和配合。会谈后，习近平和本扬共同见证了中老经济走廊建设、基础设施建设、数字丝绸之路、科技、农业、电力、人力资源、金融、水利等领域合作文件的签署。①

11月14日 中共中央总书记、国家主席习近平在万象下榻饭店再次会见老挝人民革命党中央委员会总书记、国家主席本扬。习近平感谢老方热情友好的接待，感谢本扬在访问结束之际专程前来话别。习近平强调，这次访问时间虽短，成果丰硕。我同老挝党政领导同志深入交流，同各界友好人士近距离接触。双方就巩固和发展中老关系，推进全面战略合作达成重要共识。访问期间，我同本扬总书记、国家主席一致同意共同打造中老具有战略意义的命运共同体，规划了加强战略对接、实现互利共赢的合作内容，指明了弘扬传统友好、惠及基层民生的前进方向。访问取得了圆满成功，我对中老关系发展前景充满信心。双方要全面落实好这次访问成果，抓好战略引领，搞好战略对接，做好民生工作，推动新时期中老全面战略合作伙伴关系更好发展。会见后，习近平和本扬共同见证《中华人民共和国外交部和老挝人民民主共和国外交部关于加强新形势下合作的协议》的签署。②

访问结束后，中老两国发表了《中老联合声明》。

中老联合声明③

一、应老挝人民革命党中央委员会总书记、老挝人民民主共和国主席本扬·沃拉吉邀请，中国共产党中央委员会总书记、中华人民共和国主席习近平于2017年11月13日至14日对老挝人民民主共和国进行国事访问。

访问期间，习近平总书记、国家主席同本扬总书记、国家主席举行会谈，分别会见了老挝政府总理通伦·西苏里和国会主席巴妮·雅陶都。两党两国领导人相互通报了各自党和国家的情况，就两党两国关系及共同关心的国际和地区问题深入交换意见，达成了重要共识。

二、双方对两党两国在探索符合各自国情的社会主义发展道路上取得的历史性成就感到高兴，同意加强相互交流借鉴，推动中国改革开放和老

① 《人民日报》2017年11月14日第2版。

② 《人民日报》2017年11月15日第1版。

③ 《人民日报》2017年11月15日第3版。

挝革新事业不断向前发展。

中方高度评价老挝革新开放30多年，特别是老挝党十大以来经济社会发展事业取得的巨大成就，衷心祝愿并相信在以本扬总书记为首的老挝人民革命党坚强领导下，老挝人民一定能胜利实现老挝党十大确定的目标任务，在建设国强民富、社会团结和谐、民主公正文明的社会主义国家征程中取得新的更大成就。

老方热烈祝贺中国共产党第十九次全国代表大会取得圆满成功，高度评价大会把习近平新时代中国特色社会主义思想确立为中国共产党的行动指南，衷心祝愿并相信在以习近平同志为核心的中共中央领导下，中国人民将继续统筹推进“五位一体”总体布局、协调推进“四个全面”战略布局，朝着实现“两个一百年”奋斗目标迈进，把中国建成富强民主文明和谐美丽的社会主义现代化强国。

三、双方一致认为，中老山水相连，两国人民之间的传统友谊源远流长。两党两国在争取国家独立、民族解放和社会主义建设事业中相互同情、相互支持，建立了深厚的友谊。近年来，双方政治互信不断加深，各领域互利合作成果丰硕，促进了各自国家社会主义和党的建设事业，给两国人民带来了实实在在的利益。

中老同为共产党领导的社会主义国家，理想信念相通、社会制度相同、发展道路相近。在国际和地区形势深刻变化的新形势下，双方继续秉持好邻居、好朋友、好同志、好伙伴精神，在彼此信赖基础上，不断丰富和发展长期稳定的中老高度互信、互助、互惠的全面战略合作伙伴关系，共同打造牢不可破的具有战略意义的命运共同体，符合两党两国和两国人民的根本利益和共同愿望，有利于社会主义事业兴旺发达，有利于人类和平与发展的崇高事业。

四、双方同意，保持高层互访的优良传统，两党两国领导人将继续通过灵活多样的方式，就双边关系的重大问题和国际地区形势及时交换意见，引领和指导新时期中老关系发展。加强两党友好交流合作，落实好2016—2020年两党合作计划，继续办好两党理论研讨会，加强党政干部培训合作，深化党建和治国理政经验交流。继续深化中国全国人大和老挝国会、中国全国政协和老挝建国阵线的友好关系，加强对口交流和政策沟通，共同为推动两国社会主义建设和中老关系发展作出积极贡献。

五、双方同意，继续加强外交、国防和执法安全领域交流合作。落实好此访期间签署的两国外交部关于加强新形势下合作的协议，密切各层次沟通协作。保持两军各层级团组交往，继续办好两军边境高层会晤，加强人员培训、军事训练、政治工作、医疗卫勤等领域合作。加强在国内安全保卫、打击跨国犯罪、湄公河联合执法等执法安全领域合作，支持对方维护国家安全和社会稳定，保护好对方在本国的人员、机构和重大建设项目。

六、双方同意，从战略高度重视和深化中老发展合作，进一步深挖合作潜力，提升合作水平。

（一）加快中国"一带一路"倡议同老挝"变陆锁国为陆联国"战略对接，共建起自中国云南，以中老铁路为依托，途经若干重要节点地区，抵达老挝南部的中老经济走廊。

（二）落实好此访期间签署的关于加强基础设施领域合作的谅解备忘录。加快推进中老铁路等标志性项目，加强统筹协调，解决好工程建设、配套政策、安全保障、后续融资等问题，推动实现中老铁路早日竣工。

（三）充分发挥中老经济贸易和技术合作委员会、产能与投资合作等合作机制作用，加强对双边经贸合作的统筹规划，进一步提升经贸合作规模和水平。加强产能、金融、能源、资源、旅游等领域合作，进一步促进两国经济优势互补。

（四）中方表示，愿继续为老挝国家建设提供力所能及的帮助，促进老挝经济发展和民生改善，推动老挝医疗、卫生、文化、教育等事业发展，支持老挝农业、水利、交通、通信等基础设施建设，在农村和贫困地区实施卫生改善、供水等工程，推动双方务实合作更多地惠及两国特别是老挝基层群众。

七、双方同意，进一步扩大文化、教育、科技等领域交流合作。加强工青妇组织交往。实施好中老文化合作年度执行计划，办好老挝中国文化中心。中方将继续向老方提供政府奖学金，同时推进职业教育合作，服务老挝经济社会发展和两国务实合作。落实好此访期间签署的中老政府间科技合作协定。继续开展青年志愿者交流，加强青少年友好交往，共同培养中老传统友谊接班人。扩大两国地方间合作，继续发挥好中国云南—老挝北部合作机制的作用，增进沿边省份的往来。

八、双方积极评价南海局势保持稳定，同意应继续全面有效完整落实《南海各方行为宣言》，并在协商一致基础上推动早日达成“南海行为准则”。双方支持有关各方一道，携手推进南海务实合作，使南海成为和平之海、友谊之海、合作之海。

九、中方重申坚定支持老方维护国家主权、独立和稳定的努力。老方重申坚定奉行一个中国政策，继续支持两岸关系和平发展与中国统一大业，坚决反对任何形式的“台独”分裂活动。

十、双方高度评价两国在国际和地区事务中富有成效的合作，同意进一步加强在联合国、亚欧会议、东亚合作、澜沧江—湄公河合作等多边框架内的协调与配合，继续在涉及各自重大利益的问题上保持密切、及时和有效沟通，相互予以有力支持。

中方高度评价老方积极参与“一带一路”建设，赞赏老方为推动中国—东盟关系和东亚合作发挥的重要作用，支持老挝2018年担任澜湄合作共同主席国。老方热烈祝贺中方成功主办“一带一路”国际合作高峰论坛，愿同中国和其他湄公河国家共同努力，共同建设澜湄国家命运共同体。

十一、访问期间，双方签署了《中老两国外交部关于加强新形势下合作的协议》、《关于共同推进中老经济走廊建设的谅解备忘录》、《关于加强“数字（网上）丝绸之路”建设合作的谅解备忘录》、《中老政府间科技合作协定》、《关于联合开展老挝国家水资源信息数据中心示范建设项目和老挝南乌河、南屯河流域综合规划项目合作的谅解备忘录》、《关于共同建设中老现代化农业产业合作示范园区的谅解备忘录》、《关于加强基础设施领域合作的谅解备忘录》、《关于开展未来三年援助合作的谅解备忘录》、《关于人力资源开发合作的谅解备忘录》、《援老挝工贸部信息系统项目立项换文》、《关于实施怀博莱水电站项目的优惠贷款框架协议》、《关于建立电力合作战略伙伴关系的谅解备忘录》、《关于金融支持老挝中小企业发展合作的协议》、《怀博莱水电站项目优惠贷款协议》、《老挝115千伏输变电线路扩建与综合改造项目贷款协议》、《关于万象至万荣高速公路项目合资协议》、《老挝500/230KV万象环网项目贷款协议》等合作文件。

十二、双方一致认为，习近平总书记、国家主席对老挝的国事访问取得圆满成功，进一步巩固了中老传统友好，推动长期稳定的中老全面战略合作伙伴关系迈上了新台阶，具有重要里程碑意义。

习近平总书记、国家主席对本扬总书记、国家主席以及老挝人民革命党、政府和人民所给予的隆重热情友好接待表示衷心感谢，邀请本扬总书记、国家主席再次访华。本扬总书记、国家主席对此表示感谢并愉快地接受了邀请。

2017年11月14日于万象

国务院总理李克强当地时间在菲律宾国际会议中心出席第十二届东亚峰会，东盟十国领导人以及韩国总统文在寅、俄罗斯总理梅德韦杰夫、日本首相安倍晋三、印度总理莫迪、澳大利亚总理特恩布尔、新西兰总理阿德恩、美国国务卿蒂勒森等出席。菲律宾总统杜特尔特主持会议。李克强在会议上发表了重要讲话。与会领导人表示，东亚峰会是领导人引领的地区重要战略论坛。成员国应以此为平台增进互信，推动相互开放与贸易投资自由化便利化，加强互联互通，保持地区经济发展活力，改善民生福祉。当前本地区面临恐怖主义扩散、局部地区局势紧张等一系列传统和非传统安全挑战，各方应加强沟通，合作应对，完善区域安全架构，维护地区持久安全。当前南海局势趋缓，有关国家间关系改善取得进展，海上合作正在推进，中国为此做出了积极努力。欢迎中国与东盟启动“南海行为准则”案文磋商，希望各方共同维护地区和平稳定。会议通过《东亚峰会领导人关于减贫合作的声明》《东亚峰会领导人关于化学武器的声明》《东亚峰会领导人关于预防和应对恐怖主义意识形态扩散的声明》和《东亚峰会领导人关于打击洗钱和恐怖融资的宣言》等成果文件。①

① 《人民日报》2017年11月16日第1版。

在第十二届东亚峰会上的讲话①

（二〇一七年十一月十四日，马尼拉）

中华人民共和国国务院总理　李克强

尊敬的杜特尔特总统，

各位同事：

当今世界正处于大发展大变革大调整时期，和平与发展仍是时代主题，但面临的不稳定性不确定性突出，世界经济复苏进程仍不稳固，经济全球化和区域一体化遭遇波折，地区热点问题此起彼伏，恐怖主义等非传统安全威胁持续蔓延。在这样的背景下，东亚能成为世界发展的重要引擎和国际合作的高地，不是自然而然的，也不是一帆风顺的。这得益于地区国家发展经济、改善民生的共同追求，得益于东亚海纳百川、兼收并蓄的文化特质，得益于地区国家人民对共建和谐亚洲、繁荣亚洲的认同。

东亚和平稳定的局面来之不易，应倍加珍惜。东亚国家历史上曾饱受战乱之苦，和平稳定是各国人民的共同心愿。这些年来，地区国家虽然社会制度、发展阶段和基本国情不同，但能够秉持求同存异、聚同化异的精神，坚持通过对话协商妥善处理分歧和争端，不断深化睦邻友好和政治互信，探索出具有东亚特色的和平共处之道。东亚总体和平稳定的环境是各方共同努力的结果，地区所有国家都是受益者，也应当成为地区和平稳定的坚定维护者、积极贡献者。

东亚经济发展成就来之不易，应更加努力。近几个世纪，东亚国家错失了太多联合自强、发展振兴的历史机遇。经过艰辛探索，我们成功找到了符合自身实际的发展道路，创造了“东亚奇迹”，在世界经济版图中的分量与日俱增，改变了地区国家和人民的命运。我们都有责任把这种良好发展势头保持下去，同舟共济、立己达人，在追求自身利益时兼顾他方利益，在寻求自身发展时促进共同发展，既造福20亿地区人民，也为世界经济增长提供强大动力。

---

① 《人民日报》2017年11月16日第2版。

东亚一体化进程来之不易，应持续推进。长期以来，地区国家顺应经济全球化和区域一体化趋势，大力推进贸易和投资自由化便利化，搭建起以东盟为中心、地区国家广泛参与的区域合作架构，各类双边和多边自贸安排蓬勃兴起，已成为区域一体化的一面旗帜。我们应秉持开放包容、合作共赢的理念，把握好世界大势，跟上时代潮流，推动更高层次、更高水平的开放合作，朝着早日建成东亚经济共同体的方向努力。

各位同事！

东亚峰会成立12年来，致力于促进地区发展、维护安全稳定，已成为域内外国家共同参与的重要对话合作平台。各成员方应坚持“领导人引领的战略论坛”定位，坚持东盟的中心地位，坚持经济发展和政治安全合作“双轮驱动”，把握正确方向，加强规划引领，完善机制建设，推动峰会行稳致远。中方愿对下一步合作提六点建议：

一是加快区域一体化建设。中方愿推动“一带一路”倡议同《东盟互联互通总体规划2025》对接，加快中国—东盟自贸区升级成果落地；与有关方一道，推动中日韩自贸区、区域全面经济伙伴关系协定谈判早日完成。

二是推动可持续发展。为落实联合国2030年可持续发展议程，中方与菲律宾、老挝共提发表“东亚峰会领导人关于减贫合作的声明”。中方将主办环境资源管理研讨会，并继续举办清洁能源论坛和新能源论坛。中方愿与各方在峰会框架下加强海上对话合作，将主办海事管理、海洋微塑料研讨会。

三是促进社会发展。中方高度重视与各方加强卫生、教育等领域合作，愿积极考虑举办肿瘤防控、特殊食品监管等领域合作项目，继续推动技术及职业教育培训等人文交流与合作。

四是共同应对非传统安全威胁。中方支持峰会领导人发表关于反恐合作的声明，赞赏菲律宾政府打击恐怖分子的努力，愿与各方加强反恐对话合作，共同维护地区安全与稳定。中方愿继续支持联合国机构举办东亚峰会地震应急演练。

五是创新安全理念。我们要倡导和践行共同、综合、合作、可持续的安全观，实现安全上的合作共赢。今年发表的《中国的亚太安全合作政策》白皮书系统阐述了中方的新安全理念，展现了中方对区域安全合作的积极态度。我们呼吁各方妥善处理热点敏感问题，通过对话协商解决矛盾分歧。

六是完善区域安全架构。我们要推动优化地区安全治理模式，力争破解安全难题。中方支持继续探讨区域安全架构问题，倡议地区国家开展关于完善亚太安全架构的联合研究。

各位同事！

宁静的南海是各国之福，南海起波澜对谁都不利。中国是南海最大沿岸国和南海航道的主要使用国，比任何国家都希望南海和平稳定和航行与飞越自由。在中国与东盟国家共同努力下，南海形势已明显降温趋稳，并呈现积极发展态势，有关各方回归通过谈判磋商解决争议的正轨，国家间关系持续改善。特别是中国和东盟国家全面有效落实《南海各方行为宣言》，于今年5月达成“南海行为准则”框架。昨天，我和东盟国家领导人还共同宣布启动“准则”下一步案文磋商。这一形势令人振奋，充分展现了地区国家通过对话协商妥处分歧、维护南海和平稳定的共同意愿，也充分展现了地区国家有信心、有智慧、有能力妥善处理好南海问题，使南海成为和平之海、友谊之海、合作之海。下一步，中国将继续致力于同东盟国家全面有效落实《宣言》，深化海上务实合作，积极推进“准则”磋商，争取在协商一致的基础上早日达成。我们希望有关域外国家尊重地区国家为此付出的努力。

各位同事！

上个月召开的中国共产党第十九次全国代表大会，明确提出中国将坚持和平发展道路，坚定不移在和平共处五项原则基础上发展同各国的友好合作，积极促进“一带一路”国际合作，继续参与全球治理体系改革和建设，推动建设相互尊重、公平正义、合作共赢的新型国际关系，推动构建人类命运共同体。这可以从亚洲开始，从周边起步。中国将按照亲诚惠容理念，继续奉行与邻为善、以邻为伴的周边外交政策，奉行互利共赢的开放战略，把自身发展同地区国家发展对接起来，把自身安全同地区国家安全融合起来。中国的发展只会给东亚乃至世界发展繁荣带来机遇，不会对任何国家构成威胁。中方愿与峰会各方齐心协力，维护地区和平发展合作的良好势头，积极推进东亚经济共同体建设，共同谱写东亚合作新篇章、开创东亚发展新愿景！

谢谢大家。

11月15日 国务院总理李克强同菲律宾总统杜特尔特会谈后在马尼拉总统府共同会见记者。两国领导人积极评价会谈成果。李克强表示，中菲是近邻，两国人民友好绵延不断，交往佳话数不胜数，虽有风雨波折，但中菲人民希望两国持续友好、共迎美好未来的心从未改变。此时北半球虽已是冬季，但马尼拉很温暖，恰如当前中菲关系正在改善基础上逐步升温。希望双方巩固这一势头，把失去的时间找回来，推动中菲关系与合作持续向前发展。李克强强调，中菲同为发展中国家，都肩负着发展经济、改善民生的重任。当前，双方在基础设施建设、贸易、旅游、农业、减贫等领域合作大踏步前进。中方愿同菲方对接发展战略，参与菲大规模基础设施建设，建议双方探讨5—10年合作规划，向两国和国际社会发出中菲关系持续稳定、不断向前发展的明确信号。李克强指出，欢迎菲律宾媒体多到中国去，同中国媒体共同抓住机遇，通过你们的工作，为掀开中菲关系与合作新的一页作出贡献。杜特尔特表示，李克强总理对菲正式访问充分显示出菲中关系的重要进展。菲方对两国关系实现转圜并保持积极发展势头感到鼓舞，高兴看到各领域合作已取得早期收获，感谢中方对菲国家发展和主办东亚合作领导人系列会议的支持，愿同中方进一步加强各领域交流与合作，继续以相互尊重、平等务实的合作实现互利共赢，给两国人民带来更大福祉，并为本地区稳定发展贡献积极力量。会见后，两国发布了《中华人民共和国政府和菲律宾共和国政府中菲联合声明》。

中华人民共和国政府和菲律宾共和国政府联合声明[①]

（二〇一七年十一月十六日马尼拉）

一、应菲律宾共和国总统罗德里戈·罗亚·杜特尔特邀请，中华人民共和国国务院总理李克强于2017年11月15日至16日对菲律宾进行正式

① 《人民日报》2017年11月17日第3版。

访问。

访问期间，李克强总理同杜特尔特总统举行双边会谈，分别会见参议长阿基利诺·皮门特尔和众议长潘塔莱翁·阿尔瓦雷斯。两国领导人就中菲关系及地区和国际问题交换意见。

二、双方认识到，在双方共同努力下，两国关系实现转圜并取得积极进展。两国互信不断加深，务实合作取得丰硕成果，海上对话合作不断推进，为双方带来实实在在的利益，为地区和平、稳定与发展作出重要贡献。

三、双方一致同意，将在相互尊重、真诚、平等和互惠互利原则基础上，推动中菲关系持续健康发展。

四、双方同意加强高层交往，两国领导人将通过双边互访、通话、信函往来和多边场合会晤等方式保持密切沟通，进一步深化双边关系。菲律宾重申坚持一个中国政策。

五、双方认识到“一带一路”倡议和菲律宾发展规划的潜力，以及同东盟互联互通规划的协同性。

六、双方同意实施好《中菲经贸合作六年发展规划》，在基础设施、产能与投资、经贸、农业、民生发展、社会人文等重点领域推进合作，共同编制和落实《中菲工业园区合作规划》。

七、双方同意加强防务及执法安全领域合作。菲方感谢中方为马拉维反恐战事所提供的一系列援助、在棉兰老岛援建两处戒毒中心。中国重申将坚定支持和援助菲律宾打击恐怖主义、毒品犯罪及开展马拉维战后快速恢复重建。

八、双方同意加快相关程序，依据此访期间的换文和签署的协议加速实施有关项目，如卡利瓦大坝项目、赤口河灌溉项目、南北铁路南线项目和马尼拉两座桥梁等。双方同意确定和加快实施第二批优先合作项目。共同实施的基础设施项目需遵从适当招标程序和透明度要求，符合两国国内相关法律法规和通行的国际实践及标准。

九、双方认为两国在经贸投资、海关、贸易便利化和质检领域合作潜力巨大。中方愿继续鼓励和支持企业扩大对菲投资，并扩大进口更多菲律宾优质产品，提升两国贸易投资规模和质量。双方愿继续为两国企业赴对方国家投资提供良好环境。

十、双方同意加强农渔业合作。中国愿支持菲律宾发展科技驱动型农业，提高粮食生产能力，并为菲农渔业发展提供资金和技术支持。

十一、双方同意在教育、文化、卫生、旅游、体育等人文领域加强合作，加强旅游基础设施开发合作。双方为两国二线城市间新开直航航班感到鼓舞，同意支持开通更多直航航班促进双向旅游。

十二、菲方欢迎中国在达沃市设立总领馆。双方将基于国际实践和互惠原则，并遵循1975年建交公报原则对双边外交馆舍尤其是最紧迫的关切作出妥善安排。

十三、双方认识到，在中国与包括菲律宾在内的东盟国家共同努力下，南海形势总体更趋稳定。为落实习近平主席和杜特尔特总统的共识，两国建立了中菲南海问题磋商机制，双方对此表示欢迎。这有助于双方管控和防止海上事件、加强海上对话合作、促进双边关系稳定发展。双方同意在包括海洋环保、减灾等领域加强合作，包括进一步探讨可能的海洋科考合作。

十四、双方愿探讨在包括海洋油气勘探和开发等其他可能的海上合作领域开展合作的方式。有关合作应符合两国各自的国内法律法规和包括1982年《联合国海洋法公约》在内的国际法，不影响两国各自关于主权、主权权利和管辖权的立场。双方同意继续积极推进“南海行为准则”磋商谈判，并确保全面、有效、完整落实《南海各方行为宣言》。

十五、双方认为海上争议问题不是中菲关系的全部。双方重申维护及促进地区和平稳定、在南海的航行和飞越自由、商贸自由及其他和平用途的重要性，根据包括《联合国宪章》和1982年《联合国海洋法公约》在内公认的国际法原则，不诉诸武力或以武力相威胁，由直接有关的主权国家通过友好磋商谈判，以和平方式解决领土和管辖权争议。双方同意继续商谈建立信任措施，提升互信和信心，并承诺在南海保持自我克制，不采取使争议复杂化、扩大化及影响和平与稳定的行动。

十六、双方肯定两国在地区和多边组织内的合作，同意加强在联合国、亚太经合组织、东盟、亚欧会议等多边框架内的协调与配合，在共同关心的重大问题上保持密切沟通，相互给予支持。

十七、中方祝贺菲方成功举办东亚合作领导人系列会议和履行东盟轮值主席国职责，赞赏菲方为推动东亚合作特别是中国—东盟关系发展发挥的重要积极作用。菲方赞赏中方为菲方担任东盟轮值主席国提供的支持和帮助，以及为地区和世界经济增长所作的贡献。

十八、双方欢迎访问期间签署的一系列协议和合作谅解备忘录（**清单附后**）。

十九、双方一致认为，李克强总理的成功访问将为增进中菲友好、深化两国合作作出重要贡献。

二十、李克强总理代表中国政府和人民，感谢杜特尔特总统、菲律宾政府和人民给予的热情友好接待。

附件

签署合作文件清单

一、《中华人民共和国政府和菲律宾共和国政府经济技术合作协定》

二、《中华人民共和国政府和菲律宾共和国政府关于援菲马尼拉两座桥梁项目立项换文》

三、《中华人民共和国政府和菲律宾共和国政府关于援菲戒毒中心项目立项换文》

四、《中华人民共和国商务部与菲律宾共和国贸易工业部关于工业园区发展合作的谅解备忘录》

五、《中华人民共和国商务部和菲律宾共和国财政部关于共同推进第二批重点基础设施项目合作的谅解备忘录》

六、《中华人民共和国商务部和菲律宾共和国交通部关于共同推进菲律宾南北铁路南线项目合作的谅解备忘录》

七、《中华人民共和国国家发展改革委和菲律宾国家经济发展署关于应对气候变化物资赠送的谅解备忘录》

八、《中华人民共和国国家发展改革委和菲律宾环境与资源部关于中菲产能与投资合作谅解备忘录及项目清单的实施框架》

九、《中华人民共和国国家国防科技工业局与菲律宾共和国国防部关于

国防科技工业合作的谅解备忘录》

十、《中华全国青年联合会与菲律宾全国青年委员会合作谅解备忘录》

十一、《中华人民共和国国家知识产权局与菲律宾共和国知识产权局知识产权领域合作谅解备忘录》

十二、《中华人民共和国国家开发银行与菲律宾共和国基地转化发展署谅解备忘录》

十三、《中国进出口银行与菲律宾财政部关于赤口河灌溉和卡利瓦大坝项目融资合作协议》

十四、《菲律宾共和国2017年人民币债券发行承销协议》

11月18日 孟加拉国总理哈西娜在总理府会见外交部长王毅。王毅转达习近平主席和李克强总理对哈西娜的问候，表示中孟互为好朋友、好伙伴，中方愿同孟方继续在涉及彼此核心利益和重大关切的问题上相互坚定支持，深化中孟战略合作伙伴关系。共同加快共建“一带一路”进程，积极推进孟中印缅经济走廊建设。同时，根据双方协议开拓海洋合作等新的合作领域。中方将继续鼓励和支持中国企业积极参与孟国家建设，向孟发展提供力所能及的帮助，提高孟加拉国的自主发展能力。①

11月19日 缅甸总统吴廷觉在总统府会见外交部长王毅。吴廷觉请王毅转达对习近平主席的亲切问候和良好祝愿，热烈祝贺习主席在中共十九大上再次当选中共中央总书记。吴廷觉表示，习主席提出的“一带一路”倡议有力推动了国际合作，促进了各国共同发展。缅方愿与中方一道，加快共建“一带一路”进程。王毅转达了习近平主席对吴廷觉的亲切问候，表示中缅是友好近邻，上个世纪两国确立“胞波”情谊，进入新世纪成为全面战略合作伙伴，今后将建设命运共同体。②

11月20日 中共中央总书记习近平特使、中央对外联络部部长宋涛访问朝鲜，会见朝鲜劳动党中央领导人。宋涛全面通报了中共十九大的主要精神和历史性贡献。朝方祝贺中共十九大取得圆满成功，祝愿中国人民在以习近平同

① 《人民日报》2017年11月20日第3版。

② 《人民日报》2017年11月21日第3版。

志为核心的中共中央领导下，在建设中国特色社会主义现代化强国、实现中华民族伟大复兴中国梦的进程中取得巨大成就。双方就中朝两党两国关系、朝鲜半岛问题等共同关心的问题交换了意见，表示将加强党际交往和沟通，推动中朝关系向前发展。①

11月21日　国务院总理李克强在人民大会堂会见日本经济团体联合会会长榊原定征、日中经济协会会长宗冈正二、日本商工会议所会长三村明夫率领的日本经济界代表访华团并同他们座谈。李克强表示，中日关系健康稳定发展符合双方共同利益。希望双方珍惜并且巩固中日关系出现的改善向好势头，推动两国关系沿着正确轨道前行，避免再受波折干扰，实现稳定发展。李克强指出，中日关系发展离不开经贸合作的推动。希望日本经济界继承优良传统，继续致力于中日关系的改善与发展，同时发挥自身影响，带动双方人文、青年、地方等交流扎实开展，让和平、友好、合作成为日本各界对中日关系大方向的共识，共同以史为鉴，面向未来，在中日四个政治文件基础上推动两国关系行稳致远。李克强介绍了当前中国经济形势，他强调，中国经济将继续保持稳中向好态势，将进一步扩大对外开放，为中外企业提供一视同仁、公平竞争的营商环境。希望中日双方真正把对方的发展视为彼此的机遇，顺应时代潮流，发挥互补优势，通过创新合作促进各自发展，更好实现互利共赢，助力东亚经济共同体建设。共同维护经济全球化进程，加快推进中日韩自贸区和区域全面经济伙伴关系（RCEP）协定谈判，为地区乃至世界的稳定与繁荣作出贡献。②

11月22日　外交部长王毅在北京同韩国外长康京和举行会谈。王毅表示，中方重视韩方关于不追加“萨德”系统、不加入美国反导体系、不发展韩美日三方军事同盟的“三不”表态以及无意损害中方安全利益的表态，希望韩方继续妥善处理“萨德”问题。中韩双方应共同努力，进一步增进相互了解，最大限度减少分歧，为两国关系全面恢复发展创造条件。③

由中国国务院新闻办公室主办的“中国—东盟新闻部长会议”在江苏苏州举行。中国和柬埔寨、印度尼西亚、老挝、缅甸、菲律宾、泰国等东盟国家新闻部长或部长代表围绕中共十九大后，进一步加强新闻领域合作、推动构建更

---

① 《人民日报》2017年11月21日第3版。

② 《人民日报》2017年11月22日第1版。

③ 《人民日报》2017年11月23日第3版。

加紧密的中国—东盟命运共同体，进行广泛探讨。本次会议达成了《中国—东盟国家新闻部长会议倡议》，表达了各国深化新闻合作的美好愿景。[①]

11月23日 中央军委副主席许其亮在钓鱼台国宾馆会见来访的缅甸国防军总司令敏昂莱。[②]

11月24日 中共中央总书记、国家主席、中央军委主席习近平在人民大会堂会见了来华访问的缅甸国防军总司令敏昂莱。习近平说，中共十九大确定了今后一个时期中国经济社会改革发展的蓝图，将为中国自身发展注入强大动力，也会给包括缅甸在内的世界各国带来同中国合作的新机遇。中缅“胞波”情谊源远流长。中缅要加强战略沟通，照顾彼此关切。中国一贯尊重缅甸主权和领土完整，高度关注缅国内和平进程，并愿为此继续发挥建设性作用，维护两国边境安全稳定。习近平说，中缅两军关系处于历史最好水平，中国政府支持两军加强各领域交流与合作，希望两军继续致力于两国关系发展与地区和平稳定。[③]

11月25日 中国最高人民检察院检察长曹建明与文莱苏丹哈桑纳尔在努洛伊曼宫举行会晤。[④]

11月26日 应日本自民党和公明党邀请，中共中央党校常务副校长何毅亭率中共十九大精神对外宣介团访问日本，分别会见自民党干事长二阶俊博、公明党干事长井上义久及经团联会长榊原定征等，向朝野政党、友好团体、主要媒体和智库及经济界人士举行十九大精神专题宣介会，就十九大情况及中日关系等同日方进行深入交流。[⑤]

11月27日 国务院副总理刘延东在雅加达会见印尼副总统卡拉。[⑥]

11月28日 国务院副总理刘延东在梭罗与印尼人力发展和文化统筹部长普安共同主持中印尼副总理级人文交流机制第三次会议。刘延东和普安共同见证签署科技创新等相关领域合作文件，并共同出席第十四届人口与发展部长级

---

① 《人民日报》2017年11月24日第3版。

② 《人民日报》2017年11月24日第3版。

③ 《人民日报》2017年11月25日第1版。

④ 《人民日报》2017年11月26日第3版。

⑤ 《人民日报》2017年11月27日第3版。

⑥ 《人民日报》2017年11月28日第2版。

国际会议。刘延东还出席了中印尼大熊猫保护合作研究启动仪式、科技创新合作论坛、“留学中国”教育展等配套活动。①

11月29日　国家主席习近平应约同美国总统特朗普通电话。习近平指出，总统先生不久前对中国进行了十分成功的国事访问，我们就中美关系和共同关心的重大问题深入交换意见，达成多方面重要共识，对推动中美关系保持健康稳定发展具有重要意义。习近平强调，中美双方要落实好两国元首达成的重要共识，精心规划和安排两国高层及各级别交往，办好中美4个高级别对话机制第二轮对话，抓紧落实两国间合作协议和项目。双方要就重大国际和地区问题保持密切沟通和协调。习近平强调，实现朝鲜半岛无核化、维护国际核不扩散体系、维护东北亚和平稳定，是中方坚定不移的目标。中方愿同包括美方在内有关各方继续保持沟通，共同推动朝鲜半岛核问题朝着对话谈判、和平解决的方向发展。②

11月29日　国务院副总理刘延东在雅加达会见印尼总统佐科。③

中共中央政治局委员、中央纪委副书记杨晓渡在北京会见越共中央书记处书记、中央防治腐败指导委员会常务副主任潘庭濯及其率领的代表团。④

国家主席习近平在钓鱼台国宾馆会见美国前总统奥巴马。习近平积极评价奥巴马在担任美国总统期间为推动中美关系发展作出的努力。习近平强调，中美两国在维护世界和平稳定、促进全球发展繁荣方面拥有广泛共同利益，肩负着重要责任。保持中美关系长期健康稳定发展，符合中美两国和世界各国的利益。中方愿同美方一道努力，加强沟通、交流、合作，推动两国关系不断得到新发展。⑤

国务院总理李克强在莫斯科克里姆林宫会见俄罗斯总统普京，李克强首先转达了习近平主席对普京总统的诚挚问候和良好祝愿。李克强表示，中国共产党第十九次全国代表大会闭幕后不久，习近平主席同普京总统在越南岘港成功会晤。中俄全面战略协作伙伴关系稳定向前发展。李克强指出，当前两国经济

---

① 《人民日报》2017年11月29日第3版。

② 《人民日报》2017年11月30日第1版。

③ 《人民日报》2017年11月30日第3版。

④ 《人民日报》2017年11月30日第3版。

⑤ 《人民日报》2017年12月1日第1版。

合作正迈出坚实步伐。双方在经贸、能源、航空、交通基础设施、产能装备、农业等传统领域合作持续推进，在数字经济、科技创新、中小企业等新领域合作也取得进展，表明中俄之间的合作有很大潜力和广阔前景。中方愿将“一带一路”倡议同欧亚经济联盟加强对接，发挥好传统领域合作的龙头作用，注重新兴领域的新动能效应，挖掘远东开发潜力，扩大跨境贸易规模，更好造福两国人民。李克强强调，中方愿同俄方加强在国际事务中的沟通协调，密切在上海合作组织等多边框架内的合作，共同助力地区合作稳中求进，为世界和平发展注入建设性力量。①

11月30日　中共中央对外联络部部长宋涛在北京分别会见来华出席中国共产党与世界政党高层对话会的缅甸国务资政昂山素季，乌兹别克斯坦人民民主党主席、议会立法院副议长凯特莫诺夫及其率领的乌兹别克斯坦议会多党联合考察团②

12月1日　中共中央政治局常委、国务院副总理汪洋在中南海紫光阁分别会见了日本公明党党首山口那津男一行和美国美中关系全国委员会代表团。③

12月3日　中共中央政治局委员、国务委员杨洁篪在北京会见出席中国共产党与世界政党高层对话会和第十届中美政党对话的美国共和、民主两党代表团。④

12月4日　中共中央政治局委员、国务委员杨洁篪在京会见蒙古国外长朝格特巴特尔。⑤

第十届中美政党对话在北京举行。中共中央对外联络部部长宋涛出席开幕式时说，中美政党对话将为中美两个大国履行好推动世界更好发展、发展新型大国关系、构建人类命运共同体、建设美好世界的责任发挥重要作用。双方应增进相互了解，共同推进中美务实合作，为共创中美合作新时代贡献智慧。⑥

12月5日　国务院副总理张高丽在北京会见前来出席第三届中国国务院

---

① 《人民日报》2017年12月1日第1版。
② 《人民日报》2017年12月1日第3版。
③ 《人民日报》2017年12月3日第3版。
④ 《人民日报》2017年12月4日第3版。
⑤ 《人民日报》2017年12月5日第3版。
⑥ 《人民日报》2017年12月5日第3版。

发展研究中心和印度国家转型委员会对话会的印度国家转型委员会副主席库玛尔。①

12月6日　西藏自治区人大常委会副主任丹增朗杰率全国人大西藏代表团访问美国。分别会见了国会众议院“美中工作小组”共同主席拉胡德和拉森众议员，并与有关国会议员助手和学者进行座谈。

全国人大常委会副委员长沈跃跃同马尔代夫总统亚明在北京共同出席纪念中国—马尔代夫建交45周年招待会。②

12月7日　国家主席习近平在人民大会堂同来华进行国事访问的马尔代夫总统亚明举行会谈。习近平指出，中方赞赏马方积极参与“一带一路”建设，视马方为建设21世纪海上丝绸之路的重要合作伙伴，愿同马方对接发展战略，分享发展机遇，实现共同繁荣。习近平强调，新形势下，我们要推动中马关系不断向前发展，增添共同发展新动力。双方要加强高层接触，密切政策沟通，为中马关系发展做好顶层设计和引领，加强治国理政经验交流以及政府部门、政党、立法、司法机关友好交往。要以此次签署政府间共同推进“一带一路”建设谅解备忘录和中马自由贸易协定为新平台，激发双边经贸合作活力，共同推动有关重大合作项目顺利完成，促进投资、金融和海洋等领域合作。要加强反恐、禁毒、打击犯罪合作，扩大旅游、文化、教育、医疗和地方等领域交流合作，促进两国民心相通。中方愿同马方一道，继续采取切实行动，促进国际合作，共同应对气候变化，实现绿色、低碳、可持续发展。希望马方继续支持加强中国同南亚区域合作联盟的合作，促进南亚地区发展繁荣。会谈后，两国元首共同见证了《中华人民共和国政府和马尔代夫共和国政府关于共同推进“一带一路”建设的谅解备忘录》《中华人民共和国政府和马尔代夫共和国政府自由贸易协定》以及经济技术、人力资源开发、海洋、环境、卫生、金融等领域双边合作文件的签署。③

国务院总理李克强在人民大会堂会见来华进行国事访问的马尔代夫总统亚明。李克强表示，中方支持马方维护国家主权独立和发展权益，愿坚持相互尊重、平等相待，同马方密切高层交往，深化各领域合作，推动中马关系取得新

① 《人民日报》2017年12月6日第1版。

② 《人民日报》2017年12月7日第3版。

③ 《人民日报》2017年12月8日第1版。

发展。中方乐见马方在同中国对接发展战略中取得更多发展成果，愿同马方在基础设施建设、民航、经贸、海洋科研、应对气候变化等领域加强合作，共同促进互利合作可持续发展。①

俄罗斯总统普京在莫斯科会见了到访的中共中央政治局委员、中央军委副主席张又侠。张又侠转达了习近平主席对普京总统的诚挚问候和良好祝愿。表示中方愿与俄方一道，按照两国元首达成的重要共识，继续相互支持，共同维护两国安全利益和世界和平。②

12月8日 全国人大常委会委员长张德江在人民大会堂会见马尔代夫总统亚明。③

泰国立法议会主席蓬佩在曼谷会见社长杨振武率领的人民日报社代表团。④

12月9日 斯里兰卡政府在科伦坡举行仪式，正式启动中斯汉班托塔港合作项目，宣布通过合资方式将汉班托塔港交由中国招商局港口控股有限公司运营。招商局集团副总经理胡建华表示，未来将与斯方进一步加强合作，将汉班托塔港打造成南亚地区的航运中心。⑤

12月11日 外交部长王毅在印度新德里出席中俄印外长第十五次会晤，会晤结束后三国发表了联合公报。⑥

中联部部长助理王亚军应邀率中共十九大精神对外宣介团访问巴基斯坦，会见巴穆斯林联盟（谢里夫派）领导人、国民议会议长萨迪克，参议院副主席海德里，旁遮普省首席部长夏巴兹，人民党主席比拉瓦尔，正义运动党主席伊姆兰·汗等巴党政领导人并出席十九大专题介绍会。⑦

中共中央政治局委员、国务委员杨洁篪在中南海会见由美国前副国务卿施奈德和约瑟夫共同率领的美国对外政策理事会代表团，就中美关系以及朝鲜半

---

① 《人民日报》2017年12月8日第1版。
② 《人民日报》2017年12月8日第3版。
③ 《人民日报》2017年12月9日第1版。
④ 《人民日报》2017年12月9日第3版。
⑤ 《人民日报》2017年12月11日第3版。
⑥ 《人民日报》2017年12月12日第3版。
⑦ 《人民日报》2017年12月12日第3版。

岛等问题交换看法。[①]

12月14日　国家主席习近平在人民大会堂同来华进行国事访问的韩国总统文在寅举行会谈。习近平欢迎文在寅在中韩建交25周年之际来华进行国事访问。习近平指出，中韩是友好近邻和战略合作伙伴。建交25年来，两国各领域交流合作取得显著发展，给双方带来巨大利益。前段时间，由于众所周知的原因，中韩关系出现一些波折，给双方如何在相互尊重彼此核心利益基础上更好开辟两国关系未来，提供了镜鉴和启示。中方重视同韩方关系，愿同韩方一道，牢记两国建交的初心，以两国人民福祉为念，秉持尊重彼此核心利益和重大关切的基本原则，坚持以诚相待的为邻之道，把握互利共赢的合作宗旨，推动中韩战略合作伙伴关系始终健康稳定地走在正确发展轨道上。习近平强调，中共十九大给包括韩国在内周边国家同中国的合作带来更加广阔的前景。中韩要加强政治沟通，夯实互信基础。要发挥好高层沟通对两国关系的重要引领作用，加强各层级对话，用好两国立法机构、政党间交流机制。要深化务实合作，实现互利共赢。中方欢迎韩方参与“一带一路”建设，愿推动“一带一路”同韩国发展战略对接，积极探讨互利共赢的合作模式，实现共同发展。要促进人文交流，增进国民感情。双方要加强青年、教育、科技、媒体、体育、卫生、地方等领域交往，助力中韩关系实现长远健康发展。两国元首还就朝鲜半岛形势交换了看法。习近平强调，必须坚持半岛无核化目标不动摇，绝不允许半岛生战生乱，半岛问题最终要通过对话协商解决。中韩两国在维护半岛和平稳定方面有着重要的共同利益。我们愿继续同韩方就维稳防战、劝和促谈加强沟通和协调，中方也将继续支持半岛南北双方通过对话接触改善关系，推进和解合作，这有助于半岛问题的和缓和解决。习近平重申了中方在“萨德”问题上的立场，希望韩方妥善处理该问题。会谈后，两国元首见证了经贸、绿色生态产业、环境、卫生、农业、能源、冬奥会等领域双边合作文件的签署。[②]

12月15日　国务院总理李克强在人民大会堂会见来华进行国事访问的韩国总统文在寅。李克强表示，中韩是近邻。建交25年来，友好合作是中韩关系主流。昨天，习近平主席同总统先生举行会谈，达成许多重要共识，对中韩

---

① 《人民日报》2017年12月13日第3版。

② 《人民日报》2017年12月15日第1版。

关系的发展作出了规划。中方愿同韩方相向而行，进一步增进互信，推动敏感问题妥善解决，使两国关系沿着正确的轨道再出发，促进双方民众福祉，维护地区和平稳定。李克强指出，中韩合作领域广泛，人文交流密切，形成互利共赢的局面。下阶段，双方应抓住机遇，巩固两国关系转圜改善势头。要加强各自发展战略对接，适时启动中韩自贸协定第二阶段谈判，继续办好“中韩创新创业园”，扩大金融合作，拓展人工智能、5G、大数据等新兴领域合作，为彼此企业赴对方国家投资兴业营造良好的营商环境。拉紧人文交流纽带，为中韩关系行稳致远夯实民意基础。双方还就共同关心的问题深入交换了意见。①

澜沧江—湄公河合作第三次外长会在云南大理举行。中国外交部长王毅、柬埔寨国务兼外交国际合作部大臣布拉索昆、泰国外长敦、老挝外长沙伦赛、缅甸国际合作部长觉丁、越南副总理兼外长范平明出席。会议回顾了澜湄合作进展，对下一步工作作出规划，并为第二次领导人会议进行了充分准备。王毅与布拉索昆共同主持会议。各方认为，澜湄合作与东盟共同体建设三大支柱完全契合，不仅将造福澜湄国家人民，还将有力推动东盟共同体建设。会议讨论了第二次领导人会议成果文件，并达成原则共识。会议发表了“澜湄合作第三次外长会联合新闻公报”，宣布了“澜湄合作专项基金首批支持项目清单”，宣布建立“澜湄合作热线信息平台”，散发了“首次领导人会议和第二次外长会成果落实清单”。②

中联部部长助理王亚军率中共十九大精神对外宣介团访问斯里兰卡，会见斯统一国民党领袖、政府总理维克勒马辛哈、统一国民党总书记哈希姆、自由党总书记迪萨纳亚克和左翼政党领导人等斯政要，并出席十九大专题介绍会。维克勒马辛哈等盛赞中共十九大取得丰硕成果，表示期待进一步密切斯中各领域交流合作，造福两国人民。③

12月17日　中国外文局和日本言论NPO共同举办的第十三届北京—东京论坛在北京闭幕。论坛主题为“中日共建更加开放的世界经济秩序与维护亚洲和平”。在取得广泛共识基础上，双方发表《北京共识》认为：构建健康稳定、合作共赢、和谐相处的中日关系符合两国人民利益；强化全球治理，维护和发

---

① 《人民日报》2017年12月16日第1版。

② 《人民日报》2017年12月16日第3版。

③ 《人民日报》2017年12月16日第3版。

展亚洲和平与稳定是中日两国肩负的共同责任；切实按照中日四个政治文件和四点原则共识行事，是中日关系健康稳定发展的前提。[①]

12月19日　全国人大常委会委员长张德江在人民大会堂会见了越南国会副主席杜波巳。张德江说，习近平总书记在中共十九大后首次出访就选择了越南，同越方领导人就推进新形势下中越关系作出顶层设计和战略部署。中国全国人大和越南国会要把推动落实中越两党两国领导人达成的重要共识作为首要任务，加强各层级交流合作，增进相互了解和政治互信，互相借鉴治国理政和立法监督方面的有益经验，不断优化经贸合作、人员往来的政策和法律环境，巩固两国关系的民意基础，共同构建中越两党两国命运共同体。[②]

针对美国政府发表的《国家安全战略报告》涉华内容，外交部发言人华春莹表示，中方敦促美方停止故意歪曲中方战略意图，摒弃冷战思维和“零和”博弈等过时观念。在当日例行记者会上，有记者问：据媒体报道，美国政府18日发表了国家安全战略报告，对中国内政和外交政策有多处批评，把中国等称作是美国利益的竞争者。请问中方对此有何评论？华春莹说，中国人民对自己选择的发展道路中国特色社会主义充满信心。历史和现实已经证明，这是一条符合中国国情、实现国家富强和人民幸福的成功之路。中国取得的发展成就是举世公认的，任何人、任何国家想歪曲事实都只能是白费心机。任何人、任何国家都阻挡不了中国人民沿着中国特色社会主义道路坚定不移地走下去，取得更大的成就。华春莹表示，中国始终不渝走和平发展道路，坚定不移奉行互利共赢的对外开放战略。中国积极发展全球伙伴关系，扩大同各国的利益交汇点，推进大国协调和合作，按照亲诚惠容理念和与邻为善、以邻为伴周边外交方针深化同周边国家关系，秉持正确义利观和真实亲诚理念加强同亚非拉广大发展中国家团结合作。中国秉持共商共建共享的全球治理观，倡导国际关系民主化，坚持国家不分大小、强弱、贫富一律平等，支持联合国发挥积极作用，支持扩大发展中国家在国际事务中的代表性和发言权。她说，中国始终是世界和平的建设者、全球发展的贡献者、国际秩序的维护者，中国在世界各地的经济和外交活动受到各国普遍欢迎。国际社会对此是有目共睹的，任何国

① 《人民日报》2017年12月18日第3版。

② 《人民日报》2017年12月20日第1版。

家、任何一个什么报告想歪曲事实、恶意诋毁都是徒劳的。华春莹说，中国绝不会以牺牲别国利益为代价发展自己，也绝不放弃自己的正当权益。中国坚定捍卫自己的主权、安全和发展利益，任何人都不要幻想让中国吞下损害自身利益的苦果。中国的发展主要依靠全体中国人民自身的努力，同时也得益于中国同世界各国的互利合作。近几年来，中国每年为世界经济增长率的贡献超过30%，这就是一个有力的证明。中国将继续同世界各国在互利互惠的基础上开展各种务实合作，造福中国人民和世界各国人民。她说，中方一贯认为，作为最大的发展中国家与最大的发达国家、世界前两大经济体，中美两国在维护世界和平稳定、促进全球发展繁荣方面肩负着重要的责任，拥有广泛的共同利益。合作是中美唯一正确选择，共赢才能通向更好未来。华春莹表示，作为两个大国，中美之间存在一些分歧不足为怪。对此，应该在尊重彼此核心利益和重大关切基础上，采取建设性方式妥善处理。中方敦促美方停止故意歪曲中方战略意图，摒弃冷战思维和“零和”博弈等过时观念，否则只会损人害己。“希望美方顺应时代潮流和民心所向，客观、理性地看待当今世界和中美关系，恪守有关承诺，同中方相向而行，维护中美关系健康稳定发展，这才是符合两国人民和世界各国人民利益的正确选择。”①

全国政协副主席王家瑞在北京会见越南国会副主席、越中友好议员小组主席杜伯巳率领的越南国会代表团。②

外交部长王毅应约同俄罗斯外长拉夫罗夫通电话。双方积极评价中俄关系今年的高水平运行和取得的积极成果，重点就当前朝鲜半岛核问题以及共同关心的国际局势等交换意见。双方同意继续就重大问题保持战略沟通。③

12月20日 由人民日报社主办的2017澜沧江—湄公河合作媒体峰会在北京举行。澜湄6国34家主流媒体围绕“澜湄命运共同体，媒体合作新时代”这一会议主题共商发展大计，共谋务实举措，共话美好愿景。与会各方签署《澜沧江—湄公河合作媒体联合宣言》，强调媒体合作是澜湄合作的重要组成部分，共同推动澜湄区域发展，造福本地区人民，是澜湄流域国家主流媒体的共同心愿和应尽职责。澜湄合作媒体峰会今年首次举办，目标是打造成为6国共

---

① 《人民日报》2017年12月20日第3版。

② 《人民日报》2017年12月20日第3版。

③ 《人民日报》2017年12月20日第3版。

同参与、共同建设的合作平台。2018澜湄合作媒体峰会将移师澜湄合作共同主席国——老挝举办。①

乌兹别克斯坦总统米尔济约耶夫在总统府会见到访的国务委员兼国防部长常万全。②

12月21日　国务院总理李克强致信祝贺中泰铁路合作项目一期工程开工。泰国总理巴育出席开工仪式并致辞。李克强在贺信中表示，中泰铁路合作项目是双方共建“一带一路”、开展产能合作的旗舰项目，体现了共商、共建、共享的精神，是互利双赢，将有效提升泰国和本地区的基础设施建设和互联互通水平，促进泰国经济可持续发展，带动地区发展繁荣和民生改善。希望双方继续保持密切合作，高质量地完成中泰铁路合作项目一期工程建设，扎实推进项目二期相关工作，争取早日实现中泰铁路和中老铁路的互联互通，促进沿线国家经贸交流和人员往来，也可实现互利多赢。李克强指出，中泰一家亲。作为泰国的友好邻邦，中方高度重视发展中泰友好关系。中方愿同泰方共同努力，加强发展战略对接，以中泰铁路合作项目为新平台，持续推进两国互利共赢的务实合作，推动中泰全面战略合作伙伴关系取得更大发展，为两国人民带来更多福祉。③

外交部发言人华春莹在例行记者会上宣布：首次中国—阿富汗—巴基斯坦三方外长对话将于26日在北京举行。应外交部长王毅邀请，阿富汗外交部长拉巴尼、巴基斯坦外交部长阿西夫将率团出席对话。华春莹说，此次对话将是中阿巴三方外长首次对话。三方将围绕“政治互信与和解”“发展合作与联通”“安全合作与反恐”三大议题深入沟通。中方希望三方通过此次会议凝聚共识，增进互信，促进阿巴改善关系，推进三方合作，共同致力于本地区的和平、稳定与发展。今年6月，王毅外长穿梭访问阿巴两国时，三方同意建立中阿巴三方外长对话机制，为增进三方对话与合作搭建平台。④

12月22日　印度总理莫迪在新德里会见赴印举行中印边界问题特别代表第二十次会晤的中共中央政治局委员、国务委员杨洁篪。杨洁篪向莫迪转达习

① 《人民日报》2017年12月21日第3版。

② 《人民日报》2017年12月22日第3版。

③ 《人民日报》2017年12月22日第1版。

④ 《人民日报》2017年12月23日第3版。

近平主席和李克强总理的亲切问候。同日，杨洁篪还与印度国家安全顾问多瓦尔举行中印边界问题特别代表第二十次会晤。双方一致同意要继续充分发挥特代会晤机制重要作用，保持接触和谈判势头，共同维护好边境地区的和平与安宁，为中印关系取得更大更紧密发展创造有利条件。①

12月23日 联合国安理会就朝鲜射导问题一致通过第2397号决议，决议适度强化对朝制裁措施。对此，外交部发言人华春莹表示，中方希望有关各方都能全面、平衡执行包括第2397号决议在内的安理会涉朝决议，推进半岛有关问题和平解决。决议适度强化对朝制裁措施，同时强调不应对朝平民产生不利人道影响，不影响正常经济活动与合作、粮食援助和人道援助，不影响驻朝外交使团活动，并重申维护朝鲜半岛和东北亚和平与稳定，呼吁以和平、外交和政治方式解决问题，支持恢复六方会谈，还强调有关各方应当采取措施降低半岛紧张局势。中方希望有关各方都能全面、平衡执行包括第2397号决议在内的安理会涉朝决议，推进半岛有关问题和平解决。她说，作为朝鲜半岛的近邻，中方密切关注半岛局势发展，始终坚持实现半岛无核化、坚持维护半岛和平稳定，坚持通过对话协商解决问题的立场。这是中方处理朝核、导相关问题，包括参与安理会审议时一贯秉持的立场。当前半岛形势复杂敏感，中方呼吁有关国家保持克制，为缓和半岛紧张局势，妥善解决半岛问题作出积极努力。“我们也希望有关各方积极考虑中方提出的‘双暂停’倡议和‘双轨并行’思路，同中方一道坚持推动对话协商，为推动半岛无核化进程，实现半岛和平稳定作出努力。”②

12月25日 针对美国于24日对我发起了卡客车轮胎“双反”调查终裁一事。商务部有关负责人发表谈话指出，中方对此强烈不满，敦促美国纠正错误做法，中方将采取必要措施维护企业公平权利。商务部贸易救济调查局局长王贺军表示，中方严重质疑美国商务部裁定高额反补贴税率的决定，其调查方法违背客观事实，存在明显瑕疵。在出口买方信贷项目上，无视中国政府和企业的积极配合，拒绝采信所提交的事实材料，故意采用不利事实裁定惩罚性税率。王贺军强调，中方一贯反对贸易保护，对美方不顾事实、滥用贸易救济措

---

① 《人民日报》2017年12月24日第3版。

② 《人民日报》2017年12月24日第3版。

施的做法表示严重关切。中方敦促美方恪守世贸组织相关规则，纠正错误做法。中方将密切关注案件进展，采取必要措施维护企业公平权利。[①]

12月25-26日　由中国共产党和日本自民党、公明党共同举办的中日执政党交流机制第七次会议在福建厦门、福州举行。中共中央对外联络部部长宋涛出席会议，并作题为《坚持和平友好合作，造福两国人民》的主旨发言。[②]

12月26日　就日本APA酒店日前决定撤出右翼书籍的决定，外交部发言人华春莹就此表示，中方希望日方切实履行承诺，并保证亚冬会期间不再发生类似问题。[③]

中国奥委会新闻发言人表示，中国奥委会已就日本APA酒店放置右翼书籍一事向日方提出交涉。中国奥委会认为，APA酒店的行为有悖于《奥林匹克宪章》第五十条关于"禁止在奥林匹克场所、场馆等区域进行任何形式的展示或政治、宗教或种族性宣传"及亚奥理事会的相关规定，酒店放置严重歪曲历史的右翼书籍，伤害了中国等亚洲国家人民的感情。中国奥委会已经就此向日方提出交涉，要求其严格遵守《奥林匹克宪章》和亚奥理事会相关规定，尽快妥善解决此事，同时已致函亚奥理事会，请其敦促日方立即纠正错误。日前，札幌亚冬会组委会秘书长已正式复函中国奥委会，表示APA酒店决定从酒店客房、大堂、前台撤出所有书籍。中国奥委会方面表示，希望日方切实履行承诺，并保证运动会期间不再发生类似问题，以保证亚冬会顺利举行。[④]

12月27日　中央军委副主席许其亮在八一大楼会见阿富汗国防部长巴哈拉米。许其亮说，中方高度重视发展对阿关系，坚定支持阿方为维护国家主权独立和领土完整所作的努力，坚定支持阿方推进和谈和解与和平重建。中国军队愿与阿军一道，加强各领域务实合作，推动两军关系不断迈向前进。[⑤]

12月28日　中共中央总书记、国家主席习近平在北京会见来华出席中日执政党交流机制第七次会议的日本自民党干事长二阶俊博、公明党干事长井上义久及其率领的代表团。习近平积极评价中日执政党交流机制为推动双边关系

---

① 《人民日报》2017年12月26日第3版。

② 《人民日报》2017年12月28日第3版。

③ 《人民日报》2017年12月28日第3版

④ 《人民日报》2017年12月27日第3版。

⑤ 《人民日报》2017年12月28日第3版。

发展所发挥的作用，赞赏两位干事长长期不懈致力于推进中日执政党交流，为促进两国务实合作和民间友好作出的努力。希望双方加强党际交往，深化沟通合作，为中日关系改善发展发挥引领作用。[①]

12月31日 国家主席习近平和俄罗斯总统普京互致新年贺电。习近平在贺电中代表中国政府和中国人民，向普京总统和俄罗斯人民致以诚挚的祝贺和良好的祝愿。习近平表示，回首2017年，中俄全面战略协作伙伴关系在高水平上取得新的重要发展。双方在涉及彼此核心利益的问题上相互坚定支持，“一带一路”建设同欧亚经济联盟对接合作取得重要早期收获，两国战略性大项目合作稳中有进，创新、农业、地方合作不断释放新动能，媒体交流年圆满收官，人文合作蓬勃开展，两国友好的民意基础更加巩固，双方在国际和地区事务中保持密切有效的协调配合，为维护世界和平稳定作出了重大贡献。习近平指出，新的一年里，我愿继续同你携手努力，巩固中俄政治和战略互信，拓展中俄全方位务实合作，推进中俄国际战略协作，共同引领两国关系发展结出新硕果。我相信，2018年和2019年将举办的中俄地方合作交流年活动必将全面扩大和深化两国地方交往，使中俄世代友好、共同振兴的理念更加深入人心。[②]

国务院总理李克强同俄罗斯总理梅德韦杰夫互致新年贺电。李克强表示，2017年，中俄总理成功举行第二十二次定期会晤，就推动两国各领域务实合作达成重要共识，双方利益融合进一步加深。在新的一年里，我愿同你携手努力，推动中俄全方位合作不断取得新成果。[③]

---

① 《人民日报》2017年12月29日第1版。

② 《人民日报》2018年1月1日第1版。

③ 《人民日报》2018年1月1日第3版。

附录二
2017年中国及其周边国家相关数据

何永朋　编制

备注：本附录中的中国“大周边”国家共64个。不仅包括与中国陆海直接接壤的20个国家，而且包括不与中国直接相邻、但处在中国“大周边”的44个国家（27个亚洲国家，16个南太平洋独立国家，以及美国这一中国的“特殊邻国”）。详见另页。

国家名称 \ 具体内容	所在区域	2017年人口数量①	2017年经济规模、2017年GDP年增长率②	双边贸易额（2017年度）③、投资额（2016年度）④	2016年军费开支⑤
中国⑥（China）	东亚	人口13亿9008万	GDP为113916.2亿美元；人均GDP为8260.88美元；2017年GDP年增长率为6.9%	中国进出口总额41045亿美元；中国对外直接投资额1961.49亿美元；外国对华直接投资额1195.6156亿美元	军费开支2151.76亿美元

① 2017年人口数量（除中国外）数据来源于Population Pyramid网站数据，https://populationpyramid.net/world/，中国的人口数据来自国家统计局网站，“中华人民共和国2017年国民经济和社会发展统计公报”，http://www.stats.gov.cn/tjsj/zxfb/201802/t20180228_1585631.html。部分国家（库克群岛、马绍尔群岛、瑙鲁、纽埃、帕劳、图瓦卢）人口数据来自联合国United Nations, Department of Economic and Social Affairs, Population Division (2017). *World Population Prospects: The 2017 Revision*, DVD Edition,（访问时间：2018年1月28日）

② 2017年GDP（以2017年美元时价统计）、人均GDP（以2017年美元时价统计）、GDP年增长率数据来源于国际货币基金组织网站数据，World Economic Outlook Database October 2017 Edition, http://www.imf.org/external/pubs/ft/weo/2017/02/weodata/download.aspx，访问时间：2018年1月28日。“中华人民共和国2017年国民经济和社会发展统计公报”，http://www.stats.gov.cn/tjsj/zxfb/201802/t20180228_1585631.html，访问时间：2018年3月15日。

③ 中国与周边国家的双边贸易额（2017年度，以美元计算）数据来源：中华人民共和国海关总署网站，http://www.customs.gov.cn/customs/302249/302274/302276/1421252/index.html。（访问时间：2018年1月28日）

④ 中国对外直接投资额数据来源：中国商务部、中国国家统计局和国家外汇管理局编:《2016年度中国对外直接投资统计公报》，北京：中国统计出版社2017年版，第42-47页；外商对中国的直接投资额数据来源：中国国家统计局编:《中国统计年鉴（2016）》，北京：中国统计出版社2016年版，第378-380页。另注：本表中的中国对外直接投资额为对外直接投资净额，对外直接投资净额指境内投资主体对外直接投资额中扣除反向投资额后的净额，当期对外直接投资净额简称流量。扣除反向投资额后，中国对部分国家直接投资净额为负。

⑤ 除特别注明外，军费开支为斯德哥尔摩国际和平研究所的统计数据（以2016年的美元时价计算），SIPRI Military Expenditure Database, https://www.sipri.org/sites/default/files/SIPRI-Milex-data-1949-2016.xlsx（访问时间：2018年1月28日）

⑥ 此附录中的中国人口数量、经济规模、军费开支、双边贸易额、投资额数据指的是中国大陆的数据（不含台湾、香港和澳门）。

中国的20个邻国（陆海直接接壤，陆上邻国14个，海上邻国8个，其中朝鲜、越南既是中国的陆上邻国，又是中国的海上邻国）					
1.俄罗斯（Russia）	东北亚、中亚及欧洲	人口1亿4337万	GDP为14693.4亿美元；人均GDP为10248.24美元；2017年GDP年增长率为1.796%	中俄双边贸易额840.95亿美元；中国对俄直接投资额129307万美元；俄对华直接投资额7343万美元	军费开支692.45亿美元
2.朝鲜（DPRK）	东北亚	人口2541万	GDP为280亿美元；人均GDP为1700美元；[①] 2017年GDP增长率不详	中朝双边贸易额50.55亿美元；中国对朝直接投资额2844万美元；朝鲜对华直接投资数据暂缺	军费开支不详
3.韩国（ROK）	东北亚	人口5070万	GDP为15297.4亿美元；人均GDP为29730.20美元；2017年GDP增长率为3.022%	中韩双边贸易额2802.60亿美元；中国对韩直接投资额114837万美元；韩对华直接投资额475112万美元	军费开支367.77亿美元
4.蒙古国（Mongolia）	东北亚	人口305万	GDP为108.69亿美元；人均GDP为3552.90美元；2017年GDP增长率为2.031%	中蒙双边贸易额63.66亿美元；中国对蒙直接投资额7912万美元；蒙古对华直接投资数据暂缺	军费开支1.02亿美元
5.日本（Japan）	东北亚	人口1亿2605万	GDP为48844.9亿美元；人均GDP为38550.09美元；2017年GDP增长率为1.513%	中日双边贸易额3029.77亿美元；中国对日直接投资额34401万美元；日对华直接投资额309585万美元	军费开支461.26亿美元

① 朝鲜的GDP（2013年，按照官方汇率计算）和人均GDP（2015年，按照购买力平价计算）的数据来自美国中央情报局的估计。参见美国中央情报局网站，https://www.cia.gov/library/publications/the-world-factbook/geos/kn.html（访问时间：2018年1月28日）。

6. 菲律宾（the Philippines）	东南亚	人口1亿380万	GDP为3211.89亿美元；人均GDP为3022.45美元；2017年GDP增长率为6.6%	中菲双边贸易额512.75亿美元；中国对菲直接投资额3221万美元；菲对华直接投资额7760万美元	军费开支38.99亿美元
7. 老挝（Laos）	东南亚之中南半岛	人口704万	GDP为171.52亿美元；人均GDP为2567.50美元；2017年GDP增长率为6.907%	中老双边贸易额30.17亿美元；中国对老直接投资额32758万美元；老对华直接投资数据暂缺	军费开支2500万美元①
8. 马来西亚（Malaysia）	东南亚	人口3116万	GDP为3098.58亿美元；人均GDP为9659.88美元；2016年GDP增长率为5.43%	中马双边贸易额960.27亿美元；中国对马直接投资额182996万美元；马对华直接投资额22113万美元	军费开支41.69亿美元
9. 缅甸（Myanmar）	东南亚之中南半岛	人口5484万	GDP为669.66亿美元；人均GDP为1272.04美元；2015年GDP增长率为7.234%	中缅双边贸易额135.36亿美元；中国对缅直接投资额28769万美元；缅对华直接投资数据暂缺	军费开支25.52亿美元②
10. 文莱（Brunei Darussalam）	东南亚	人口434448	GDP为119.63亿美元；人均GDP为27893.45美元；2017年GDP增长率为-1.265%	中文双边贸易额10.00亿美元；中国对文直接投资额14210万美元；文对华直接投资额6567万美元	军费开支4.03亿美元

① 老挝军费数据为2015年度数据，参见美国国务院发表的2017年世界军费开支与武器转让《World Military Expenditures and Arms Transfers 2017》，https://www.state.gov/t/avc/rls/rpt/wmeat/2017/index.htm（访问时间：2018年1月28日）。

② 缅甸军费数据为2015年度数据。

11. 印度尼西亚（Indonesia）	东南亚	人口2亿6351万	GDP为10109.4亿美元；人均GDP为3858.69美元；2017年GDP增长率为5.151%	中印尼双边贸易额633.16亿美元；中国对印尼直接投资额146088万美元；印尼对华直接投资额6399万美元	军费开支81.83亿美元
12. 越南（Vietnam）	东南亚之中南半岛	人口9541万	GDP为2159.63亿美元；人均GDP为2306.23美元；2017年GDP增长率为6.3%	中越双边贸易额1213.24亿美元；中国对越直接投资额127904万美元；越对华直接投资数据暂缺	军费开支50.17亿美元
13. 阿富汗（Afghanistan）	南亚	人口3417万	GDP为210.56亿美元；人均GDP为572.163美元；2017年GDP增长率为2.5%	中阿双边贸易额5.44亿美元；中国对阿直接投资额221万美元；阿对华直接投资额35万美元	军费开支1.74亿美元
14. 巴基斯坦（Pakistan）	南亚	人口1亿9674万	GDP为2710.5亿美元；人均GDP为1427.56美元；2017年GDP增长率为5.277%[①]	中巴双边贸易额200.87亿美元；中国对巴直接投资额63294万美元；巴对华直接投资额65万美元	军费开支100.63亿美元
15. 不丹（Bhutan）	南亚	人口792876人	GDP为23.21亿美元；人均GDP为2886.82美元；2017年GDP增长率为5.891%	中不双边贸易额642万美元；中对不直接投资额数据暂缺；不对华直接投资数据暂缺	军费开支不详

① 巴基斯坦GDP及人均GDP数据为2015年数据。

16.尼泊尔（Nepal）	南亚	人口2919万	GDP为240.65亿美元；人均GDP为824.229美元；2016年GDP增长率为7.499%	中尼双边贸易额9.88亿美元；中国对尼直接投资额-4882万美元；尼对华直接投资数据暂缺	军费开支3.19亿美元
17.印度（India）	南亚	人口13亿4251万	GDP为24390.1亿美元；人均GDP为1852.09美元；2016年GDP增长率为6.717%	中印双边贸易额844.08亿美元；中国对印直接投资额9293万美元；印对华直接投资额5181万美元	军费开支559.23亿美元
18.哈萨克斯坦（Kazakhstan）	中亚	人口1806万	GDP为1561.89亿美元；人均GDP为8585.31美元；2017年GDP增长率为3.331%	中哈双边贸易额180.01亿美元；中国对哈直接投资额48770万美元；哈对华直接投资额275万美元	军费开支11.02亿美元
19.吉尔吉斯斯坦（Kyrgyzstan）	中亚	人口612万	GDP为70.61亿美元；人均GDP为1139.57美元；2017年GDP增长率为3.504%	中吉双边贸易额54.48亿美元；中国对吉直接投资额15874万美元；吉对华直接投资额3万美元	军费开支2.06亿美元
20.塔吉克斯坦（Tajikistan）	中亚	人口886万	GDP为72.34亿美元，人均GDP为8186.29美元；2017年GDP增长率为4.5%	中塔双边贸易额13.71亿美元；中国对塔直接投资额27241万美元；塔对华直接投资数据暂缺	军费开支为1.90亿美元[①]

① 塔吉克斯坦军费数据为2015年度数据，参见美国国务院发表的2017年世界军费开支与武器转让《World Military Expenditures and Arms Transfers 2017》，https://www.state.gov/t/avc/rls/rpt/wmeat/2017/index.htm（访问时间：2018年1月28日）。

中国的“大周边”国家（不与中国直接相邻、但处在中国“大周边”的44个国家，包括：27个亚洲国家，16个南太平洋独立国家，以及美国这一中国的“特殊邻国”）					
21.东帝汶（Timor-Leste）	东南亚	人口124万	GDP为27.16亿美元；人均GDP为2189.95美元；2017年GDP增长率为4%	中东双边贸易额1.34亿美元；中国对东直接投资额5533万美元；东对华直接投资数据暂缺	军费开支2622万美元
22.柬埔寨（Cambodia）	东南亚之中南半岛	人口1608万	GDP为222.52亿美元；人均GDP为1389.63美元；2017年GDP增长率为6.947%	中柬双边贸易额57.91亿美元；中国对柬直接投资额62567万美元；柬对华直接投资数据暂缺	军费开支3.70亿美元
23.泰国（Thailand）	东南亚之中南半岛	人口6830万	GDP为4378.07亿美元；人均GDP为6336.34美元；2017年GDP增长率为3.708%	中泰双边贸易额802.87亿美元；中国对泰直接投资额112169万美元；泰对华直接投资额5615万美元	军费开支58.80亿美元
24.新加坡（Singapore）	东南亚	人口578万	GDP为3057.57亿美元；人均GDP为53880.13美元；2017年GDP增长率2.527%	中新双边贸易额792.43亿美元；中国对新直接投资额317186万美元；新对华直接投资额604668万美元	军费开支99.59亿美元
25.马尔代夫（Maldives）	南亚	人口375866	GDP为45.2亿美元；人均GDP为12568.60美元；2017年GDP增长率为4.551%	中马双边贸易额2.96亿美元；中国对马直接投资额3341万美元；马对华直接投资数据暂缺	军费开支不详

26. 孟加拉国（Bangladesh）	南亚	人口1亿6483万	GDP为2500.23亿美元；人均GDP为1532.13美元；2017年GDP增长率为7.146%	中孟双边贸易160.45亿美元；中国对孟直接投资额4080万美元；孟对华直接投资额7万美元	军费开支31.81亿美元
27. 斯里兰卡（Sri Lanka）	南亚、印度洋岛国	人口2091万	GDP为835.67亿美元；人均GDP为3905.60美元；2017年GDP增长率为4.726%	中斯双边贸易额43.99亿美元；中国对斯直接投资额-6023万美元；斯对华直接投资额20万美元	军费开支19.86亿美元
28. 土库曼斯坦（Turkmenistan）	中亚	人口550万	GDP为416.7亿美元；人均GDP为7522.07美元；2017年GDP增长率为6.505%	中土双边贸易额69.43亿美元；中国对土直接投资额-2376万美元；土对华直接投资数据暂缺	军费开支5.20亿美元①
29. 乌兹别克斯坦（Uzbekistan）	中亚	人口3069万	GDP为675.05亿美元；人均GDP为2128.21美元；2017年GDP增长率为5.974%	中乌双边贸易额42.24亿美元；中国对乌直接投资额17887万美元；乌对华直接投资数据暂缺	军费开支1.71亿美元②

① 土库曼斯坦军费数据为2015年度数据，参见美国国务院发表的2017年世界军费开支与武器转让《World Military Expenditures and Arms Transfers 2017》，http://www.state.gov/t/avc/rls/rpt/wmeat/2017/index.htm（访问时间：2018年1月28日）。

② 乌兹别克斯坦军费数据为2015年度数据，参见美国国务院发表的2017年世界军费开支与武器转让《World Military Expenditures and Arms Transfers 2017》，https://www.state.gov/t/avc/rls/rpt/wmeat/2017/index.htm（访问时间：2018年1月28日）。

30. 阿拉伯联合酋长国（The United Arab Emirates）	中东	人口940万	GDP为3786.56亿美元；人均GDP为37346.11美元；2017年GDP增长率为1.339%	中国与阿联酋双边贸易额409.77亿美元；中国对阿联酋直接投资额-39138万美元；阿联酋对华直接投资额3933万美元	军费开支250亿美元[①]
31. 阿曼（Oman）	阿拉伯半岛东南部	人口474万	GDP为719.31亿美元；人均GDP为17406.01美元；2016年GDP增长率为-0.016%	中国与阿曼双边贸易额155.33亿美元；中国对阿曼直接投资额462万美元；阿曼对华直接投资额6万美元	军费开支91.03亿美元
32. 巴勒斯坦（the State of Palestine）	亚洲西部	人口493万	GDP为80.37亿美元；人均GDP为1765.9美元；2016年GDP增长率为4.1%[②]	中国与巴勒斯坦双边贸易额6928万美元；中国对巴勒斯坦直接投资额20万美元；巴勒斯坦对华直接投资8万美元	军费开支不详
33. 巴林（Bahrain）	波斯湾南部	人口142万	GDP为338.73亿美元；人均GDP为25169.55美元；2017年GDP增长率为2.48%	中国与巴林贸易额10.26亿美元；中国对巴林直接投资额3646万美元；巴林对华直接投资数据暂缺	军费开支14.30亿美元

① 阿联酋军费数据为2015年度数据，参见美国国务院发表的2017年世界军费开支与武器转让《World Military Expenditures and Arms Transfers 2017》，http://www.state.gov/t/avc/rls/rpt/wmeat/2016/index.htm（访问时间：2018年1月28日）。

② 巴勒斯坦GDP及人均GDP数据为2016年数据，参见：中国外交部：http://www.fmprc.gov.cn/web/gjhdq_676201/gj_676203/yz_676205/1206_676332/1206x0_676334/（访问时间：2018年1月28日）。

34. 卡塔尔（Qatar）	波斯湾西南岸	人口234万	GDP为1663.46亿美元；人均GDP为60811.86美元；2017年GDP增长率为2.52%	中卡双边贸易额80.77亿美元；中国对卡直接投资额9613万美元；卡对华直接投资数据暂缺	军费开支51.70亿美元①
35. 科威特（Kuwait）	波斯湾西北岸	人口410万	GDP为1182.71亿美元；人均GDP为27236.75美元；2017年GDP增长率为-2.076%	中科双边贸易额120.39亿美元；中国对科直接投资额5055万美元；科对华直接投资额152万美元	军费开支65.61亿美元
36. 黎巴嫩（Lebanon）	亚洲西南部地中海东岸	人口604万	GDP为526.98亿美元；人均GDP为11683.95美元；2017年GDP增长率为1.5%	中黎双边贸易额20.34亿美元；中国对黎直接投资数据暂缺；黎对华直接投资额160万美元	军费开支22.39亿美元
37. 沙特阿拉伯（Saudi Arabia）	阿拉伯半岛	人口3274万	GDP为6785.41亿美元；人均GDP为20957.21美元；2016年GDP增长率为0.131%	中沙双边贸易额499.84亿美元；中国对沙直接投资额2390万美元；沙对华直接投资额1345万美元	军费开支636.73亿美元
38. 土耳其（Turkey）	小亚细亚半岛和巴尔干半岛	人口8042万	GDP为8412.06亿美元；人均GDP为10434.02美元；2017年GDP增长率为5.111%	中土双边贸易额219.05亿美元；中国对土直接投资额-9612万美元；土对华直接投资额3205万美元	军费开支148.03亿美元

① 卡塔尔军费数据为2015年度数据，参见美国国务院发表的2017年世界军费开支与武器转让《World Military Expenditures and Arms Transfers 2017》，http://www.state.gov/t/avc/rls/rpt/wmeat/2017/index.htm（访问时间：2018年1月28日）。

39.叙利亚（Syria）	亚洲大陆西部，地中海东岸	人口1891万	近三年GDP及人均GDP数据缺失；2017年GDP增长率不详	中叙双边贸易额11.04亿美元；中国对叙直接投资额-69万美元；叙对华直接投资额105万美元	军费开支12.40亿美元①
40.也门（Yemen）	阿拉伯半岛西南端	人口2812万	GDP为256.73亿美元；人均GDP为856.409美元；2017年GDP增长率为-2.014%	中也双边贸易额23.04亿美元；中国对也直接投资额-41315万美元；也对华直接投资额251万美元	军费开支19.80亿美元②
41.伊拉克（Iraq）	阿拉伯半岛东北部	人口3865万	GDP为1926.6亿美元；人均GDP为4958.07美元；2017年GDP增长率为-0.448%	中国与伊拉克双边贸易额221.38亿美元；中国对伊拉克直接投资额-5287万美元；伊伊拉克对华直接投资额223万美元	军费开支62.33亿美元
42.伊朗（Iran）	亚洲西南部	人口8095万	GDP为4276.66亿美元；人均GDP为5252.41美元；2017年GDP增长率为3.459%	中国与伊朗双边贸易额371.79亿美元；中国对伊朗直接投资额39037万美元；伊朗对华直接投资额382万美元	军费开支126.85亿美元

① 叙利亚军费数据为2015年度数据，参见美国国务院发表的2017年世界军费开支与武器转让《World Military Expenditures and Arms Transfers 2017》，http://www.state.gov/t/avc/rls/rpt/wmeat/2017/index.htm（访问时间：2018年1月28日）。

② 也门军费数据为2015年度数据，参见美国国务院发表的2017年世界军费开支与武器转让《World Military Expenditures and Arms Transfers 2017》，http://www.state.gov/t/avc/rls/rpt/wmeat/2017/index.htm（访问时间：2018年1月28日）。

43. 以色列（Israel）	亚洲最西端	人口832万	GDP为3480.06亿美元；人均GDP为39974.34美元；2017年GDP增长率为3.084%	中以双边贸易额131.21亿美元；中国对以直接投资额184130万美元；以对华直接投资额5008万美元	军费开支179.77亿美元
44. 约旦（Jordan）	阿拉伯半岛西北	人口788万	GDP为404.87亿美元；人均GDP为5677.62美元；2017年GDP增长率为2.3%	中约双边贸易额30.84亿美元；中国对约直接投资额613万美元；约对华直接投资额155万美元	军费开支17.70亿美元
45. 阿塞拜疆（Azerbaijan）	外高加索东南部	人口997万	GDP为392.07亿美元；人均GDP为4097.58美元；2017年GDP增长率为-1.04%	中国与阿塞拜疆双边贸易额9.65亿美元；中国对阿塞拜疆直接投资额-2466万美元；阿塞拜疆对华直接投资额8万美元	军费开支13.79亿美元
46. 格鲁吉亚（Georgia）	南高加索中西部	人口397万	GDP为152.3亿美元；人均GDP为4123.31美元；2017年GDP增长率为3.959%	中格双边贸易额9.83亿美元；中国对格直接投资额2077万美元；格对华直接投资数据暂缺	军费开支3.15亿美元
47. 亚美尼亚（Armenia）	外高加索南部	人口303万	GDP为110.37亿美元；人均GDP为3690.30美元；2017年GDP增长率为3.547%	中亚双边贸易额4.36亿美元；中国对亚直接投资数据暂缺；亚对华直接投资数据暂缺	军费开支4.31亿美元
16个南太平洋独立国家					

48. 澳大利亚（Australia）	大洋洲	人口2464万	GDP为13901.5亿美元；人均GDP为56135.42美元；2017年GDP增长率为2.211%	中澳双边贸易额1362.61亿美元；中国对澳直接投资额418688万美元；澳对华直接投资额26264万美元	军费开支246.17亿美元
49. 巴布亚新几内亚（Papua New Guinea）	大洋洲	人口793万	GDP为218.11亿美元；人均GDP为2689.74美元；2017年经济增长率为3.084%	中国与巴布亚新几内亚双边贸易额28.36亿美元；中国对巴布亚新几内亚直接投资额-4368万美元；巴布亚新几内亚对华直接投资数据暂缺	军费开支8190万美元
50. 斐济（Fiji）	大洋洲	人口902546	GDP为50.54亿美元；人均GDP为5761.06美元；2016年GDP增长率为3.8%	中斐双边贸易额3.83亿美元；中国对斐直接投资额4461万美元；斐对华直接投资数据暂缺	军费开支0.492亿美元
51. 基里巴斯（Kiribati）	大洋洲	人口116404	GDP为1.86亿美元；人均GDP为1625.16美元；2017年GDP增长率为2.751%	中基双边贸易额1582万美元；中国对基直接投资数据暂缺；基对华直接投资数据暂缺	新西兰和澳大利亚提供防务协助[1]

① 参见美国中央情报局网站：https://www.cia.gov/library/publications/resources/the-world-factbook/geos/kr.html（访问时间：2018年1月28日）。

52. 库克群岛 The（Cook Islands）	大洋洲	人口 17380	GDP 为 2.441 亿美元；人均 GDP 为 12300 美元；2017 年 GDP 增长率不详①	中库双边贸易额 1319 万美元；中国对库直接投资数据暂缺；库对华直接投资数据暂缺	新西兰提供防务协助
53. 马绍尔群岛（Marshall Islands）	大洋洲	人口 53127	GDP 为 1.99 亿美元；人均 GDP 为 3623.56 美元；2017 年 GDP 增长率为 1.908%	中国与马绍尔双边贸易额 31.14 亿美元；中国对马绍尔直接投资额 260 万美元；马绍尔对华直接投资额 7189 万美元	美国负责防务②
54. 密克罗尼西亚（Micronesia）	大洋洲	人口 536911	GDP 为 3.29 亿美元；人均 GDP 为 3218.82 美元；2017 年 GDP 增长率为 2.041%	中密双边贸易额 3794 万美元；中国对密直接投资数据暂缺；密对华直接投资数据暂缺	美国负责防务③
55. 瑙鲁（Nauru）	大洋洲	人口 11359	GDP 为 1.14 亿美元；人均 GDP 为 8574.74 美元；2017 年 GDP 增长率为 3.96%	中瑙双边贸易额 70 万美元；中国对瑙直接投资数据暂缺；瑙对华直接投资数据暂缺	澳大利亚负责防务

① 库克群岛的 GDP（2010 年，根据官方汇率计算）、人均 GDP（2010 年，根据购买力平价计算）数据均来自美国中央情报局的估计。参见美国中央情报局网站：https://www.cia.gov/library/publications/resources/the-world-factbook/geos/cw.html（访问时间：2018 年 1 月 28 日）。

② 参见美国中央情报局网站：https://www.cia.gov/library/publications/resources/the-world-factbook/geos/rm.html（访问时间：2018 年 1 月 28 日）。

③ 参见美国中央情报局网站：https://www.cia.gov/library/publications/resources/the-world-factbook/geos/fm.html（访问时间：2018 年 1 月 28 日）。

56. 纽埃（Niue）	大洋洲	人口1618	GDP为0.1001亿美元；人均GDP为5800美元；2017年GDP增长率不详①	相关数据暂缺	新西兰负责防务
57. 帕劳（Palau）	大洋洲	人口21729	GDP为3.21亿美元；人均GDP为17570.49美元；2017年GDP增长率为1%	中帕双边贸易额1683万美元；中国对帕直接投资额50万美元；帕对华直接投资数据暂缺	美国负责防务②
58. 萨摩亚（Samoa）	大洋洲	人口195743	GDP为8.44亿美元；人均GDP为4283.06美元；2017年GDP增长率为2.135%	中萨双边贸易额6441万美元；中国对萨直接投资额10924万美元；萨对华直接投资额87248万美元	新西兰提供防务协助③
59. 所罗门群岛（Solomon Islands）	大洋洲	人口606215	GDP为12.73亿美元；人均GDP为2074.15美元；2017年GDP增长率为2.958%	中所双边贸易额6.48亿美元；中国对所直接投资数据暂缺；所对华直接投资数据暂缺	无常备军
60. 汤加（Tonga）	大洋洲	人口107796	GDP为4.37亿美元；人均GDP为4176.71美元；2017年GDP增长率为3.055%	中汤双边贸易额2853万美元；中国对汤直接投资额35万美元；汤对华直接投资数据暂缺	军费开支不详

① 纽埃的GDP（2003年，根据官方汇率计算）、人均GDP（2003年，根据购买力平价计算）数据来自美国中央情报局的估计。参见美国中央情报局网站：https://www.cia.gov/library/publications/resources/the-world-factbook/geos/ne.html（访问时间：2018年1月28日）。

② 参见美国中央情报局网站：https://www.cia.gov/library/publications/resources/the-world-factbook/geos/ps.html（访问时间：2018年1月28日）。

③ 参见美国中央情报局网站：https://www.cia.gov/library/publications/resources/the-world-factbook/geos/ws.html（访问时间：2018年1月28日）。

61. 图瓦卢（Tuvalu）	大洋洲	人口 11192	GDP 为 0.4 亿美元；人均 GDP 为 3618.95 美元；2017 年 GDP 增长率为 3.242%	中图双边贸易额 1835 万美元；中国对图直接投资数据暂缺；图对华直接投资数据暂缺	无常备军
62. 瓦努阿图（Vanuatu）	大洋洲	人口 276331	GDP 为 8.37 亿美元；人均 GDP 为 2976.16 美元；2017 年 GDP 增长率为 4.5%	中瓦双边贸易额 7977 万美元；中国对瓦直接投资额 542 万美元；瓦对华直接投资额 2920 万美元	无常备军
63. 新西兰（New Zealand）	大洋洲	人口 460 万	GDP 为 2008.37 亿美元；人均 GDP 为 41629.33 美元；2017 年 GDP 增长率为 3.48%	中新双边贸易额 144.78 亿美元；中国对新直接投资额 90585 万美元；新对华直接投资额 3182 万美元	军费开支 20.93 亿美元
中国的特殊邻国：美国					
64. 美国（United States）	北美洲中部	人口 3 亿 2647 万	GDP 为 193621.3 亿美元；人均 GDP 为 59495.34 美元；2017 年 GDP 增长率为 2.181%	中美双边贸易额 5836.97 亿美元；中国对美直接投资额 1698081 万美元；美对华直接投资额 26240 万美元	军费开支 6111.86 亿美元

后 记

《中国周边外交研究报告》是中国国家领土主权与海洋权益协同创新中心复旦分中心和复旦大学中国与周边国家关系研究中心编撰出版的年度研究报告，是我们推介“中国周边学”工程的重要工作之一。目的在于通过对中国周边外交的分析和评估，向国内外学术界发出我们自己的声音，希望能够以此引领和影响国内外舆论，为中国涉外工作者和青年朋友提供一个了解中国与周边国家关系的读本，也为海外学者了解和研究中国周边外交提供一个样本。

《中国周边外交研究报告（2017—2018）》是我们编撰的第四部年度报告。前三部分别是《十八大以来中国周边外交研究报告》《中国周边外交研究报告（2015—2016）》《中国周边外交研究报告（2016—2017）》，分别由社会科学文献出版社和世界知识出版社出版。2017年11月11日至12日，由复旦大学中国与周边国家关系研究中心主办，国家领土主权与海洋权益协同创新中心支持的“第七届中国周边外交研讨会”在复旦大学举行，本次研讨会主题为“特朗普执政与中国周边外交的新发展和新课题”，旨在对2017年中国周边外交的新特点和新变化进行系统总结，同时对2018年周边外交的走向展开预测和分析。来自中国外交部、中共中央对外联络部、中国社会科学院、国防大学、中国国际问题研究院、中国现代国际关系研究院、北京大学、清华大学、外交学院、武汉大学、中山大学、同济大学、广东国际战略研究院、吉林大学、聊城大学、云南大学、华东师范大学、上海社会科学院等单位50余位专家学者参加了研讨会。与会学者就“2017年中国周边外交综论”“中国周边大国外交”“中国周边次区域外交”“中国周边外交的热点问题”四个专题，对2017年的中国周边外交进行了全面的回顾和总结，对如何开展2018年的周边外交工作展开了广泛深入的探讨。本次会议的成功举办为本研究报告的编撰奠定了基础。会后，我们邀请其中的20余位学者（其中特邀了个别未参会的学者）在原有论文基础上共同编撰了《中国周边外交研究报告（2017—2018）》，本研究报告是国内优秀学者集体工作的结晶。

本研究报告由石源华担任主编。参加本研究报告撰写的作者汇集了当代中国周边外交界之有代表性的专门研究者。本研究报告各部分由作者独立完成，代表的只是作者本人的分析和观点。各部分内容有所重叠和交叉，观点不尽一致，敬请读者阅读时注意并谅解。

本研究报告收录的附件《2017年中国周边外交纪事》，由广东国际战略研究院副研究员赵卫华编制，石源华审定。《2017年中国及其他国家相关数据》，由复旦大学国际关系与公共事务学院硕士生何永朋编制。

本研究报告的编撰和出版，要感谢所有撰稿作者对复旦大学中国与周边国家关系研究中心工作的鼎力支持；感谢国家领土主权与海洋权益协同创新中心的立项支持。感谢世界知识出版社编辑人员李锋、范景峰的辛勤劳动。中心秘书陈妙玲、胡旸昱参加了编务工作，一并致谢！

欢迎读者对本研究报告提出批评与指正。

石源华

2018年2月